教育部人文社会科学重点研究基地重大项目成果

国际商事争议解决机制
专题研究丛书
A Study Series of Settlement Mechanism
for International Commercial Disputes
丛书主编 黄进

仲裁裁决抗辩的法律与实务

林一飞 著

武汉大学出版社

图书在版编目(CIP)数据

仲裁裁决抗辩的法律与实务/林一飞著.—武汉：武汉大学出版社，2008.5

国际商事争议解决机制专题研究丛书/黄进主编

ISBN 978-7-307-06128-6

Ⅰ.仲… Ⅱ.林… Ⅲ.国际商事仲裁—研究 Ⅳ.D997.4

中国版本图书馆 CIP 数据核字(2008)第 011100 号

责任编辑:胡 荣 责任校对:程小宜 版式设计:詹锦玲

出版发行：**武汉大学出版社** (430072 武昌 珞珈山)

(电子邮件：wdp4@whu.edu.cn 网址：www.wdp.com.cn)

印刷：湖北鄂东印务有限公司

开本：720×1000 1/16 印张:25.25 字数:439 千字 插页:2

版次：2008 年 5 月第 1 版 2008 年 5 月第 1 次印刷

ISBN 978-7-307-06128-6/D·792 定价:38.00 元

序

黄　进

2000年，教育部确定武汉大学国际法研究所为普通高等学校人文社会科学重点研究基地。对武汉大学国际法研究所来说，这不仅是对它成立20年来学术发展的充分肯定，而且是它“而今迈步从头越”的极为重要的发展机遇。

按照教育部当时的设计，进入普通高等学校人文社会科学重点研究基地建设计划的高校研究机构，应当具有“国家级水平”，它们要通过深化科研体制改革、组织重大课题研究和加大科研经费投入等措施，围绕体制改革、科学研究、人才培养、学术交流和咨询服务等任务的落实，打下坚实的科研基础，形成明显的科研优势和特色，而且还要在经过若干年的建设后，使其整体科研水平和参与决策的能力居于国内领先地位，并力争在国际学术界享有较高的学术声誉。

为了实现基地建设的总体目标，并抓住机遇充分发展自己，武汉大学国际法研究所除了在人才培养、学术交流及资料信息建设、咨询服务和体制改革方面始终自强不息、追求卓越外，还在科学研究方面通过组织重大科研项目、产出重大研究成果，不断促进国际法基础研究和应用研究协调发展，构建国际法知识创新体系，提升自己的整体学术水平。“国际商事争议解决机制研究”这一课题就是我们组织的第一批基地重大科研项目之一。

众所周知，在全球化背景下，人、财、物和信息的跨国流动日益频繁，国际商事争议的产生不仅不可避免，而且争议的数量大为增加，争议的类型更加多样化，争议的复杂性也有所发展。所以，建立和健全国际商事争议解决机制对于构建和谐世界日显重要。

目前，国内对国际商事争议解决这个课题的研究，仍然还停留在传统的理论和制度层面，应该说存在一些深层次的问题。首先，原有的研究不够全面，多注重国际民事诉讼和国际商事仲裁问题的研究，而忽视了和解、调解等选择性争议解决方式（Alternative Dispute Resolution 即 ADR）的研究，没有能够反映制度创新的实际状况。其次，原有的研究具有一定程度的非整合性，一方面，对各种民商事争议解决方式的研究是独立进行的，缺乏深层次的比较研究和整合；另一方面，从国际法治的整体制度架构来看，对各种争议解决制度之间的互动关系没作深入的分析。再次，原有的研究对投资、贸易、海事、知识产权等具体商事领域的争议解决机制缺乏进行分门别类的研究。最后，原有的研究对新出现的商事争议解决方式，如网上仲裁等，也缺乏系统的研究。上述表明，对国际商事争议解决机制进行全面的、综合的、系统的、深入的以及分门别类的研究实属必要。

针对目前国内对该课题研究存在的问题，“国际商事争议解决机制研究”项目设计着重从如下两方面对该课题进行研究：一是对国际商事争议解决机制进行综合研究，从整体上探讨国际商事争议解决机制的各种基本问题，分析和总结国际商事争议解决机制的共性、互动性和整合性；二是对国际商事争议解决机制进行分门别类研究，具体探讨国际投资争议解决机制、国际贸易争议解决机制、国际海事争议解决机制、国际知识产权争议解决机制、国际金融争议解决机制、统一域名争议解决机制、电子商务争议解决机制、国际体育争议解决机制等特别机制的个性和特点。本课题的研究不仅希望在理论上有所突破，有所创新，有所贡献，而且希望在实务方面有助于参与国际商事交往的当事人，特别是我国的当事人，能够深刻认识国际商事争议解决机制及其利弊，善用相关机制，快捷地化解争议，以保证其进行国际商事交易的安全和便利，从而促进建立正常的国际商事交往秩序。同时，也希望我国的立法、行政、司法、仲裁以及其他相关机构能够认同和参考我们的研究，我们的研究成果对其工作有所裨益。

正是基于上述考虑，我们课题组决定编辑《国际商事争议解决机制专题研究丛书》，将本课题项下的部分专题研究成果予以出版，以飨读者。本丛书的顺利出版，离不开武汉大学出版社的大力支持和帮助。借此机会，我们衷心感谢武汉大学出版社对本丛书的厚爱！

2006 年 8 月 20 日于武汉大学国际法研究所

目　录

前　言

商事仲裁程序的结果是仲裁裁决。仲裁裁决是终局的，但终局的仲裁裁决并不意味着不能对其提出抗辩。事实上，现代商事争议的复杂性、仲裁的商业性和法律化，已经导致越来越多的当事人对裁决不满，他们利用裁决的异议程序，利用法律赋予的程序权利，来抗辩裁决的效力。虽无确切统计，但就笔者在实务过程中所遇到的以及收集资料过程中所了解的，法院受理了越来越多的裁决异议，不分中外，皆是如此。任何一个裁决，无论当事人依据的理由是正当还是幼稚，是无知还是故意，均有可能被当事人提出异议。不能认为异议等同于无理取闹。事实上，异议制度的存在，本身和本意均是为了一个“理”字，而这也正是争议解决制度本身所依据的和所追求的。

裁决频受抗辩或异议这种状况，在可见的将来并不会改变。甚至可以断言，这种状况，在目前商事仲裁（国内或国际）发展的方向上，基本不可能改变。

大量的抗辩产生了，但系统研究抗辩的著述却没有及时出现。这是本书写作的起因。虽然有一些零散之作，但相对于裁决异议或抗辩这一日益趋增、显化的现象而言，散见于各处的异议研究颇为零乱，急需系统化、实例化、理论化。同时，在笔者此前的研究过程中，虽对此类问题有所触及、有所积累，但并未深入，深感有进一步研究的必要。本书的研究目的，或者说，本书所希望具有的意义，即在于归纳、分析、总结、阐析实务上的做法，缕清理论上的各种见解，使作为仲裁制度重要组成部分的裁决异议制度能够正确地发挥作用。当然，研究商事仲裁裁决异议制度，本意并不在于支持或否认当事人提起异议这种行为，而是希望通过对裁决异议制度的整体研究，基于实践，从理论上构建异议制度的相应框架，对仲裁制度的完善和仲裁事业的发展起到积极的作用。

仲裁研究的是程序问题。英国法谚有谓：程序先于权利。又说：程序是法治和恣意而治的分水岭。本书主旨是对仲裁裁决异议程序进行研究。对于裁决可否提出异议及异议的程序、理由，各国的法律和实践均不同。

本书在对仲裁和仲裁裁决相关重要问题作出概述的基础上，围绕裁决异议制度，对各种类型的裁决抗辩进行了研究。具体而言，本书的基本框架如下：

第一章为“绪言”。该章简要阐述了仲裁的法律属性以及主要内容，包括仲裁的含义、性质、优缺点，仲裁协议，仲裁程序，仲裁员/仲裁庭等。

第二章为“仲裁裁决”。本章对裁决的法律依据等内容及主要的裁决异议方式作一初步探讨。异议可分为内部异议和外部异议。前者指依据仲裁规则或仲裁法的规定，向仲裁机构或仲裁庭提出异议。后者指依据仲裁法的规定，向法院提出异议，包括提出撤销或不予执行，以使裁决无效或无法得到执行。

第三章为“仲裁协议抗辩”。仲裁协议是国际商事仲裁的基石。没有这种基础，裁决就成为无源之水，当事人自然可以仲裁协议无效为由对仲裁裁决提出异议。本章阐述了仲裁协议抗辩的基本原理及国际立法情况，并着重探讨了不具备形式要件之抗辩和不具备实质要件之抗辩。

第四章为“正当程序抗辩”。司法实践中，以违反正当程序作为理由提出的抗辩很多。当事人几乎在大部分的裁决异议案件中，都会提出程序不当的抗辩，而不管事实上是否存在这种不当的情况。对于任一方当事人（尤其是败诉方当事人）而言，仲裁程序不当抗辩是其论证裁决效力需要重点考虑的，这对其下一步所要采取的措施具有重要的影响。本章在概述仲裁程序的相关理论问题之后，结合大量司法判例，讨论这种抗辩，包括仲裁员选定/仲裁庭组成抗辩、未能陈述、违反仲裁程序规则的其他情事等情形，并对异议权放弃进行了阐析。

第五章为“超裁抗辩”。如裁决事项并非仲裁条款或仲裁协议所包含的争议,或裁决事项涉及或包含提交仲裁的事项之外的其他事项,则当事人可以提出超裁抗辩。本章在阐析超裁抗辩一般问题的基础上，针对超出仲裁协议、超出仲裁请求、超出申辩内容、裁决涉及第三人等情形，分类考察涉及超裁抗辩的中国以及国际上的案例，论述了超裁抗辩的法律与实践。

第六章为“裁决效力抗辩”。裁决效力抗辩指以裁决不具有约束力、被撤销或中止为由，对裁决的承认和执行提出抗辩。裁决效力抗辩较常见于国际商事仲裁裁决的承认和执行。在国内商事仲裁中，裁决一经撤销，本国法院应承认其既判力。本章探讨裁决效力抗辩的法律和实践，具体论述了无约束力和中止抗辩以及已撤销裁决的执行。

第七章为"可仲裁性抗辩"。可仲裁性是对当事人自主意志(主要体现为仲裁协议)的限制,并涉及裁决的效力,裁决可否为法院承认和执行。本章论述有关可仲裁性抗辩的法律和实践,特别述及可能涉及可仲裁性抗辩的各种情形,包括侵权争议的可仲裁性、反托拉斯或竞争法事项的可仲裁性、知识产权争议的可仲裁性以及其他特殊争议的可仲裁性抗辩。

第八章为"公共政策抗辩"。公共政策抗辩是商事仲裁(尤其是国际商事仲裁)中最易于被提到的一种抗辩,但也是最无法得到支持的一种抗辩。公共政策不是具体的法律规定,具有不确定性,其适用也具有较大的弹性。本章在对公共政策作一般讨论的基础上,结合实践,对国际上以及中国仲裁裁决异议中公共政策抗辩的法律和实践进行阐析。

第九章为"实体问题抗辩"。通常认为,仲裁裁决作出之后,当事人如欲对裁决提出异议,只能针对程序问题,而不能对裁决提出实体上的抗辩;尤其在国际商事仲裁中,情况更是如此。但是,不同国家仲裁法律环境不同,对于仲裁的控制尺度不同,对实体问题抗辩的态度也不同。有些国家允许当事人以存在实体问题为由,对裁决提出异议;有些国家在区分不同性质仲裁或者不同实体问题的情况下,允许提出实体问题抗辩。事实上,实体审查在仲裁中也是常见的一种现象。只不过有些国家只针对国内仲裁,而另外一些国家也可以针对国际仲裁。本章研究当事人提出的两类实体问题抗辩:一是法律错误抗辩;二是事实错误抗辩,并阐析中国的相关法律、实践和理论。

第十章为"异议制度的其他问题"。本章阐述与这些抗辩相关的异议制度的其他一些问题,包括裁决异议中的双重审查问题、重新仲裁问题、剩余裁量权问题、协议排除或扩展法院管辖权问题等。

仲裁裁决的异议制度涉及众多的问题。事实上,本书的写作,已经基本涵盖了仲裁制度的各个方面,只是在详略上有所侧重。异议制度本身与仲裁程序的紧密关联性由此可见。只有仲裁程序本身无瑕疵,方能最大限度保障当事人的利益,减少异议的提出。当然,"有一百条法律,就有一百零一个问题"。人们总会找到程序中的问题,然后提出异议,即便最后证明这些问题不是问题,这些异议没有正当理由。本书研究的目的,不在于支持或否认异议,也不寄希望于消除或引导异议,而只在于异议制度本身:使然、实然和应然。

本书是在我的博士论文——《仲裁裁决异议制度研究》的基础上修改完成的。在我撰写博士论文的过程中,导师徐崇利教授给予了精心指导,提出了非常专业、中肯的意见。此外,在厦门大学学习和研究过程中，厦门大学国际经济法研究所的陈安教授、曾华群教授、廖益新教授、李国安教授等诸位老师均给予了我诚挚的关怀和帮助。

我要感谢在写作本书的过程中给予我支持和帮助的师友们。尤其是宋连斌教授、赵健博士，他们的一些观点对我很有启发。当然，我也要感谢在正文或脚注中提及的所有作者或者机构。他们的观点或资料，对于充实和丰富本书具有重要的价值。此外，在我从事仲裁实务过程中，与许多仲裁员讨论了包括异议制度在内的仲裁制度的各种问题，向许多专家请教了各种相关的问题。我要感谢那些关心我并一直支持我从事这项工作、进行这种学习的各位老师、朋友。他们永远是我前进路上的师友。

本书援引的部分案例是我搜集的，另有相当一部分则是我的同事提供的，特别是曾银燕、王素丽、黎晓光，提供了许多案例。此外，北京市仲裁委员会的王喜莲女士也提供了大量涉及仲裁裁决（尤其是国内商事仲裁裁决）异议制度的案例。这些案例，增加了本书对国际和国内商事仲裁的普遍适用性，也提高了本书的实用性。在此，对他们以及所有案例来源提供者表示感谢。

在仲裁理论研究和实务上，黄进教授多年来一直给予我大力的支持。事实上，我的第一本仲裁方面的资料集（与宋连斌教授合作）正是由黄进教授作序推荐的。此次黄进教授又欣然将本书收进由其主编的国际商事争议解决机制专题研究丛书。在此，对黄进教授表示感谢。

本书定稿之时，我正着手创建宗旨之一在于提高中国仲裁研究能力和实务水平的中国仲裁在线网（www. cnarb. com）。除宋连斌博士、赵健博士外，郭晓文博士、韩健教授、赵秀文教授、陈治东教授等人又惠赐并授权集中发布他们的文章。这使我得以有机会全面研读他们的文章，并在此基础上对本书作了进一步的润色。在此也一并对他们表示感谢。

多年来，中国国际经济贸易仲裁委员会华南分会全体同事一直对我的学习给予无形和有形的关心和支持，借此机会，谨致谢忱。

我要特别感谢我的家人，那些默默在我背后支持我的人。学习和研究占用了大量工作外的时间，但他们始终没有怨言。

最后需要指出，本书虽然力求完美，但完美始终是一个梦。由于学识有限、笔力不逮，遗珠之憾在所难免——这些只有留待日后的学习和研究过程中再行弥补了。

林一飞

2007 年 10 月于深圳

第一章 绪 言

本书论及对仲裁裁决提出的各种抗辩。为此目的，有必要先行了解仲裁的法律属性以及主要内容，包括仲裁的含义、性质、优缺点、仲裁协议、仲裁程序、仲裁员/仲裁庭等。但因主旨及篇幅所限，本章对这一部分内容只作简要阐述。然则，鉴于仲裁裁决是本书研究的对象，下一章将对仲裁裁决作相对详细的探讨。关于仲裁的更详尽的阐析和论述，可参见其他全面综合阐述仲裁制度的著作。①

第一节 仲裁概述

一、仲裁的含义

仲裁作为一种争议解决方式，很早就已经出现。早在公元前350年，柏拉图就提出："首先，法院应当有推选出来的裁判者，他们应当由申请人和被申请人共同选择；他们应当是仲裁员而非法官。"②

仲裁没有一个统一的含义。不同时期仲裁的含义不同，同一时期不同类型仲裁的含义也不相同。所以对于仲裁的理解应置于特定的历史时期，单凭"仲裁"两个字无法作出一个确切的界定。不过，无论哪种仲裁，一个共性就是，双方当事人将争议提交第三方审理，并作出裁决。国内外学者对于仲裁所下的定义虽不一致，但大同小异，基本包括了下述的各基本要素。

---

① See Alan Redfern and Martin Hunter and with Negel Blackaby and Constantine Partasides. Law and Practice of International Commercial Arbitration [M]. 4th ed. Sweet & Maxwell. 中文本由林一飞、宋连斌译，由北京大学出版社于2005年出版。另参见林一飞．国际商事仲裁法律与实务［M］．北京：中信出版社，2005.

② Adrian Baron. The Australian International Arbitration Act, the Fiction of Severability and Claims for Restitution [J]. Arbitration International, 16 (2).

本书未特加说明，仲裁均指商事仲裁。所谓商事仲裁，即指在商事交往中，当事人各方依据合同中的仲裁条款或单独的仲裁协议，自愿将现在或将来的具有商事性质的争议提交给各方同意的仲裁员/仲裁庭进行审理，并作出有约束力的裁决的一种争议解决方式。

一般地，仲裁具有下列基本要素：一是合意。仲裁必须是一种合意的程序，由这种合意衍生出仲裁庭的管辖权和其他各种权限。这种合意的初始表现形式是仲裁协议，即双方当事人间表明其将争议提交仲裁的一致的意思表示。二是准司法程序。仲裁员不必具有与法官一样的权力，但是其发挥职能履行职责应类似于法官。三是存在争议。仲裁协议的当事人间必须存在争议。任何不一致均构成争议。四是仲裁的结果具有终局性。所有提交仲裁解决的问题均由仲裁员解决，而无须再提交其他第三方解决。五是裁决具有约束力和可执行性。裁决须是有约束力的，并在法律上可以执行。

上述几种要素之中，仲裁协议的存在和裁决的可执行性决定了仲裁制度的存在与否，而裁决的可执行性更是仲裁制度可能持续发展的基础。

二、仲裁的性质

关于商事仲裁的性质，众说纷纭。从不同角度而言，主要存在以下四种观点：

1. 司法权论。司法权论认为，国家对在其管辖范围内进行的所有仲裁都具有监督和管理的权力。裁判权是一种国家主权，只有国家才能行使这种权力，如果没有仲裁地国的授权，仲裁员就不能行使通常只能由法官才能行使的权力。正是由于法律允许当事人提交仲裁，仲裁员才具有像法官一样的裁判权，仲裁裁决才与法院判决具有相同的效力。

2. 契约论。契约论认为，仲裁员不是从法律或司法当局获得仲裁权，而是从当事人那里获取此项权力。整个仲裁都是基于当事人的意志而创立的，仲裁具有完全自愿的特点。

3. 混合论。混合论试图兼采司法权论和契约论的长处，认为仲裁裁决介于判决和合同之间，仲裁员不履行公共职能，但裁决也明显不是合同，当事人通过协议创造并固定了仲裁管辖权；仲裁的有效性来源于仲裁协议，但在适用诉讼法时又具有司法权的性质。事实上，仲裁协议等同于排除了司法权，国内法院的判决权为仲裁员的裁决权所代替。

4. 自治论。晚近一些学者认为，仲裁是法律秩序的诸多机制之一，研究的重点应该放在仲裁之目的和用处上，仲裁法应以当事人的愿望为目标，其功能是发展商人法（*lex mercatoria*）；尽管还应以保留最低限度的公共政策为限制，完全的当事人意思自治是仲裁充分发展所必需的。①

上述有关仲裁性质的观点角度不尽相同。应当看到，仲裁程序源于自治的契约，表现为自治的程序，但其本质上，依赖于国家强制力，无论是仲裁员的指定、仲裁程序的进行、仲裁裁决的自动履行或强制执行，均以国家制定的法律作为最终依据和来源，并只是作为法律的体现。仲裁法律制度的发展、完善从一个侧面说明仲裁契约性的不足。仲裁起源阶段的契约性已经被淹埋在司法性的涌流中，并为其所替代。不过，由于仲裁并非国家固有的解决争议的方式，而是一种后天创设出的争议解决方式，仲裁的司法性受到一些限制。总而言之，目前，就性质而言，从保障仲裁员权力行使和裁决执行的角度，本书倾向于司法权说。

三、仲裁的优缺点

（一）仲裁的优点

1. 当事人意思充分自治。仲裁采取自愿原则，以当事人自愿为前提，当事人享有充分的意思自治，包括自主决定是否采用仲裁方式解决争议以及采用仲裁方式解决争议的事项、选定的仲裁机构、指定仲裁员、约定仲裁程序等。意思自治也体现为程序的非形式性和灵活性。

2. 管辖权的稳定性。国际商事诉讼中，可能出现“择地行诉”（forum shopping）问题，当事人可能寻找对其最有利的法院来起诉，而约定仲裁虽不能完全解决这个问题，但相对而言，可以最大限度地避免这个问题。②

3. 与裁决的国际执行力。仲裁裁决和法院判决一样，同样具有法律约束力。不过，国际商事争议通过仲裁解决，其裁决较之法院判决，更易于在国际上得到执行。

4. 独立。仲裁机构独立于行政机关、其他组织或其他仲裁机构，不受任何第三方的干涉。

5. 一裁终局。即裁决一旦作出，就发生法律效力，不像诉讼程序实

① 参见韩健．现代国际商事仲裁法的理论与实践［M］．北京：法律出版社，2002：36及其后．黄进，宋连斌，徐前权．仲裁法学［M］．北京：中国政法大学出版社，2002：8-13.

② 参见杨良宜．国际商务仲裁［M］．北京：中国政法大学出版社，1997：26及其后．

行两审甚至三审终审制，程序简化有利于当事人之间的争议迅速得到解决。

6. 专家断案。通常，仲裁员是具有各专业技能或知识的专家，由这些专家审理案件，可以保证仲裁结果的权威性。

7. 保密。仲裁具有保密性，这是大多数国家的仲裁法的规定。①仲裁程序包括裁决的结果不对外公开，有利于当事人之间某些商业秘密不被泄露，并且对于当事人的商业信誉也是一种保护，也使双方当事人在感情上容易接受，有利于日后继续业务往来。

（二）仲裁的局限性

但是，也应该看到，仲裁具有其本身的局限性，主要有：

1. 意思自治的滥用。当事人之间可以通过仲裁协议约定所进行的仲裁程序，但所约定的仲裁程序可能最终无法适当执行而牺牲仲裁本应具有的争议解决的属性。

2. 仲裁协议不约束第三人而可能使得相关争议的解决方式和结果不一致，导致当事人处于尴尬境地。例如，国内买方与外贸公司的争议通过诉讼解决，而外贸公司与国外卖方的争议通过仲裁解决，外贸公司可能处于两头都要承担责任的窘境。

3. 与仲裁的准司法性相伴而来的是仲裁员的有限权力。仲裁员没有法院固有的职权，因此，必然要依赖法院的支持。例如，许多国家不允许仲裁员自行采取保全措施。

4. 仲裁员的风险。仲裁员的学识及某些其他因素可能导致裁决出现实体性的错误，而由于仲裁的一裁终局及个案所具有的临时性，尤其是在国际商事仲裁中法院不作实体审理的情况下，可能造成不可挽回的损失。而诉讼则因为多审级及法院对于审理同类案件的稳定性，判决出现实体错误的风险相对较小，且可以进行纠正。

四、仲裁的法律框架

商事仲裁的法律框架指规范和调整商事仲裁的各种法律文件，主要包括如下三部分：1. 涉及商事仲裁的国际公约和条约；2. 调整商事仲裁的

① 如《中华人民共和国仲裁法》第40条规定：仲裁不公开进行。不过，也有一些国家认为，裁决书可以向第三者公开，如澳大利亚、美国的某些案例所表明的。参见杨良宜．国际商务仲裁［M］．北京：中国政法大学出版社，1997：39.

国内立法;① 3. 商事仲裁规则。另外,就国际商事仲裁而言,联合国国际贸易法委员会(UNCITRAL)国际商事仲裁示范法(以下简称"UNCITRAL示范法")② 也起着重要的作用。前三种法律文件对商事仲裁协议的签订、商事仲裁程序的启动、商事仲裁裁决的执行和监督、商事仲裁法律的制定,从宏观到微观,均起着重要的作用。除此之外,内国的各种有关商事仲裁的判例、司法意见或解释,在不同的国家,也实际上对一国的商事仲裁发挥着不可忽视的作用。对于此类法律文件,本节不作介绍,但在本书的相关章节中,将会详细涉及此类判例或司法意见对于商事仲裁实践的影响。

(一) 涉及商事仲裁的公约和条约

仲裁这种解决争议的方式产生以来,一个重要趋势就是越来越国际化。而国际化的重要体现和驱动力之一当数国际公约。国际公约是重要的国际商事仲裁法的渊源,尤其是确保仲裁协议及仲裁裁决可执行性的多边公约。国际上涉及仲裁制度的公约主要就集中在这两部分。当然,双边条约的作用也不可忽视,特别是在争议双方有一方并非多边公约(如《纽约公约》)的缔约国时。实际上,在一些国家之间订立的司法协助条约或协定中,通常都涉及相互承认与执行法院判决和仲裁裁决的问题。③下文介绍的,均属多边公约,包括国际性以及区域性国际公约。这些公约可能并不完全是专为仲裁而制定的,有些只是公约的内容涉及仲裁协议或仲裁裁决的执行;零散的内容以及完整的公约一起构成国际商事仲裁立法。

1. 1889 年《蒙得维的亚民事诉讼公约》

由阿根廷、波利维亚、巴拉圭、秘鲁和乌拉圭于 1889 年 12 月 12 日签署。1940 年通过该公约的修正案。对外国仲裁裁决的执行,该公约规定:如果关于民事和商事案件的国际仲裁裁决是由国际领域中一个有法定

---

① 由于各国仲裁法可能是包括在其民事诉讼法典或其他法律之中,为行文之便,下文有关各国仲裁法的名称,除中国的法律法规外(如《中华人民共和国仲裁法》)外,其他国家的仲裁法的名称不以书名号单独标出。例如,1996 年英国仲裁法(而不写为《1996 年英国仲裁法》、荷兰仲裁法(而不写为《荷兰仲裁法》)。但有关国际公约,仍加书名号标出。

② 1985 年 6 月 21 日由联合国国际贸易法委员会在维也纳召开的第 18 次会议通过。中文本参见宋连斌,林一飞.国际商事仲裁新资料选编 [M].武汉:武汉出版社,2001.

③ 例如,中国和波兰关于民事和刑事司法协助的协定第 21 条;中国和德国关于民事、商事司法协助的协定第 25 条。

资格的法庭作出，公约缔约国就执行该裁决。执行的条件：裁决在裁决作出国国内必须具有最后判决的性质；必须依法通知被申请人，并且有人代表被申请人，或者已经依法宣告被告缺席；裁决必须不违反执行裁决国的公共政策。

2. 1923 年《日内瓦议定书》

该公约的全称是《仲裁条款议定书》，1923 年 9 月 24 日由国际联盟主持制定，是第一个重要的国际商事仲裁公约，共 8 条。其主要目的是确保仲裁协议的国际执行，并确保仲裁裁决可为裁决地国所执行。主要内容包括各缔约国承认契约当事人之间订立的关于因契约发生的一切争议提交仲裁解决的仲裁协议的效力；仲裁程序，包括仲裁庭的组织在内，应当依照当事人的意思和仲裁地国的法律规定；缔约国保证由本国有关机关依该国法律规定执行按照公约规定在其境内作出的仲裁裁决等。

3. 1927 年《日内瓦公约》

该公约的全称是《关于执行外国仲裁裁决公约》，1927 年 9 月 26 日由国际联盟主持制定，是 1923 年《日内瓦议定书》的补充，共 11 条。其主要目的在于扩展《日内瓦议定书》的适用范围，使得在一缔约国作出的裁决除在该国（裁决作出国）外，还可在其他缔约国执行。该公约规定了承认与执行在其他缔约国境内作出的仲裁裁决的条件，还规定了拒绝承认与执行外国仲裁裁决的条件，并对请求承认与执行外国仲裁裁决应提供的文件作了具体规定。

4. 1928 年《布斯塔曼特法典》

该公约 1928 年由美洲国家间制定。其第 432 条规定，承认和执行外国仲裁裁决适用承认和执行外国法院判决的条件和程序，条件是有关案件依被请求执行国的法律可以作为和解的对象。

5. 1958 年《纽约公约》

1923 年《日内瓦议定书》及 1927 年《日内瓦公约》的主要缺点在于将证明执行条件已经满足的责任置于寻求执行方当事人。在这种情况下，为使国际商事仲裁成为更为有效的争议解决方式，1958 年联合国主持制定了《承认与执行外国仲裁裁决公约》，简称《纽约公约》。该公约已经事实上取代了 1923 年《日内瓦议定书》及 1927 年《日内瓦公约》。其要求缔约国执行有效仲裁协议，并引入了裁决得以承认和执行的更为直接明确的方式，并将证明裁决不应被承认与执行的责任主要置于拒绝承认与执行方当事人，而这正好推翻了《日内瓦议定书》与《日内瓦公约》的规定。到目前为止，《纽约公约》缔约国及地区已达137个，①是迄今为止最为成功的国际公约之一。

6. 1961年《欧洲国际商事仲裁公约》

该公约由联合国经济委员会主持制定，1961年4月21日由欧洲各国在日内瓦签署，1964年1月7日生效。其主要目的在于尽可能排除欧洲各国的自然人或法人相互之间在有关国际商事仲裁的组织工作中的困难，特别是在临时仲裁的情况下的仲裁程序规则上的问题，以期推动欧洲贸易的发展。该公约仅在当事人居住于缔约国时方予适用。

7. 1965年《华盛顿公约》

该公约全称为《解决国家与他国国民之间投资争端公约》，1966年10月14日生效，由世界银行主持制定。该公约创设了"解决投资争端国际中心"(ICSID)，因此经常又称为ICSID公约。ICSID处理缔约国国民在其他缔约国投资引起的争议，在许多国际合同中规定有ICSID仲裁条款。

8. 1966年《斯特拉斯堡公约》

该公约全称为《规定统一仲裁法的欧洲公约》，1966年1月20日由欧洲理事会成员国在斯特拉斯堡签订。该公约的目的在于通过示范法的方式统一成员国的仲裁立法，促进成员国的更大团结，有效地通过仲裁以解决私法上的争端和增进欧洲理事会成员国之间的商务关系。

9. 1972年《莫斯科公约》

该公约全称为《关于以仲裁方式解决经济及科技合作关系引起的民事争议公约》，属于经互会(CMEA)国家进行"社会主义经济共同体"过程的一部分。该公约要求在缔约国的经济组织通过指定商会的仲裁院解决相互之间的争议，并规定依此作出的仲裁裁决效力等同于最终判决，相关国家应相互执行。经互会解散后，许多原缔约国已经放弃《莫斯科公约》。

10. 1975年《巴拿马公约》

该公约全称为《美洲国家间国际商事仲裁公约》，由美洲国家组织主持制定，1975年1月30日在巴拿马城签订。拉美国家长期不信任美国和欧洲，认为仲裁组织在它们的影响之下。与其适用《纽约公约》，宁可适用它们自己的公约。不过《纽约公约》的许多原则还是为《巴拿马公约》所采纳。该公约有两点值得注意：一是没有规定仲裁协议的强制执行；二是规定如当事人未能就仲裁程序规则达成一致，则适用美洲国际间商事仲裁协会适用的程序规则。

---

① 截至2005年12月的数据。

11. 1979 年《蒙得维的亚公约》

该公约全称为《美洲国家间关于外国判决和仲裁裁决域外效力的公约》，1979 年 5 月 8 日在蒙得维的亚签订。由于 1975 年《巴拿马公约》只适用于各缔约国相互间有关商业交易中可能发生或已经发生的争议事项，美洲国家组织成员国政府为确保依其属地管辖权作出的所有仲裁裁决的域外效力，签订此公约，公约的适用范围扩大到所有未被 1975 年《巴拿马公约》所包括事项的仲裁裁决。

12. 1987 年《阿曼公约》

该公约全称为《阿拉伯商事仲裁公约》，1987 年 4 月由阿拉伯地区 14 个国家在约旦首都阿曼签署，旨在建立统一的阿拉伯国家商事仲裁规则。根据该公约设立了“阿拉伯国家仲裁中心”。

（二）商事仲裁的国内立法

几乎每一个国家都有自己本国的仲裁立法。虽然国际上统一各国仲裁法的努力从来没有停过，并以各种形式存在，如 UNCITRAL 示范法，但各国由于各自法律环境和理念的不同，仲裁法仍有相当程度的不同，即使在仲裁的基础原则上也并不完全统一。然而，从体例上看，主要的仲裁立法不外乎三种：单独的仲裁立法，以英美法系为主；民事诉讼法中专章规定，以大陆法系为主；仲裁与调解合并立法，如印度。不过，越来越多的大陆法系国家也采取专门立法的形式，对仲裁法律制度作出规定，如 1995 年《中华人民共和国仲裁法》（以下简称“中国《仲裁法》”）、1999 年韩国仲裁法、2004 年日本仲裁法。相对来说，欧洲的商事仲裁历史较为悠久，仲裁文化较为发达，仲裁法律制度也较为完善，其仲裁立法也较具有代表性。

中国《仲裁法》于 1995 年 9 月 1 日起施行。中国《仲裁法》确立了中国仲裁的基本原则。其中，最重要的是自愿原则。自愿原则是仲裁的基石。中国《仲裁法》生效之前，中国原有的国内仲裁制度未能充分体现自愿原则。在这种情况下，《仲裁法》第 4 条规定：“当事人采用仲裁方式解决纠纷，应当双方自愿，达成仲裁协议。没有仲裁协议，一方申请仲裁的，仲裁委员会不予受理。”自愿原则在中国《仲裁法》中还体现在以下几个方面：第一，订立仲裁协议应当自愿。第 17 条第 3 款规定，“一方采取胁迫手段，迫使对方订立仲裁协议的”，仲裁协议无效。第二，当事人可以自愿选择解决争议的仲裁委员会，不受地域的限制，也不存在类似法院诉讼的级别管辖和地域管辖。第 6 条规定：“仲裁委员会应当由当事人协议选定。仲裁不实行级别管辖和地域管辖。”第 16 条、①第 18 条②亦有当事人选定仲裁委员会的内容规定。第三，当事人有权选择仲裁员或者委托仲裁委员会主任代为指定仲裁员。第 31 条对当事人选择仲裁员的权利作了规定。第四，当事人可以基于双方共同意愿，约定仲裁审理的方式。第 39 条、第 40 条规定当事人可以协议仲裁是否公开进行、是否需要开庭。第五，当事人可以自行和解，达成和解协议，可以请求仲裁庭根据和解协议作出裁决书，也可以撤回仲裁申请。③

独立原则是仲裁得以生存和发展的前提。仲裁机构（仲裁庭）办理案件应不受任何外部组织干预。中国《仲裁法》第 8 条规定：“仲裁依法独立进行，不受行政机关、社会团体和个人的干涉。”第 14 条进一步规定：“仲裁委员会独立于行政机关，与行政机关没有隶属关系。仲裁委员会之间也没有隶属关系。”在中国仲裁实践中，独立原则体现在三个方面：仲裁委员会独立于行政机关；仲裁委员会独立于其他仲裁委员会；仲裁庭独立履行职责，不受其他外界因素的干预。

仲裁一经作出，即应对当事人产生法律约束力。仲裁的优点之一是能够迅速、及时地解决纠纷，国际上一般都实行或裁或审和一裁终局的制度。过去，我国对国内经济合同纠纷的仲裁，由于仲裁员队伍初建，经验还不足，1981 年《经济合同法》曾采取一裁两审的制度。④后来制定的《涉外经济合同法》、⑤《技术合同法》、⑥《著作权法》⑦中有关仲裁的规

---

① 中国《仲裁法》第 16 条第 2 款规定：仲裁协议应当具有下列内容：1. 请求仲裁的意思表示；2. 仲裁事项；3. 选定的仲裁委员会。

② 中国《仲裁法》第 18 条规定：仲裁协议对仲裁事项或者仲裁委员会没有约定或者约定不明确的，当事人可以补充协议；达不成补充协议的，仲裁协议无效。

③ 中国《仲裁法》第 49 条。

④ 中国 1981 年《经济合同法》第 49 条。但 1993 年 9 月 2 日第八届全国人民代表大会常务委员会第三次会议通过《关于修改〈中华人民共和国经济合同法〉的决定》，修订了原关于一裁两审的规定。参见修订后的《经济合同法》第 42 条。但对于涉外仲裁则实行一裁终局的制度。例如，早在 1982 年颁布的《民事诉讼法（试行）》第 193 条就规定了经中华人民共和国的涉外仲裁机构裁决的案件，当事人不得向人民法院起诉。经修订的 1991 年《民事诉讼法》再次重申了涉外仲裁制度中的这一原则。

⑤ 参见中国 1985 年《涉外经济合同法》第 6 章第 37 条的规定。

⑥ 参见中国 1987 年《技术合同法》第 51 条的规定。

⑦ 中国 1990 年《著作权法》第 48 条的规定。《著作权法》已经修正，上引各注中的《经济合同法》、《涉外经济合同法》、《技术合同法》已失效。

定已实行或裁或审和一裁终局的制度。中国《仲裁法》第5条和第9条集中体现了或裁或审和一裁终局的原则。中国《仲裁法》第5条规定：当事人达成仲裁协议，一方向人民法院起诉的，人民法院不予受理，但仲裁协议无效的除外。第9条第1款规定：仲裁实行一裁终局的制度。裁决作出后，当事人就同一纠纷再申请仲裁或者向人民法院起诉的，仲裁委员会或者人民法院不予受理。

（三）商事仲裁的规则

仲裁的自愿性决定了当事人可以约定进行仲裁程序所应当依据的各种规则。这种规则可以是临时性的，只对个案生效，由当事人约定；也可以是固定性的，由常设仲裁机构或国际组织颁布，作为欲提交其仲裁或按其规则仲裁时直接援用的规则。一般所谓仲裁规则，即指的是后者。仲裁规则具有合意的特点。实际上，在仲裁协议中约定适用某仲裁规则即将该仲裁规则合并进该仲裁协议中，①非经当事人合意不得更改。但一旦双方约定适用某仲裁规则，该仲裁规则即具有强制性，双方当事人须予以遵守。仲裁规则不得违反法律的规定，不能与仲裁程序应适用的法律或者法院地法的强制规定相抵触。仲裁规则一般包括仲裁协议、仲裁管辖、通知、送达、开庭等仲裁程序、仲裁员/仲裁庭、裁决、生效等内容。国际常设仲裁机构均颁布了自己的仲裁规则，并且随着仲裁事业和仲裁制度的发展而多次修订。②联合国国际贸易法委员会也于1976年颁布了仲裁规则（以下简称"UNCITRAL仲裁规则"）。③

UNCITRAL仲裁规则颁布于1976年，其对临时仲裁和各大国际商事仲裁机构已经产生并仍在产生着巨大的影响。该规则共41条，主要供当事人双方约定将争议提交临时仲裁庭时选择适用，但世界上许多常设仲裁机构也允许适用此规则，或在制定本机构的规定时对其作少量的修改。

（四）商事仲裁的示范法

除了具有强制性作用的公约及和国内立法外，由联合国主持制定并通过的UNCITRAL示范法，不仅对当代国际商事仲裁，而且对商事仲裁的发展，均起到了非常重要的推动和促进作用。UNCITRAL制定此项示范法

① 许多仲裁机构的规则均有类似规定。

② 参见本章第六节对各主要仲裁机构作出的简介。

③ 1976年4月28日由联合国国际贸易法委员会通过，同年12月15日第31届联合国大会通过。中文本参见宋连斌，林一飞．国际商事仲裁新资料选编［M］．武汉：武汉出版社，2001.

的目的是为了进一步协调世界各国规范国际商事仲裁的国内法，统一世界各国有关国际商事仲裁的程序规则。该示范法仅供各国在制定本国仲裁时自愿采用，且在采用时可对此作修改和调整。由于示范法所体现的仲裁基本原则符合国际上仲裁发展的趋势，近年来，它所确立的原则和制度受到了越来越多国家的接受。至少有40多个国家或地区直接采纳了该示范法，即使未采纳示范法的国家或地区，在制定本国或地区仲裁法时也尽量考虑到或借鉴示范法。① UNCITRAL示范法共分8章36条。

五、中国的商事仲裁概况

中国的商事仲裁分为中国的国际商事仲裁和国内商事仲裁。

(一) 中国的国际商事仲裁

中国的国际商事仲裁起源于中国国际经济贸易仲裁委员会（CIETAC）的仲裁实践。中央人民政府政务院在1954年5月6日举行的第215次政务会议上通过了《中央人民政府政务院关于在中国国际贸易促进委员会内设立对外贸易仲裁委员会的决定》。1956年，中国国际贸易促进委员会根据中央人民政府政务院1954年的决定，通过了《中国国际贸易促进委员会对外贸易仲裁委员会仲裁程序暂行规则》，组成第一届委员会，成立了对外贸易仲裁委员会。其后，该仲裁委员会经数次更名，现名称为"中国国际经济贸易仲裁委员会"（CIETAC），从成立之初无案可办或只受理少数案件发展到今天成为国际上受理国际商事仲裁案件最多的仲裁机构，CIETAC的仲裁实践对于中国仲裁制度的发展和完善具有重要的作用。②除CIETAC外，1995年中国《仲裁法》生效后，依中国《仲裁法》组建或重建的各地仲裁机构也逐渐开始受理涉外仲裁案件。180多家仲裁机构不作区分受理各类型案件的情况作为一个硬币的两面，引起业界的关注，褒贬不一。此外，香港特别行政区和澳门特别行政区在基本法允许的

---

① 截至2004年3月24日，基于UNCITRAL国际商事仲裁示范法制定相应仲裁立法的国家或地区如下：澳大利亚，阿塞拜疆，巴林，白俄罗斯，百慕大，保加利亚，加拿大，克罗地亚，塞浦路斯，埃及，德国，希腊，危地马拉，中国香港特别行政区，匈牙利，印度、伊朗，爱尔兰，日本，约旦，肯尼亚，立陶宛，中国澳门特别行政区，马达加斯加，马耳他，墨西哥，新西兰，尼日利亚，阿曼，巴拉圭，秘鲁，韩国，俄罗斯联邦，新加坡，斯里兰卡，土耳其，乌克兰，大不列颠及北爱尔兰联合王国内的苏格兰，美利坚合众国内的加利福尼亚州、康涅狄克州、伊利诺伊斯州、俄勒冈州、得克萨斯州，赞比亚，津巴布韦。

② 详见后文有关CIETAC部分。

范围内，秉承其原来的法律制度，国际商事仲裁的实践也在发展之中。我国台湾地区的“商事仲裁法”经过数次修订，也趋于完善。加入 WTO 以后，外国仲裁机构是否会在这竞争激烈但前景诱人的仲裁服务领域分一杯羹以及以何种方式进行，也是中国的国际商事仲裁界面临的一个课题。

在中国《仲裁法》生效前，除特定类型争议外，① CIETAC 只进行国际商事仲裁。中国《仲裁法》颁布后一段时间，CIETAC 仍仅进行国际商事仲裁。但在 1998 年仲裁规则和 2000 年仲裁规则实施后，除中国《仲裁法》规定不可仲裁的争议外，CIETAC 已经可以仲裁所有类型的争议。不过，CIETAC 仲裁的重心仍是国际商事仲裁。CIETAC 受理的国际商事争议类型涉及国际贸易投资的各个领域，其作出的裁决已经在许多国家得到了承认和执行。②

国内仲裁机构也受理了部分国际商事仲裁案件，但就各个仲裁机构单独而言，数量不多。而这些仲裁案件又主要集中在几个较大的国内仲裁机构。国内仲裁机构也日益重视国际商事仲裁案件的受理，并采取了相应的措施，提高了受理国际商事仲裁案件的数量和质量。

（二）中国的国内商事仲裁

中国的国内商事仲裁制度肇始于 20 世纪 80 年代。1981 年 12 月，全国人大常委会颁布了《中华人民共和国经济合同法》，其中第 48 条规定，经济合同发生纠纷时，当事人任何一方均可以向国家规定的合同管理机关申请调解或仲裁。③ 1983 年 8 月 22 日，国务院发布了《经济合同仲裁条例》，规定经济合同仲裁机关是国家工商行政管理局和地方各级工商行政管理局设立的经济合同仲裁委员会。④据不完全统计，至《仲裁法》颁布

① 如证券争议。1994 年 8 月 26 日，国务院证券委员会发出了《关于指定中国国际经济贸易仲裁委员会为证券争议仲裁机构的通知》。在该通知中，国务院证券委员会依据《股票发行与交易管理暂行条例》第 80 条的规定，即“证券经营机构之间以及证券经营机构与证券交易场所之间因股票的发行或者交易引起的争议，应当由证券员会委批准设立或者指定的仲裁机构调解、仲裁”，指定 CIETAC 为该条规定所述的证券争议的仲裁机构。1994 年 10 月 11 日，证监会也发出了《关于证券争议仲裁协议问题的通知》，作出相关规定。

② 见后文 CIETAC 部分。

③ 1993 年 9 月 2 日修订后，重新编号为第 42 条。现已失效。

④ 中国 1983 年《经济合同仲裁条例》第 2 条。依该条例第 33 条的规定，当事人一方或者双方对仲裁不服的，在收到仲裁决定书之日起 15 日内，向人民法院起诉；期满不起诉的，仲裁决定书即发生法律效力。现已失效。

前，全国一共有 14 部法律、82 项行政法规和 192 个地方性法规中规定了仲裁解决争议的方式，这些法规所规定的仲裁形式多样。在 1995 年《仲裁法》生效前，全国设立了数千个各类仲裁委员会，其中仅设立于各级工商行政管理局内的经济合同仲裁委员会就不下 3 400 个。①但是，此时的仲裁并非真正意义上的现代商事仲裁，与中国已经存在的涉外商事仲裁制度相比也是徒有其形而无其神。无论在管辖权、②自愿性、民间性、一裁终局性③等方面，此时的国内仲裁只能算是诉讼解决争议的翻版，行政解决争议的变异，无法体现出仲裁本身固有的优越性，也不能适应改革开放和建立社会主义市场经济体制的需要。中国《仲裁法》实施之后，中国的国内商事仲裁发生了根本性的变化，原有的隶属于各行政部门的仲裁机构一律终止，而新的仲裁体系的建立势在必行，国内仲裁机构的组建和重建工作全面展开。

为了做好重新组建国内仲裁机构的工作，国务院办公厅先后在 1994 年 11 月 13 日、1995 年 5 月 26 日、1995 年 8 月 1 日和 1996 年 6 月 8 日发布了四个规范性文件，④指导全国各地国内仲裁机构的重新组建工作，明确国内仲裁委员会组成方式、受案范围、登记办法和收费办法，提供示范的章程文本和暂行仲裁规则文本。重新组建国内仲裁机构的工作开展迅速。到 2006 年，全国各地新组建的仲裁委员会超过 180 家。各地依法重新组建仲裁机构的工作实现了中国国内仲裁制度的改革，促进了仲裁作为争议解决方式的应用。

CIETAC 是否可以受理除股票争议案以外其他类型的国内仲裁案件，这曾经是 CIETAC 在实践中必须解决的问题之一。经 1998 年与 2000 年对 CIETAC 仲裁规则修订以后，这个问题得到了解决。依 2000 年仲裁规则的规定，CIETAC 可以受理的争议包括涉外、涉港澳台以及当事人协议由仲

---

① 参见吴焕宁．我国《仲裁法》浅议［J］．仲裁与法律通讯，1995（3）．

② 《经济合同仲裁条例》第 9～13 条，现已失效。

③ 《经济合同仲裁条例》第 33 条，现已失效。

④ 这些规范性文件分别是：1994 年 11 月 13 日发布的《国务院办公厅关于做好重新组建仲裁机构和筹建中国仲裁协会筹备工作的通知》、1995 年 5 月 26 日发布的《国务院办公厅关于进一步做好重新组建仲裁机构工作的通知》、1995 年 8 月 1 日发布的《国务院办公厅关于印发〈重新组建仲裁机构方案〉、〈仲裁委员会登记暂行办法〉、〈仲裁委员会仲裁收费办法〉的通知》以及 1996 年 6 月 8 日发布的《国务院办公厅关于贯彻实施〈中华人民共和国仲裁法〉需要明确的几个问题的通知》。

裁委员会仲裁的其他国内争议。① 近几年来，CIETAC 受理的国内商事仲裁案件也在不断增加之中。

国内仲裁委员会的主要受案范围是无涉外因素的仲裁案件，即国内案件，但涉外案件的当事人如愿意提交国内仲裁委员会仲裁的，国内仲裁委员会也可以受理。国内仲裁机构受理的国内商事仲裁案件，近年来数量增长非常迅速。

第二节 仲裁协议

一、含义

通常认为，仲裁协议是指当事各方将他们之间已经发生或可能发生的争议提交仲裁解决的协议。对于仲裁协议的定义，国际上一般在仲裁立法中直接或间接予以界定。如 1996 年英国仲裁法第 6 条规定：（1）本编中，“仲裁协议”系指将现在或将来之争议（无论其为契约性与否）提交仲裁的协议。（2）在协议中援引书面形式的仲裁条款或包含仲裁条款的文件，构成仲裁协议，只要该援引旨在使上述条款成为协议的一部分。1998 年德国民事诉讼法典第 1029 条规定：（1）仲裁协议是当事人达成的将他们之间已产生或可能产生的、关于特定的法律关系（无论是契约性还是非契约性）的所有或某些争议提交仲裁的协议。（2）仲裁协议可以单独的协议形式（即单独仲裁协议）或合同条款的形式（即仲裁条款）约定。中国《仲裁法》第 16 条规定：仲裁协议包括合同中订立的仲裁条款和以其他书面方式在纠纷发生前或纠纷发生后达成的请求仲裁的协议。UNCITRAL 示范法第 7（1）条规定：“仲裁协议”是指当事人各方同意将他们之间的契约性或非契约性的特定法律关系上已经发生或可能发生的一切或某些争议提交仲裁的协议；仲裁协议可以采取合同中的仲裁条款形式或单独协议的形式。中国澳门涉外商事仲裁专门制度、1998 年比利时司法法典亦有类似的规定。②

当事人签订仲裁协议的目的是将争议通过仲裁解决。因此，除当事人可以协议约定的其他内容外，仲裁协议本身需包含使其有效的要素。有效

① 2000 年 CIETAC 规则第 2 条。

② 有关法规可参见宋连斌，林一飞．国际商事仲裁资料选编［M］．武汉：武汉出版社，2001．

仲裁协议的要素通常由各国仲裁成文法规定或体现在有关仲裁案例法中。此类要素或要件可分为形式要件和实质要件。一般情况下，仲裁协议应具有书面形式。但是，各国对仲裁协议的形式要件的规定不尽一致。例如，有些国家也存在口头仲裁协议。①此外，仲裁协议还应满足国内法规定的实质要件。例如，中国《仲裁法》第 16 条第 2 款规定，仲裁协议应当具有下列内容：(1) 请求仲裁的意思表示；(2) 仲裁事项；(3) 选定的仲裁委员会。通常情况下，约定机构仲裁的仲裁协议，应当具有明确的仲裁意愿、仲裁事项和仲裁机构，而约定临时仲裁的仲裁协议，则无须约定仲裁机构。此外，仲裁协议当事人应具有民事行为能力，争议事项须具有可仲裁性。本章第三节和第四节将对形式要件和实质要件分别进行详细阐述。

二、仲裁协议的效力

(一) 对法院的效力

有效仲裁协议具有排除法院管辖的效力。这种效力由法律规定。例如，1998 年德国仲裁法规定，就仲裁协议的标的向法院提起诉讼，如被告在对争议实体予以聆讯前提出异议，则法院应以不可受理为由驳回起诉，除非法院认定仲裁协议是绝对或相对无效或者不可执行的。②中国《仲裁法》第 5 条也规定，当事人达成仲裁协议，一方向人民法院起诉的，人民法院不予受理，但仲裁协议无效的除外。仲裁协议排除法院管辖权通过以下两种方式体现出来：一是使当事人不向法院提起诉讼，直接诉诸仲裁；二是在一方当事人向法院提起诉讼的情况下，依据有效仲裁协议，使法院中止诉讼，③或驳回起诉。④

即使存在有效的仲裁协议，当事人也可以在此后共同约定，解除仲裁协议。此外，如果一方当事人提起诉讼，而另一方未适当提出异议，进而继续进行诉讼的，构成仲裁权利的放弃。此时，中国《仲裁法》第 26 条规定，另一方在首次开庭前未对人民法院受理案件提出异议的，视为放弃仲裁协议，人民法院应当继续审理。其他国家（如英国、德国）的仲裁

① 如英国普通法上就存在口头仲裁协议。

② 1998 年德国仲裁法第 1032 条第 1 款。

③ 如 1996 年英国仲裁法第 10 条的规定。

④ 如中国《仲裁法》第 26 条的规定。

法也有类似规定。①一般地，当事人放弃权利的标准以首次开庭或对争议实体进行审理前为准。如果当事人未在此前提出异议，则法院认定当事人放弃仲裁协议。当事人放弃或视为放弃仲裁协议的后果是法院可以继续行使其管辖权。

不过，应当指出，排除法院就案件实体进行审理的管辖权不等于排除法院具有的其他程序管辖权。例如，当事人可能请求法院采取临时措施，请求法院委任仲裁员、主持作证等。此类程序事项仍应由管辖法院进行。而法院此时的管辖权与仲裁协议并不冲突。例如，1998 年德国仲裁法第 1033 条的规定。②中国《仲裁法》也对法院的其他程序管辖权作了规定。

（二）对当事人的效力

商事交易中，一旦双方之间存在仲裁协议，则在争议发生之后，当事人应自愿履行仲裁协议，按照仲裁协议的规定提交仲裁。签订仲裁协议，使当事人在争议发生之后或争议发生之前排除了通过诉讼解决争议的方式。双方通过仲裁协议，放弃了向法院提起诉讼的固有权利，而这种放弃是为法律所允许的。仲裁协议对当事人的这种效力包括对原始缔约方和继受缔约方的效力。

仲裁协议通常会规定，争议发生后，提交仲裁前，先通过协商解决，或者先通过调解、调停等替代性争议解决方式（ADR）解决。当事人是否需要遵守仲裁协议中的此类规定？仲裁协议是否直接排除了当事人的其他约定？实践中可能遇到这个问题。在 CIETAC 受理的 G 公司诉 H 公司案③中，合同约定，争议发生后，双方应进行协商，协商不成，提交仲裁。争议发生后，一方未经过协商，而直接提交仲裁。被申请人提出异议，称双方应先进行协商。但未能得到支持。协商不成包括对实体和程序的协商。如果一方根本无协商的意愿，则双方无法就协商的程序达成一致，自然无法强迫当事人进行协商。协商程序是一种无约束力的程序，并非一定要进行。如果规定仲裁协议的同时规定了其他 ADR 方式，情况亦是如此。ADR 方式也是一种无约束力程序。不过，随着法院司法理念的变化、ADR 方式的流行，有些国家在这种情况下，可能会要求先进行 ADR 方式。英国在诉讼中已经有法官要求当事人先进行ADR程序的案

① 1996 年英国仲裁法第 9 条第 3 款。

② 该条规定，在仲裁程序开始前或进行之中，法院应当事人请求就仲裁标的采取临时保全措施，与仲裁协议并不冲突。

③ CIETAC 案例，未公布。

例。①但仲裁庭能否在国际仲裁中作出应先进行 ADR 程序的决定仍存疑。一些国家及地区仲裁法对于本地仲裁则规定，如果存在先进行 ADR 的约定，仲裁庭可以要求当事人先进行 ADR 程序，如中国澳门的核准仲裁制度。②

按合同只约束当事人的合同相对性原则，仲裁协议不对第三人产生约束力。为他人利益合同只有在其中的第三人与合同一方当事人以某种形式达成仲裁协议的情况下，才可以提起仲裁，而此时前“第三人”已经是新的仲裁协议的当事人，并非与另一方不存在任何仲裁协议的第三人。

（三）对仲裁机构/仲裁员的效力

仲裁协议生效后，如果选定了仲裁机构，则一旦争议发生，当事人只能向选定的仲裁机构提起仲裁。仲裁机构对于案件享有“潜在的”管辖权。只有当事人提起仲裁后，仲裁机构才享有实际管辖权。

如果仲裁协议指明了某人担任仲裁员，则一旦发生争议，该人仍可以拒绝担任仲裁员。仲裁协议并不对该名仲裁员产生约束力。

（四）仲裁协议效力的终止

仲裁协议作为一种协议，亦应遵守合同法的相关原则。仲裁协议签订之后，双方可以以书面约定撤销。但除非另有特别规定，否则不得单方任意撤销仲裁协议。在 *Kukje Sangsa Co. Ltd.*（*Korea*）*v. GKN International Trading*（*London*）*Limited*（*UK*）案③中，法院认为，仲裁条款中明确规定的伦敦仲裁院规则指明英国法律作为适用法律。法院认为依据英国法律，

---

① 在 *Shirayama Shokusan Company Ltd. & Others v. Danovo Ltd* [2003] All ER (D) 114 (Dec) 案中，被告不愿意考虑使用 ADR 方式，并且提出异议，其理由是法院没有权力迫使当事人进行调解，同时，鉴于原告的行为，ADR 不会发生作用。但是，法院所作的决定，并非建议当事人进行调解，而是命令当事人进行调解。Blackburne 认为，他有权依据 CPR 规则 1.1 条作出此种命令。法院必须积极管理案件，节省成本，并特别应采取与所涉金额相称的方式处理案件。Blackburne 认为，双方当事人不同意进行调解并无关系。与新的民事诉讼规则相对应，这个案件在实践上是一个非常大的转变，表明了英国法院对 ADR 的最新态度。

② 1996 年中国澳门的仲裁核准制度第 23 条第 4-7 款规定：1. 如订定应在仲裁之前进行调解，仲裁庭应要求原诉人出示曾召集该调解之证据。2. 如未作出此召集，仲裁庭应中止有关程序最多 30 日，以便原诉人展开召集该调解之必要工作。3. 如原诉人在上款所指程序之中止期间内，不召集调解，仲裁程序将不予进行，且原诉人应负担设立仲裁庭之所有费用。4. 如原诉人证实曾召集调解，即使有关召集因不可归责于原诉人之原因而未实现，仲裁程序仍应继续进行。

③ 韩国 1990 年 10 月份最高法院判例。

单方任意撤销仲裁协议不应得到允许。

已经签订的仲裁协议也可能因某种情事而终止。例如，在德国申请执行外国仲裁裁决的一个案例①中，一方当事人以无法支付仲裁费为由，终止仲裁协议，向德国法院提起诉讼。法院认定，仲裁协议因不可履行而终止。此时，如果仲裁庭继续进行仲裁程序，则作出的裁决显然无法得到执行。

中国《仲裁法》第 9 条第 2 款规定，裁决被人民法院依法裁定撤销或者不予执行的，当事人就该纠纷可以根据双方重新达成的仲裁协议申请仲裁，也可以向人民法院起诉。据此，原仲裁协议无效，双方重新申请仲裁的依据是重新达成的仲裁协议。但是，有些国家的法律规定，裁决被撤销后，当事人仍可依原仲裁协议起诉。例如，1998 年德国仲裁法第 1059 条第 5 款规定，裁决的撤销应导致仲裁协议就争议事项而言重新有效。

三、仲裁协议的种类

由上述立法中对仲裁协议的定义可知，从协议达成的时间来看，仲裁协议通常可以分为两类：争议发生前达成的仲裁协议和争议发生后达成的仲裁协议。事先协议在争议发生前达成，一般包括在合同中，构成合同的一个条款。事先协议由于是在争议尚未发生的友好气氛下签订的，故而较为常见，实务中大多数仲裁协议均是这种以仲裁条款形式出现的事先仲裁协议。一旦当事人发生争议，签订仲裁协议的可能性就相对小得多，当事人较难达成合意。事后仲裁协议的签订与下列因素有关：一是当事人之间的友好程度；二是一国仲裁理念的普及和仲裁制度的完善；三是双方对所选仲裁机构的信任程度。在实务中，又以前者为主，在该种情况下，当事人双方对于事实或处理结果已经达成某种程度上的一致。②多数事后仲裁协议的当事人双方，最终都能在仲裁庭的主持下较友善地解决争议。

从协议的形式来看，仲裁协议可以分为三类：包含在合同中的仲裁条款（当事人在基础合同中约定，将来所发生的争议提交仲裁）、单独签订

---

① Bundesgerichtshof (III ZR 33/00) (Unreported, September 14, 2000). KROLL, STEFAN. Germany: Enforcement of Arbitration Agreements [J]. Int. A. L. R., 2002, 5 (2): N11-12.

② 例如，CIETAC 受理的一债权转让协议案，对于申请人陈述的事实，被申请人基本上没有异议，最后双方通过和解解决；另一权益转让协议案，双方只是对于违约金存有争议，而申请人最后放弃了违约金，虽然并非通过书面的和解协议，但仲裁庭对于双方无争议的部分作合法性审查后即直接予以裁决。

的仲裁协议（通常为当事人在争议发生后作出的将该争议提交仲裁的约定，也称仲裁协定、仲裁协议）以及当事人通过援引等其他形式确定的仲裁协议。有些国家的法律曾经规定，约定将来发生的争议提交仲裁的协议无效。但现在，大部分国家都没有这种限制。《纽约公约》第2条第1款规定的争议亦为已发生或可能发生的一切争议。除上述分类外，根据仲裁协议是否具有涉外因素，又可将仲裁协议分为国内仲裁协议与国际仲裁协议。

仲裁协议也可以其他方式确定。例如，《纽约公约》规定的互换函电方式。有些方式虽然并非体现为合同中的仲裁条款，或单独的仲裁协定，但当事人可以通过其他方式表明存在有效的仲裁协议。下文在讨论书面要件时将讨论援引、继受、提单、公司章程等各种方式确定的仲裁协议。

区分国内仲裁协议与国际仲裁协议的首要考虑和意义在于，内国法律对于国内仲裁与国际仲裁所作的不同规定以及由此产生的不同法律效果。例如，中国对于涉外仲裁与国内仲裁规定了不同的司法审查制度。再如，1996年英国仲裁法第85条规定："国内仲裁协议"是指任何一方当事人均无下述事由且其仲裁地应位于英国：（1）国籍或惯常居住地位于联合王国以外的个人；（2）设立地或主要经营控制中心位于联合王国以外的法人团体。对于国内仲裁协议，有关中止诉讼、排除法院管辖权协议的有效性等规定均与国际仲裁不同。①依2002年《荷兰仲裁协会规则》第1条第7款的规定，在仲裁程序开始时至少有一方当事人在荷兰之外居住或有住所或在荷兰之外有实际居住地的商事仲裁协议，为国际商事仲裁协议。以上法律文件对于商事仲裁协议的判断标准，只以主体所在地作为标准。不过，一般认为，对于商事仲裁协议国际性的判断标准，相应于国际商事仲裁中国际性的判断标准。因此，如一项仲裁为国际仲裁，则相应仲裁协议亦应为国际仲裁协议。

第三节 仲裁程序

一定程度上，仲裁法即是仲裁程序法。仲裁程序是仲裁法的主要部分，是仲裁制度的动态组成部分。仲裁程序研究的是从申请到裁决作出所应遵循的规则。如何确定仲裁程序规则？通常主要有三个原则：一是适用当事人意思自治约定的仲裁程序；二是仲裁程序的进行应当独立、公正、

① 1996年英国仲裁法第85～88条。

迅捷；三是各方当事人均应得到陈述的机会。有关仲裁庭的组成、程序合并、证据、异议权放弃等，均可归入仲裁程序。本节仅从中国《仲裁法》入手，略述仲裁程序中的主要程序。关于仲裁程序的进一步探讨，将联系裁决异议制度，在后文进行。

一、申请

申请仲裁是指平等主体的自然人、法人和其他组织就他们之间发生的合同纠纷和其他财产权益纠纷，依据事先或事后仲裁协议，提请有关的仲裁委员会进行仲裁的行为。争议发生后，争议的任何一方均可按照双方在争议发生前或发生后订立的仲裁协议，依法向选定的仲裁委员会提出仲裁申请。《仲裁法》第 21 条和第 22 条规定了申请仲裁的要件：（1）提交仲裁协议。当事人之间订有仲裁协议是申请仲裁的必备条件。没有仲裁协议，仲裁委员会对于案件无管辖权，当事人之间的争议不能通过仲裁委员会解决，当事人也不能向仲裁委员会提出申请。① （2）有具体的仲裁请求及所依据的事实、理由。仲裁请求应当明确，并且必须有一定的事实、理由来证明。这些应当作为证据文件一并提交。（3）属于仲裁委员会的受理范围。当事人提出仲裁申请的事项，应当属于平等主体的公民、法人和其他组织之间发生的合同纠纷和其他财产权益纠纷，② 而不是婚姻、收养、监护、扶养、继承纠纷，也不是依法应当由行政机关处理的争议。③（4）向选定的仲裁委员会提出。当事人应当向双方在仲裁协议中选定的仲裁委员会提出仲裁申请。（5）提交仲裁申请书及副本。仲裁申请书应载明必要的事项。按照《仲裁法》第 23 条的规定，仲裁申请书应载明下列事项：（1）当事人的姓名、性别、年龄、职业、工作单位和住所，法人或者其他组织的名称、住所和法定代表人或者主要负责人的姓名、职务；（2）仲裁请求和所根据的事实、理由；（3）证据和证据来源、证人姓名和住所。④ 当事人提出申请之后，可以修改申请，也可以撤销申请。

---

① 某些情况下，仲裁委员会可能尝试立案，接受无仲裁协议的申请，之后再向被申请人发出询问函。如果被申请人同意并签订书面仲裁协议，则案件程序正式启动，继续进行。如果被申请人不同意或不予答复，则不继续进行仲裁程序。国外某些机构也有类似做法。

② 中国《仲裁法》第 2 条。

③ 中国《仲裁法》第 3 条。

④ 具体仲裁申请手续可以见各仲裁机构的网站，如 http：//www. sccietac. org。

二、受理

受理程序是紧接当事人的仲裁申请进行的。仲裁机构在收到仲裁申请之后，应当依法及时决定是否受理。中国《仲裁法》第24条规定，仲裁委员会收到仲裁申请书之日起5日内，认为符合受理条件的，应当受理，并通知当事人；认为不符合受理条件的，应当书面通知当事人不予受理，并说明理由。仲裁委员会依据上述五个要件，审查当事人的仲裁申请。仲裁申请符合此类条件，则可以用书面或口头（通常为书面）通知当事人；如果不予受理，也应于5日内通知当事人，但不予受理的通知应当采用书面形式。不予受理的通知应当说明理由。仲裁委员会受理仲裁申请后，应当在仲裁规则规定的期限内将仲裁规则和仲裁员名册送达申请人，并将仲裁申请书副本和仲裁规则、仲裁员名册送达被申请人。① 同时，依据中国《仲裁法》第9条的规定，裁决作出后，当事人就同一纠纷再申请仲裁或者向人民法院起诉的，仲裁委员会或者人民法院不予受理。

三、答辩

答辩是被申请人的一项非常重要的权利。被申请人通过答辩，对申请人的申请作出回应，并提出自己的立场。这样，有利于查清案件事实、解决双方纠纷。如果被申请人非因自己的原因未进行答辩，将影响仲裁的效率和裁决的执行。如果被申请人由于自己的原因不进行答辩或不进行充分答辩，将影响自己的权益。被申请人应在仲裁规则规定的期限内提出答辩书，但如被申请人不在该期限内提出，也不影响仲裁程序的进行。被申请人收到仲裁申请书副本后，应当在仲裁规则规定的期限内向仲裁委员会提交答辩书。仲裁委员会收到答辩书后，应当在仲裁规则规定的期限内将答辩书副本送达申请人。被申请人未提交答辩书的，不影响仲裁程序的进行。

四、反请求

中国《仲裁法》第27条规定，申请人可以放弃或者变更仲裁要求。被申请人可以承认或者反驳仲裁请求，有权提出反请求。提出反请求的条件应当符合中国《仲裁法》对于申请的规定。反请求与本请求紧密相关，但又有相对的独立性。首先，反请求是针对原来的仲裁请求提出来的，依

① 中国《仲裁法》第25条第1款。

据的是同一份仲裁协议。其次，反请求是独立的请求，并非一定要与本请求在一个仲裁庭中提出。反请求与本请求均在同一案件中受理实际上相当于两个仲裁程序的合并。在同一仲裁庭中的目的一是提高效率，二是避免存在矛盾裁决。最后，除非当事人另有约定，本请求的撤回并不影响反请求仲裁程序的继续进行，仲裁庭仍需对反请求作出裁决。

五、财产保全

仲裁中的财产保全，是指因另一方当事人的行为或其他原因，可能使将来的仲裁裁决不能执行或者难以执行的，经一方当事人申请并经仲裁委员会提交，由有管辖权的人民法院根据中国《民事诉讼法》采取的限制特定财产处分权的强制措施。依中国《仲裁法》第28条的规定，一方当事人因另一方当事人的行为或者其他原因，可能使裁决不能执行或者难以执行的，可以申请财产保全。当事人申请财产保全的，仲裁委员会应当将当事人的申请依照中国《民事诉讼法》的有关规定提交人民法院。申请有错误的，申请人应当赔偿被申请人因财产保全所遭受的损失。依据该条，当事人有权利就所涉财产申请财产保全，仲裁委员会应当将财产保全申请及时提交人民法院。人民法院应当参照中国《民事诉讼法》的有关规定处理仲裁中有关财产保全的事项。

中国《仲裁法》未规定诉前财产保全，只规定了提起仲裁时或者进入仲裁程序之后的财产保全。但是，按照财产保全制度的精神，民事诉讼中的诉前保全制度亦应当适用于仲裁。因为在情况十分紧急时，如等到当事人履行完仲裁申请手续，很可能损失难以挽回，日后作出的裁决，也难以履行或不能履行。

六、证据保全

仲裁中的证据保全，是指在仲裁程序进行过程中，证据所在地的人民法院对某些可能灭失或者以后难以取得的证据，经当事人申请并由仲裁委员会提交而采取的强制性保护、固定措施。中国《仲裁法》第46条规定了国内案件中证据保全的条件和程序：在证据可能灭失或者以后难以取得的情况下，当事人可以申请证据保全。当事人申请证据保全的，仲裁委员会应当将当事人的申请提交证据所在地的基层人民法院。关于涉外案件，中国《仲裁法》第68条规定，涉外仲裁的当事人申请证据保全的，涉外仲裁委员会应当将当事人的申请提交证据所在地的中级人民法院。

七、组成仲裁庭

中国实行强制名册制。所有组成仲裁庭的仲裁员应当在仲裁员名册中规定。有关选定或委任仲裁员的时限等由各仲裁机构的仲裁规则详细规定。依照中国《仲裁法》的规定，仲裁庭可以由三名仲裁员或者一名仲裁员组成，由三名仲裁员组成的，设首席仲裁员。当事人约定由三名仲裁员组成仲裁庭的，应当各自选定或者各自委托仲裁委员会主任指定一名仲裁员，第三名仲裁员由当事人共同选定或者共同委托仲裁委员会主任指定，第三名仲裁员是首席仲裁员。当事人约定由一名仲裁员成立仲裁庭的，应当由当事人共同选定或者共同委托仲裁委员会主任指定仲裁员。当事人没有在仲裁规则规定的期限内约定仲裁庭的组成方式或者选定仲裁员的，由仲裁委员会主任指定。仲裁庭组成后，仲裁委员会应当将仲裁庭的组成情况书面通知当事人。

八、回避

中国《仲裁法》第 34 条规定了仲裁员必须回避的四种理由，即：是本案当事人或者当事人、代理人的近亲属；与本案有利害关系；与本案当事人、代理人有其他关系，可能影响公正仲裁的；私自会见当事人、代理人，或者接受当事人、代理人的请客送礼。如存在应予回避的事由，仲裁员可以自行申请回避，也可能因当事人申请而被回避。按照中国《仲裁法》第 35 条规定，当事人如欲提出回避申请，应当说明理由，在首次开庭前提出；回避事由在首次开庭后知道的，可以在最后一次开庭终结前提出。该条由于没有以确定的时限作为回避的期限，而是依据首次开庭的期限，可能成为不诚信的一方当事人拖延程序的手段。关于回避决定，国外实践通常由仲裁庭作出决定，如对该决定提起上诉，则由法院作出。中国《仲裁法》赋予仲裁机构作出决定的权力。第 36 条规定，仲裁员是否回避，由仲裁委员会主任决定；仲裁委员会主任担任仲裁员时，由仲裁委员会集体决定。仲裁员自行回避或根据仲裁委员会的决定而回避之后，当事人应当依照中国《仲裁法》关于选定仲裁员的规定重新选定仲裁员，或者由仲裁委员会主任指定替代的仲裁员。重新选定或指定仲裁员后，当事人可以请求已进行的仲裁程序重新进行，是否准许，由仲裁庭视情况决定。仲裁庭也可自行决定已进行的仲裁程序重新进行。

九、管辖权决定

当事人对仲裁协议的效力有异议的，可以请求仲裁委员会作出决定或者请求人民法院作出裁定。一方请求仲裁委员会作出决定，另一方请求人民法院作出裁定的，由人民法院裁定。当事人对仲裁协议的效力有异议，应当在仲裁庭首次开庭前提出。

十、开庭审理

开庭审理是主要的案件审理方式。仲裁委员会应当在仲裁规则规定的期限内将开庭日期通知双方当事人。当事人有正当事由的，可以在仲裁规则规定的期限内请求延期开庭。是否延期，由仲裁庭决定。申请人经书面通知，无正当理由不到庭或者未经仲裁庭许可中途退庭的，可以缺席裁决。开庭审理过程中，当事人可以当庭出示证据、质证和进行口头辩论。辩论终结时，首席仲裁员或者独任仲裁员应当征询当事人的最后意见。国内仲裁中，仲裁庭应当将开庭情况记入笔录，当事人和其他仲裁参与人认为对自己陈述的记录有遗漏或者差错的，有权申请补正。如果不予补正，应当记录该申请。笔录由仲裁员、记录人员、当事人和其他仲裁参与人签名或者盖章。涉外仲裁的仲裁庭可以将开庭情况记入笔录，或者作出笔录要点，笔录要点可以由当事人和其他仲裁参与人签字或者盖章。

十一、书面审理

除开庭审理外，当事人还可以协议不开庭审理。根据中国《仲裁法》第 39 条规定，仲裁应当开庭进行；当事人协议不开庭的，仲裁庭可以根据仲裁申请书、答辩书以及其他材料作出裁决。进行书面审理的案件，应经当事人同意；或者仲裁庭认为书面审理是适当的，且当事人对于书面审理经通知后并未表示异议。

十二、调解

仲裁庭在作出裁决前，可以先行调解。当事人自愿调解的，仲裁庭应当调解。调解不成的，应当及时作出裁决。调解达成协议的，仲裁庭应当制作调解书或者根据协议的结果制作裁决书。调解书与裁决书具有同等法律效力。调解书应当写明仲裁请求和当事人协议的结果。调解书由仲裁员签名，加盖仲裁委员会印章，送达双方当事人。调解书经双方当事人签收后，即发生法律效力。在调解书签收前当事人反悔的，仲裁庭应当及时作出裁决。不过，应当注意，调解并非仲裁的必经程序，而只是一种选择性程序。

十三、裁决

开庭之后，仲裁庭应当尽快安排时间进行合议，提出仲裁庭意见，并及时作出裁决。裁决应当按照多数仲裁员的意见作出，少数仲裁员的不同意见可以记入笔录，仲裁庭不能形成多数意见时，裁决应当按照首席仲裁员的意见作出。裁决书应当写明仲裁请求、争议事实、裁决理由、裁决结果、仲裁费用的负担和裁决日期。当事人协议不愿写明争议事实和裁决理由的，可以不写。裁决书由仲裁员签名，加盖仲裁委员会印章。对裁决持不同意见的仲裁员，可以签名，也可以不签名。仲裁庭仲裁纠纷时，其中一部分事实已经清楚，可以就该部分先行裁决。对裁决书中的文字、计算错误或者仲裁庭已经裁决但在裁决书中遗漏的事项，仲裁庭应当补正，当事人自收到裁决书之日起 30 日内，可以请求仲裁庭补正。裁决书自作出之日起发生法律效力。

第四节　仲　裁　员

一、仲裁员的资格条件

仲裁员是仲裁程序的主持人和实体争议的决定者。在很大程度上，仲裁决定于仲裁员。因此，各国一般通过法律对仲裁员的资格作出规定。另外，各仲裁机构为了保证本机构仲裁的质量和声誉，对于仲裁员的资格往往也作出规定。这些规则有些是硬性的，以法律作出规定，未达到该规定则不得被聘为仲裁员;① 有些则是软性的，是从道德规范的角度对仲裁员的资格及今后的行为作出约束。后者涉及仲裁员的品德。一般情况下，仲裁员的品德对其仲裁员资格的影响，法律只作原则性规定；通过相关机构的仲裁员道德规范对仲裁员的品德会作出较为详细的指引。例如，中国《仲裁法》第 13 条规定：仲裁委员会应当从公道正派的人员中聘任仲裁员。CIETAC 仲裁员守则则规定了相应的具体要求。关于仲裁员资格条件的规定，综观各国立法大体上有四种情形：其一，对仲裁员的资格条件予以详细而严格的规定，如中国。其二，对仲裁员规定某种特别要求（如

---

① 如中国《仲裁法》的规定。

宗教信仰），沙特阿拉伯即是如此。其三，规定具有完全民事行为能力的普通人可被委任为仲裁员，如法国、瑞典、比利时、荷兰、罗马尼亚、波兰、葡萄牙、希腊、阿根廷、埃及等。其四，一些国家或地区对仲裁员的资格条件在立法上不作直接规定，以当事人的直接或间接约定为准，如英国、澳大利亚、美国、墨西哥、德国、瑞士等。①

（一）行为能力

仲裁员应当是具有完全民事行为能力的自然人。作为一种当然的隐含条件，各国/地区仲裁法一般不单独对仲裁员的行为能力作出规定。不过，仍然有些国家和地区的仲裁法会作出规定。例如，荷兰民事诉讼法典第1023条规定，任何有法律行为能力的自然人可被指定为仲裁员。中国澳门核准仲裁制度②第12条第1款规定，仲裁员应为具有完全行为能力之自然人。瑞典仲裁法第7条也规定，任何对其行为及财产具有完全法律能力的人均可充任仲裁员。

仲裁员应当为自然人。例如，2002年修订的中国台湾“仲裁法”③第5条第1款规定，仲裁员应为自然人。但在有些情况下，仲裁协议指定某法人作为仲裁员。此时，仲裁实践反映不一。有些仲裁制度规定，此种情况视为未约定仲裁员。另外一些仲裁制度则作出区别规定，将指定仲裁机构或专门机构的约定视为有效约定。例如，中国澳门核准仲裁制度第12条第2款规定，仲裁协议或当事人随后之书面协议指定一法人作为仲裁员，而该法人属专门机构时，仲裁工作之筹组应由该法人按其规章为之；在其余情况下，该指定视为并无订定。中国台湾1998年“商务仲裁条例”也规定，当事人于仲裁协议约定仲裁机构以外之法人或团体为仲裁人者，视为未约定仲裁人。④ 应当注意到，约定仲裁机构以外的法人作为仲裁员，并不使仲裁协议当然无效，而只是使该约定无效或不存在。

（二）专业条件

传统仲裁的特性之一即专家断案，仲裁员通常须具有某一领域的专业技能，须符合一定的专业条件。在行业仲裁中，尤其如此。例如，谷物与饲料贸易协会（GAFTA）仲裁中，争议通过委任GAFTA合格仲裁员来解

---

① 参见黄进，宋连斌，徐前权．仲裁法学［M］．北京：中国政法大学出版社，2002.

② 中国澳门政府法令第29/96/M号。

③ 于2002年7月10日修订。

④ 1998年中国台湾“商务仲裁条例”第5条第2款。

决，所有的仲裁员都须符合高标准的专业要求，他们必须对于贸易所面临的复杂情况和问题有深刻的了解，必须参加训练课程并符合专业持续发展项目规定的标准。仲裁员的专业条件一般较少在各国立法中作出规定，或是由仲裁规则进行约定；在大多数实行临时仲裁和非名册制的国家，任何人均原则上可以作为仲裁员，仲裁员的专业资格由当事人根据争议的性质自己约定。由于专业性是一个不易界定的概念，因此，仲裁机构通常通过资格认定或考核，来判断其仲裁员的专业性。①

但在有些国家或地区，取得仲裁员资格，必须具备相应的专业条件。只有满足这些条件，才具备作为仲裁员的“入门”资格。中国《仲裁法》第 13 条规定，仲裁员应当具有下列专业条件之一：（1）从事仲裁工作满 8 年的；（2）从事律师工作满 8 年的；（3）曾任审判员满 8 年的；（4）从事法律研究、教学工作并具有高级职称的；（5）具有法律知识、从事经济贸易等专业工作并且具有高级职称或具有同等专业水平的。但机构一般在此基础上根据自身的特定情况，附加其他进一步的条件要求，如 CIETAC 有关仲裁员聘任的规定。中国台湾“仲裁法”亦对仲裁员的资格通过立法作出规定。依中国台湾“仲裁法”第 6 条的规定，具有法律或其他各业专门知识或经验，信望素孚之公正人士，具备下列资格之一者，得为仲裁人：（1）曾任实任推事、法官或检查官者。（2）曾执行律师、会计师、建筑师、技师或其他与商务有关之专门职业人员业务 5 年以上者。（3）曾任台湾内、外仲裁机构仲裁事件之仲裁人者。（4）曾任“教育部”认可之内、外大专院校助理教授以上职务 5 年以上者。（5）具有特殊领域之专门知识或技术，并在该特殊领域服务 5 年以上者。②

（三）国籍

通常情况下，尤其是在国际商事仲裁中，立法或仲裁规则不对仲裁员的国籍作出限定。③ 但是，由于争议性质的不同，在实行国内仲裁和国际仲裁双轨制的国家，则可能出现对国内仲裁的仲裁员作出限定的情况。例如，就中国国内仲裁而言，虽然中国《仲裁法》没有明确规定仲裁员的

---

① 有些仲裁，例如中国的劳动仲裁，还有专门的仲裁员资格考试。而国际上的一些仲裁员协会，如英国特许仲裁员协会等，也设有类似的考试。

② 此外，中国台湾 2002 年“仲裁法”还从消极条件等方面对仲裁员的资格作出限制。如中国台湾 2002 年“仲裁法”第 7～8 条。

③ 荷兰 1986 年民事诉讼法典第 1023 条规定，除非当事人另有约定，任何人不应由于其国籍的原因而妨碍指定。1994 年意大利仲裁协会国际仲裁规则第 13 条（仲裁员的国籍）规定，仲裁员可为意大利公民或外国国民。

国籍问题，但从立法精神和语句表述看，仲裁员应当为中国籍公民。关于这一点，《重新组建仲裁机构方案》中有关仲裁员的资格条件规定得很清楚："仲裁委员会应当主要在本省、自治区、直辖市范围内符合仲裁法第13条规定的人员中聘任仲裁员。"① 而涉外仲裁方面，中国《仲裁法》第67条规定，涉外仲裁委员会可以从外籍人士中聘任仲裁员，例如，CIETAC已经聘任了大量外籍仲裁员。

个案当中，立法或仲裁机构的仲裁规则，可能对独任仲裁员或首席仲裁员的国籍作出某种程度的限定。通常有两种方式。一种是要求委任机构在委任时考虑委任其他国籍的仲裁员的适当性。例如，日本2003年仲裁法规定，在独任仲裁员或者当事人委任的两名仲裁员委任第三名仲裁员的情况下，委任当事人国籍外其他国籍的仲裁员是否适当，这也是法院在委任仲裁员时应当考虑的因素。② 1998年德国仲裁法第1035条第5款规定，法院在委任独任仲裁员或首席仲裁员的情形下，除适当考虑当事人之间的协议对仲裁员的资格要求，以及其他确保委任独立公正的仲裁员的因素外，法院还应同时考虑委任当事人国籍之外其他国籍仲裁员的适当性。1997年新加坡国际仲裁中心仲裁规则亦有类似规定。③ 另一种是规定应当委任其他国籍的仲裁员，如国际商会、伦敦国际仲裁院（LCIA）等。国际商会仲裁规则第9.5条规定：独任仲裁员或首席仲裁员的国籍应与各方当事人的国籍不同。④ 1998年伦敦国际仲裁院仲裁规则第6.1条规定，如果当事人各方具有不同的国籍，独任仲裁员或仲裁庭首席仲裁员的国籍不应与任何一方当事人相同，除非与该候选仲裁员不同国籍的其他当事人书面同意。国籍的确定依法律规定或所适用的冲突法规则。例如，伦敦国际仲裁院仲裁规则第6.2条规定，当事人的国籍应理解为包括具有控制权的股东或股份的国籍；第6.3条规定，就本条而言，某人如是两个或两个以上国家的公民应分别视为这些国家的国民；欧盟的公民应视为其各个成员国的国民，而不应被认为具有相同国籍。

二、仲裁员的委任

个案仲裁员的选定或委任可能采取不同的方式。最主要的是由当事人

---

① 中国1995年《重新组建仲裁机构方案》第3条。

② 2003年日本仲裁法第17条第6款第3项。

③ 新加坡国际仲裁中心1997年仲裁规则第11条第1款。

④ 不过，该条也规定，在适当的情形下，且各方当事人均未在仲裁院规定的期限内提出异议，仲裁院也可以从当事人所属国选定独任仲裁员或首席仲裁员。

选定。但是，实行机构仲裁时，不同机构对仲裁员的委任可能施加一定的审查，因此，从理论上讲，即便当事人选定了仲裁员，可能仍需仲裁机构进行确认。在当事人未能委任仲裁员的时候，可能由第三方进行委任。仲裁员主要的委任方式包括由当事人自己选定、由当事人自己选定并经委任机构确认、由约定的委任机构委任、由法院指定仲裁员、由受案机构委任仲裁员、由已经委任的仲裁员委任首席仲裁员等。大多数仲裁法或仲裁规则都对仲裁员的委任作了或繁或简的规定，如 UNCITRAL 仲裁规则第 6 ~ 8 条的规定（仲裁员的委任）。此处简要介绍各种委任方式和仲裁庭的组成形式。

作为仲裁自愿性的一种体现，当事人选定仲裁员的权利是一项重要的权利。当事人未得到委任仲裁员的通知，可能使得裁决无法执行。① 当事人可以按照自己的意志，选定仲裁员。通过这种方式选定仲裁员是大部分仲裁案件中的惯常方式。但是，这种意思自治的行使受到一定程度上的限制。例如，实行强制名册制的国家，当事人选定的仲裁员不得超出仲裁员名册。此外，在多方当事人仲裁案件中，如多方当事人未能共同选定仲裁员，则该多方当事人不一致的意思表示可能不被考虑。并且，应当考虑仲裁员自己的意志。任何人均无接受担任仲裁员的义务。② 相当大量的仲裁法和仲裁规则都确认当事人自己选定仲裁员的原则。

当事人可以在仲裁条款中约定仲裁员，也可以在争议发生后，于仲裁协议中约定仲裁员，还可以在仲裁程序开始后，经仲裁庭或对方当事人通知后选定仲裁员。当事人除了选定自己一方的仲裁员外，可以协商确定首席仲裁员或独任仲裁员的人选。当事人也可以就仲裁员的资格以及其他条件作出约定，或者约定选定仲裁员的方式。仲裁机构在通知当事人指定仲裁员时，可以采取诸如“名单程序”③ 的方式，向当事人发出一份名单，要求当事人在该名单上删去有强烈异议者，并将剩余者按其确定之优先顺序排列。

有些仲裁规则规定，当事人选定仲裁员后，应经仲裁机构确认，被提名的仲裁员并不当然作为审理案件的仲裁员。在这种情况下，选定仲裁员和确认委任是两个程序。例如，伦敦国际仲裁院仲裁规则第 7.1 条规定，

---

① 1958 年《纽约公约》第 5 条第 1 款第 2 项。

② 例如奥地利 1983 年民事诉讼法典第 579 条规定，任何人没有接受指定作为仲裁员的义务。如有合理理由，仲裁员即使在接受指定后，也可辞职。

③ 如可参见荷兰仲裁协会仲裁规则第 14 条。

如当事人已同意仲裁员由一方或多方当事人委任或任何第三人委任，该同意应被视为提名仲裁员的协议。在其符合第5.3条的条件下，该候选人只可被仲裁院委任为仲裁员。如果仲裁院认为该候选人不合适、不独立或不公正，则可以拒绝委任其为仲裁员。依该规则，伦敦国际仲裁院可以拒绝委任某候选人为仲裁员。国际体育仲裁院体育仲裁规范第R40.3条（仲裁员的确认和案卷的移交）规定，当事人和其他仲裁员选择的仲裁员仅在主席确认后才视为已被委任；在开始确认程序之前，主席应证实该仲裁员满足第R33条的要求。① 再如，国际商会1998年仲裁规则第8条中规定，当事人约定由独任仲裁员解决争议的，可经协商共同提名一位仲裁员以供确认；争议由三名仲裁员审理的，各方当事人应分别在其申请书或答辩书中提名一位仲裁员供仲裁院确认。2004年瑞士国际仲裁规则第5条规定，当事人对独任仲裁员的所有指定，或者，当事人或仲裁员对三人仲裁庭的仲裁员的所有指定，须由受理案件的商会加以确认后方可生效；受理案件的商会无义务说明某一仲裁员人选没有得到确认的理由。

如果当事人未能选定仲裁员，但是双方约定了委任仲裁员的机构，则仲裁庭可由该约定的委任机构委任。委任机构可以委任包括一方仲裁员、独任仲裁员和首席仲裁员在内的仲裁员，但应满足双方的约定。如依新加坡国际仲裁中心仲裁规则第8条第2款a项规定，一方当事人在收到另一方当事人委任仲裁员的通知后21日内未将其委任的仲裁员通知给另一方当事人，则另一方当事人可要求双方事先指定的委任机构委任仲裁员。约定的委任机构可能直接是受案的仲裁机构。例如，中国《仲裁法》规定，当事人约定由三名仲裁员组成仲裁庭的，应当各自选定或者各自委托仲裁委员会主任指定一名仲裁员，第三名仲裁员由当事人共同选定或者共同委托仲裁委员会主任指定，第三名仲裁员是首席仲裁员；当事人约定由一名仲裁员成立仲裁庭的，应当由当事人共同选定或者共同委托仲裁委员会主任指定仲裁员。② CIETAC仲裁规则也作了相应的规定。③

如当事人既未约定仲裁员，也未约定进行委任的机构，则仲裁员可由

① 国际体育仲裁院体育仲裁规范第R33条规定仲裁员的独立性和资格：仲裁员应保持独立于当事人，并应立即披露可能影响其对任何一方当事人之独立性之情事。仲裁员应是ICAS根据作为本规章一部分之章程拟订之名单上的人选并具备所要求的迅捷完成仲裁的各项条件。

② 中国《仲裁法》第31条。

③ 2005年CIETAC仲裁规则第24~27条。

受理案件的仲裁机构直接委任。例如，依新加坡国际仲裁中心仲裁规则第8条第2款b项规定，如当事各方事先未指定委任机构，或所指定之委任机构在收到一方当事人的上述请求后21日内拒绝或没有委任仲裁员，另一方当事人可要求主席委任该第二名仲裁员。斯德哥尔摩仲裁院仲裁规则第13条第2款规定，仲裁院应根据当事人的请求，委任独任仲裁员或首席仲裁员，必要时并委任仲裁员。中国《仲裁法》规定，当事人没有在仲裁规则规定的期限内约定仲裁庭的组成方式或者选定仲裁员的，由仲裁委员会主任指定。①

有些国家的法律规定，如果一方当事人未进行委任，则另一方当事人可以申请法院进行委任。例如，1996年英国仲裁法规定，如委任协议未进行，则在当事人未另有规定的情况下，仲裁协议的任一方当事人（经通知另一方当事人后）申请法院根据本条行使权力诸如指令作出任何必要之委任、指令仲裁庭应由已经委任的仲裁员（或其中之一或多名）组成、撤销任何已经作出的委任或自行作出必要之委任的权力。1998年德国仲裁法第1035条第4款规定，当事人如已约定委任程序而一方当事人不按照该程序的要求行事，或者如果当事人或两名仲裁员无法如该程序所预期的达成一致，或者第三者不行使该程序赋予其的职能，任何一方当事人可以请求法院采取必要的措施，除非关于委任程序的约定提供其他保证委任的方式。奥地利、② 荷兰、③ 瑞士、④ 美国⑤等国也作如是规定。中国《仲裁法》未规定法院的此项权力。

有些仲裁机构的首席仲裁员是由其他两名仲裁员在被选定之后选出

① 中国《仲裁法》第32条。

② 奥地利民事诉讼法典第582条第1款规定，如果指定未在适当的时间内进行或者如果仲裁员不能就首席仲裁员达成协议，法院应根据申请作出指定。

③ 荷兰1986年民事诉讼法典第1027条第1款规定，仲裁员应按照当事人协议的方式指定。当事人可以委托第三人指定仲裁员。如果就指定方式未达成协议，仲裁员应按照当事人的共同意愿指定。第1027条第3款规定，如果仲裁员的指定未在前款规定的期限内完成，根据任何一方当事人的请求，仲裁员应由地方法院院长指定。另一方当事人应给予机会倾听意见。

④ 1989年瑞士国际私法法第179条规定，仲裁员的指定、解职或替换应依当事人之间的协议；如无此协议，该事项应提交仲裁庭所在地的法院；法院应比照适用州法中关于仲裁员的指定、解职或替换的规定。

⑤ 美国联邦仲裁法案第5条规定，如果协议中没有规定委任仲裁员的方式，或者有规定而当事人不履行，或者由于任何原因拖延指定或者拖延补充缺额，法院根据任何一方当事人的请求，应当依照需要进行委任。

的。如德国仲裁协会仲裁规则第 12.2 条规定，两名仲裁员应不迟延地提名首席仲裁庭员并将此情况通知德国仲裁协会秘书处；作出此种提名时，仲裁员应考虑当事人一致的建议。国际体育仲裁院体育仲裁规范第 R40.2 条规定，当事人或主席代当事人委任的两名仲裁员应在仲裁院办公室确定的时限内共同选定一名仲裁庭主席。新加坡国际仲裁中心仲裁规则第 8.1 条规定，如委任三名仲裁员，各方当事人应各委任一名仲裁员，由此委任之两名仲裁员应选定第三名仲裁员作为仲裁庭的首席仲裁员。

三、仲裁员/仲裁庭的权力、权利、义务和责任

（一）权力和义务

自仲裁员被委任组成仲裁庭之后，仲裁庭就享有当事人授予的以及法律规定的与仲裁程序相关的各项权力。仲裁程序的进行和争议的解决正是仲裁庭行使这些权力的结果。仲裁的效率体现在仲裁庭行使这些权力的方式是否具有效率。而一些权力的产生，本身就是为了使仲裁成为有效的争议解决方式。

仲裁员/仲裁庭的上述权力主要可分为审理的权力和决定自己管辖权的权力。①前者包括：进行仲裁程序的权力、作出采取临时措施决定和其他决定、取证权、聘任专家的权力、裁决、填补空缺等。

关于后者，涉及谁有权决定管辖权的问题。一方当事人对仲裁管辖提出异议时，谁有权作出决定？国际上通常有三种方式：第一种是由仲裁庭作出决定；第二种是由法院作出决定；第三种是由仲裁机构作出决定。其中，通常的做法是由仲裁庭决定自己的管辖权。这种观点被称为管辖权/管辖权理论。但是，关于该理论的含义，则有不同理解：一种理解是，仲裁庭有最终决定自己管辖权的权力，这主要见于德国 1998 年新仲裁法修改之前的实践；另一种是仲裁庭可以在仲裁程序中确定自己的管辖权，但无最终确定自己管辖权的权力，最终确定管辖权的权力应当由法院享有。例如 UNCITRAL 示范法第 16 条规定，仲裁庭可以对其管辖权包括对仲裁协议的存在或效力的任何异议，作出裁定。如果仲裁庭作为一个初步问题裁定它有管辖权，当事任何一方均可在收到裁定通知后 30 天内要求第 6 条规定的法院对这一问题作出决定，该决定不容上诉。示范法通过后制定的大部分国家的仲裁法均采纳了这种方式。

① 关于仲裁员的权力，详见林一飞．国际商事仲裁法律与实务［M］．北京：中信出版社，2005：196-203.

仲裁庭的权力在某种程度上，也是仲裁庭的义务。仲裁庭不能放弃的权力，从当事人的角度，即是仲裁庭的义务。例如，一旦接受委任，仲裁庭有义务进行仲裁程序，作出各种使仲裁程序得以进行的决定，作出裁决等。但并非所有权力从当事人的角度来看，都属于义务，如裁量权。除此之外，有些义务，在仲裁员道德规范中作了规定；有些义务，除道德规范中作出规定之外，同时也见于仲裁规则的规定。此类义务包括独立、公正、勤勉、保密、披露等。仲裁庭或仲裁庭的仲裁员违反这些义务，将承担相应的代价，如被回避。

（二）权利

仲裁员从事仲裁，其所享有的权利主要有：（1）获取报酬权。仲裁员应当得到应得的报酬，并且对于因仲裁所花费的费用，应由当事人进行补偿。（2）豁免权。仲裁庭对于其有关仲裁的行为承担一定的豁免权。例如，1996 年英国仲裁法第 29 条第 1 款规定，仲裁员不对其在履行或试图履行其职权过程中的任何作为或不作为承担责任，除非该作为或不作为表明其违反了诚信原则。许多国家的仲裁法或仲裁规则都对仲裁员的免责作了规定。（3）免予作证权。仲裁员免予在其他法律程序中作为证人。例如，新加坡国际仲裁中心仲裁规则第 33.2 条规定，无论在仲裁前、仲裁中或者仲裁后，当事人不应寻求使仲裁员或仲裁中心的任何职员、雇员或代理人在因仲裁而引起的法律程序中作为证人。

（三）责任

仲裁员的责任主要是指仲裁员的法律责任，指仲裁员违反约定或法定义务应当付出的代价。从仲裁制度良性发展的角度讲，仲裁员的责任还包括道德责任。仲裁员的法律责任主要包括民事、刑事和行政责任。①

综观各国的立法例或商事仲裁机构的规则，有关仲裁员责任的字面表述主要有以下几种：（1）对过失不负责，对欺诈或故意等行为负责。如澳大利亚、斯里兰卡。②（2）对过失不负责，对仲裁案件本身的错误行为负责。如新加坡。（3）不承担责任。如荷兰、ICC。（4）不承担责任，但违反诚信除外。如英国。（5）承担责任。如中国、日本。

仲裁员责任是理论和实务界争议非常之大的一个问题。在 UNCITRAL 起草示范法的过程中，也提出过这个问题，即仲裁员是否须为其不当行为

---

① 关于仲裁员的责任，详见林一飞．国际商事仲裁法律与实务［M］．北京：中信出版社，2005：204-214.

② 斯里兰卡 1995 年仲裁法第 45 条“仲裁员的责任”。

或错误承担责任。① 由于差异较大，最终决定不在示范法中作出规定。相对应于仲裁员与当事人之间的关系，仲裁法学界提出三种有关仲裁员责任的理论：一是完全豁免论；二是承担责任论；三是有限豁免论。②三种理论主要针对民事责任。

完全豁免论实际上是指豁免民事责任，确切讲应为民事责任完全豁免论。这种理论主要见于英美法系国家，其主要内容是：仲裁员的仲裁行为豁免于民事责任，仲裁员对仲裁过程中因其过失或其他情况而导致的不公正裁决及给一方当事人带来的损失不承担任何个人责任。③完全豁免论只是一种理论，没有哪一个国家的仲裁法会完全豁免仲裁员在任何情况下的民事责任，更遑论其他形式的责任了。

承担责任论主要见于大陆法系。该派观点基于合同关系说，认为，当事人直接或间接地指定仲裁员，让仲裁员为解决其争议服务，同时为此仲裁服务支付费用，双方之间实际上形成了自成一类的契约关系。仲裁员身份具有合同性，而不是准法官性质。仲裁员所实施的仲裁行为是一种专业行为，应同医生、建筑师、审计师和工程师等专业人员一样，在从事其专业时，要小心地履行其职责；如果因为不小心给当事人造成损失，则要承担民事责任，这就是所谓的专业小心（professional care）责任。而且，仲裁员应当公正地履行职责，平等地对待各方当事人，不得接受贿赂，不得欺诈和滥用职权，否则可以撤销裁决或对裁决提出异议，并且可以要求仲裁员个人承担责任，这就是所谓的公正责任。④ 随着仲裁从一种替代性解决方式日益向着主流解决方式上的发展，日益法律化、正式化，完全地承担合同上的民事责任的观点，也日渐式微。仲裁员依多数国家的法律规定都会得到某种有别于合同当事人而类似于法官的特权。

仲裁员应承担适度的责任。其依据是：（1）仲裁是替代法院解决争议的一种方式，仲裁员履行的是一种准司法职能，不能完全等同于法院。（2）仲裁权起源于当事人之间的合同，而其行使则由法律加以保证。（3）争议解决方式应当具有适当的监督机制，这种机构不仅应当针对程序本

---

① A/CN, 9/207, para. 70.

② 参见黄进，宋连斌，徐前权．仲裁法学［M］．北京：中国政法大学出版社，2002.

③ 参见刘卫翔．论仲裁责任［M］//黄进．国际私法与国际商事仲裁．武汉：武汉大学出版社，1994：108.

④ 参见刘卫翔．论仲裁责任［M］//黄进．国际私法与国际商事仲裁．武汉：武汉大学出版社，1994：108.

身，而其应当针对控制程序的人。仲裁是仲裁员的仲裁。实际上，现在大多数国家均持有限豁免论，仲裁员对于过失等行为无须承担责任；而对故意行为、非诚信行为、欺诈等恶意行为，不排除仲裁员要承担相应的责任。

第二章　仲裁裁决

一般认为，商事仲裁是终局的。但是，一旦法院发现仲裁存在不公正，怎么办？终局性与公正二者之间的对立，正如某位评论者所说的那样："这两个无法调和的原则之间的战争永无休止。高的原则要求正义，而低的原则要求诉讼终止。"① 英国 Atkin 勋爵则以不同的表述提出："终局性当然好，但是，公正更好。"（Finality is a good thing but justice is better.）② 各国法律不同，对于裁决可否提出异议及异议的程序、理由有不同的规定。例如，在英国，当事人可以对裁决提出程序上的异议，也可以对裁决提出实体上（法律错误）的异议。本书主旨是裁决异议制度，涉及可能对裁决提出的各种主要抗辩，以及相应的法律、实践和理论。在进行各种具体抗辩的研究之前，本章对裁决及主要的裁决异议方式作一初步探讨。

第一节　概　论

一、裁决的类型

裁决是仲裁庭在仲裁程序中就当事人之间的争议作出的决定，此类决定是终局的，对当事人具有约束力，可为法院所承认和执行。仲裁庭在仲裁程序中可能作出许多决定，只有裁决才具有此种效果；而其他的决定，可能冠以裁决之名，也可能以其他形式出现，但仅仅处理程序问题。不遵守此类决定，并不影响仲裁庭继续进行仲裁程序。一般情况下，包括终局裁决在内，以裁决为名的此类决定可分为临时或中间裁决、部分或先行裁

① Walton, Anthony & Vitoria, Mary. Russell. On the Law of Arbitration [M]. Stevens, 1982.

② Ras Bihari v. The King-Emporer, (1933) 50 T. L. B. 1.

决、终局裁决三种。① 和解裁决、缺席裁决、补充裁决是终局裁决的特殊类型。中国仲裁实践中，上述几种裁决形式均存在。②

（一）中间裁决或临时裁决（interim or interlocutory awards）

中间裁决或临时裁决是在仲裁过程中作出的未解决当事人之间所有争议的裁决。中间裁决主要针对程序问题。例如，日本商事仲裁协会仲裁规则规定，仲裁庭如认为适当，可就仲裁程序中发生的争议作出中间裁决。③ 临时保全措施可能采用中间裁决的形式。依美国仲裁协会国际仲裁规则规定，仲裁庭认为有必要的任何临时措施（包括禁止令和财产保全或保存措施），可以采用中间裁决的形式。④ 但也可能涉及实体问题。例如，仲裁庭可能作出中间裁决，确定哪一方当事人应当承担责任，而将责任的定量问题留在最终裁决中决定。⑤ 由于中间裁决并不具有终局性，因此，中间裁决作出后，仲裁程序结束时，仲裁庭会作出最终的仲裁裁决，决定所有争议事项。

（二）部分裁决或先行裁决（partial award）

部分裁决或先行裁决仅处理当事人提交争议的一部分，是在仲裁庭认

---

① 国际商会仲裁规则第 2 条第 3 款规定，裁决包括中间裁决、部分裁决或终局裁决。有些机构仲裁规则将裁决分为仲裁庭可作出初步裁决、临时裁决、中间裁决、部分裁决或终局裁决。又如世界知识产权组织网上加速仲裁规则（1998 年草案）第 62 条 a 款。

② 如中国《仲裁法》第 55 条规定，仲裁庭仲裁纠纷时，其中一部分事实已经清楚，可以就该部分先行裁决。所规定的先行裁决即部分裁决，系就争议实体作出的裁决。CIETAC2000 年规则第 57 条规定，仲裁庭认为必要或者当事人提出经仲裁庭同意时，可以在仲裁过程中在最终仲裁裁决作出之前的任何时候，就案件的任何问题作出中间裁决或部分裁决。任何一方当事人不履行中间裁决，不影响仲裁程序的继续进行，也不影响仲裁庭作出最终裁决。中国《仲裁法》第 49 条规定，当事人可以依据其达成的和解协议，请求仲裁庭作出和解裁决；第 42 条规定，一方当事人经书面通知不参与仲裁，仲裁庭可以作出缺席裁决；第 56 条规定，对于裁决书中的遗漏事项，仲裁庭应当作出补正裁决。

③ 日本商事仲裁协会仲裁规则第 51 条。

④ 美国仲裁协会国际仲裁规则第 21 条第 2 款。

⑤ Mark Huleatt-James and Nicholas Gould. International Commercial Arbitration [M]. LLP, 1996: 100. UNCITRAL《关于组织仲裁程序的说明》第 45 条也指出，诸如仲裁庭的管辖权、中间保全措施或一方当事人的责任等问题均可能是此种决定的标的。

为争议的某一部分已经审理清楚且有必要先行作出裁决,① 或者经当事人请求或当事人承认对方当事人的请求时,采取的一种裁决方式。例如,斯德哥尔摩仲裁院仲裁规则规定,经当事人请求,仲裁庭可以就争议事项的某一独立问题或某一部分作出部分裁决。如当事人承认部分请求,仲裁庭可就此作出部分裁决。② 部分裁决是就争议实体作出的裁决。就所涉及部分而言,部分裁决所作的决定为终局的,通常不得上诉。如意大利仲裁协会国际仲裁规则规定,无论部分裁决抑或终局裁决,均不得上诉。当事人接受本规则,则在其能有效放弃的范围内,放弃了其他任何形式的追索或救济。③

(三) 终局裁决 (final award)

终局裁决是指解决仲裁当中所有争议的裁决,裁决具有终局性,对当事人具有约束力。裁决作出后,当事人不得就相同争议再申请仲裁或者提起诉讼。通常所谓仲裁裁决,即指终局裁决。本书除另有说明外,提到裁决即指的是终局裁决。不过,应该看到,绝对意义上的终局裁决指不受任何上诉、复审程序的救济。但绝大多数的裁决均非这种严格意义上的终局裁决,④ 仍然要受法院的审查。⑤ 因此,从执行仲裁裁决的意义上,终局性应作狭义理解。正因为如此,《纽约公约》并未规定裁决必须具有终局性,而只是规定了必须具有“约束力”。⑥

和解裁决 (consent award) 或称合意裁决,是当事人达成和解协议后,仲裁庭依据其和解协议作出的裁决。许多规则都规定有和解裁决的内容。例如,国际商会仲裁规则规定,若当事人在案卷移交仲裁庭之后达成和解,经当事人要求并经仲裁庭同意,应将其和解内容以和解裁决的形式

---

① 例如,仲裁庭可能认为请求的某一单独部分宜于决定,但其他部分尚需深入审理,或者某些问题先予决定可能使当事人更趋向于对其余问题达成和解。见UNCITRAL《关于组织仲裁程序的说明》第45条。

② 斯德哥尔摩仲裁院仲裁规则第34条。

③ 意大利仲裁协会国际仲裁规则第30条第4款。

④ 除非在某些情况上,依据可适用的法律规定,当事人通过排除协议,排除法院的审查。

⑤ 例如,1996年英国仲裁法第58条规定,除非当事人另有约定,依据仲裁协议作出之裁决系终局的,对当事人及通过当事人或以其名义提出请求者均有约束力。本条不影响任何人依据可利用的上诉或复审的仲裁程序或本编之规定,对裁决书提出异议之权利。

⑥ 《纽约公约》第5条第1款e项。

录入裁决书。① 比利时仲裁协会仲裁规则规定，案卷移交仲裁员后，如果当事人对争议达成和解协议，应以裁决方式记录该协议。② 伦敦国际仲裁院仲裁规则、③ 新加坡国际仲裁中心仲裁规则④也有类似规定。除非当事人另有约定，和解裁决无须附具理由，但应当载明系依据当事人的协议作出。和解裁决与其他终局性裁决一样，具有法律效力。⑤

缺席裁决（default award）即指一方当事人未能按通知参与仲裁程序时仲裁庭所作出的裁决。如果一方当事人经适当通过而未出庭参加仲裁程序，仲裁庭可以作出缺席裁决。例如，斯德哥尔摩商会仲裁院仲裁规则规定，任何一方当事人无正当理由而未能出席庭审或未能遵守仲裁庭的决定，不影响仲裁庭继续进行程序直至作出仲裁裁决。⑥ 印度仲裁委员会仲裁规则规定，如被申请人在规定的时间内因疏忽未出席或拒绝出席或进行答辩或提交材料，或者因疏忽未缴付或拒绝缴付仲裁庭或登记员命其缴付之费用或保证金，则仲裁庭可以作出缺席裁决。⑦ 缺席裁决也是具有约束力的裁决，但应当注意下列事项：一是当事人应当被给予充分的通知和陈述的机会；二是裁决是在仲裁庭对当事人提交的材料进行审查后作出的。⑧

---

① 国际商会仲裁规则第 26 条。

② 比利时仲裁协会仲裁规则第 26 条。

③ 伦敦国际仲裁院仲裁规则第 26 条第 1 款规定，在当事人就争议达成和解的情况下，仲裁庭可根据当事人的书面要求，作出记录和解协议的裁决书（和解裁决书），但裁决书应载明系根据当事人的协议。和解裁决无须附具理由。如果当事人不要求作出和解裁决，并向仲裁院书面确认其已达成和解，只要其已按照第 28 条缴纳了应付而未付的仲裁费用，仲裁庭应予解散，仲裁程序结束。

④ 新加坡国际仲裁中心仲裁规则第 28 条第 7 款规定，在和解情况下，经任一方当事人请求，仲裁庭可以作出载有和解方案的和解裁决。

⑤ 如英国 1996 年仲裁法第 51 条第 3 款规定，和解裁决应载明其由仲裁庭作出，与仲裁庭关于案件实体问题作出的其他裁决具有同等的地位和效力。

⑥ 斯德哥尔摩商会仲裁院仲裁规则第 28 条。

⑦ 印度仲裁委员会仲裁规则第 54 条第 2 款。

⑧ 关于缺席裁决中材料的审查标准，一般认为，仲裁员应进行审查，但只限于表面审查，即查明出席方所提供的证据是否可以证明其所提出的请求，并且证据之间无相互矛盾之处。此类案例如 *Hainan Machinery Import and Export Corporation*（*PR China*）*v. Donald & McArthy Pte Ltd.*（*Singapore*），High Court，29 September 1995，no. 1056 of 1994. See [1996] 1 *Singapore Law Reports*，34-46. Also see ICCA Yearbook，Vol. XXII，1997，771-779.

补充裁决（additional award）是指对当事人提出但仲裁庭在仲裁裁决中未作出决定的请求作出的裁决。补充裁决通常可由当事人提出申请或仲裁庭主动进行，并且需要在规定的时间内作出。例如，依英国仲裁法规定，仲裁庭可以主动或经当事人申请，就任何已向仲裁庭提出但并未经裁决处理的请求（包括关于利息或费用的请求）作出补充裁决，补充裁决应自原裁决作出之日起56日内或当事人约定的更长时间内作出。① 1998年德国仲裁法规定，任何一方当事人均可请求仲裁庭就仲裁程序中提出但在裁决中遗漏的请求作出补充裁决，仲裁庭应在2个月之内作出补充裁决。② 仲裁庭作出的补充裁决也是终局的，对当事人具有约束力。

二、裁决的作出

裁决应当具有书面形式，这几乎是所有国家的通识。裁决应当按照仲裁庭一致意见作出，但如果仲裁庭无法达成一致意见，则表决原则为多数原则，即仲裁裁决应依多数仲裁员的意见作出。但在某些时候，无法达成多数意见，则裁决通常依首席仲裁员的意见作出即可。③ 按照仲裁庭的意见是否一致和一致的程度，裁决也可分为一致意见裁决、多数意见裁决、首席意见裁决。特殊情况下，还存在缺员裁决。

上文述及一方当事人在缺席情况下，仲裁庭作出裁决的情形。某些情况下，仲裁庭本身也可能出现“缺席裁决”的情形。仲裁庭的某仲裁员可能拒绝行事。此时，依某些国家法律和仲裁机构的规定，其他仲裁员可在该名仲裁员缺席的情况下，继续进行仲裁程序，作出相关决定和终局裁决。伦敦国际仲裁院仲裁规则规定，在给予合理的机会后，如有仲裁员未能遵守准据法中与作出裁决有关的强行规定，其余仲裁员可在其缺席的情况下继续作出裁决，并在裁决书中说明该仲裁员未能参与作出裁决的情形。④ 有些国家要求此种情况下，仲裁庭作出缺员裁决应提前进行通知。如1998年德国仲裁法规定，如某仲裁员拒绝参加对决定的表决，则除非当事人另有约定，其他仲裁员可以在其缺席的情况下作出决定。当事人应

---

① 1996年英国仲裁法第57条第3款b项和第57条第6款。

② 1998年德国仲裁法第1058条。

③ 中国《仲裁法》第53条规定，裁决应当按照多数仲裁员的意见作出，少数仲裁员的不同意见可以记入笔录，仲裁庭不能形成多数意见时，裁决应当按照首席仲裁员的意见作出。

④ 伦敦国际仲裁院仲裁规则第26条第2款。

提前得到通知，仲裁庭拟在拒绝参与表决的仲裁员缺席的情况下作出裁决。在其他决定的情况下，当事人应在决定作出之后得到有关仲裁员拒绝参与表决的通知。①

裁决书应当载明作出日期和地点。裁决应视为在该所载明的日期作出，并视为在仲裁地点作出。应当注意，裁决的签署地点并非一定是仲裁地点，而目前世界上，仲裁地点通常是确定国籍的依据。在承认与执行外国裁决时，仲裁地点具有特殊重要的意义。

除非当事人另有约定，或系和解裁决，否则裁决应附具作出裁决的理由，这是大多数国家法律和仲裁规则的规定。例如，中国《仲裁法》规定，裁决书应当写明仲裁请求、争议事实、裁决理由、裁决结果、仲裁费用的负担和裁决日期。当事人协议不愿写明争议事实和裁决理由的，可以不写。②

如仲裁系机构仲裁，则规则可以规定由机构最后对裁决作形式审查，只有经过机构的审查，仲裁庭才可能发出裁决书。如 CIETAC 仲裁规则规定，仲裁员应在签署裁决前将裁决书草案提交仲裁委员会；在不影响仲裁员独立裁决的情况下，仲裁委员会可以就裁决书的形式问题提请仲裁员注意。③ CIETAC 仲裁规则只涉及形式审查，而未提及实体问题。但有些机构仲裁规则，还规定仲裁机构可以提请仲裁庭注意实体问题。例如，国际商会仲裁规则规定，仲裁庭应在签署裁决书之前，将其草案提交仲裁院。仲裁院可以对裁决书的形式进行修改，并且在不影响仲裁庭自主决定权的前提下，提请仲裁庭注意实体问题。在裁决书形式经仲裁院批准之前，仲裁庭不得作出裁决。④ 此种形式的机构审查对于进一步确保机构仲裁相对于临时仲裁的优势而言，是必要的。

裁决应由同意仲裁意见的仲裁员签署。但当事人也可以约定由首席仲裁员一人签署。⑤ 如果某仲裁员不签署，则应说明其不签署的理由。仲裁员不签署通常是因为不同意裁决意见。关于少数意见是否写在仲裁裁决中，一种意见是，裁决中不得提到少数仲裁员的意见；但在国际仲裁中，

---

① 1998 年德国仲裁法第 1052 条。德国仲裁协会仲裁规则有相应规定，见第 34 条第 4 款。

② 中国《仲裁法》第 54 条。

③ CIETAC2000 年仲裁规则第 56 条第 2 款。

④ 1998 年国际商会仲裁规则第 27 条“仲裁院核阅裁决书”。

⑤ 斯德哥尔摩仲裁院仲裁规则第 32 条第 3 款。

少数仲裁员可以单独文件的形式向其他仲裁员或当事人发表其意见；此类文件不应视为构成裁决的一部分；① 另一种意见认为可以在裁决中提到少数意见。中国目前的涉外仲裁实践中，通常将少数仲裁员的意见作成记录附卷。

仲裁程序具有保密性。通常情况下，裁决不应公开。但是，裁决也并非完全不能公开。一般在两种情况下，裁决可以公开：一是所有当事人均同意，二是法律要求公开。例如，UNCITRAL 仲裁规则规定，仲裁庭仅在当事人双方同意的情况下，方得公开其裁决。② 美国仲裁协会国际仲裁规则规定，裁决仅在各方当事人同意或法律有此要求时方可公开。③ 伦敦国际仲裁院仲裁规则还规定，仲裁院公布裁决需要得到所有当事人和仲裁庭事前的书面同意。④ 大多数仲裁机构均规定了裁决不公开原则。不过，少数仲裁机构也规定以裁决公开作为原则。例如，印度仲裁委员会仲裁规则规定，为发展仲裁法学或创立仲裁先例以对将来之仲裁有所裨益并起到指引作用，印度仲裁委员会可以在任何仲裁杂志、期刊、报告等印制、出版或以其他方式传播根据本规则或由其管理作出的裁决。任何一方当事人均不得对上述之裁决公布提出异议，但是在公布裁决时争议当事人的名称和地址应予省略；且如当事人希望，其身份应予适当地保密。⑤ 无论以哪种方式公布裁决，对于当事人的身份均作了适当的保密。

三、对仲裁裁决提出异议

商事仲裁一裁终局。裁决作出之后，是否意味着如果裁决出现某些不公的情况，当事人也无法寻求救济？答案并非是绝对肯定的。当事人仍然可以寻求依据一定的规则，得到某种程度的救济。

当事人是否可以以及如何通过对仲裁裁决提出异议的方式来得到救济？这是本书要研究的主旨所在。

当事人提出异议的目的，是为了全部或部分变更裁决。当事人可以依据仲裁规则或仲裁法的规定，向仲裁机构或仲裁庭提出异议；也可以依据仲裁法的规定，在仲裁地国内法院对裁决提出异议。后一种情况下，目的

① 荷兰仲裁协会仲裁规则第 48 条。
② UNCITRAL 仲裁规则第 32 条第 5 款。
③ 美国仲裁协会国际仲裁规则第 27 条第 4 款。
④ 伦敦国际仲裁院仲裁规则第 30 条第 3 款。
⑤ 印度仲裁委员会仲裁规则第 68 条 d 款。

在于由相关法院将裁决作出某种方式的变更；或者更常见的是，由法院宣告对裁决部分或全部置之不理（亦即“取消”或“撤销”)。①

那么，异议这个词，其本身具有哪些含义？或者说，异议包括哪些方式？“异议抓住了主动努力以推翻裁决的意思，与仅仅阻止执行有明显的区别。它既指为撤销或修改裁决而向法院追诉，也指就法律问题提出上诉，可能导致撤销或修改裁决。”②

异议可分为内部异议和外部异议。前者指依据仲裁规则或仲裁法的规定，向仲裁机构或仲裁庭提出异议。后者指依据仲裁法的规定，向法院提出异议，包括提出撤销或不予执行，以使裁决无效或无法得到执行。有关内部异议和外部异议，将分别在本章第三、四、五节中阐述。

第二节　裁决的法律依据

一、概述

如前所述，仲裁中的法律适用包括仲裁协议的法律适用、仲裁程序的法律适用（*lex arbitri*）及争议实体问题的法律适用（*lex causae*）等。裁决争议所适用的法律即指争议实体问题的法律适用。国际商事仲裁中，争议通常涉及两个以上的国家，例如，中国的卖方与英国的买方签订的国际货物销售合同，约定仲裁在国际商会进行。如何确定所适用的法律非常关键。国际仲裁中，准据法通常由当事人约定。当事人如果已经明确约定适用某个国家的法律，则裁决应当依据该国法律。但是，如果当事人未作约定，则需要依据某种规则由仲裁庭确定所适用的法律。关于仲裁庭如何确定应适用的法律，国际上做法不一。例如，在某些仲裁实践中，如当事人未选择争议应适用的实体法，则适用仲裁地的冲突规范来确定应适用的法律，或者直接适用与争议有最密切联系的实体法；另外一些仲裁庭可能适用新商人法，避开适用任何特定国家的法律。除此之外，国际商事仲裁中

---

① See Alan Redfern and Martin Hunter and with Negel Blackaby and Constantine Partasides. Law and Practice of International Commercial Arbitration [M]. 4th ed. Sweet & Maxwell. 中文本由林一飞、宋连斌译，由北京大学出版社于2005年出版。

② Alan Redfern and Martin Hunter and with Negel Blackaby and Constantine Partasides. Law and Practice of International Commercial Arbitration [M]. 4th ed. Sweet & Maxwell. 中文本由林一飞、宋连斌译，由北京大学出版社于2005年出版。

还存在友好仲裁的做法，即仲裁庭以友好仲裁者的身份，依公允及善良原则作出裁决。

关于仲裁庭适用法律的做法，仲裁法或仲裁规则一般有两种主要的规定方式。一种规定：如存在当事人约定，适用当事人约定；如无约定，适用最密切联系国家的法律；如存在合同，应同时依据合同条款，并参考惯例；当事人约定的法律制度应解释为实体法。此外，此类条款还可能涉及友好仲裁的问题。此类做法将最密切联系原则作为无约定时确定适用法的直接依据，如德国仲裁法①和日本仲裁法的规定。依据日本2003年仲裁法规定，仲裁庭应依据当事人约定适用于争议实体的法律规则，决定争议。此时，除非另外表明，任何对特定国家法律或法律制度的指定，应解释为直接援引该国实体法，而非其冲突法规则。仲裁庭仅在当事人明示授权时，方可依公允善良原则决定案件。在无明示授权或约定的情况下，仲裁庭应适用与仲裁程序所涉民事争议具有最密切联系国家的法律。如有关仲裁程序涉及的民事争议存在合同，则仲裁庭应依据此类合同条款决定，并应考虑到可以适用于该民事争议的可能存在的惯例。② 另外一种规定，将仲裁庭的裁量权作为无约定时的确定适用法的直接依据，如英国仲裁法第46条的规定。美国仲裁协会国际仲裁规则规定，仲裁庭应适用当事人指定的适用于争议的实体法或法律规范。如当事人未作此项指定，仲裁庭应适用其认为适当的法律或法律规范。涉及适用合同的仲裁，仲裁庭应按照合同条款进行裁决，并应考虑到适用于该合同的贸易惯例。除非当事人明示授权，仲裁庭不得按友好仲裁或公允及善良原则作出裁决。世界知识产权组织也有类似规定。③ 可以看出，二者主要差别在于无约定时仲裁庭的裁量权上，而有关友好仲裁以及合同和贸易惯例适用的规定大致相当。

二、适用法律的原则

当事人意思自治是确定裁决适用法律的最主要的原则。一般情况下，当事人可以自由选择法律适用，但当事人通常应当不违反仲裁地的强行法

① 1998年德国仲裁法第1051条。

② 2003年日本仲裁法第36条。

③ 世界知识产权组织加速仲裁规则（1998年草案）第59条a款。

规定。① 当事人可以明确约定所适用的法律，也可以明确约定仲裁庭确定所适用法律的方式。例如，在上段所述例子中，当事人可以约定适用英国的法律，也可以约定由仲裁庭依据适当的冲突法规则确定。后一种方式就赋予仲裁庭裁量权，但也是当事人行使其意思自治权的表示。此时应当注意到，当事人对于法律的选择应视为选择其实体法规则。例如，1996 年英国仲裁法规定，仲裁庭应依照当事人所选择的适用于实体问题的法律；或如当事人同意，根据其所约定的或仲裁庭所决定的其他因素，对争议作出裁决。为此目的，对一国法律之选择，应视为对该国实体法而非冲突法规则之选择；如当事人未作选择或约定，仲裁庭应依据其认为合适的冲突法规则来决定应适用的法。②

如上所述，当事人未作约定时，不同国家仲裁法或仲裁规则的规定不同。有些国家或机构规定，仲裁员可以适用其认为合适的规则解决争议；另一些国家或机构则规定，应当适用最密切联系原则；其他一些则规定，必须适用仲裁地法。关于前者，仲裁庭可能直接适用某个实体法，也可以依据其认为普遍适用的冲突法规则选择适用的法律，或者依据仲裁地的冲突法规则选择所适用的法律。仲裁庭在适用最密切联系原则时，应当考虑到与案件具有最密切联系的所有因素，确定所适用的法律。而关于仲裁地的选择，首先依当事人意思自治原则，但也有直接规定仲裁地的，如印度仲裁委员会仲裁规则第 41 条规定，仲裁地点应为印度。如果当事人未作选择，则某些国家的仲裁法或某些仲裁机构的仲裁规则规定，应当以该国或该机构所在地为仲裁地；③ 另外一些则规定由仲裁机构确定；④ 还有一些规定由仲裁庭确定。⑤ 某些学者依据跨国或超国法律观念，提出新商人法，认为仲裁庭可以不适用特定国家的法律，裁决争议。

---

① 如仲裁地法对某些种类的争议规定了适用法律，则当事人不能选择适用其他法律。如中国中外合作、中外合资等争议只能适用中国法律。故此，在中国仲裁，对此类争议就不能选择其他国家法律。

② 1996 年英国仲裁法第 46 条。

③ 例如新加坡国际仲裁中心仲裁规则第 19 条第 1 款；伦敦国际仲裁院仲裁规则第 16 条第 1 款。

④ 例如国际商会仲裁规则第 14 条第 1 款。

⑤ 如德国仲裁协会仲裁规则第 21 条第 1 款规定，当事人未就仲裁地达成协议的，则仲裁地由仲裁庭确定。荷兰仲裁协会仲裁规则第 22 条第 1 款规定，如当事人未约定仲裁地，则仲裁庭应在收到仲裁案卷后尽快予以确定，并将所确定的仲裁地书面通知当事人和管理人。

从20世纪60年代开始，一些学者开始提出新商人法的概念，认为国际商事交易都适用其自己的规则，即商人法（*lex mercatoria*, merchant law）。他们认为，新商人法系由国际贸易的参加人自发创设，并由仲裁员适用于解决国际贸易争议。其规则是基于国际贸易中发展起来的惯例、标准条款、统一法、法律的一般原则以及当事人协商的合同而确定。不可否认，作为国际贸易法发展的新阶段，新商人法这种表述的提出，本身就对促动国际贸易法方面的统一具有一定的作用。例如，统一法、示范法和公约对于现代国际贸易的规范非常重要，而法律的一般原则在仲裁员裁决案件的过程中，在仲裁员自由心证的过程中确实起到非常大的作用。①但是，新商人法并不能如一些学者所认为的那样，发挥巨大的作用。例如，很少有普遍适用的商业惯例。通常情况下，这些惯例仅在特定的行业及/或地区适用。标准合同或标准条款通常系由某一行业的商业组织起草并由该行业的成员使用，通常只对某一特定行为通用而不具有一般普遍效力。

许多仲裁法或仲裁规则在规定裁决的法律适用时都涉及贸易惯例。例如，1998年德国仲裁法第1051条第4款规定，在任何情况下，仲裁庭应根据合同条款并考虑到适用相关行业惯例作出决定。意大利仲裁协会国际仲裁规则第22条第3款也规定：无论何种情况，仲裁员均应考虑到合同规定和相关争议事项的惯例。斯德哥尔摩商会加速仲裁规则第28条第2款规定：涉及适用合同的仲裁，仲裁庭应按照合同条款进行裁决，并应考虑到适用于该合同的贸易惯例。国际商会仲裁规则第17条规定：当事人得自由约定仲裁庭处理案件实体问题所应适用的法律规则。当事人没有约

① 通常认为，法律的一般原则包括：（1）合同应依据其条款执行（*pacta sunt servanda*）；但是，诚信（good faith）可要求考虑到情势变更而修改合同条款（*rebus stantibus*）；（2）合同履行以及因情势变更而可能重新协商合同，应秉诚信进行；（3）在某些情况下，一方当事人的行为在对方没有反对的情况下，可能被认为是默示更改某个合同的条款；（4）合同的解释必须是注重实效的（所谓的 *effet utile* 原则）；（5）如果当事人所使用的法律术语不反映其意图，则术语应适合于当事人的意图；（6）买方使用货物推测其接受货物；（7）原告承担举证责任；（8）在某些情况下，不可抗力可以解除当事人的合同义务；（9）因他人违约而造成损失的当事人应采取合理措施减少损失；损害需要被减轻；（10）合同责任限于可预见的损害赔偿；（11）债务人在某些情况下可以以其反请求抵消减轻其对债权人的责任；（12）同时履行抗辩（*exceptio non adimpleti contractus*）通常可以接受；（13）合同在与“国际公共秩序”（例如，涉及腐败）相冲突的时候，是不可执行的。See Van Houtte. The Law of International Trade [M]. 2nd ed. Sweet & Maxwell, 2001: 26-29.

定的，仲裁庭适用其认为适当的法律规则。在任何情况下，仲裁庭均应考虑合同的规定以及有关贸易惯例。德国仲裁协会仲裁规则、① UNCITRAL 仲裁规则②也有类似规定。CIETAC1988 年规则未对此作出规定，但其后版本的规则中则作了相应规定。例如，CIETAC2000 年规则第 53 条规定：仲裁庭应当根据事实，依照法律和合同规定，参考国际惯例，并遵循公平合理原则，独立公正地作出裁决。对于这个规定，虽然有不同看法，但表面上看，国际惯例也是仲裁庭作出裁决时应当参考的一种依据。应当指出，国际贸易惯例是否可以作为单独的法律适用，并无明确的规定。国际贸易惯例可以作为商人法的一种。而对商人法，依 1980 年罗马《合同性债务适用法律公约》，当事人不能选择商人法作为适用法律。③商人法作为国际贸易商人普遍接受的适用于国际贸易的原则，本身亦无明确的定义。由前文所引有关规则亦可知，国际贸易惯例通常起补充作用，补充所适用的内国法。适用国际贸易惯例需要承担的风险是，如果寻求承认与执行地国认为该种法律适用违反公共政策，则可能导致裁决不予执行。④

三、友好仲裁

友好仲裁（amiable composition，*ex aequo et bono*）没有普遍的定义，一般指仲裁员依据其认为公平合理的标准作出裁决的争议解决方式。友好仲裁通常需要满足两个条件：一是当事人授权；二是不违反仲裁地法的规定。

仲裁员通常只在当事人同意并且仲裁地法不禁止的情况下，才可以通过友好仲裁作出裁决。例如，UNCITRAL 仲裁规则第 33 条第 2 款规定，仲裁庭仅在当事人双方明示授权和适用于仲裁程序的法律允许时，方得运

---

①　德国仲裁协会仲裁规则第 23 条第 4 款规定：在任何情况下，仲裁庭应根据合同条款并应考虑到适用于交易的行业惯例作出决定。

②　UNCITRAL 仲裁规则第 33 条第 3 款。

③　See PM North and JJ Fawcett. Cheshire and North's Private International Law [M]. 13rd ed. Butterworths.

④　*Hainan Machinery Import and Export Corporation*（*PR China*）*v. Donald & McArthy Pte Ltd.*（*Singapore*），High Court，29 September 1995，no. 1056 of 1994. See [1996] 1 *Singapore Law Reports*，34-46. Also see ICCA Yearbook，Vol. XXII，1997，771-779. 该案当中，法院虽然认为仲裁员考虑了贸易惯例，但其作出判断的主要依据仍然是基于仲裁员依据了中国的法律。如仲裁员仅依据贸易惯例作出裁决，则法院的意见就有可能不同。

用友好仲裁或按公允及善良原则进行裁决。德国仲裁法第1051条第3款的规定，仲裁庭仅在当事人明示授权时，按照公允及善良原则裁决争议或充任友好仲裁员；在仲裁庭作出裁决前，当事人均可作此授权。意大利仲裁协会仲裁规则第22（2）条规定，仅在当事人同意时，仲裁员始得以友好仲裁人身份作出决定。比利时仲裁协会仲裁规则第24条第3款规定，仲裁员仅在当事人依可适用的法授予此项权力，方有充任友好仲裁员之权力。但是，在此种情况下，仲裁员仍应遵循本规则。

但是，有些国家的仲裁实践有所不同。例如，荷兰仲裁协会仲裁规则对于国内仲裁规定，除非当事人同意授权仲裁庭根据法律规则作出裁决，仲裁庭应以友好仲裁员的身份作出决定。① 不过，对于国际仲裁，该规则也规定，除非当事人同意授权仲裁庭以友好仲裁员的身份作出决定，仲裁庭应根据法律规则作出裁决。②

由于友好仲裁所依据的公允善良、公平正义等原则过于抽象，友好仲裁中的仲裁员具有较大的自由裁量权。因此，除非当事人明确授权，且不违反仲裁程序适用法的强制性规定，否则，仲裁不应当作为友好仲裁人来解决当事人的争议。

四、中国的仲裁实践

中国《仲裁法》未专门针对国际商事仲裁的实体法律适用问题作出具体规定，而仅对商事仲裁（包括国际、国内仲裁）中应当如何适用法律作出原则性规定："仲裁庭应根据事实，符合法律规定，公平合理地解决纠纷。"③ CIETAC2000年仲裁规则第53条只是中国《仲裁法》相关规定的细化："仲裁庭应当根据事实，依照法律和合同规定，参考国际惯例，并遵循公平合理原则，独立公正地作出裁决。"

中国的仲裁实践中，仲裁庭依据的原则通常也是按照上述顺序：首先，尊重当事人意思自治，但该意思自治不得违反中国的法律规定；其次，如当事人未作出约定，则依仲裁庭认为适当的法律。仲裁庭通常依最密切联系原则确定适当的法律。但某些情况下，可能采用仲裁地法。此外，前述规定中提及公平合理。所谓公平合理原则，是友好仲裁的依据之一。但是，中国《仲裁法》和CIETAC仲裁规则的规定是在遵守法律的前

① 荷兰仲裁协会仲裁规则第45条第1款。
② 荷兰仲裁协会仲裁规则第45条第2款。
③ 中国《仲裁法》第7条。

提下，遵循公平合理原则，只是将该原则作为一个补充，而没有单独适用的含义在内。实践中，有以公平合理原则作为补充的情况，但罕见单独以公平合理原则裁决的例子。即使将来仲裁法修改，需要采纳，也只能将友好仲裁限于当事人授权以及法律不禁止的范围之内。

第三节 仲裁裁决的内部异议

仲裁裁决作出之后，如果一方当事人认为裁决存在问题，其可以依据仲裁法和仲裁规则的规定提出异议。例如，该方当事人如果认为裁决存在计算错误或文字错误或存在模糊不清之处，可以向仲裁庭或仲裁机构提出异议，要求更正或解释；如果认为裁决有漏裁现象，可以提出异议，要求仲裁庭作出补充裁决。在通常的商事仲裁中，此类规定非常常见。

此外，在商品仲裁，尤其是特定行业仲裁之中，裁决作出之后，一方当事人如果不服该裁决，依所适用的仲裁规则，可能存在上诉或复审的机会，如 GAFTA 的两级仲裁制度。

与一方当事人就仲裁裁决向法院提出异议不同，上述两种异议程序属于仲裁程序的一部分，是一种内部的程序。而向法院提出异议则是一种外部的程序，不属于仲裁程序的一部分，是在仲裁程序结束之后，对仲裁程序或因此产生的仲裁裁决的一种救济。本节简析此种内部程序，第四节和第五节涉及外部程序。

一、更正、解释或补充裁决

如前所述，裁决一经作出即为终局，这是绝大多数国家在处理涉及商事仲裁时所秉持的仲裁终局性原则。① 该原则在程序上意味着仲裁程序的终结，也即一般情况下，随着终局裁决的作出，仲裁程序自然终止。② 就仲裁员（仲裁庭）而言，并非必然意味着其源自当事人的职权也随之立

① 当然，并非所有采用"仲裁"之名的争议解决方式都采取该原则，如体育仲裁、域名争议仲裁等。也并非所有国家的商事仲裁均不得上诉，如 1996 年英国仲裁法第 69 条的规定；1998 年比利时司法法典第 1703 条的规定。实际上，作为救济机制，每个国家对于仲裁裁决都规定了一定条件下的审查机制。

② 但在某些情况下，仲裁程序由仲裁庭发出终止仲裁程序的裁定而终止：(1) 申请人撤回申请，除非被申请人对此表示反对，且仲裁庭承认最终解决争议对其而言具有正当利益；(2) 当事人各方同意终止程序；(3) 仲裁庭认定仲裁程序因任何其他理由均无必要或不可能继续进行。见 UNCITRAL 示范法第 32 条（程序的终止）。

即终止。如按照1998年比利时司法法典第1702条的规定，仲裁员的职权在裁决通知并交存时方终止。而1996年中国澳门核准仲裁制度第33条（仲裁员权力之消灭）规定：仲裁员之权力在终止有关争议之裁决书之存放通知发出后消灭，属免除有关存放且无更正或澄清之请求时，则于第31条第1款所定期间届满后消灭。按照1998年德国民事诉讼法典第1056条的规定，仲裁庭的授权随仲裁程序的终止而终止，但有关费用的裁定、有关裁决的更正和解释及补充裁决、有关仲裁庭重审案件除外。如果仲裁裁决存在仲裁规则规定的某些问题，当事人可以对裁决向仲裁庭提出异议。此时，仲裁庭仍然可能需要履行某种职责，当事人也有权要求仲裁庭履行某种职责，如中国《仲裁法》对裁决书中的文字、计算错误或仲裁庭已经裁决但在裁决书中遗漏的事项仲裁庭应当补正和当事人有权请求补正的规定。①

当事人在裁决作出后对裁决提出的此种异议，可能包括如下几种：(1) 改正计算或笔误性错误；(2) 对裁决事项进行解释；(3) 对当事人在仲裁程序中提出但在裁决书中遗漏的请求或反请求事项，或者仲裁庭在其意见中陈述过但在裁决中遗漏了的应裁决事项进行补充裁决。基本上，上述异议是在特定情况下针对已经作出的仲裁裁决进行的，由于仲裁终局性原则，上述异议要受到严格的程序限制，一般地，在申请人、时限、仲裁员的意见、送达等方面，不同的仲裁规则有不同的规则，以此确保相关异议不被滥用。

（一）改正计算或笔误性错误

一般地，对于裁决书中任何计算错误，任何抄写、排印错误或任何类似性质的错误，当事人均可以提出异议，仲裁庭也有权进行改正。实际上，这一点在各国或地区的仲裁实践中颇为一致。基于不同的法律文化，关于此种更正，在立法上有以下不同的立法模式：(1) 仅规定仲裁庭应当补正或当事人可以请求补正，如中国《仲裁法》第56条、1998年德国民事诉讼法典第1058条的规定。(2) 规定更正裁决的权力首先由当事人约定，在当事人不作约定时仲裁庭可以主动或经当事人申请作出更正，如1996年英国仲裁法第57条的规定。(3) 规定此种权力行使主体（仲裁庭）的替代者，如1998年比利时司法法典第1702条b款、法国民事诉讼法典（第四篇仲裁）第1475条的规定。(4) 对当事人是否应有机会陈述对有关问题的看法，亦有不同做法。瑞典、英国等国的仲裁法规定当事人

---

① 中国《仲裁法》第56条。

应有机会陈述其对有关问题的意见，未首先给对方当事人提供合理的机会向仲裁庭陈述之前，更正裁决的权力不得行使；但是中国、德国等则对此未作明确规定。(5) 关于更正裁决的期限问题，大部分法域的仲裁法都予以明确规定，如英国为 28 天或更长，德国为 1 个月；有些则对时限不作限制规定，如 1998 年中国台湾“仲裁法”。① (6) 对更正不作立法上的规定，而将这种权力留给不同的仲裁机构自行规定。

在立法框架内，相关仲裁机构的仲裁规则上也相应体现出不同的风格，或详或略地对裁决书的更正问题作了规定；还有一些仲裁机构的仲裁规则中，未对相关事项作出规定。②

总结之，关于裁决书的更正，主要有以下几个方面问题：

1. 特定情形。在以下特定情况下，仲裁庭有权对仲裁裁决作出更正：裁决中有计算错误、誊写或打印错误或其他类似性质的错误。

2. 当事人申请的更正和仲裁庭主动进行的更正。如更正系由当事人提出申请，则一般需遵守有关时限的规定。提出申请人需在收到裁决书后的一定期限内，或者在裁决书交存后一定期限内，③ 书面请求仲裁庭更正裁决书有关上述情形下的错误。仲裁庭应在收到请求后的一定期限内按一定程序予以更正。如超过时限，有些国家未予明确规定；有些国家，如比利时，则规定在必要时，仲裁庭得延长作出更正的期限。如更正系由仲裁庭自行进行，则仲裁庭亦应遵守一定程序，在规定期限内作出更正。在机构仲裁的情况下，补救裁决中可能出现的缺漏或错误的程序也可以由仲裁机构自行或应当事人或仲裁员的请求启动。④

3. 更正决定作出的程序。仲裁庭应始终遵守正当程序原则。一般的，更正决定如同裁决一样，应由所有仲裁员合议后作出，并应遵守相同的投票规则。在此之前，如果当事人有申请的，该申请应送交对方当事人，并一般应给予对方当事人合理的机会进行陈述。如果当事人未能得到进行陈

---

① 该“仲裁法”第 35 条（判断书错误之更正）规定：判断书如有误写、误算或其他此类之显然错误者，仲裁庭得随时或依申请更正之，并以书面通知当事人及法院。其正本与原本不符者，亦同。

② 如 1997 年日本商事仲裁协会商事仲裁规则、1998 年印度仲裁委员会仲裁规则。

③ 1998 年荷兰仲裁协会仲裁规则第 52 条第 1 款规定：在裁决书按第 50 条第 1 款 b 项交存后 30 日内，当事人可请求仲裁庭改正裁决当中明显的计算或誊写错误。

④ 参见 1994 年意大利仲裁协会国际仲裁规则第 36 条（裁决的更正和解释）规定。

述的机会，有些国家如英国则明确规定仲裁庭不得行使更正的权力。仲裁庭如认为当事人的请求有正当理由，在考虑各方当事人的意见后，应作出决定。

4. 更正决定采取的形式。一般有三种方式：一是单独式，即单独作出书面决定并构成裁决的一部分；① 二是并入式，即重新收回全部裁决后应在裁决末部签字并在注明日期的说明上进行书面的并入或修改，然后将修改过的裁决送交当事人和秘书处；三是新裁决式，即由仲裁员准备新的包括并入或修改的裁决，注明该并入或经过修改之裁决代替以前的裁决并依规定的方式将该新裁决送交相关当事人。②

5. 仲裁庭的裁量权。仲裁庭如认为更正无正当理由，则有权拒绝作出此类更正。如仲裁庭拒绝此类改正或更正的请求，有些仲裁法或仲裁机构的仲裁规则规定，其应书面通过管理人通知当事人。③

6. 送达。送达应符合正当程序。

7. 效力。关于更正裁决的效力问题，国内外仲裁法或仲裁规则或者明确规定为“构成裁决书的一部分”，或者虽未明确写明此点，但含有类似的意思。裁决的此类更正不影响实体内容。一般而言，这种权力在仲裁庭。但是按照美国仲裁法的规定，仲裁裁决地所属区内的美国法院亦可根据当事人的申请修改或更正裁决中的上述错误。④

（二）对裁决事项进行解释

改正计算或笔误性错误仅是针对裁决书的技术性层面。但是，以异议形式对裁决事项进行解释则不同，它直接针对的是裁决的实体问题。不过，无论前者抑或后者都受裁决终局性原则的约束。对裁决进行解释的目的是为了明确或消除裁决书中的含糊不清的内容。仲裁法或仲裁规则上主要采取以下两种模式：

1. 以裁决书的更正进行解释。例如，1996 年英国仲裁法第 57 条规定，仲裁庭可以主动或经当事人申请就明确或消除裁决书中的含糊不清的

① 1998 年荷兰仲裁协会仲裁规则第 52 条第 5 款规定：如仲裁庭作出改正或更正，其应以单独文件的形式予以记录；1998 年伦敦国际仲裁院仲裁规则第 27 条第 1 款（裁决的更正和补充裁决）。

② 参见前引 1994 年意大利仲裁协会国际仲裁规则第 36 条。

③ 荷兰民事诉讼法典第 1060 条第 6 款；1998 年荷兰仲裁协会仲裁规则第 52 条第 7 款。

④ 美国联邦仲裁法第 11 条；美国 2000 年统一仲裁法第 24 条（裁决的修改和更正）。

内容，对裁决书作出更正。

2. 单独进行解释。例如，1998 年德国仲裁法第 1058 条规定，任何一方当事人均可请求仲裁庭就裁决中特定部分作出解释，仲裁庭应在 1 个月内作出解释。

（三）补充裁决

和更正一样，大部分仲裁机构的仲裁规则均规定，当事人可以在一定期限内就裁决中遗漏的、申请中提出的请求，请求仲裁庭作出补充裁决。仲裁庭也可以自行作出补充裁决。在仲裁庭决定作出补充裁决时，应当给予当事人合理的机会提出意见。这一种异议的形式，也是针对裁决的实体问题。

二、内部上诉或复审

一般认为，如对仲裁裁决有异议，只能向法院提出。仲裁程序与法院的关系越来越密切。有人批评现在的仲裁太诉讼化，对法院的依赖性太强。有人甚至认为，缺乏由仲裁庭进行的上诉程序，是仲裁的一个严重缺陷。通过法院确认、复审或撤销仲裁裁决等表明仲裁并非处理商事争议的一种自治机制。为了克服这些缺陷，更好的方法是创设二级仲裁程序，用来替代上诉法院。二级程序中的仲裁庭快速处理案件，负责判定仲裁协议和仲裁裁决的效力。这种体系可以用来替代诉讼而非仅仅是支持和补充。① 这种创设二级仲裁体系最终取代法院处理仲裁事项的看法，显然激进。但事实上，某些类型仲裁中，存在这种二级仲裁的机制，以最大限度提高仲裁作为争议解决方式的自治性。

（一）行业仲裁

除了各种广泛性的常设仲裁机构外，国际上一些专门性的行业组织也提供专门的仲裁服务。这种仲裁通常称为行业仲裁或商品仲裁（industry arbitration，trade arbitration 或 commodity arbitration）。提供此类服务的行业组织除了通常的行业管理和协调功能外，还在其内部设立了仲裁部门，提供仲裁服务。提供此类仲裁服务较为著名的有英国谷物和饲料贸易协会（the Grain and Feed Trade Association，简称 GAFTA）和国际油、油籽和油脂协会（the Federation of Oils，Seeds and Fats Associations，以下简称

---

① Dr Georgios I. ZEKOS. Eco Swiss China Time Ltd. v. Benetton. International NV: Courts' Involvement in Arbitration [J]. Journal of International Arbitration, 2000, 17 (2): 91-94.

FOSFA）等。① 这些行业组织进行仲裁所形成的仲裁制度与常设性仲裁机构的仲裁制度有很大不同。其中最大的一个不同点即在于实行二级仲裁体制，例如GAFTA仲裁制度。FOSFA与GAFTA的仲裁制度有很大的相似性。与GAFTA仲裁相似，FOSFA仲裁也是二级仲裁体制，其仲裁的启动也需依据当事人采纳的格式合同中的仲裁条款。②

谷物和饲料贸易协会（GAFTA）总部位于伦敦，其成员遍布76个国家。协会的成员包括贸易公司和经纪人，商品涉及谷物、饲料、动物油脂、豆类和大米等。GAFTA的争议解决机制包括仲裁、调解及简单争议处理程序。GAFTA的仲裁条款一般规定：（1）任何因本合同产生的争议，均应依据本合同签订之日施行的GAFTA第125号仲裁规则进行仲裁。此类规则构成本合同的一部分且当事人双方对此均应视为知悉。（2）本合同的任何当事人，或者以其名义提出请求的人，均不得在此类争议首先（视情况）由仲裁员或上诉委员会依据仲裁规则审理和决定前就任何此类争议针对另一方当事人提起诉讼或其他法律程序，并兹此明确同意并声明，从仲裁员（根据不同情况或者是上诉委员会）处获取裁决应作为任何一方当事人或以其名义提出请求的人所享有的、就任何此类争议针对另一方当事人提起诉讼或其他法律程序的权利的前提条件。③ GAFTA国际著名的仲裁服务是GAFTA合同的基础。GAFTA的所有合同均包括仲裁规

① 其他如国际橡胶贸易协会（the Association of the International Rubber Trade）、英国羊毛制品联合会（the Confederation of British Wool Textiles Ltd.）、伦敦可可协会（the Cocoa Association of London Ltd.）、英国农业供应贸易协会（United Kingdom Agricultural Supply Trade Association Ltd.，UKASTA）、伦敦金属交易所（London Metal Exchange，LME）等。各机构均制定有自己的仲裁规则。

② FOSFA的仲裁条款一般规定：任何因本合同产生的争议，包括与其相关的任何法律问题，均应提交仲裁解决，仲裁应依据本合同签订之日FOSFA仲裁和上诉规则（当事人双方对此应视为均知悉），在伦敦（或当事人同意的其他地点）进行。本合同的任何当事人，或者以其名义提出请求的人，均不得在此类争议首先由仲裁员（根据不同情况也可能是公断人或上诉委员会）依据仲裁和上诉规则审理前，就任何此类争议针对另一方当事人提起诉讼或其他法律程序；并兹此明确同意并声明，从仲裁员（根据不同情况也可能是公断人或上诉委员会）处获取裁决应作为任何一方当事人或以其名义提出请求的人所享有就任何此类争议针对另一方当事人提起诉讼或其他法律程序的权利的前提条件。参见［英］米歇尔·布瑞奇．国际货物销售法律与实务［M］．林一飞等，译．北京：法律出版社，2004：附录一，第29条．

③ 参见［英］米歇尔·布瑞奇．国际货物销售法律与实务［M］．林一飞等，译．北京：法律出版社，2004：附录一，第29条．

则格式第125号。GAFTA的租约则并入仲裁规则格式第127号。如果GAFTA合同或租约的双方当事人无法解决其争议，则有关事项应通过仲裁而非诉讼解决。

GAFTA仲裁中，争议通过委任GAFTA合格仲裁员来解决，所有的仲裁员都需符合高标准的专业要求。他们必须对于贸易所面临的复杂情况和问题有深刻的了解，必须参加训练课程并符合专业持续发展项目规定的标准。许多GAFTA的裁决都得到自动履行。如果一方当事人拒绝履行终局裁决，GAFTA委员会可以选择向其世界上的所有成员告知该名当事人未履行裁决。裁决亦可依据《纽约公约》或《日内瓦公约》执行。

GAFTA仲裁自成体系，其仲裁的一个重要特点就是二级仲裁（two level or two-tier arbitration），包括第一级仲裁（first tier arbitration）和第二级仲裁即上诉（second tier arbitration，appeal）。（1）第一级仲裁：在这个阶段，当事人可以同意指定独任仲裁员或三名仲裁员组成的仲裁庭。GAFTA提供合格仲裁员名录。各方当事人均有权委任一名仲裁员，第三名由GAFTA委任。GAFTA规定在第一次提交材料后6个月内作出裁决。仲裁主要通过审理书面证据进行，双方当事人或其代理人一般无须参加口头聆讯。仲裁员对争议所作决定以书面作出。当事人支付完毕相关费用后，裁决书将发送给他们。（2）上诉（第二级仲裁）：对于第一级仲裁所作裁决，各方当事人均有权上诉。由GAFTA委任的合格仲裁员组成的委员会将审理上诉。如果第一级仲裁所作裁决系由一名独任仲裁员作出，则该上诉委员会由三名成员组成，如果第一级仲裁所作裁决由三名仲裁员作出，则该上诉委员会由五名成员组成。上诉传统上更为正式，并且通常开庭，当事人可由有经验的商业人士代理。此种上诉，是一种内部异议，也是GAFTA以及类似行业仲裁和通常的商事仲裁的重要区别。

和GAFTA的二级仲裁体制类似，巴黎海事仲裁协会的规则也规定了上诉程序，该会处理了法国境内大部分海事仲裁案件。2003年规则规定，该会设置的名册，由具有担任海事仲裁员必要经验的法国人及其他国籍人士组成。争议首先提交至一名或三名仲裁员组成的仲裁庭，由其作出决定。如任一方当事人对决定不满，且争议金额超过30 000欧元，则该当事人可以要求由新的仲裁庭重审（“二次审查”）案件。①

（二）ICSID仲裁

“解决投资争议国际中心”（International Center for the Settlement of

---

① 巴黎海事仲裁协会2003年规则第15条第3款。

Investment Disputes，简称 ICSID）是世界银行下的一个独立机构。1966 年 10 月 14 日，根据 1965 年 3 月在世界银行主持下签订的《解决国家与他国国民间投资争议的公约》（1965 年《华盛顿公约》）而设立的一个专门处理国际投资争议的全球性常设仲裁机构，总部设在美国的华盛顿。该中心的宗旨是：用调解和仲裁的方法，解决该公约缔约国和其他缔约国国民之间的投资争议，促进和鼓励私人资本的国际流动。ICSID 具有不同于任何其他商事仲裁机构的特殊法律地位：具有完全的国际法律人格；具有缔约契约、取得和处理动产和不动产及起诉的能力；完成任务时在各缔约国领土内享有公约所规定的特权和豁免权；ICSID 及其财产和资源享有豁免一切法律诉讼的权利；ICSID 的资产、财务和收入以及公约许可的业务活动和交易，应免除一切税捐和关税；ICSID 及其所有官员和工作人员，享有政府间国际组织及其人员所享有的特权和豁免权。依据公约，作为当事人、代理人、法律顾问、律师、证人或专家以及在仲裁中出席的人，在进行仲裁的往返途中或在仲裁地停留，也享有该公约第 21 条规定的豁免权。ICSID 的管辖权严格遵守属地管辖的原则，即只受理缔约国或缔约国指派到中心的该国的任何组成部分或机构，与另一缔约国国民之间直接因投资而产生的任何法律争议。ICSID 本身并不直接承担调解和仲裁工作，其是依据 1965 年《华盛顿公约》的规定，为各缔约国和其他缔约国国民之间发生的投资争端，提供调解和仲裁的便利。①

对 ICSID 仲裁庭的裁决不满的一方当事人，可申请对裁决作出解释、修正或修改。其理由包括仲裁庭超越权限、严重违反基本的程序规则以及裁决未附具理由。② 如果申请撤销裁决，则申请交由三人组成的临时委员会决定。③ 如果裁决被部分或全部撤销，任何一方当事人可以请求将争议提交给新的仲裁庭，由其作出新的（也是终局的）裁决。④ 虽然这一程序烦琐笨拙，但已受到广泛的批评，⑤ 但是，这是对 ICSID 裁决提出异议

① 关于 ICSID，可参见陈安主编．国际投资争端仲裁［M］．上海：复旦大学出版社，2001.

② ICSID 仲裁规则第 50 条。

③ ICSID 仲裁规则第 52 条。

④ ICSID 仲裁规则第 55 条。如果原来的裁决仅被部分撤销，新仲裁庭将不考虑未被撤销的那一部分裁决。见该规则第 55 条第 3 款。

⑤ See Alan Redfern and Martin Hunter and with Negel Blackaby and Constantine Partasides. Law and Practice of International Commercial Arbitration [M]. 4th ed. Sweet & Maxwell.

的唯一方法，因为根据《华盛顿公约》所享有的特殊地位，ICSID 裁决不能向国内法院提出异议。①

第四节　申请撤销仲裁裁决

一、概述

撤销程序是法院行使司法监督职能的一种机制。但是，为了体现法院对仲裁的支持以及发挥仲裁的效益，法院在通过撤销程序进行司法监督时，只行使某种限度的审查权。正如美国某法院在 *Wilko v. Swan* 案中所重申，“法院撤销裁决的权力是有限的”，②尤其在涉外仲裁上，有些国家规定了与国内仲裁不一样的审查标准：对涉外仲裁只进行程序性审查，而不进行实体审查。国际上存在限制撤销裁决的倾向。各国法律均把法院撤销裁决的权力限制在狭小的范围内，申请撤销的诉讼很少能获得法院的支持。据 A. J. van den Berg 教授的研究，在 556 个法院裁定中，仅有两例裁决被作出地国法院撤销。③

关于申请撤销仲裁裁决之诉的性质，理论上主要有三种主张：（1）给付之诉说。持这种观点的学者认为，仲裁裁决是由仲裁员而非法院作出的，法院不得撤销。原告提起撤销之诉，是在请求法院命令对方不得主张仲裁裁决的效力。因而，申请撤销仲裁裁决之诉属于给付之诉。（2）确认之诉说。当事人订立仲裁协议的目的，在于取得有效的仲裁裁决。仲裁员作出的裁决如有瑕疵，则对当事人无拘束力。当事人如对此存有争执，向法院提起撤销之诉，虽名为撤销，实为确认仲裁裁决对当事人没有拘束力。所以，申请撤销仲裁裁决之诉为确认之诉。（3）形成之诉说。这种观点认为，形成之诉乃原告主张依照法院的判决创设、变更、消灭法律关系或其他事项的诉讼。对申请撤销仲裁裁决而言，如原告的主张有理，将仲裁裁决予以撤销，是以法院的判决或裁定消灭仲裁裁决的效力，其性质属形成之诉。④

---

① 《华盛顿公约》第 54 条第 2 款。

② See 346us 427 (1953).

③ 参见 A. J. van den Berg. 1958 年纽约公约法院裁定一览 [M] // 中国国际商会仲裁研究所. 国际商事仲裁文集：中英文对照. 北京：中国对外经济贸易出版社，1998：143，432-433.

④ 参见赵健. 国际商事仲裁的司法监督 [M]. 北京：法律出版社，2000：235-236；黄进，宋连斌，徐前权. 仲裁法学 [M]. 北京：中国政法大学出版社，2002.

1958年《纽约公约》第5条规定，裁决地所在国之主管机关有权撤销仲裁裁决。各个国家的仲裁法均将撤销申请作为仲裁裁决出现偏差时的一种救济手段。各国规定的事由多为程序事由，只有少部分涉及实体。综观各国立法，法院撤销仲裁裁决的事由可归纳为以下几类：（1）仲裁协议不存在、无效或者失效。（2）仲裁庭的组成与当事人的协议不一致，或违背了仲裁法或仲裁程序规则；或者仲裁员的资格条件有瑕疵或不是按正当方式指定的。（3）仲裁程序不合法或者违背仲裁协议、仲裁规则。（4）当事人在仲裁程序中未经合法代理，非归责于当事人的原因导致其未能充分陈述案件或未经合法询问。（5）裁决处理了仲裁协议范围以外的争议或争议的标的不能通过仲裁方式解决。（6）裁决书形式上有缺陷，或者裁决未附具理由，但当事人另有约定、法律另有规定或仲裁员已予补正的除外。（7）裁决的作出是欺诈的结果，或者所依据的证据是伪造的或变造的。（8）裁决所依据的民事或刑事判决及其他裁判或行政处分已变更的。（9）仲裁员在仲裁过程中违背职务信托，犯刑事罪。（10）裁决命当事人为法律上所不允许的行为。（11）裁决作出后，一方当事人获得了本来可以影响仲裁庭决定的新文件，这些文件被认为是因另一方当事人的行为而未被提交的。（12）裁决违反公共秩序或公共政策。① 本书重点将对其中主要的几项抗辩进行详细阐述、探讨和研究。

一方当事人提起撤销程序后，法院经审查，如果认为具有可撤销情事，可以撤销裁决。如果认为不具有可撤销情事，则驳回申请人的请求。此外，如果法院认为案件可发回仲裁庭重新审理，进行补救，则如准据法允许，也可以发回重审，如英国仲裁法第69条第3款的规定。如果涉及可撤销事由的仲裁事项可以与其他部分分离，则法院仅可撤销该部分裁决。例如，日本仲裁法规定，如存在所述可撤销事由且有关该事项部分可从仲裁裁决中分离，则法院仅可撤销该部分仲裁裁决。②

裁决撤销之后，是否还在某种程度上具有效力、尚可执行？国际上有两种做法：一是不受裁决作出地国撤销裁决的影响，如法国、美国；二是认为已经无效。已撤销裁决的执行问题，主要涉及《纽约公约》更优惠条款的适用。如果内国法院认为国内法存在更优惠于执行的规定，则存在依《纽约公约》第7条适用国内法的可能性。有些国家已经有此类的司

---

① 参见黄进，宋连斌，徐前权．仲裁法学［M］．北京：中国政法大学出版社，2002.

② 2003年日本仲裁法第44条第7款。

法实践，如美国、法国。法国最高法院关于 *Norsolor V. Pabalk* 案①的判决，就是适用《纽约公约》"更优权利条款"执行已撤销裁决的一个典型案例。但在其他的一些国家，如德国，已撤销裁决不能得到执行。在一个案例中，② 申请人在德国申请执行莫斯科仲裁机构作出的仲裁裁决，该裁决已经为俄国相关法院撤销。法院认为，"执行宣告要求外国裁决依适用于其的法律已经生效，即在上诉法院或国家法院已经没有其他上诉方式。这一点应由法院自行审查。裁决如为有权法院或上诉仲裁庭所撤销，则不再具有约束力，即使只是为临时的具有执行力的决定所撤销。此撤销决定必须得到承认，而无须审查，依据承认外国决定的标准，判断其是否可予承认。本案中仲裁裁决前后为莫斯科市法院和上诉法院所撤销，因此，其不再具有约束力，也不可再在德国被承认。当然，上诉法院的决定可能可以依据俄罗斯法上诉，但依《纽约公约》第 5 条第 1 款 e 项的第二个选择项（"或者被中止"），这一点不具相关性"。许多国家实践中都不存在这种案例。中国的仲裁实践中，也不存在这种情况。不过，理论上并不排除已在仲裁地国撤销裁决依更优惠权利条款的执行。当然，此类规定只适用于国际商事仲裁裁决，而不适用于国内裁决；国内仲裁中，法院必须维护法律制度的一致性。

有些国家的法律规定，裁决被撤销后仲裁协议仍然有效，当事人可以依该协议再提起仲裁。③ 不过，另外一些国家的法律则规定，裁决被撤销后仲裁协议无效。当事人如欲进行仲裁，须重新达成仲裁协议。④ 此时，

---

① See Alan Redfern and Martin Hunter. Law and Practice of International Commercial Arbitration [M]. 2th ed. Sweet & Maxwell, 1991: 470. 胜诉的原告针对已被奥地利维也纳法院撤销的部分裁决向法国法院申请执行。如何对待原告的执行申请成为法国法院面临的棘手问题。按照《纽约公约》第 5 条第 1 款 e 项规定，承认和执行外国裁决的申请可因该裁决已在作出国被有关主管机关撤销或停止执行而加以拒绝。但是法国国内法在原则上未将"裁决被作出地国的法院撤销或停止执行"作为拒绝承认和执行外国裁决的理由。最后，法国法院依照《纽约公约》中的"更优惠权利条款"批准了原告的执行申请。

② 28 October 1999 - Oberlandesgericht [Court of Appeal], Rostock. 该案基本案情如下：被申请人从莫斯科海事仲裁委员会获取一份有利于其的仲裁裁决，并且寻求在德国执行该裁决。同时，裁决被莫斯科市法院撤销，并在上诉审中被莫斯科上诉法院撤销。罗斯托克上诉院认定，申请人已经满足了申请执行的形式要件，但是，由于裁决已经在裁决作出国被撤销而不再对当事人具有约束力，因此，执行申请应被驳回。

③ 如美国联邦仲裁法的规定。

④ 如中国《仲裁法》第 9 条第 2 款的规定。

仲裁协议是否有效，仍然应当依据仲裁协议的准据法进行判定。但是，理论上可能存在冲突。例如，当事人约定仲裁协议适用裁决后无效的国家法律，仲裁在撤销后仲裁协议有效的国家进行。裁决作出后，在后一国家被撤销。此时，依后一国家规定，协议仍然有效，依前一国家规定，协议无效。

二、中国的法律和实践

（一）双轨制项下的不同规定

当事人向中国法院申请撤销中国仲裁机构作出的裁决，依国内仲裁和涉外仲裁不同，适用不同的法律规定。

关于前者，中国《仲裁法》第58条对申请主体、举证责任、管辖法院以及可撤销情形作了规定。（1）提出申请撤销之诉的主体应当是当事人，无论其为申请人或被申请人。第三人不得提出申请撤销之诉。（2）提出申请的当事人应当承担举证责任，证明存在可撤销情形。（3）受理撤销之诉的法院为仲裁委员会所在地的中级人民法院。（4）如果存在以下几种情形，应当裁定撤销：没有仲裁协议的；裁决的事项不属于仲裁协议的范围或者仲裁委员会无权仲裁的；仲裁庭的组成或者仲裁的程序违反法定程序的；裁决所根据的证据是伪造的；对方当事人隐瞒了足以影响公正裁决的证据的；① 仲裁员在仲裁该案时有索赔受贿，徇私舞弊，枉法裁决行为的。人民法院也可以自行审查该裁决是否违背社会公共利益。如果违背社会公共利益，裁决亦应当被裁定撤销。此类理由既涉及程序事项，也涉及实体事项。

关于涉外仲裁，中国《仲裁法》第70条规定，当事人提出证据证明涉外仲裁裁决有《民事诉讼法》第260条第1款规定的情形之一的，经人民法院组成合议庭审查核实，裁定撤销。《民事诉讼法》第260条第1款规定的情形如下：（1）当事人没有在合同中订立仲裁条款或者事后没有达成书面仲裁协议；（2）被申请人没有得到指定仲裁员或者进行仲裁程序的通知，或者由于其他不属于被申请人负责的原因未能陈述意见；

---

① 如北京贝特实业公司申请裁决仲裁裁决案，（1998）二中经仲字第193号。该案当中，法院依据“当事人隐瞒了足以影响公正裁决的证据”为由，撤销了仲裁裁决书。上海外经国际冶金工程技术有限公司申请撤销仲裁裁决案中，被申请执行人也提出了隐瞒重大证据的理由，但未得到法院的支持。见（1999）沪一中执字第102号民事裁定书。

(3) 仲裁庭的组成或者仲裁的程序与仲裁规则不符;① (4) 裁决的事项不属于仲裁协议的范围或者仲裁机构无权仲裁。上述四点理由，涉及的均为程序事项。

（二）报告制度

报告制度是仲裁法制定后生效前，最高人民法院通过司法解释②确定的旨在处理与涉外仲裁及外国仲裁事项有关问题的一项制度，是最高人民法院为遏制涉外仲裁监督方面不严肃执法的现象，通过司法解释创设的法院系统内部监控措施。③ 其基本含义是指，人民法院在受理订有仲裁协议的涉外争议的当事人的起诉之前，以及在撤销或不予执行中国的涉外仲裁裁决和拒绝承认与执行外国仲裁裁决之前，须将其审查意见报告所属辖区的高级人民法院，如高级人民法院也同意下级法院的做法，则须报最高人民法院批准。在最高人民法院未作答复前，有关下级法院暂不予受理相关起诉或不发出撤销仲裁裁决、不予执行仲裁裁决的裁定。报告制度不适用于国内仲裁。

报告制度的主要内容如下：

1. 凡起诉到人民法院的涉外、涉港澳和涉台经济、海事海商纠纷案件，如果当事人在合同中订有仲裁条款或者事后达成仲裁协议，人民法院认为该仲裁条款或者仲裁协议无效、失效或者内容不明确无法执行的，在决定受理一方当事人起诉之前，必须报请本辖区所属高级人民法院进行审查；如果高级人民法院同意受理，应将其审查意见报最高人民法院。在最高人民法院未作答复前，可暂不予受理。

---

① 如桦庆塑胶制品有限公司申请撤销仲裁裁决案中撤销裁决的理由。该案中，法院认为，《仲裁法》第 39 条规定：“仲裁应当开庭进行。当事人协议不开庭的，仲裁庭可以根据仲裁申请书、答辩书以及其他材料作出裁决。”据此，CIETAC 仲裁规则第 32 条亦规定：“仲裁庭应当开庭审理案件。但经双方当事人申请或者征得双方当事人同意，仲裁庭也认为不必要开庭审理的，仲裁庭可以只依据书面文件进行审理并作出裁决。”本案中，仲裁庭未经双方当事人同意对桦庆塑胶制品有限公司提出的反请求进行书面审理并作出裁决，属于《民事诉讼法》第 260 条第 1 款规定的“仲裁程序与仲裁规则不符”的情形，因此，该仲裁裁决依法应当予以撤销。见（2002）二中民特字第 06244 号裁定书。

② 最高人民法院 1995 年《关于人民法院处理与涉外仲裁及外国仲裁事项有关问题的通知》和 1998 年《关于人民法院撤销涉外仲裁裁决有关事项的通知》。

③ 关于报告制度，具体可参见黄进，宋连斌，徐前权．仲裁法学［M］．北京：中国政法大学出版社，2002.

2. 凡一方当事人向人民法院申请执行我国涉外仲裁机构裁决，或者向人民法院申请承认和执行外国仲裁机构的裁决，如果人民法院认为我国涉外仲裁机构裁决具有《民事诉讼法》第260条情形之一的，或者申请承认和执行的外国仲裁裁决不符合我国参加的国际公约的规定或者不符合互惠原则的，在裁定不予执行或者拒绝承认和执行之前，必须报请本辖区所属高级人民法院进行审查；如果高级人民法院同意不予执行或者拒绝承认和执行，应将其审查意见报最高人民法院。待最高人民法院答复后，方可裁定不予执行或者拒绝承认和执行。

3. 关于承认及执行外国仲裁裁决。凡一方当事人向人民法院申请承认和执行外国仲裁裁决的，如果人民法院认为申请承认和执行的外国仲裁裁决不符合中国参加的国际条约的规定或者不符合互惠原则的，在裁定拒绝承认和执行之前，必须报请本辖区所属高级人民法院审查；如果高级人民法院同意拒绝承认和执行，应将其意见报最高人民法院。待最高人民法院答复后，方可裁定拒绝承认和执行。前述报告，须自受理申请之日起2个月内上报最高人民法院。

4. 关于撤销涉外仲裁裁决。凡一方当事人按照仲裁法的规定向人民法院申请撤销中国涉外仲裁裁决，如果人民法院经审查认为涉外仲裁裁决具有《民事诉讼法》第260条第1款规定情形之一的，在裁定撤销裁决或通知仲裁庭重新仲裁之前，应在受理后30日内报请本辖区所属高级人民法院进行审查。如果高级人民法院同意撤销裁决或通知仲裁庭重新仲裁，应将其审查意见在15日内报最高人民法院。待最高人民法院答复后，方可裁定撤销裁决或通知仲裁庭重新仲裁。

（三）申请撤销的后果

如前文所述，申请撤销可能产生三个后果：一是裁决被撤销；二是申请被驳回；三是法院将案件后发回仲裁庭重审。有必要在此指出未申请撤销的后果。未申请撤销或未在法定期限内申请撤销，应视为当事人认可了裁决结果。①

依中国《仲裁法》规定，当事人申请撤销裁决的，应当自收到裁决书之日起6个月内提出。人民法院应当在受理撤销裁决申请之日起2个月内作出撤销裁决或者驳回申请的裁定。人民法院受理撤销裁决的申请后，

① 如最高人民法院在《关于日本东源株式会社诉如东县东旺水产品有限公司等返还侵占资金案的请示的复函》（2004年12月3日，(2004)民四他字第12号）中的答复意见。

认为可以由仲裁庭重新仲裁的，通知仲裁庭在一定期限内重新仲裁，并裁定中止撤销程序，仲裁庭拒绝重新仲裁的，人民法院应当裁定恢复撤销程序。

实践中，相当一部分向法院申请撤销的案件均没有可予撤销的正当理由，但仍有一部分案件，由于存在或此或彼的情形，而被法院撤销或发回重新仲裁。此外，中国《仲裁法》还规定，一方当事人申请执行裁决，另一方当事人申请撤销裁决的，人民法院应当裁定中止执行。① 在这种情况下，为防止败诉方当事人拖延执行仲裁裁决，法院在裁定中止执行程序时，应责令撤销程序的申请人提供妥适的担保。提供担保也是国际上在处理执行申请和撤销申请同时存在时的通常做法。

中国《仲裁法》未对部分撤销作出明确规定，不过，最高人民法院的司法解释对此作了补充。2006 年中国仲裁法新司法解释②规定了超裁裁决的部分撤销："当事人以仲裁裁决事项超出仲裁协议范围为由申请撤销仲裁裁决，经审查属实的，人民法院应当撤销仲裁裁决中的超裁部分。但超裁部分与其他裁决事项不可分的，人民法院应当撤销仲裁裁决。"此前，最高人民法院在给广东省高级人民法院的《关于我国仲裁机构作出的仲裁裁决能否部分撤销问题的批复》③ 中也指出，我国仲裁机构作出的仲裁裁决，如果裁决事项超出当事人仲裁协议约定的范围，或者不属当事人申请仲裁的事项，并且上述事项与仲裁机构作出裁决的其他事项是可分的，人民法院可以基于当事人的申请，在查清事实后裁定撤销该超裁部分。故此，在中国，仲裁裁决部分撤销的实践与国际上是一致的。例如，在北京市西单商业区建设开发公司申请撤销仲裁裁决案④中，法院以裁决书的第三项裁决超出仲裁协议的范围为由，撤销了裁决书中的第三项裁决。

第五节　裁决的执行和不予执行

一、概述

仲裁裁决作出后，当事人如不能主动履行裁决，而裁决又存在强制执

① 中国《仲裁法》第 64 条第 1 款。

② 2006 年 9 月 8 日起施行。关于仲裁法新司法解释，可参见林一飞．《仲裁法》新司法解释解读 [J]．北京仲裁，2006，60：67 页以下．

③ 1999 年 6 月 26 日最高人民法院审判委员会第 1071 次会议通过，法释 [1999] 16 号。

④ （2000）二中经仲字第 201 号。

行内容的，则当事人可以申请法院强制执行。

一般地，法院可以通过三种方式，赋予裁决强制执行力，执行裁决：一是如同判决一般，予以执行；二是按仲裁裁决作出判决后执行；① 三是宣告裁决具有可执行性后予以执行。② 法院执行生效仲裁裁决按照民事诉讼法规定的执行方式进行。当事人如果不能通过撤销程序撤销仲裁裁决，则仲裁裁决可在本国得到执行。故此，不予执行的理由通常与撤销的理由一致。

应当指出，在本国无法被撤销的仲裁裁决，不必然在外国能够得到承认和执行。仲裁裁决在外国的承认和执行应当按照所适用的法律或公约确定。

二、裁决国籍的认定

申请执行时，提出不予执行的异议，视裁决的国籍不同，而可提出不同的理由。

界定外国仲裁裁决和国内仲裁裁决实际上涉及内国法院确定裁决的国籍问题。一般而言，认定一国裁决的国籍主要采用裁决作出地标准，即地域标准，但也有采用其他标准的，如仲裁程序适用法律标准。③ 在中国，立法未明确规定外国仲裁裁决的认定标准。从实践来看，中国采取的是裁决作出地标准，即凡在中国以外的国家境内作出的裁决，均为外国仲裁裁决。

绝大多数的国家均采取地域标准，确定裁决的国籍。但有一些国家，采用程序适用法律标准。例如，德国在 1998 年修订仲裁法前，即是采用仲裁程序适用法律的标准，确定仲裁裁决的执行。依据该理论，如果裁决系依据德国仲裁法作出，则即使仲裁地非位于德国，裁决亦是德国裁决，而非外国仲裁裁决。该理论被称为“程序理论” (procedural theory)。④ 1998 年德国仲裁法摒弃了该理论。

近年来，还有一项理论（实际上已经有此类的案例）涉及裁决的国

---

① 如 1996 年英国仲裁法第 66 条第 1、2 款的规定。

② 如 1998 年德国仲裁法第 1060 条第 1 款的规定。

③ 其他尚有以仲裁员的国籍作为标准或无国籍裁决等。参见宋航．国际商事仲裁裁决的承认与执行［M］．北京：法律出版社，2000. 28-33.

④ 主要是因为德国的这一项理论，《纽约公约》在拟定第 5 条第 1 款 e 项有关撤销裁决的规定时才增加裁决“在某国作出或依某国法律作出”的规定。

籍。非本地化理论（delocalisation theory）认为，国际仲裁不应受因国家不同而不同的法律的控制，寻求使国际仲裁脱离所有国家法律，包括仲裁地法律的控制。该理论认为裁决可以是非国内化（anational）裁决或非本地化（delocalised）裁决或漂浮（floating）裁决。该类裁决指依据当事人的协议，与所有国家的仲裁法律均无关联的仲裁中作出的裁决。很少国家采纳这种理论。例如，英国普通法传统上反对非本地法理论。在 *Minmetals v. Ferco* 案①中，法院认为，“国际商业中，一方当事人如果在合同中约定在国外进行仲裁，那么他不仅要遵循当地的仲裁程序，同时也要受仲裁地点有监督管辖权的法院的约束”。澳大利亚法院亦持这种观点。

在执行程序（以及其他程序，如法院中止程序）中都可能涉及非本地化的问题。非本地化涉及仲裁程序的适用法律。换言之，所谓非本地化仲裁程序，也可简言之，指使仲裁庭免予受本地法院的监督。没有哪一种法律制度完全采用仲裁程序非本地法化的概念。但是，应当考虑两个因素。“第一，存在支持提高国际仲裁自治性的世界性趋势；第二，如果没有一种法律制度完全采纳非本地化，并且适用于国际仲裁的不同法律制度允许不同程度的法律干预，则必然存在不同的法律制度允许仲裁程序非本地法的衡量尺度。”② 作为支持和反对仲裁程序非本地化依据的理论观点，可以大概分为两派：管辖权理论（the jurisdictional theory）和契约理论（the contractual theory）。管辖权理论基于两个原则：每个仲裁最终均由国内法管辖，以及规定附属于该法域内仲裁的所有权利和义务的正是国内法。契约理论即仲裁的基础是当事人之间的协约，因此仲裁员的权力和权利来源于他们之间的协议。这种理论的支持者认为，当事人有权以任何他们希望的方式进行仲裁，并可以自由将程序与国内法分离，只要该程序遵守跨国的最低正义标准（transnational minimum standards of justice）。③

---

① *Minmetals Germany Gmbh v. Ferco*, [1999] 1 All ER (Comm) 315.

② Matthew Secomb. Shades of Delocalisation ? Diversity in the Adoption of the UNCITRAL Model Law in Australia, Hong Kong and Singapore [J]. Journal of International Arbitration, 17 (5): 123-150.

③ Matthew Secomb. Shades of Delocalisation ? Diversity in the Adoption of the UNCITRAL Model Law in Australia, Hong Kong and Singapore [J]. Journal of International Arbitration, 17 (5): 123-150.

三、1958 年《纽约公约》

1923 年《日内瓦议定书》① 及 1927 年《日内瓦公约》② 的主要缺点在于将证明执行条件已经满足的责任置于寻求执行方当事人。在这种情况下，为使国际商事仲裁成为更为有效的争议解决方式，1958 年联合国主持制定了《纽约公约》。该公约已经事实上取代了 1923 年《日内瓦议定书》及 1927 年《日内瓦公约》。其要求缔约国执行有效仲裁协议，并引入了裁决得以承认和执行的更为直接明确的方式，并将证明裁决不应被承认与执行的责任主要置于拒绝承认与执行方当事人，而这正好推翻了《日内瓦议定书》与《日内瓦公约》的规定。目前，《纽约公约》缔约国及地区已达 137 个，③ 是迄今为止最为成功的国际公约之一。④《纽约公约》的成功，充分体现了仲裁在跨国商事争议解决上的作用。⑤

应当指出，按照美国的一个案例，未被命名为“裁决”的决定性文件，也可能依《纽约公约》进行执行。美国联邦第七巡回上诉法院在

---

① 全称是《仲裁条款议定书》，1923 年 9 月 24 日由国际联盟主持制定，是第一个重要的国际商事仲裁公约，共 8 条。其主要目的是确保仲裁协议的国际执行，并确保仲裁裁决可为裁决地国所执行。主要内容包括各缔约国承认契约当事人之间订立的关于因契约发生的一切争议提交仲裁解决的仲裁协议的效力；仲裁程序，包括仲裁庭的组织在内，应当依照当事人的意思和仲裁地国的法律规定；缔约国保证由本国有关机关依该国法律规定执行按照公约规定在其境内作出的仲裁裁决等。

② 全称是《关于执行外国仲裁裁决公约》，1927 年 9 月 26 日由国际联盟主持制定，是 1923 年《日内瓦议定书》的补充，共 11 条。其主要目的在于扩展《日内瓦议定书》的适用范围，使得在一缔约国作出的裁决除在该国（裁决作出国）外，还可在其他缔约国执行。该公约规定了承认与执行在其他缔约国境内作出的仲裁裁决的条件，还规定了拒绝承认与执行外国仲裁裁决的条件，并对请求承认与执行外国仲裁决应提供的文件作了具体规定。

③ 截至 2005 年 12 月，成员国及地区共有 137 个。

④ 不过，应当指出，虽然有些国家已经加入《纽约公约》，但是，由于没有相应的国内立法，仍然无法在这些国家适用《纽约公约》。例如，尽管孟加拉加入了《纽约公约》，但是没有通过国内立法加以补充。因此，不能依据《纽约公约》在孟加拉执行外国仲裁裁决。See *Bangladesh Air Service* (*Pvt*) *Ltd.* (*UK*) *v. British Airways PLC* (*Bangladesh*), Appellate Division, 8 May 1997.

⑤ 尽管在欧洲国家之间订立的《布鲁塞尔公约》和《洛迦诺公约》为承认和执行外国司法判决提供了依据，但迄今并没有公约为欧洲之外所作出的司法判决的执行或在欧洲之外寻求司法判决的执行提供依据。

Publicis v. True North 案①中作出裁定，将仲裁庭一项以“命令”形式作出的决定视为根据《纽约公约》第5条第1款e项下可承认和执行的裁决。法院认定，《纽约公约》、UNCITRAL示范法及评述者所广泛使用了“裁决”之术语，也即“终局裁决”，但并未排除决定（decisions）、意见（opinions）、命令（order）、裁定（rulings）等意思相近的词有终局性的可能。该上诉法院得出结论，“一项裁定的终局性由其内容，而非其所使用的名称术语决定”。将这一断定适用于该案，该上诉法院认为，仲裁庭的“裁定”从其他的不相关的争议问题“脱离”出来，终局性地解决了当事人True North想仲裁的一个问题，而不仅仅是处理了一个程序性的问题。据此，该上诉法院维持了地区法院承认该命令的裁定。该裁定事实上鼓励了当事人寻求执行仲裁庭作出的但未被命名为“裁决”的决定性文件，也鼓励法院为这类执行问题制定必要的标准。

按照《纽约公约》第4条的规定，申请承认和执行的当事人须提交两种文件：一是原裁决之正本或其正式副本，二是仲裁原件或其正式副件。这两种文件所用文字如果不是执行地国的正式文字，那么申请承认和执行的当事人还应提交“公设或宣誓之翻译员或外交或领事人员认证”的文件译本。因此，按照《纽约公约》的该条规定，在中国申请承认与执行外国仲裁裁决，如果仲裁裁决或协议非以中文书写，那么申请承认与执行的当事人还应向法院提交经认证的译本。这是形式要件，也是申请执行人所需满足的所谓的“积极条件”。

对被申请执行人而言，最重要的是《纽约公约》第5条规定的理由。第5条也被称为承认与执行外国仲裁裁决的消极条件，即外国仲裁裁决不应存在本条所述情事。被申请执行人如欲达到拒绝承认与执行的目的，则应举证证明仲裁裁决具有第5条规定的不予承认及执行的理由。在中国，作为抗辩，被申请执行的一方可提出：（1）依照适用于仲裁协议当事人的法律，仲裁协议当事人无行为能力；（2）依照仲裁协议准据法，仲裁协议无效；如未指明以何法律为准时，依裁决地所在国法律，仲裁协议属无效；（3）被申请执行没有接到关于指派仲裁员或进行仲裁程序的适当通知，或由于其他理由未能陈述意见；（4）裁决超出仲裁请求的范围；（5）仲裁庭或仲裁程序与当事人协议不符或与仲裁地所在国法律不符；（6）裁决尚无约束力或已经裁决地国或裁决所依据法律国家的主管机关

---

① See http://caselaw.lp.findlaw.com/scripts/getcase.pl? navby = search&case = /data2/circs/7th/974096.html&friend = nytimes.

撤销或停止执行。前述几项需要被申请执行的当事人予以举证。而法院如认定依中国法律争议事项不具可仲裁性或有违中国公共政策，也可以拒绝承认与执行仲裁裁决。另外，根据我国在加入《纽约公约》时所作出的互惠保留声明，我国只在互惠基础上对在另一缔约国领土内作出的仲裁裁决的承认和执行适用该公约；根据商事保留声明，我国仅对按照我国法律属于契约性和非契约性商事法律关系所引起的争议适用该公约。因此，中国法院在审查仲裁裁决时，还应当根据这两个保留进行审查，符合该两项保留声明条件的，才予以受理并适用《纽约公约》。

四、中国的执行实践

（一）外国仲裁裁决的执行

国际上对于外国仲裁裁决的承认和执行，主要可以通过以下途径：(1) 依《纽约公约》承认与执行；(2) 援用双边或多边条约中规定的有关仲裁裁决承认与执行的规定承认与执行；(3) 依互惠原则承认与执行；(4) 依国内法承认与执行。而这几种方式又可能交织在一起，如《纽约公约》缔约国之间执行裁决，也不一定要适用《纽约公约》，而可能适用双边条约或国内法，但其法律依据却又是《纽约公约》第7条所谓“更优惠条款”的规定。

外国仲裁裁决在中国的承认与执行也不外乎上述几种方式。依据《纽约公约》第3条的规定，外国仲裁裁决在中国承认与执行的国内法的依据主要是中国《民事诉讼法》)。根据《民事诉讼法》第269条，当事人可以直接向被执行财产所在地或法定住所地的中级人民法院申请承认和执行外国仲裁机构作出的裁决，人民法院依照中国缔结或者参加的国际条约或协议办理;① 在没有可适用的国际条款或协议的情况下，人民法院也可根据互惠原则决定执行申请。我国已经参加了《纽约公约》和1965年《ICSID公约》，另外还与其多国家签订了涉及仲裁裁决的承认与执行的双边司法协助协定。因此，根据《民事诉讼法》第269条的规定，此类公

① 此类案例如丸红国际石油（新加坡）有限公司申请承认和执行外国仲裁裁决案，(2001) 深中法经二初字第104号裁定书；诺宝克货运服务股份有限公司案，参见林准．国际私法案例选编［M］．北京：法律出版社，1996：162-164；德国S&H食品贸易有限公司申请承认和执行德国汉堡交易所商品协会仲裁法庭仲裁裁决案，参见林准．国际私法案例选编［M］．北京：法律出版社，1996：165-168；广州远洋运输公司申请承认及执行伦敦临时仲裁庭仲裁裁决案，参见 http://lib.jzit.edu.cn/wto/wto2/wtoal/al202.htm。更多案例可参见本书附录。

约或协定均是承认与执行外国仲裁裁决的法律依据。鉴于中国加入《纽约公约》时，作了互惠保留，因此《纽约公约》的适用范围仅适用于在另一缔约国领域内作出的仲裁裁决。不过，由于绝大多数国家已经加入该公约，因此，这一保留条款实质上已经不构成在中国寻求承认与执行的障碍。

应当注意，外国仲裁裁决在中国申请承认和执行，应当依照《中华人民共和国民事诉讼法》规定的程序。例如，应当遵守时限的规定。不遵守时限，将导致裁决得不到承认和执行。例如，《最高人民法院关于裁定不予承认和执行英国伦敦仲裁庭作出的塞浦路斯瓦赛斯航运有限公司与中国粮油饲料有限公司、中国人民财产保险股份有限公司、中国人民财产保险股份有限公司河北省分公司、中国人保控股公司仲裁裁决一案的请示的复函》所涉案件，申请执行人塞浦路斯方因超过 6 个月申请执行的期限，裁决得不到承认和执行。

（二）中国仲裁裁决的执行

无论是国内仲裁机构还是涉外仲裁机构作出的仲裁裁决，当事人均应当履行。在中国,①一方当事人不履行裁决的，另一方当事人可以依照《民事诉讼法》的有关规定向人民法院申请执行；受申请的人民法院应当执行。② 当事人申请执行裁决需要依照一定的程序：（1）必须由当事人提出申请。义务人履行裁决，只有权利人有权提出申请执行。其他第三人无权提出执行。（2）当事人必须在一定期限内提出申请。当事人必须在法定期限内向法院提出执行申请，逾期则视为放弃请求法院强制执行的权利。关于申请执行的期限，按照中国《仲裁法》规定，当事人应依《民事诉讼法》的有关规定办理:③双方或一方当事人是自然人的，申请执行的期限为 1 年；双方当事人是法人或其他组织的，申请执行的期限为 6 个月。此期限从仲裁裁决书规定的履行期间的最后一日起计算。仲裁裁决书规定分期履行的，从规定的每次履行期间的最后一日之次日起算。④（3）当事人必须向有管辖权的人民法院提出申请。对中国的涉外仲裁裁决，一方当事人不履行的，对方当事人可以申请被申请人住所地或财产所在地的

① 中国仲裁机构作出的国际商事仲裁裁决在国外的执行，可参见林一飞．中国国际商事仲裁裁决的执行［M］. 北京：对外经济贸易大学出版社，2006.

② 中国《仲裁法》第 62 条。

③ 中国《仲裁法》第 62 条。

④ 中国《民事诉讼法》第 219 条。

中级人民法院执行。对国内仲裁裁决，当事人可向被执行人住所地或被执行的财产所在地的基层法院申请执行生效的仲裁裁决。①

如果被申请执行人提出证据证明存在不予执行的理由，则裁决应不予执行。② 国内执行裁决与涉外仲裁裁决在不予执行的理由上存在区别。对于国内仲裁裁决，存在下列理由之一，即应不予执行：（1）当事人在合同中没有订有仲裁条款或者事后没有达成书面仲裁协议的；（2）裁决的事项不属于仲裁协议的范围或者仲裁机构无权仲裁的；（3）仲裁庭的组成或者仲裁程序违反法定程序的；（4）认定事实的主要证据不足的；（5）适用法律确有错误的；（6）仲裁员在仲裁该案时有贪污受贿，徇私舞弊，枉法裁决行为的。③ 此类理由既包括程序理由，也包括实体理由。对于涉外仲裁裁决，被申请人提出证据证明仲裁裁决有下列情形之一的，经人民法院组成合议庭审查核实，裁定不予执行：（1）当事人在合同中没有订有仲裁条款或者事后没有达成书面仲裁协议的；（2）被申请人没有得到指定仲裁员或者进行仲裁程序的通知，或者由于其他不属于被申请人负责的原因未能陈述意见的；（3）仲裁庭的组成或者仲裁的程序与仲裁规则不符的；（4）裁决的事项不属于仲裁协议的范围或者仲裁机构无权仲裁的。④ 此类事项均为程序理由。但是，法院如果认为裁决违反公共政策，当然可以自行决定不予执行。此外，应当指出，涉外仲裁裁决的不予执行应当遵循报告制度。

---

① 如果国内仲裁裁决书所涉的执行标的很大或者案件在本辖区有重大影响，可参照中国《民事诉讼法》中关于级别管辖的标准，由中级人民法院执行。

② 中国《仲裁法》第63、71条。

③ 中国《民事诉讼法》第217条。

④ 中国《民事诉讼法》第260条。

第三章　仲裁协议抗辩

仲裁协议是国际商事仲裁的基石。① 仲裁协议证明了当事人将争议提交仲裁的合意，而这种合意是国际商事仲裁作为一种自愿性争议解决方式的基本依据。② 没有这种基础，裁决就成为无源之水，当事人自然可以仲裁协议无效为由对仲裁裁决提出异议。本章将探讨此种抗辩。

第一节　基本原理

一、概述

仲裁协议可以分为两种：一种是以合同中的条款形式存在，即通常所称的“仲裁条款”。当事人通过签订合同中的仲裁条款，把将来可能产生的争议提交仲裁；另一种是以单独协议存在。此种协议被称为“提交仲裁协议”或“提交协议”。该种协议通常约定将现有争议提交仲裁。在下文中，除非另有说明，仲裁协议仅指仲裁条款。

仲裁协议的效力对于争议的解决具有非常重要的意义。仲裁协议是否有效涉及当事人的仲裁意愿是否能得到满足，仲裁庭/仲裁机构或法院是否对于所涉争议有管辖权。实践中，有关仲裁协议效力的争议通常因仲裁协议的不完善或不规范而产生。此时，当事人将依所适用的仲裁法或仲裁规则请求法院或仲裁庭/仲裁机构对效力问题作出决定。无效的仲裁协议将无法启动仲裁程序，或者使仲裁裁决无效。而因此，如果仲裁裁决的作出，是或者当事人认为是基于此种无效的仲裁协议，那么，当事人可以提出异议。此外，当事人也可以在仲裁程序进行过程中，提出异议。根据某些所适用仲裁法或仲裁规则的规定，如果当事人不对仲裁协议提出异议，

① See Alan Redfern and Martin Hunter. Law and Practice of International Commercial Arbitration [M]. 3rd ed. Sweet & Maxwell, 1999: 135.

② 当然，各种形式的强制性仲裁方式也确实存在。

则视为弃权或者同意提交仲裁。

以仲裁协议效力为由提出异议，首先需要确认仲裁协议的效力。对于当事人而言，提出的异议应当是确实可行的，而不应是毫无目的和漫无边际的，即应当知道，仲裁协议存在哪些方面的问题，构成就效力提出异议的正当理由。下文将结合中国和国际上的法律和实践，扼要探讨仲裁协议效力确定方面的主要内容。国际上对于仲裁协议效力认定，存在不同的法律和实践。不过，应当看到，由于国际国内仲裁界的努力，仲裁协议效力认定方面的法律和实践日益趋同，中国与国际上的差异也日渐缩小。

有必要指出，本节仅着眼于与确定有效性直接相关的形式要件和实质要件，仲裁协议独立性、管辖权/管辖权原则和仲裁协议的法律适用、确定仲裁协议效力的程序等与确定仲裁协议效力紧密相关的问题可参见其他著述。①

二、仲裁协议有效性的形式要件

仲裁协议通常应当具备书面要件。《纽约公约》承认的仲裁协议应为具有书面形式的协议。各国仲裁法均对书面协议作某种程度的界定。例如，依 1996 年英国仲裁法第 5 条规定，下述均构成书面协议：(1) 协议以书面形式达成（无论当事人签署与否）；(2) 协议以交换书面通讯达成；(3) 协议有书面证据证实；(4) 如当事人非以书面形式同意援引某书面条款，则其达成书面协议；(5) 如非以书面达成之协议由协议当事人授权的一方当事人或第三方予以记录，该协议被证明具备书面形式；(6) 仲裁或法律程序之文件交换中，一方当事人宣称存在非书面形式的协议，且对方当事人在其答复中不作反对，该文件交换构成具有所宣称效力的书面协议。1985 年 UNCITRAL 示范法第 7 条第 2 款规定：仲裁协议应是书面的。协议如载于当事各方签字的文件中，或载于往来的书信、电传、电报或提供协议记录的其他电讯手段中，或在申请书和答辩书的交换中当事一方声称有协议而当事他方不否认，即为书面协议。在合同中援引载有仲裁条款的一项文件即构成仲裁协议，但该合同须是书面的而且这种援引足以使该仲裁条款构成该合同的一部分。中国《仲裁法》第 16 条第 1 款规定，仲裁协议包括合同中订立的仲裁条款和以其他书面方式在纠纷发生前或者纠纷发生后达成的请求仲裁的协议。各国规定的书面协议的认定并不一致。司法和仲裁实践中，对于书面协议的认定趋向于宽松。

---

① 例如林一飞. 国际商事仲裁法律与实务 [M]. 北京：中信出版社，2005.

应当看到，书面和签名是分开的两要件。书面表明仲裁协议存在的形式，签名则表明双方的合意。仲裁协议须记载于某书面文件上，无论该协议是否为双方签署、是书面证据、双方的通讯往来或是存在于其他书面文件中的仲裁条款。书面不等于达成合意。但如不存在书面，则不存在《纽约公约》承认（外国仲裁裁决）或中国《仲裁法》规定的前提。一份仲裁条款可以是未经签署的，或者包括在合同草案中，其效力应由法院通过各种方式予以确认或否认。

原则上，有效的可执行的仲裁协议需要双方签名。签名是合意的表示，表明仲裁条款是双方自愿达成的。从这个目的出发，凡能表明仲裁条款是由当事人自愿达成的，则对签名的方式应作灵活处理、广义理解。正如 *Compagnie de Navigation et Transports SA* (*France*) *v. MSC - Mediterranean Shipping Company SA* (*Switzerland*) 案①中瑞士法院所认为的，由于现代通讯方式的发展，签署和未签署文件的区别不应以过于严格的方式处理。

《纽约公约》签订之后，有关书面的要求已经得到显著的发展。UNCITRAL 示范法对《纽约公约》有关书面要件作出许多有用的澄清。UNCITRAL 示范法秘书处的说明中指出，虽然口头仲裁协议在某些国家实践中出现并为某些国内法所承认，第 7 条第 2 款仍依据 1958 年《纽约公约》要求书面要件的规定。其扩大并澄清了《纽约公约》第 2 条第 2 款书面形式的定义，增加“电报或提供协议记录的其他电讯手段”，包括协议情况的“在申请书和答辩书的交换中当事一方声称有协议而当事他方不否认，即为书面协议”，并规定“在合同中援引载有仲裁条款的一项文件”（如一般条款）“即构成仲裁协议，但该合同须是书面的而且这种援引足以使该仲裁条款构成该合同的一部分”。2006 年 7 月 6 日，UNCITRAL 第 39 届年会在美国纽约联合国总部通过了 UNCITRAL 示范法第 7 条“仲裁协议的定义和形式”。② 示范法提供了两种备选案文，其一如下：

第 7 条 仲裁协议的定义和形式

（1）“仲裁协议”是指当事人同意将他们之间一项确定的契约性或非契约性的法律关系中已经发生或可能发生的一切或某些争议提交仲裁的协议。仲裁协议可以采取合同中的仲裁条款形式或单独协议的形式。

（2）仲裁协议应为书面形式。

---

① ICCA Yearbook, Vol. XXI, 1996, 690-698.

② A/CN. 9/XXXIX/CRP. 1/Add. 10.

(3) 若仲裁协议的内容以任何形式记录下来，则为书面形式，无论该仲裁协议或合同是以口头方式、行为方式还是以其他方式订立的。

(4) 电子通讯所含信息可以调取以备日后查用的，即满足了仲裁协议的书面形式要求。"电子通讯"系指当事人以数据电文方式发出的任何通讯；"数据电文"系指经由电子手段、电磁手段、光学手段或类似手段生成、发送、接收或储存的信息，这些手段包括但不限于电子数据交换、电子邮件、电报、电传或传真。

(5) 另外，如在申请书和答辩书的交换中，一方当事人声称有仲裁协议而另一方当事人不予否认的，则仲裁协议即为书面协议。

(6) 在合同中援引载有仲裁条款的任何文件的，只要该援引可使该仲裁条款成为合同的一部分，即构成书面形式的仲裁协议。

备选案文二如下：

第 7 条 仲裁协议的定义

"仲裁协议"是指当事人同意将他们之间一项契约性或非契约性的法律关系中已经发生或可能发生的一切或某些争议提交仲裁的协议。

无论哪种方案，在书面要件上均有进一步的发展。例如方案一，虽然再一次强调仲裁协议应为书面形式，但与原规定相比，将可以任何形式记录下来仲裁协议内容的，均视为具有书面形式，而无论该仲裁协议或合同是以口头方式、行为方式还是以其他方式订立的。方案二则不再对形式要件作出规定。

各国在国内法中的规定也可以看出书面要件的扩大化适用。随着新技术的应用，尤其是信息技术的发展，仲裁协议的形式要件产生了新的问题。例如，电子方式达成的仲裁协议是否符合书面要件，电子签名是否属于符合仲裁协议要求的签名？从下文可以看出，以电子方式签订的合同应当被认为是书面的，在仲裁协议的执行上该方式也应认为是有效的。

《UNCITRAL 电子商务示范法实施指南》指出："……2. ……以无纸化信息形式进行的法律上重要信息的通讯，可能受使用此类信息的法律上的障碍或者法律效力的不确定性所阻碍……；3. ……在许多国家，现存的适用于信息通讯或储存的立法，由于没有考虑到电子商务，因此是不充分的或过时的。在某些情况下，现存的立法对使用现代方式强加或隐含着限制，比如说，规定使用'书面'、'签署'或'原件'文件。"这种情况在仲裁中也同样存在。电子文件算不算书面文件？如果仲裁条款包括在电子文件中，是否符合书面要件？一般认为，"以能提供协议的持久记录的电子方式而进行的任何通讯，亦应被视为书面形式”。① UNCITRAL电子商务示范法第6条第1款规定，“如法律要求信息须采用书面形式，则假若一项数据电文所含信息可以调取以备日后查用，即满足了该项要求”。据此，仲裁协议只要可以调取以备日后查用，即满足了法律对仲裁协议的书面要求。2003年日本仲裁法②第13条第4款规定：如仲裁协议经通过记录其内容的电磁记录（电子、磁或其他无法自然识别的方式产生并用于计算机数据处理的记录）作出，则仲裁协议为书面形式。中国《合同法》也将传统的书面合同形式扩大到数据电文形式。该法第11条规定：“书面形式是指合同书、信件以及数据电文（包括电报、电传、传真、电子数据交换和电子邮件）等可以有形地表现所载内容的形式。”司法实践也采取相应意见。例如，四川省高级人民法院《关于贯彻执行〈中华人民共和国仲裁法〉若干问题的意见》③ 规定，仲裁协议包括合同中订立的仲裁条款和以其他书面方式达成的请求仲裁的协议。其他书面方式是指纠纷发生前后当事人相互往来的、明确含有符合《仲裁法》第16条第2款规定内容的合同书、信件以及数据电文（包括电报、电传、传真、电子数据交换和电子邮件）等，可以有形表达仲裁意愿的形式。此处，电子形式的仲裁协议也包括在书面方式的协议之中。

UNCITRAL电子商务示范法第7条规定：“如法律要求要有一个人签字，则对于一项数据电文而言，倘若情况如下，即满足了该项要求：(1)使用了一种方法，鉴定了该人的身份，并且表明该人认可了数据电文内含的信息；和（2）从所有各种情况看来，包括根据任何相关协议，所用方法是可靠的，对生成或传递数据电文的目的来说也是适当的。”2001年联合国电子签字示范法第2条对电子签字作的定义如下：“电子签字”系指在数据电文中，以电子形式所含、所附或在逻辑上与数据电文有联系的数据，它可用于鉴别与数据电文相关的签字人和表明签字人认可数据电文所含信息。第6条第1款规定，凡法律规定要求有一人的签字时，如果根据各种情况，包括根据任何有关协议，使用电子签字既适合生成或传送数据电文所要达到的目的，而且也同样可靠，则对于该数据电文而言，即满足

---

① ［英］戴恩·罗兰德，［英］伊丽莎白·麦克唐纳．信息技术法［M］．宋连斌，林一飞，吕国民，译．武汉：武汉大学出版社，2004：166.

② 2004年3月1日起生效。

③ 2002年2月28日四川省高级人民法院审判委员会第十三次会议通过。

了该项签字要求。① 中国的电子签名法业已生效。② 该法也确认了电子签名的效力。有效的电子签名应当与纸基文件的签名具有同样的效力。③

在中国，2006 年 8 月 23 日，最高人民法院公布了 2005 年 12 月 26 日由最高人民法院审判委员会第 1375 次会议通过的《关于适用〈中华人民共和国仲裁法〉若干问题的解释》（以下简称"新司法解释"）。仲裁法新司法解释自 2006 年 9 月 8 日起施行。新司法解释第 1 条规定："仲裁法第 16 条规定的'其他书面形式'的仲裁协议，包括以合同书、信件和数据电文（包括电报、电传、传真、电子数据交换和电子邮件）等形式达成的请求仲裁的协议。"中国《仲裁法》第 16 条对书面要件的规定是："仲裁协议包括合同中订立的仲裁条款和以其他书面方式在纠纷发生前或者纠纷发生后达成的请求仲裁的协议。"仲裁法新司法解释第 1 条是对"其他书面形式"的细化，与中国《合同法》第 11 条规定相一致。《合同法》第 11 条规定："书面形式是指合同书、信件和数据电文（包括电报、电传、传真、电子数据交换和电子邮件）等可以有形表现所载内容的形式。"

此前最高人民法院在对个案的批复中，曾重申《仲裁法》第 16 条的规定，④ 但并未对具体的书面要件作解释。不过，就新司法解释该条而言，仍然坚持的是较为严格的书面要件概念。只有合同中的仲裁条款或以合同书、信件和数据电文（包括电报、电传、传真、电子数据交换和电子邮件）等形式达成的请求仲裁的协议，才是符合仲裁法规定的书面的仲裁协议。而仲裁协议或合同以口头方式、行为方式订立的且仲裁协议的内容以任何形式记录下来的，依中国法律并不能认为是书面形式。法律程序中的承认同样也是如此。

---

① 《联合国电子签字示范法》第 6 条第 3 款规定了可靠电子签字需要满足的条件：就满足第 1 款所述要求而言，符合下列条件的电子签字视做可靠的电子签字：(1) 签字制作数据在其使用的范围内与签字人而不是还与其他任何人相关联；(2) 签字制作数据在签字时处于签字人而不是还处于其他任何人的控制之中；(3) 凡在签字后对电子签字的任何篡改均可被觉察；以及 (4) 如签字的法律要求目的是对签字涉及的信息的完整性提供保证，凡在签字后对该信息的任何篡改均可被觉察。

② 2004 年 8 月 28 日第十届全国人民代表大会常务委员会第十一次会议通过。

③ 该法第 14 条规定：可靠的电子签名与手写签名或者盖章具有同等的法律效力。

④ 例如，最高人民法院经济审判庭给四川省高级人民法院经济庭的复函。1998 年 9 月 2 日，法经［1998］2 号函。

三、仲裁协议有效性的实质要件

按照中国《仲裁法》的规定，仲裁协议通常应具备三个要素：请求仲裁的意思表示、仲裁事项和明确的仲裁机构。① 当事人如果并无仲裁的意思表示，则即使协议标题为仲裁，也不能认定当事人约定了以仲裁方式解决争议。例如，最高人民法院在给辽宁省高级人民法院的一份批复中，指出："该案当事人签订的合约第16条虽为仲裁条款，但并未约定进行仲裁，而是协议法院管辖。因该协议管辖违反民事诉讼法第244条之规定，应确认无效。此案可由你省有管辖权的人民法院管辖。"② 仲裁事项是仲裁的对象。中国迄今有超过180家的仲裁机构，没有明确的仲裁机构约定，则在管辖权上势必产生各种不必要的争议，从而影响仲裁的效率。除这些要素外，其他一些因素也影响仲裁有效性及其认定。1997年12月中旬，最高人民法院、北京市高级人民法院、北京市第二中级人民法院与CIETAC、中国海事仲裁委员会（CMAC）在北京联合举行仲裁业务协调会，就仲裁协议的效力等一系列问题进行了研讨。会议对常见的18种不规范的仲裁协议的效力问题交换了意见，并对其中15种协议的效力认定达成了共识。此外，仲裁协议若为有效，仲裁协议的缔约人还应具备完全民事行为能力、仲裁协议所涉及的仲裁事项还应当是依法可以仲裁的争议。归纳起来，有效仲裁协议一般应具备的实质要件有：仲裁协议的缔约人应具备完全民事行为能力、争议事项的可仲裁性、提交仲裁的真实意思表示、仲裁机构明确。下文将择要阐述。

四、管辖权/管辖权原则

管辖权/管辖权原则（kompetenz-kompetenz）涉及当事人是否可以对其自己的管辖权作出最终有约束力的决定。依该原则，当事人主张的仲裁协议效力问题并不影响仲裁庭决定效力问题的权力。那么，在这种情况下，在仲裁庭于仲裁程序之中已经解决了管辖权问题的情况下，当事人可否在裁决作出之后，以管辖权为由，再向法院提出抗辩？

一般认为，国际仲裁员具有决定其自己管辖权的权力。严格的管辖权/管辖权原则即指仲裁员具有最终确定管辖权而不受法院控制的权力。当事人的协议是给予仲裁员对其管辖权作出决定的权力的最好依据，至少

---

① 中国《仲裁法》第16条第2款。

② 1996年10月9日，法函［1996］158号。

在其合并且承认此原则的规则之时。① 故也有学者认为，仲裁庭可以对其自己的管辖权作出最终的裁定，其理由是：仲裁庭的权力来源于当事人的协议，因此，当事人自然可以赋予仲裁员作出终局管辖权决定的权力，法院没有理由干预，除非仲裁员滥用权力。② 不过，通常认为，以缺乏管辖权为由对裁决提出异议，只有法院具有最终的决定权。③

严格的管辖权/管辖权原则赋予仲裁庭的权力过大。1998 年，在管辖权/管辖权之概念起源的德国，新制定的仲裁法废除了这种意义上的"管辖权/管辖权"概念。依原仲裁法，当事人可以授权仲裁庭对其管辖权作出终局决定。此时，仲裁庭作出的并不仅是可以受法院审理的管辖权决定，德国法院认定此种仲裁协议的当事人同意管辖权问题由仲裁庭专属管辖，排除法院管辖权。但是，依新法，当事人不再有权排除德国法院在此类案件中的管辖权。仲裁庭管辖权问题任何情况下均由法院最终予以决定。④ 这种意义上的管辖权/管辖权原则指仲裁员有权决定其自己的管辖权，但其所作决定并非决定性的，而仍应受司法监督。这一种意义上的管辖权/管辖权原则是现今国际商事仲裁中仲裁员管辖权制度上的主流做法。大多数国家都在通过立法确立仲裁协议可分性的同时，确立了管辖权/管辖权原则，⑤ 但不排除法院对此类事项的最终管辖权。

正是基于法院对管辖权事项的最终管辖权，因此，通常，在裁决异议程序中，法院并不会因为此前仲裁庭已经对管辖权问题作出决定，而不再行使其审查的权利。

---

① See Born. International Commercial Arbitration in the US. Commentary and Materials [M]. Kluwer, 1994: 215.

② See Schmitthoff. The Jurisdiction of the Arbitrator? [M] //The Art of Arbitration, Essays on International Arbitration: Liber Amicorum Pieter Sanders. Schultsz & Van den Berg, 1982: 285.

③ See Carlos E. Alfaro Flavia Guimarey. Who Should Determine Arbitrability Arbitration in a Changing Economic and Political Environment [J]. Arbitration International, 1996, 12 (4): 415-428.

④ See Klaus Peter Berger. Germany Adopts the Uncitral Model Law [J]. Int. A. L. R., 1998, 1 (3): N121-126. 第 1040 条第 3 款规定：如仲裁庭认为其有管辖权，则其对本条第 2 款所述抗辩一般应以初步裁定的形式作出决定。在这种情况下，当事人可以在收到该裁定的书面通知后 1 个月内请求法院决定该事项。即使该请求尚属未决，仲裁庭仍然可以继续仲裁程序并作出仲裁裁决。

⑤ 中国的情况比较特殊，管辖权由仲裁机构作出。

第二节 国际上有关仲裁协议抗辩的立法

一、国际公约和示范法

（一）国际公约

国际公约主要适用于外国仲裁裁决的承认和执行。如存在可对国际仲裁裁决提出仲裁协议抗辩的情形，则在外国执行裁决程序中，可以依可适用的公约，对裁决的执行提出异议。败诉一方当事人可以依据所适用的国际公约的规定，就仲裁协议无效提出异议，要求撤销裁决或不予执行裁决。主要的国际公约有《日内瓦议定书》和《日内瓦公约》、《纽约公约》，而《纽约公约》现在已经是世界上最主要的有关仲裁的公约。当然，国际公约涉及的各种可提出抗辩情形的范围，不局限于仲裁协议，还包括后文将要提及的仲裁程序等各种情形；下文提及的示范法和各国法律所涉情形也是如此，不另指出。

依1927年《日内瓦公约》第1条，为承认或执行裁决，裁决应当具备的条件之一即裁决依提交仲裁协议作出且该提交仲裁协议依其所适用的法律是有效的。如果该条件不满足，当事人自然可以提出异议。

依《纽约公约》第5条第1款a项，被申请人可以提出，依据当事人选择法律，或如当事人未作选择时，依裁决作出地法律，仲裁协议无效。仲裁协议无效致使仲裁的前提不复存在。如果被申请人可以证明这一点，则仲裁裁决自然不应予以执行。此外，被申请人也可以提出仲裁协议的当事人缺乏行为能力。缺乏行为能力导致仲裁协议无效。无论哪一方当事人缺乏行为能力均可导致裁决被拒绝执行。如果被申请执行人能证明不存在仲裁协议，则裁决亦应被不予执行。

（二）UNCITRAL 示范法

UNCITRAL示范法第34条规定了申请撤销作为对仲裁裁决唯一的追诉。按照该条规定，如果一方当事人提出证据证明，仲裁协议之当事人有某种无行为能力情形；或根据当事各方所同意遵守的法律，或未指明何种法律，则根据本国法律，该协议是无效的，则裁决可为管辖法院所撤销。当事人需要在收到裁决书之日起3个月内申请撤销裁决，或如已根据第33条提出裁决更正、解释和补充请求，则从该请求被仲裁庭处理完毕之日起3个月内申请撤销。向法院申请撤销裁决时，如果适当而且当事一方也提出要求，法院可以在其确定的一段时间内暂时停止进行撤销程序，以便给予仲裁庭重新进行仲裁程序的机会或采取仲裁庭认为能够消除撤销裁决理由的其他行动。

如果可以证明存在上述可以撤销的情况，则 UNCITRAL 示范法第 36 条规定，裁决不论在何国境内作出，均可以拒绝承认和执行。也就是说，仲裁协议效力问题，同样也是拒绝承认和执行裁决的理由之一。

二、各国立法

除了《纽约公约》的规定以外，各国的仲裁法也均确立了仲裁协议无效抗辩，或称管辖权抗辩。下文举出一些国家的法律规定情况：

（一）英国

仲裁程序的一方当事人（经通知其他当事人和仲裁庭）可就仲裁庭的实体管辖权对裁决提出异议；或因仲裁庭无实体管辖权，要求法院裁定宣布仲裁庭就实体方面作出的裁决全部或部分无效。对有关管辖权裁决向法院提出的申请如尚未决定，仲裁庭可继续进行仲裁程序并作出进一步的裁决。对就仲裁庭实体管辖权对其裁决提出异议的申请，法院可以裁定确认裁决、修改裁决，或全部或部分撤销裁决。在提起异议如上诉前，申请人或上诉人应首先用尽下列救济：任何可资利用的上诉或复审的仲裁程序，以及根据有关裁决更正及补充裁决的规定可资利用的追诉。如裁决经修改，则该修改部分即有效并构成仲裁庭裁决的一部分。如裁决的全部或部分被发回仲裁庭重审，仲裁庭应就该发回事项自法院作出发回裁定之日起 3 个月内或在法院规定的更长或更短期限内重新作出裁决。如裁决全部或部分撤销或宣告无效，在仲裁协议适用的有关事项上，法院也可裁定，裁决是提起诉讼的前提条件的任何规定，设若其与裁决或裁决的相关部分的标的有关，则是无效的。①

依 1996 年英国仲裁法的规定，1950 年英国仲裁法第二编（某些外国裁决的执行）继续适用于该编所指的有关外国裁决，此类裁决并非《纽约公约》裁决。《纽约公约》裁决应予承认，对裁决之当事人具有约束力，且在英格兰及威尔士或北爱尔兰，可相应被该当事人通过答辩、抵消或其他诉讼程序援引之。《纽约公约》裁决经法院准许，可依执行具相同效果的法院判决或裁定的方式予以执行。寻求承认或执行《纽约公约》裁决的当事人应依据法定的程序提起申请。② 如果被寻求承认或执行裁决

① 1996 年英国仲裁法第 67、70、71 条。

② 1996 年英国仲裁法第 99、100、101 条。

的一方当事人，能证明仲裁协议的一方当事人（根据适用于他的法律）无行为能力，或者根据当事人选择适用于仲裁协议的法律，或未指明适用的法律时根据裁决作出地国家的法律规定，仲裁协议是无效的，则裁决可被拒绝。① 这是当事人以仲裁协议效力为由，在执行程序中对裁决提出异议的法律依据。

（二）荷兰

荷兰仲裁法规定，在缺乏有效的仲裁协议时，可以撤销裁决。如果异议方当事人参加了仲裁程序时知道仲裁庭没有遵守其委任却没有援引该理由，则不得提出撤销。部分违反者，可以部分撤销。撤销申请不中止裁决的执行。但是，决定撤销申请的法院可以根据任何一方当事人的请求，在认为请求合理时，中止执行，直至就撤销申请作出最终决定。除非当事人另有协议，一旦撤销裁决的决定成为终局，法院的管辖权即应恢复。

在适用的关于承认和执行条约的缔约国境内作出仲裁裁决可在荷兰境内承认和执行。如果没有适用的关于承认和执行的条约，或者如果适用的条约允许一方当事人依据承认和执行地所在国的法律，则在提交仲裁协议和仲裁裁决的正本或验证无误的副本的前提下，在外国作出的仲裁裁决可以在荷兰境内承认并援引执行。但是，如被申请执行人提出证据证明，根据适用的规则缺乏有效的仲裁协议，并以此为由提出的执行异议，则除某些情况（如当事人明知等弃权行为）外，裁决可被拒绝承认和执行。仲裁裁决应可部分承认和执行。

（三）瑞士

瑞士仲裁法规定，对于国内仲裁裁决，当事人可依仲裁庭错误宣布自己无管辖权或有管辖等理由，在裁决送达后30日内提起撤销仲裁裁决之诉。撤销之诉没有停止执行的效力。但主管法院可以依一方当事人的申请准许停止执行。审理撤销之诉的主管法院如认为有必要，可以把仲裁裁决发回仲裁庭，并且定期命其对裁决作出更正或补充。

对于国际仲裁裁决，撤销程序仅可向联邦最高法院提起。程序适用有关公法上诉的联邦司法组织法。但是，当事人可以约定由仲裁庭所在地法院代替联邦最高法院作出决定。如各方当事人在瑞士均无住所、惯常居所或营业设施，则其可以通过仲裁协议中的明确约定或其后的书面协议，排除所有的撤销程序，或者将该程序限制于一项或数项理由。如当事人已排除了所有撤销程序且裁决在瑞士执行，则《纽约公约》应比照适用。

---

① 1996年英国仲裁法第103条。

外国仲裁裁决的承认和执行适用《纽约公约》。故而，在以仲裁协议效力为由提起执行异议时，应依据《纽约公约》第5条的相关规定。

（四）美国

《纽约公约》对仲裁裁决的撤销制度没有作详细的规定，关于裁决的撤销是由各个成员国的立法机关自行确定。因此，如果公约项下的裁决是在美国境内作出的，裁决的败诉方向美国法院申请撤销裁决，法院司法审查的标准是依据美国联邦仲裁法（FAA）第10节的有关规定。相反，如果裁决的败诉方仅仅要求法院裁定不予执行，那么，法院的审查标准是依据《纽约公约》第5条的有关规定。

（五）德国

依德国仲裁法，如申请方（异议方）提出证据表明，仲裁协议的当事人根据适用于其的法律系无行为能力，或者所述仲裁协议根据当事人约定的法律或无此约定时根据德国法是无效的，那么，裁决可被撤销。如存在撤销裁决的理由，则宣告裁决可执行性的申请应被拒绝并且裁决应同时被撤销。

外国裁决的承认与执行应根据《纽约公约》进行。异议方提出异议，亦应根据该公约的相关规定进行。其他有关承认与执行仲裁裁决的条约如适用，则其中有关异议的规定也不受影响。

下文结合国际国内的商事仲裁裁决异议的案例，分析仲裁协议抗辩的各种可能的情形。有必要在此指出，目前国际上，对于仲裁，大部分国家或地区均持支持仲裁的态度。中国亦如是。并且，仲裁越来越专业化，极大程度上消除了可能提出异议的根源。故而，除非异议具有正当的理由，否则，无论是撤销异议，或是不予执行异议，都很难被法院认同。本书所涉案例，异议被驳回的居多。但这不影响对这个问题的研究。透过反面看正面，或者透过正面看反面，本来就是研究问题的两种方法。

第三节　不具备形式要件抗辩

不具备形式要件，主要指不具备仲裁协议的书面要件。这通常涉及对书面以及签名的理解。无论在撤销或是在执行之诉中，均要求裁决所依据的仲裁协议具有某种形式的书面形式。依《纽约公约》第2条第1款和第2款的规定，仲裁协议应具有书面形式；书面仲裁协议指当事人所签订或在互换函电中所载明之契约仲裁条款或仲裁协定。

在诸多的实际案例中，不具备形式要件的抗辩有各种各样的情形。本节主要讨论可能引起一方当事人提出不具备形式要件抗辩的几种主要情形。

一、互换函电

互换函电是达成书面仲裁协议的一种方式。《纽约公约》和 UNCITRAL 示范法以及许多国家的法律均对此作了规定。但在何种情况下，互换函电构成有效仲裁协议？何种情况下，互换函电并不构成有效仲裁协议，从而使得据以作出的裁决无效？下文将通过案例从正反两方面作出例释。

M/S A 号船船东在德国申请执行裁决案①中，涉及的问题之一即是仲裁协议的书面形式问题（电传交换）。② 1996 年 5 月 10 日，船东将 *M/S A* 号船期租于被申请人。双方当事人签署了由被申请人起草的简单协议。协议援引被申请人之前与第三方依标准格式达成的租约。该租约包含仲裁条款。后双方当事人发生争议。船东通知被申请人其拟在伦敦提起仲裁，并要求被申请人委任仲裁员。1997 年 3 月 14 日，被申请人发了一份电传给原告，委任了某人作为仲裁员，处理所有有关 *M/S A* 号船租约的争议。在仲裁程序中，被申请人因其总经理外出而申请延期提交答辩陈述，并获得同意。但其最终未提交任何陈述。本案未进行口头庭审。船东要求裁决作出之前的租金和利息。仲裁庭于 1997 年 8 月 4 日作出裁决，支持申请人请求，并裁决被申请人应支付裁决后的利息。船东寻求在汉堡上诉法院执行裁决。被申请人对执行裁决的申请提出异议，认为依《纽约公约》第 2 条不存在有效仲裁协议，并且，裁决还因未进行口头庭审和对申请人未请求的裁决后利息作出裁定而无效。汉堡上诉法院同意执行，认定当事人通过电传交换达成有效的仲裁协议，并且，被申请人得到适当进行仲裁程序的通知，其如果希望进行陈述，本可以进行陈述。法院驳回了被申请人基于所谓的仲裁和仲裁裁决中存在严重程序错误而提出的异议，认定所适用的法律（1996 年英国仲裁法）和仲裁规则允许仲裁员作出不附具理由的裁决或者不进行口头庭审，并且裁决较申请人所提请求更多的利息。

在上述案件中，法院认定，双方通过互相交换电传，达成有效仲裁协议。因此，依《纽约公约》第 2 条仲裁协议无效的主张不成立。如果双方的互相交换电传不构成有效的仲裁协议，那么，仲裁裁决显然会被不予

---

① *Shipowner v. Time charterer.* 30 July 1998, Oberlandesgericht [Court of Appeal], Hamburg.

② 该案还涉及正当程序、不附具理由、裁决利息超出请求、公共政策等问题。

执行。不过，在该案中，被申请人与船东之间原先所签订的简单协议，已经援引了书面的仲裁协议，故即使互换函电不构成有效仲裁协议，事实上，被申请人也无法在执行时以不存在仲裁协议为由提出抗辩。

德国法院判决的另外一个案件也涉及仲裁协议的形式要件，特别是也涉及互换函电问题。争议产生于南斯拉夫卖方和德国买方之间签订的三份销售合同。合同细节由当事人通过电话谈妥，后由南斯拉夫卖方填入空白格式合同。该格式合同包含由当事人签署的一页纸，该纸复印后用于各不同的销售合同。合同填完后传真给了德国买方。买方既未书面确认，也未拒绝。后德国买方（被申请人）因所谓的货物不符而拒绝支付，南斯拉夫卖方（申请人）向贝尔格莱德商会提起仲裁。德国买方拒绝参与仲裁程序。仲裁庭确定其有管辖权，并作出有利于申请人的裁决。在随后于德国请求宣布裁决可执行的程序中，被申请人否认存在仲裁协议。被申请人认为其从未书面或口头同意仲裁。申请人称其已经在合同协商阶段口头通知被申请人，争议通过仲裁解决是合同条款的一部分。德国法院认定，《纽约公约》第 2 条第 1 款和第 2 款规定的书面协议要件未被遵守。合同文件并未为当事人签署，而是以复印方式提供。而且，最后的文件由卖方通过传真方式传送不被认为是第 2 条第 2 款第二个选择项意义上的“互换函电”。法院强调，只有相互的交换文件才能满足这一要件，单方的传送或单方的确认均不符合该条规定。无论是口头还是默示地接受包含仲裁协议的要约，不足以构成有效的仲裁协议。在该案中，法院还认为，相互签署的仲裁协议的要件不能由于《纽约公约》第 7 条的更优惠权利条款，而依据德国程序法或《欧洲国际商事仲裁公约》被减损。《欧洲国际商事仲裁公约》虽然允许口头仲裁协议，但仅在双方的国内法作如此规定的情况下才可以，而德国民事诉讼法典并未作如此规定。①

二、援引

援引或称合并，其对象为载有仲裁条款的书面文件。依据英国仲裁法，有效援引亦构成有效之仲裁协议。中国《仲裁法》没有明确规定，但在仲裁实践中，如当事人的合同未写明仲裁条款，而只援引了其他载有仲裁条款的书面文件，并使该文件作为原合同的一部分，则也符合书面要

---

① Landgericht Munchen (4 Z SCH 16/02) (Unreported, December 12, 2002). See Stefan Kroll. Germany: Requirement for a Written Arbitration Agreement [J]. Int. A. L. R., 2003, 6 (3): N27-28.

件。司法实践亦持这种观点，如《最高人民法院关于福建省生产资料总公司与金鸽航运有限公司国际海运纠纷一案中提单仲裁条款效力问题的复函》以及《最高人民法院关于涉蒙经济合同未直接约定仲裁条款如何认定案件管辖权的复函》。

但是，何种援引是有效的援引，构成有效的仲裁协议？援引应具有下列基本要素：

一是合同中未载明仲裁条款。援引是对其他文件的援引，而主文件本身并不包含有仲裁条款。

二是合同援引了其他书面文件。合同中虽然未载明仲裁条款，但关于争议解决，援引了其他书面文件中的规定。

三是所援引的书面文件中包含有有效的仲裁条款。如果所援引的仲裁条款无效、失效或不可履行，则也未达成有效的仲裁协议。

缺乏上述基本要素，则当事人可以对依该援引的仲裁协议作出的裁决提出异议。

三、提单

提单中常出现援引，如援引某些格式合同的情况。有些情况，例如在海运提单中包含仲裁条款的情况下，发货人并未签署提单，此时，仲裁协议的效力如何？在 *Compagnie de Navigation et Transports SA*（*France*）*v. MSC - Mediterranean Shipping Company SA*（*Switzerland*）案①中，由于发货人未签署任何有关运输的文件，因此，有关仲裁条款效力的问题就此产生。瑞士法院认为，由于现代通讯方式的发展，签署和未签署文件的区别不应以过于严格的方式处理。在此案中，当事人是有经验的商人，且有数年的经常性的业务关系，总是使用提单背面印就的一般条款。瑞士法院还认为，在某些情况下，一定的行为依据诚信原则可以代替对形式要件的遵守。瑞士法院指出：

“依据本案所适用的形式要件，仲裁条款在包含于签署的合同或信件、电报、电传或其他通讯方式的交换中时有效。换言之，应当对从文件而来的协议（原则上应为签署）以及从交换书面的声明而来的协议（并不一定要签署）进行区分。如果我们严格适用此区别，仲裁协议的效力

---

① Landgericht Munchen（4 Z SCH 16/02）（Unreported, December 12, 2002）. See Stefan Kroll. Germany: Requirement for a Written Arbitration Agreement [J]. Int. A. L. R., 2003, 6 (3): N27-28.

应被否认，除非我们承认收货人的签署（在提单正本和副本上）对发货人具有约束力。但是，我们不应当忘记，随着现代通讯方式的发展，未签署之书面文件日益重要和增多，签署之需要不可避免地削弱了，特别是在国际商业中，而且，目前正在讨论对于签署和未签署文件的不同处理方式。”

关于签名对提单涉及仲裁条款的效力问题，再举几个例子。一是德国。1998 年德国仲裁法第 1031 条第 4 款规定：如海运提单明确援引了租船合同的仲裁条款，则提单的签发也可以达成仲裁协议。① 二是中国。中国最高人民法院在一个批复中表明：上诉人福建省生产资料总公司虽然不是租船合同和海上货物运输合同的签约人，但其持有承运人签发的含有合并租约和仲裁条款的提单，并明示接受该仲裁条款，因此，该条款对承运人和提单持有人均有约束力。② 依该批复，持有提单且明示接受仲裁条款，提单即对承认人和提单持有人具有约束力。

假若如上所述，提单所涉的仲裁条款有效并因此可以涵盖争议，那么，当事人若以此为由提出异议，就无法得到法院的支持。不过，如若提单并不能合并或援引租约或其他合同中的仲裁条款，则当事人自然可以不存在仲裁协议为由提出抗辩。

四、法律程序中的书面确认

UNCITRAL 示范法、1996 年英国仲裁法等均规定，如在法律程序中，一方宣称存在仲裁协议，而他方不作反对表示的，则此种法律程序中的文件之交换构成书面协议。这样可以避免一方当事人在仲裁裁决不利于己方的情况下，以不存在仲裁协议为由对仲裁裁决提出异议。1998 年德国仲裁法更是规定，在仲裁程序中对争议实体问题进行讨论即可弥补任何形式要件上的不符点。③ 相比国际上对仲裁协议书面要件所采取的宽松态度，中国法院的审查仍然较为严格。早先的 CIETAC 实践中，法院对于开庭前双方当事人所签的书面声明（含仲裁协议内容）都存在不予承认的可

① 参见德国民事诉讼法典第十编“仲裁程序”（第 1025～1066 条）。中文译本见宋连斌，林一飞．国际商事仲裁新资料选编［M］．武汉：武汉出版社，2001. 其他国家的立法也有类似规定，如新加坡 2002 年国际仲裁法。

②《最高人民法院关于福建省生产资料总公司与金鸽航运有限公司国际海运纠纷一案中提单仲裁条款效力问题的复函》，1995 年 10 月 20 日，法函［1995］135 号。

③ 1998 年德国仲裁法第 1031 条第 6 款。

能性。

法律程序中的书面确认是对严格书面要件的突破。但是，这种突破与准据法密切相关。如果准据法对于书面要件有严格的限制，或者司法部门在适用仲裁法时采取严格的态度，那么，一方当事人提出实体答辩，同时作出保留，则并不必然在双方当事人之间形成仲裁协议。

五、公司章程

公司章程是依法设定公司内部的法律关系，确立公司内部管理体制和公司运行程序，明确股东及公司机关权利义务关系的一种法律文件。根据中国《公司法》的规定，制定公司章程是成立公司的必要条件之一。一般而论，公司章程包括绝对必要记载事项、相对必要记载事项和任意约定记载事项之分。其中任意记载事项法律不作列举，只要不违反法律和社会公德，股东均可以在章程中作出约定。依此，公司章程中也自然可以规定仲裁条款。①

公司章程中仲裁条款与合同中仲裁条款意义不同之处在于其主体。依《中外合资经营企业法实施条例》第 13 条的规定，合营企业的章程，是按照合营企业合同规定的原则，经合营各方一致同意，规定合营企业的宗旨、组织原则和经营管理方法等事项的文件。按照中国《公司法》第 11 条的规定，公司章程对公司、股东、董事、监事、经理具有约束力。因此，公司章程中的仲裁条款的主体不仅包括签订合资公司的股东，还包括公司的董事、监事、经理等受章程约束的主体。根据中国《公司法》及有关合营企业法的规定，在公司章程中规定了仲裁条款的情况下，公司、股东、董事、监事、经理之间发生的相关争议亦应采取仲裁方式解决。在仲裁协议的效力上，以该种方式存在的仲裁协议是否具备仲裁法要求的形式要件？从中国《公司法》第 19 条规定有限责任公司“股东共同制定公司章程”；第 73 条规定股份有限公司“发起人制订公司章程，并经创立大会通过”；以及《中外合资经营企业法实施条例》第 13 条可以看出，

① 实务当中，仲裁条款一般规定在合同或协议中，但是也遇到过这样一个案例。A 公司与 B 公司成立合营企业 C，在合资合同及章程中均规定有仲裁条款，约定如发生争议，应提交 CIETAC 深圳分会仲裁。本案因争议仅发生在 A 公司与 B 公司之间，因此当事人仅凭合资合同中的仲裁条款即可提出仲裁，这就使得章程中的仲裁条款表现不出特殊的意义。但是，如果稍加深入考虑一下，本案公司章程中的仲裁条款在主体以及仲裁协议的效力范围上提出了一些问题。

公司章程的制定应由并且也仅由股东或其代表或发起人参与制定并签名盖章，待成立的公司及公司的董事、监事、经理等不被要求在章程上签字。

如公司及其股东、董事、监事、经理之间发生争议，一方依据公司章程提出仲裁，另一方是否可以其未在公司章程上签字为由提出不存在仲裁协议，该异议是否会得到仲裁机构和法院的支持？该裁决异议恐难得到支持。理由是：第一，公司一经成立，公司章程即为既存的有法律约束力的文件，担任公司董事、董事长、监事、总经理的人士在接受任命的同时就意味着接受章程的约束，意味着接受了仲裁条款；第二，作为一种公开的文件，公司章程规定的内部规则为各方所知，其仲裁条款亦以书面形式记载，法律又明确规定公司章程的约束力。因此，公司章程虽未经有关董事、监事、经理等签字，但章程中的仲裁条款已经被他们所接受，并符合法律要求的书面形式，是合法有效的。

六、协会规则

某一行业协会规则中如果并入了仲裁条款，则对该协会的成员是否具有约束力？一种意见认为，成员同意加入协会，则应当遵守其规则，包括其中的仲裁条款；另一种意见认为，应区分异议成员，在规则中某些规定（如仲裁条款）系以多数票通过的情况下，持异议意见的成员，可以不受规则中的仲裁条款约束。行业协会规则中规定的仲裁条款并不必然约束其成员。

在德国申请承认和执行外国仲裁裁决的一个案件①中，某协会通过多数表决在其规则中引入仲裁条款，原告对该条款没有同意。法院认定，未同意的当事人不能被认为放弃了向国家法院提起诉讼的宪法性权利。

七、共同交货条款

共同交货条件②也可能涉及仲裁协议问题。双方直接在合同中约定适用两国之间的共同交货条件，但未在合同中明确指明仲裁条款，此时，仲裁协议仍可以构成书面的有效仲裁协议。

如中国《最高人民法院关于涉蒙经济合同未直接约定仲裁条款如何

---

① Bundesgerichtshof（II ZR 373/98）（Unreported, April 3, 2000）. See Stefan Kroll. Germany: Arbitration Agreement and Registered Association [J]. Int. A. L. R., 2002, 5 (2): N10-11.

② 我国与多个国家缔结有共同交货条件，其中多规定有强制性仲裁条款。

认定案件管辖权的复函》① 中指出，中外双方当事人订立的外贸合同中约定合同未尽事宜适用中国和蒙古国之间的交货共同条件的，因该交货共同条件即1988年11月4日《中华人民共和国对外经济贸易部和蒙古人民共和国对外经济供应部关于双方对外贸易机构之间相互交货共同条件的议定书》规定了因合同所发生或者与合同有关的一切争议在双方达不成协商解决的协议时，应以仲裁方式解决，并规定了具体办法，故应认定当事人自愿选择通过仲裁方式解决其纠纷，人民法院不应受理因该类合同引起的纠纷。在这种情况下，仍然符合书面要件，双方对合同的签署仍然构成对共同交货条件中有关仲裁规定的约定。

八、贸易惯例

在中国某进出口公司诉瑞士某公司案②中，瑞士法院认为，形式要件不应太苛刻。瑞士法院并且认为，除了书面和签字行为外，《纽约公约》允许那些虽然形式不太严格，但为当事人贸易惯例所接受的行为。本案当中，包含在合同背面一般条款中的仲裁条款并未提供。但法院从双方的交易中，认定当事人之间关于仲裁的约定已经成为一种惯例，从而认为，双方之间存在仲裁条款，仲裁条款有效。由此点得出的结论是，即使不存在书面仲裁条款，但如果根据各种情况，可以推断存在仲裁的意愿，则双方之间也形成仲裁协议。这将大大拓宽了《纽约公约》有关书面要件的规定，即在书面和签名之外，将“当事人贸易惯例”所接受的行为亦视为构成有效的仲裁协议。

上案可与 *Compagnie de Navigation et Transports SA* (*France*) *v. MSC - Mediterranean Shipping Company SA* (*Switzerland*) 案③进行对比。后一案涉及发货人未签署任何有关运输文件，提单中仲裁条款的效力是否及于发货人的问题。该案仅涉及仲裁协议的签名问题，仲裁协议本身是存在的；而本案涉及仲裁协议的存在问题。二者的共同点在于，法院采取宽松、灵活的方式，确认了仲裁协议对于当事人的效力。正如法院在该案判决中所言，“在某些情况下，一定的行为依据诚信原则可以代替对形式要件的遵守”。

---

① 1996年12月14日，法函［1996］177号。

② Cour de Justice [Court of Appeal], Geneva, 11 December 1997. 英文译本载于 ICCA Yearbook, Vol. XXIII, 1998, 764-769.

③ See ICCA Yearbook, Vol. XXI, 1996, 690-698。

九、附件合同

如合同规定另一合同为其附件，则除非存在相反约定，主合同中的仲裁条款应适用于附件合同。

在珠海经济特区建源工业有限公司申请撤销仲裁裁决案①中，涉及此种抗辩。申请撤销人提出的理由之一是：申请人与被申请人四方之间没有仲裁协议，申请人与被申请人四方之间于1992年12月18日签订了一份《关于成立中外合作“单项经营房地产公司”的协议书》（以下简称“协议书”），该协议书中并无仲裁条款。另外，同一天建源公司和珠海市香洲区前山兰埔工贸公司（以下简称“兰埔工贸”）与两被申请人还签订了一份《合作经营珠海经济特区金钟山花园有限公司合同书》（以下简称“合同书”），该合同书中订立有仲裁条款。CIETAC深圳分会②的仲裁裁决涉及了协议书和合同书两份文件，但仲裁裁决的全部内容均是协议书项下的争议，深圳分会实际是将协议书和合同书分割开来，作为相互独立的合同来审理，深圳分会以协议书为依据进行审理，而该协议书中并没有仲裁条款，深圳分会如以合同中的仲裁条款为依据审理仲裁案，而由于合同书与协议书相互独立，因而合同中的仲裁条款不能及于协议书，况且合同中的当事人与协议书中的当事人并不完全一致。因而深圳分会依据协议书所作出的仲裁裁决是在没有仲裁协议的情况下作出的，根据《民事诉讼法》的有关规定，应予以撤销。

法院认为：两申请人与两被申请人四方所签订的协议书中虽然没有仲裁条款，但该协议书是作为合同书的附件，是合同书不可分割的一部分，与合同书具有同样的法律效力，因而合同书中的仲裁条款效力应及于协议书，而且仲裁条款具有独立性，它不受合同或协议书是否有效的影响。此外，在金都公司与真联公司向珠海市中级人民法院提起诉讼时，建源公司与兰埔村委均向法院提出，根据合同书和协议书，此案均应交由仲裁解决，珠海市中级人民法院也采纳建源公司和兰埔村委的异议，并作出了相

① （2000）深中法经二初字第5号。案件中的当事人：申请人（原仲裁案被申请人）：珠海经济特区建源工业有限公司（简称建源公司），申请人（原仲裁案被申请人）：珠海市香洲区前山镇兰埔村委会（简称兰埔村委）；被申请人（原仲裁案申请人）：真联国际有限公司（简称真联公司），被申请人（原仲裁案申请人）：珠海市香洲金都股份有限公司（简称金都公司）。

② 2005年6月18日更名为CIETAC华南分会。

应的裁定。因而无论从合同书和协议书的约定以及建源公司与兰埔村委的意思表示，均表明该案应由仲裁解决，故深圳分会对该案应享有仲裁管辖权。

第四节 不具备实质要件抗辩

仲裁协议应具备哪些实质要件，这是由准据法规定的。例如，中国《仲裁法》规定，仲裁协议通常应具备三个要素，请求仲裁的意思表示、仲裁事项和明确的仲裁机构。① 中国是实行机构仲裁的国家，所以在其《仲裁法》中，对于仲裁协议规定了这三个实质要素。对于其他同时也实行临时仲裁的国家，则情况不同，可能只需要其中的一个要素，如仲裁意愿；② 或者两个要素，如仲裁意愿和仲裁事项。③ 本节从中国《仲裁法》规定的三个要素入手进行分析，同时述及合同转让和合同更新，因为后两者同时涉及仲裁意愿的问题。

一、仲裁意愿

仲裁协议应当是当事人的真实意思表示，是当事人合同自治原则的体现。一方可能在仲裁执行程序中提出异议，认为仲裁并非其真实意思表示。此时，有管辖权的法院应当依据仲裁协议的表面措辞，结合签订合同时双方的真实意思，考察双方是否同意将争议提交仲裁。在德国 S&H 食品贸易有限公司申请承认和执行德国汉堡交易所商品协会仲裁法庭仲裁裁决案（以下简称“汉堡裁决案”）④ 中，被申请人收到执行通知书后，向厦门市中级人民法院提出了执行异议，理由之一即是：双方所签订的合同书条款中并无仲裁条款，只是在合同条文之前的总则中含有仲裁之意的文字，不能作为解决争议的仲裁条款。法院经审查后认为，当事人双方在合同中约定的仲裁内容，是其真实意思表示，且约定内容明确。当一方未履行合同时，另一方也是按此约定提交仲裁法庭仲裁的。因此，申请执行人所提异议不能成立。

---

① 中国《仲裁法》第 16 条第 2 款。

② 如可参见 1996 年英国仲裁法第 6 条第 1 款。

③ 如可参见 1998 年比利时司法法典第 1676 条第 1 款，第 1677 条。

④ 参见林准．国际私法案例选编［M］．北京：法律出版社，1996：165-168.

虽然当事人提交仲裁的意思是真实的，但是，由于措辞上的模糊，可能在今后执行仲裁协议或仲裁裁决的过程中造成不必要的麻烦。例如，瑞士 *Inter Maritime Management SA* (*Switzerland*) *v. Russin & Vecchi* (*US*) 案。① 在该案中，被申请执行人提出仲裁协议效力的问题。幸运的是，在该案中，瑞士法院并不以严格的方式来审查仲裁协议的存在及其效力，而是依据当事人的真实意思表示以及其他相关事实进行全面考察，包括但不限于对方的作为或不作为（如本案中被申请人未在执行程序中提出异议、未在法院程序中提供合同原件）等，来作出判断。而瑞士 *Nokia-Maillefer SA* (*Switzerland*) *v. Mazzer* (*Italy*) 案，② 则说明了仲裁条款模糊不清的后果。在该案中，法院认为模糊不清的意思表示交换不能产生明确的仲裁协议。

有些案件中，合同上可能同时出现两种意思表示。此时，需要依据实际情况和法律原则，确定当事人的真实意思表示。例如，厦门信达股份有限公司在申请仲裁后又向法院申请确认仲裁协议效力案。③ 在该案中，合同仲裁条款的中英文表述不一致，中文（手写）写明争议应提交双方同意的美国具有法律效力的仲裁机构按有关国际仲裁条例进行仲裁，仲裁地点在美国；英文（格式）则表明争议应提交 CIETAC 仲裁解决，仲裁地点在中国北京。合同项下货物到达厦门后，经商检发现货物存在严重质量问题。CIETAC 作出管辖权决定，认定手写条款效力高于格式条款。随后，申请人向厦门市中级人民法院申请确认合同仲裁协议中文条款无效，英文条款有效。法院驳回申请人请求确认仲裁协议效力的申请。

意思表示不真实可能因一方当事人的行为能力或行为而产生。其后果是仲裁协议无效。德国民事诉讼法第 1025 条第 2 款规定：如一方当事人利用其所拥有的任何经济或社会地位迫使另一方当事人签订仲裁协议或接受其中的条件，导致仲裁程序有利于一方当事人，特别在指定仲裁员或仲裁员不接受指定方面，则该仲裁协议无效。依中国《仲裁法》第 17 条第 1 款和第 2 款的规定，无民事行为能力人或者限制民事行为能力人订立的仲裁协议，或者一方采取协迫手段，迫使对方订立仲裁协议的，此时，仲裁协议无效。

---

① See ICCA Yearbook, Vol. XXII, 1997, 789-799.

② Tribunal Cantonal [Court of Appeal], Vaud 30 March 1993. ICCA Yearbook, Vol. XXI, 1996, 681-684.

③ See http://www.law999.net/casefocus/doc/MISI/2003/00001407.html.

此外，通过欺诈手段签订的仲裁协议也应认定无效。例如，最高人民法院关于香港享进粮油食品有限公司申请执行香港国际仲裁中心仲裁裁决案的复函①中，张某通过欺诈手段，冒充有权代理人签订合同，仲裁协议应认定无效，裁决应不予执行。

如果仲裁协议徒具形式，但不能反映出当事人申请仲裁的意愿，一方当事人可以就对依此无效仲裁协议作出的裁决提出异议，申请撤销或不予执行。

中国精密机械进出口深圳公司（以下简称“精密公司”）申请撤销仲裁裁决案②涉及将当事人服从仲裁程序的行为解释为接受管辖。1990 年 5 月 31 日，精密公司与陈××、朱×签订了一份继续承包中国长城工业总公司深圳分公司成都酒楼合同，合同第 5 条规定，合同在履行期间若发生争执，应由双方本着友好、合作精神协商解决，经协商解决不了的，通过合同仲裁机关仲裁解决。从表面上看，承包合同是由精密公司与香港珍珠贸易有限公司签订的，但事实上香港珍珠贸易公司并不存在，精密公司清楚地知道这一事实。据此仲裁庭作出裁决。法院认为，继续承包成都酒楼合同第 5 条的仲裁条款中的“通过合同仲裁机关仲裁解决”的文字是不明确的。但是，当申诉人申诉到 CIETAC 深圳分会，精密公司第一次开庭审理时不到庭应诉，但其后用书面方式请求仲裁庭第二次开庭审理，并准时出庭应诉，这一服从仲裁程序的行为足以表明其已接受了 CIETAC 深圳分会对该案的管辖权，精密公司认为申诉人不具备申请仲裁资格的理由不能成立。申请人提出的赔偿金额的异议，并非属于《民事诉讼法》第 260 条第 1 款规定的情形。因此，精密公司要求撤销深圳分会［94］深国仲字第 90 号裁决书的申请理由不成立，应予驳回。

二、可仲裁性

可仲裁性也是一个比较复杂的问题。许多国家的仲裁立法都对可仲裁性作出规定。除中国《仲裁法》第 2 条和第 3 条分别从积极和消极两个方面作出规定外，1998 年德国仲裁法第 1030 条（可仲裁性）也规定：(1) 任何涉及经济利益的请求可以成为仲裁协议的对象。如果仲裁协议是关于不涉及经济利益的请求，则其在当事人有权就争议问题缔结和解协

① 2003 年 11 月 14 日，［2003］民四他字第 9 号。

② （1996）深中法经二初字第 037 号。申请执行人（原仲裁案申请人）：朱×．陈××；被申请执行人（原仲裁案被申请人）：中国精密机械进出口深圳公司。

议的范围内具有法律效力。(2) 有关德国境内住宅租赁合同关系存在与否的争议的仲裁协议是无效的。但其涉及德国民法典第556a条第8款所指的住宅种类除外。(3) 根据本编以外其他成文法规定，某些争议不得提交仲裁或只在特定情况下才可提交仲裁，此类规定不受本编影响。

如上所述，争议如依仲裁程序法不具可仲裁性，则不得进行仲裁。并且，《纽约公约》在规定法院自行审查可仲裁性时，规定的是依申请承认及执行地国的法律来确定可仲裁性。此外，如果依据仲裁协议的适用法律，争议不具有可仲裁性，则因仲裁协议依其适用法律而无效，也不能进行仲裁。因此，可仲裁性问题实际上至少涉及三个国家的法律：仲裁协议适用法律所在地国、程序进行地国和承认及执行地国。如争议依三国的法律不具有可仲裁性，则以仲裁方式解决就没有实际上的意义，因为其结果或者是仲裁协议无效，无法执行，或者是仲裁裁决无法执行。

《纽约公约》只规定争议涉及的是“契约性和非契约性商事法律关系”,① 而未对此作详细的说明。在1986年《关于执行我国加入的〈承认及执行外国仲裁裁决公约〉的通知》中，最高人民法院指出，这个表述“具体的是指由于合同、侵权或者根据有关法律规定而产生的经济上的权利义务关系，……”故此，按照最高人民法院的解释，无论是合同或者是侵权或是其他经济权利义务关系，均可通过仲裁解决。根据中国《仲裁法》，除第3条所规定的行政争议以及身份争议等之外，所有平等主体的公民、法人和其他组织之间发生的合同纠纷和其他财产权益纠纷，均可以仲裁。很明显，合同争议是一种，其他财产权益争议是另外一种；可以通过原合同中已经订立的仲裁条款对将来争议的解决方式进行约定，也可以通过争议发生后另订仲裁协议约定解决争议的方式。因此，对于侵犯财产权益争议的可仲裁性应无异议。国际上，对于作为替代性争议解决方式的商事仲裁持支持态度。各国国内立法的趋势是减少对争议事项可仲裁性的限制，对于当事人提交仲裁的争议事项持较为宽松的态度。多数国家对当事人能自行处理或通过和解解决的争议允许付诸仲裁，如德国、比利时、瑞典、法国、意大利、荷兰等国，均持此种立场。② 中国《仲裁法》对于可仲裁性的限制也较少，仅在第3条作了限制性的规定。

以仲裁事项不具有可仲裁性为由，对仲裁裁决的效力或执行提出异

---

① 《纽约公约》第1条第3款。

② 关于各国的情况，可参见丁建忠．外国仲裁法与实践［M］．北京：中国对外经济贸易出版社，1992.

议，将在本书第七章进行详细研究。

三、仲裁协议中有关仲裁机构的约定

在实行临时仲裁的国家，仲裁协议未约定仲裁机构并不导致协议无效。中国实行机构仲裁。依据中国《仲裁法》第18条的规定，仲裁协议对仲裁事项或者仲裁委员会没有约定或者约定不明确的，当事人可以补充协议；达不成补充协议的，仲裁协议无效。依据该条，“明确约定”是仲裁协议有效的要件。但何谓明确约定？应当明确一点的是，明确约定与直接写明并非一个概念。如根据各种情况，可以推定仲裁机构是明确的，则亦为明确约定，仲裁协议亦不因此无效。① 若仲裁协议的准据法为中国《仲裁法》，则有关仲裁机构的约定是否符合中国《仲裁法》的规定，是否明确，直接影响仲裁程序以及仲裁裁决的效力。围绕仲裁机构的约定，当事人之间产生了不同的理解。有相当一部分案件会涉及仲裁机构的约定问题。就仲裁协议效力而言，实务中遇到的有关仲裁机构的约定主要可归纳为如下几种情况：（1）仲裁机构名称变更；（2）约定仲裁机构名称不确切；（3）约定两个仲裁机构：平行；（4）约定两个仲裁机构：先后；（5）约定先裁后审；（6）同时约定法院与仲裁机构；（7）约定国外仲裁机构：未指明；（8）约定国外仲裁机构：指明；（9）未约定仲裁机构。上述各种情形根据案件的不同情况，对于仲裁协议的效力具有不同的影响。

1. 仲裁机构名称变更

中国有色金属进出口河南公司与辽宁渤海有色金属进出口有限公司债权转让协议纠纷案②中，一审法院认为名称变更导致仲裁条款约定不明，从而使仲裁条款无效。但二审法院（最高人民法院）撤销了一审法院的决定。二审法院首先认为，双方当事人通过仲裁方式解决纠纷的意思真实明确。其次，仲裁条款约定由 FTAC OF CHINA 进行仲裁，而 FTAC OF CHINA 系“Foreign Trade Arbitration Commission of China”的英文缩写，译

---

① 如四川省高级人民法院《关于贯彻执行〈中华人民共和国仲裁法〉若干问题的意见》规定，仲裁协议中“选定的仲裁委员会”不明确，但从文字表述和逻辑推理上具有排他性和特定性，对“选定的仲裁委员会”不会发生歧义理解，当事人以选定的仲裁委员会不明确为由，请求人民法院确认仲裁协议无效的，人民法院不予支持。

② （2000）经终字第48号民事裁定书。

文为“中国对外贸易仲裁委员会”，是该会的旧名称。根据 CIETAC 仲裁规则中的规定，使用中国国际经济贸易仲裁委员会旧名称的，应视为双方当事人一致同意由该会仲裁。因此，该仲裁条款约定的仲裁机构是明确的，作此约定的仲裁条款应为有效。

中国包装设计公司在荷兰申请执行 CIETAC 裁决案①中，被告提出的抗辩之一与上述情形几乎相同，即当事人同意其争议由“中国国际贸易促进委员会对外经济贸易仲裁委员会”（FETAC）仲裁，而裁决是由“中国国际经济贸易仲裁委员会”（CIETAC）作出，二者不能认为是相同的。一审法院批准执行。在有关仲裁机构变更上，一审法院认为，对外经济贸易仲裁委员会（FETAC）改称 CIETAC 不足以推导出当事人不再同意将争议提交仲裁的结论，特别是被申请人在仲裁开始时并没有反对此种变更。由此，不能推导出仲裁裁决或仲裁裁决作出的方式违反公共政策这个可能导致拒绝执行申请的唯一相关的理由。

2. 约定仲裁机构名称不确切

由于笔误或其他错误，双方所签仲裁协议中约定的仲裁机构名称可能不确切。此时，应当依据案件的具体情况，认定约定的仲裁机构是否明确。2006 年中国仲裁法新司法解释第 3 条规定：“仲裁协议约定的仲裁机构名称不准确，但能够确定具体的仲裁机构的，应当认定选定了仲裁机构。”该条规定，体现了《仲裁法》所确定的自愿原则，不以文字上的疏漏来否定当事人通过仲裁解决争议的意愿，与此前最高人民法院的司法解释的精神是一致的。

在北京市民政日用化工实业公司申请确认仲裁协议案②和北京启蒙学校申请确认仲裁协议无效案③中，各方当事人分别于 1995 年和 1996 年签订含有仲裁条款的仲裁协议。该仲裁条款中选定的仲裁委员会名称比实际受理此纠纷的仲裁委员会法定名称多一个“市”字。法院认为，北京地区当时只有一家受理国内仲裁案件的仲裁委员会，即北京仲裁委员会，且异议人已向该仲裁委员会提交答辩书，因此，当事人在仲裁条款中约定的仲裁委员会是明确的。应当在此指出的是，此类争议如若发生在现在，则由于北京地区实际上存在两家可以受理国内案件的仲裁委员会（中国国

① 中国包装设计公司（中国）诉 SCA Recycling Reukema Trading B. V.（荷兰），Arrondissementsrechtbank [Court of First Instance], Zutphen, 1998 年 11 月 11 日。

② （1996）二中经仲字第 893 号民事裁定书。

③ （2000）二中经仲字第 472 号民事裁定书。

际经济贸易仲裁委员会和北京仲裁委员会），问题会显得稍为复杂，而以上述裁定同样的理由作出决定则存在漏洞。不过，有关仲裁机构约定对仲裁协议效力的影响，仍然可以从下列几个方面进行论证：（1）双方当事人进行仲裁的意思明确；（2）北京地区存在两个仲裁机构，如当事人约定北京地区仲裁委员会，可被解释为约定北京地区内的任一个仲裁委员会。按照《最高人民法院关于同时选择两个仲裁机构的仲裁条款效力问题的函》，可认定仲裁机构的约定亦是明确的，可执行的。（3）当事人约定北京市仲裁委员会。北京市仲裁委员会与北京仲裁委员会仅相差一“市”。可否参照最高人民法院对 CIETAC 的一份复函《最高人民法院对仲裁条款中所选仲裁机构的名称漏字，但不影响仲裁条款效力的一个案例的批复意见》，而将此表述认定为漏掉了“市”一字？值得商议。

北京市第四城市建设工程公司申请执行仲裁裁决案①也涉及仲裁机构不明的问题。申请执行人要求被申请执行人按北京仲裁委员会（1996）京仲裁字第 057 号裁决书履行义务。被申请执行人提出书面异议，认为北京仲裁委员会（1996）京仲裁字第 057 号裁决书违反《仲裁法》的有关规定，请求法院依法裁定不予执行。法院经审查认为：被申请执行人于 1994 年 6 月 6 日与申请执行人签订水曲柳木门框工矿产品购销合同，合同中仲裁条款是：“协商不成时到有管辖权的机构仲裁。”据《仲裁法》第 18 条规定：仲裁协议对仲裁事项或者仲裁委员会没有约定或者约定不明确的，当事人可以补充协议；达不成协议的，仲裁协议无效。该合同中的仲裁条款并没有明确选定由哪一个仲裁委员会仲裁，也没有补充协议，该合同的仲裁协议无效。裁决不予执行。不过，此案仍存在可商榷之处。本案仲裁条款是1994 年 6 月 6 日签定的，不应适用《仲裁法》（1995 年 9 月 1 日实施）对仲裁协议的规定。国务院 1996［22］号文件和最高人民法院 1997［4］号文件都有明确规定：仲裁法施行前当事人依法订立的仲裁协议继续有效，并由原仲裁机构所在地新组建的仲裁委员会受理仲裁申请。由于对本案合同纠纷有管辖权的原仲裁机构是北京市的区县工商行政管理局经济合同仲裁委员会，所以北京仲裁委员会对本案应有管辖权。

在另外一个案件中，上海岩崎照明器材有限公司与南溢发展有限公司附属机构威信企业工程公司签订的买卖合同中约定，争议应提交“青岛市经济贸易仲裁委员会根据该会仲裁程序规则进行仲裁”。最高人民法院

---

① （1997）长申执字第 001 号。申请执行人（原仲裁申请人）：北京市第四城市建设工程公司；被申请执行人（原仲裁被申请人）：河北省安昌木制品有限公司。

认定，青岛市并不存在当事人所约定的仲裁机构。①

3. 约定两个仲裁机构

新司法解释第5条规定："仲裁协议约定两个以上仲裁机构的，当事人可以协议选择其中的一个仲裁机构申请仲裁；当事人不能就仲裁机构选择达成一致的，仲裁协议无效。"

相对于此前的法院实践和司法解释而言，从支持仲裁的角度而言，该规定应认为是一种倒退。

许多国家的商事仲裁机构都不只一个。中国现有仲裁机构已经超过180家。在这种情况下，当事人拟订仲裁条款时可能选定两个或两个以上的仲裁机构。在此前的仲裁实践中，包括最高人民法院在内的各级法院，对于约定两个仲裁机构的仲裁条款，均持宽容的态度。

最高人民法院曾于1996年就同时选择两个仲裁机构的仲裁条款效力问题作出回函。② 所涉案当事人订立的合同中仲裁条款约定"合同争议应提交中国国际贸易促进委员会对外经济贸易仲裁委员会或瑞典斯德哥尔摩商会仲裁院仲裁"。最高人民法院认为，该仲裁条款对仲裁机构的约定是明确的，亦是可以执行的。当事人只要选择约定的仲裁机构之一即可进行仲裁。参照该函，在约定或A或B仲裁的情况下，有关仲裁机构的约定是明确的，也是可以执行的，当事人只要选择约定的仲裁机构之一即可进行仲裁。因此，本案仲裁条款有效。

华中理工大学科技开发总公司和思可达高技术产业化中试配套有限公司管辖权异议案③中，双方当事人于1997年12月28日签订的合同中的仲裁条款约定："凡因执行本合同所发生的或与本合同有关的一切争议，双方通过友好协商解决。若协商不能解决，应提交北京或武汉市仲裁委员会解决。"该合同中未写明仲裁委员会的名称，仅约定仲裁机构为北京或武汉市仲裁委员会。再审法院认为，鉴于北京或武汉均只有一个仲裁委员会，即北京仲裁委员会或武汉仲裁委员会，故该约定认定是明确的，该仲

① 《最高人民法院关于上海岩崎照明器材有限公司与南溢发展有限公司附属机构威信企业工程公司买卖合同纠纷一案仲裁条款无效的请求的复函》（2004年5月25日，[2004] 民四他字第7号）。

② 《最高人民法院关于同时选择两个仲裁机构的仲裁条款效力问题的函》（1996年12月12日法函 [1996] 176号）。

③ （2001）武经再字第65号民事裁定书。

裁条款合法有效。应当说，再审法院的结论是正确的。①

深圳市深华房地产工程开发公司申请撤销仲裁裁决案②也是选择两个仲裁机构的案例。在该案中，当事人选定了深圳仲裁委员会和中国国际经济贸易仲裁委员会。参照上述《最高人民法院关于同时选择两个仲裁机构的仲裁条款效力问题的函》的规定，法院认为，这一条款对仲裁机构的约定是明确的，可执行的。

上述法院的实践均是倾向于认定仲裁协议有效。但若按新司法解释第5条规定，则在仲裁协议约定两个以上仲裁机构且当事人未能协议选择其中的一个仲裁机构申请仲裁时，仲裁协议无效。该规定推翻了此前司法实践和最高人民法院自己原有对于该问题的看法。

还有一种约定两种仲裁机构的情况。商事仲裁没有级别管辖，不同仲裁机构之间没有互相隶属的关系。仲裁裁决是终局的。③ 但是，当事人可能出于常识上的误解，而约定仲裁先由A机构进行，如对A机构决定不服，可向B机构提起仲裁，该仲裁为终局的。例如，中国长江动力公司申请确认仲裁条款无效案。④ 该案中的仲裁条款约定：凡因执行本合同所发生的或者与本合同有关的一切争议，双方应通过友好协商。协商不能解决，应提交CIETAC仲裁。如败诉方不服，可向瑞典斯德哥尔摩仲裁法院提请仲裁，仲裁裁决为终局的，对双方均有约束力。法院认为，当事人将争议提交仲裁解决的意思明确，约定提交中国国际经济贸易仲裁会仲裁，对该仲裁机构的约定是明确的，亦是可以执行的，当事人可以在该选定的仲裁机构进行仲裁。至于向瑞典斯德哥尔摩仲裁法院提请仲裁部分的约定，与我国的有关法律相冲突，因而是无效的。法院进一步认为，该部分的无效并不影响双方就其争议在中国国际经济贸易仲裁会仲裁。因而该合

① 但其认定有不妥之处：武汉当时确实只有一个仲裁委员会，但北京当时除了北京仲裁委员会外，还存在中国国际经济贸易仲裁委员会，并非均只有一个仲裁委员会。

② (2000) 深中法经二初字第72号民事裁定书。

③ 但终局性不意味着仲裁庭一作出裁决即是终局的。在特定的仲裁体系内，仲裁可能还存在上诉，此后仲裁裁决才是终局的。如谷物和饲料贸易协会（GAFTA）的两级仲裁体制。此外，有些国家的仲裁法（荷兰仲裁法）规定，当事人也可以约定裁决可向第二个仲裁庭上诉。因此，准据法问题在此处就变得非常重要。

④ (1999) 深中法经二初字第72号。裁决作出之后，长动公司又以其他理由提出撤销仲裁裁决的申请。法院以 (2000) 深中法经二初字第113号裁定书驳回其申请。

资合同中的仲裁条款部分有效，且是可以执行的。

而按最高人民法院的司法解释，显然，该种约定仲裁机构的方式也导致仲裁协议无效。该种规定值得商榷，在于否认了当事人的仲裁意愿，机械或狭窄地解释了当事人选定仲裁机构的含义。

4. 约定先裁后审

另外一种情况是，当事人约定：如有争议，先提交某机构仲裁；如对仲裁裁决不服，则提交法院判决。这种情况也与仲裁法规定的终局性相冲突。此时仲裁条款是否可以理解为部分有效部分无效，尚可商榷。但与前案不同的是，前案的双方当事人意思表示明确，只涉及仲裁；而后一种情况下涉及仲裁权和司法权，当事人的本意（推定）是以司法裁判作为最终解决争议的方式。因此，仲裁条款应当全部无效。

5. 同时约定法院和仲裁机构

在实务中，① 相当数量的示范合同曾经或现在在争议解决条款中约定：如发生争议，可提交某仲裁机构或有管辖权的法院解决。按照最高人民法院1996年4月18日对广东省高级人民法院的复函（法经［1996］110号），② 此种或仲裁或诉讼条款无效。

2006年中国仲裁法新司法解释第7条规定："当事人约定争议可以向仲裁机构申请仲裁也可以向人民法院起诉的，仲裁协议无效。但一方向仲裁机构申请仲裁，另一方未在仲裁法第20条第2款规定期间内提出异议的除外。"或裁或审条款无效，是中国法院一贯的立场。新司法解释仍持此种立场。不过，新司法解释增加的一个规定是，即被申请人如未在仲裁庭首次开庭前提出异议，则仲裁协议仍然是有效的，双方仲裁协议中约定的仲裁机构可以受理案件。该规定事实上明确了不按照《仲裁法》规定提出异议的后果，也排除了一方当事人以此种仲裁协议无效在将来提出撤

---

① 笔者曾经在保险格式合同、著作权合同、房屋买卖合同等不同种类的合同中遇到此类或仲裁或诉讼条款。

② 该函全文如下：

广东省高级人民法院：

你院［1996］粤高法审监立字第1号《关于深圳联昌印染有限公司诉香港益锋行纺织有限公司承包合同纠纷案拟立案受理的报告》收悉。经研究，答复如下：同意你院的审查意见，即双方当事人之间合同中解决争议的条款既约定涉外仲裁机构仲裁又约定可向人民法院起诉，按照本院有关司法解释，该仲裁约定无效。深圳市中级人民法院对深圳联昌印染有限公司承包合同纠纷一案有管辖权。

此复。

销或不予执行的可能性。这一点从新司法解释第27条也可以看出。

6. 约定国外仲裁机构：未指明

随着经济全球化的发展，法律服务的全球化趋势也体现了出来。这一点，在仲裁领域，可能表明为当事人选择其他国家的仲裁机构。当事人在作这种选择的时候，应当注意使仲裁条款具有可操作性。在机构仲裁的情况下，仲裁机构指定不明的仲裁条款不具有可操作性。韩国新湖商社与四川省欧亚经贸总公司信用证欺诈纠纷管辖权异议案①涉及此类情况。该案当事人之间签订有仲裁条款。该仲裁条款约定："因双方而引起的所有争议应由第三国商业仲裁委员会依商业仲裁条款而最终裁决。"一方当事人以此为由，对法院受理案件提出管辖权异议。法院认为，该条款约定不明，根据中国《仲裁法》第18条规定，该仲裁条款无效。当事人的仲裁条款约定第三国商业仲裁委员会，但对于该第三国商业仲裁委员会，双方未作约定。因此，虽然仲裁意思明确，但由于无法确定仲裁委员会，双方当事人在此问题上的纠缠导致违背了以仲裁方式最终解决争议的本意。由于本案法院地为中国，在第三国未确定的情况下，基于合理利益考虑，法院作出决定无可厚非。

7. 约定国外仲裁机构：指明

当事人可能在合同中约定明确的国外仲裁机构，例如国际商会仲裁。此时仲裁协议的效力如何？原则上，中国法院尊重当事人的选择。1995年10月18日，最高人民法院在给甘肃省高级人民法院的一份批复②中指出：根据《民事诉讼法》和《仲裁法》的规定，双方当事人对合同纠纷自愿达成书面仲裁协议的，不得向人民法院起诉。本案当事人签订的合同明确约定："凡因执行本合同所发生的一切争议，双方应通过友好协商解决，如果协商不能解决，应提交奥地利维也纳商会的仲裁机构仲裁。"因此，当事人一方可以选择直接向约定的仲裁机关申请仲裁。应当指出，如本案当事人向奥地利维也纳商会下属仲裁机构提起仲裁，则仲裁协议的准据法应为奥地利仲裁法律，决定仲裁协议的效力应依据该法律。另外一案中，双方当事人在其合同中约定"解决合同纠纷的方式为双方进行友好协商解决或以国际商会仲裁为准"。最高人民法院在就本案给福建省高级

---

① （2000）经终字第155号民事裁定书。

② 法经［1995］273号。

人民法院的复函①中也指出：双方当事人合同中的仲裁条款实际约定了由国际商会仲裁院依据国际商会仲裁规则对本案当事人之合同纠纷进行仲裁。该仲裁条款有效，当事人应按仲裁条款进行仲裁，人民法院对本案没有管辖权。但是，倘若仲裁条款仅约定依国际商会仲裁规则仲裁，而未约定仲裁机构，则可能导致仲裁条款无效。《最高人民法院关于德国旭普林国际有限责任公司与无锡沃可通用工程橡胶有限公司申请确认仲裁协议效力一案的请示的复函》② 以此理由认定仲裁条款无效。

8. 未约定仲裁机构

某些仲裁条款仅约定进行仲裁，但未约定仲裁机构；或者约定了仲裁地点，但未约定具体的仲裁机构。如当事人未能达成补充协议，则此类仲裁条款为无效仲裁条款。相关案例可参见《最高人民法院关于仅选择仲裁地点而对仲裁机构没有约定的仲裁条款效力问题的函》。该函涉及的即是后一种情况。应当注意到，这种情况下，即使该选择的地点只有一家仲裁委员会，也不能推定为仲裁委员会的约定是明确的，理由是仲裁机构没有地域管辖。例如，当事人选定仲裁地点为石家庄，但如没有指明石家庄仲裁委员会，则由于别的仲裁委员会（如 CIETAC）根据其规则亦可将石家庄作为仲裁地点，而使得该仲裁条款因为仲裁机构的约定不明确而无效。③ 但如约定石家庄所在地仲裁机构仲裁，则情况又不同。1998 年 7 月 6 日最高人民法院对河北省高级人民法院的复函④答复如下：本案双方当事人在租赁经营合同中约定：租赁双方因执行本合同发生争议，任何一方均可向甲方（石家庄东方城市广场有限公司）所在地仲裁机关申请仲裁。该合同中虽未写明仲裁委员会的名称，仅约定仲裁机构为“甲方所

---

① 《最高人民法院关于厦门维哥木制品有限公司与台湾富源企业有限公司购销合同纠纷管辖权异议案的复函》（1996 年 5 月 16 日，法函［1996］78 号）。

② 2004 年 7 月 8 日，［2003］民四他字第 23 号。本案的仲裁条款为：Arbitration：ICC Rules，Shanghai shall apply。最高人民法院认为：在当事人没有约定确认仲裁条款效力准据法的情况下，根据确认仲裁条款效力准据法的一般原则，应当按照仲裁地的法律予以认定，即本案应当根据我国的法律确认所涉仲裁条款的效力。该条款没有明确指出仲裁机构，依我国法律应当认定为无效。

③ 参见《最高人民法院关于确认仲裁协议效力几个问题的批复》第 1 条，1998 年 10 月 21 日最高人民法院审判委员会第 1029 次会议通过（法释［1998］27 号）；《最高人民法院关于连云港星球塑料有限公司申请确认仲裁协议效力案的请示的复函》（2004 年 7 月 29 日，［2004］民四他字第 14 号）。

④ 法经［1998］287 号。

在地仲裁机关”，但鉴于在当地只有一个仲裁委员会，即石家庄市仲裁委员会，故该约定应认定是明确的，该仲裁条款合法有效。当事人因履行该合同发生纠纷。应提交仲裁解决，人民法院对本案不享有管辖权。此案例与上述假设情况的区别是，一者表明的是仲裁地，另一者则指明的是仲裁机构所在地。这是两个不同的法律概念。

当然，也应该指出，倘若当事人泛泛指明“发生纠纷的当地仲裁机关”,① 或者约定，“中国涉外合同的仲裁机构”,② 此种条款会为中国的法院认定无效。

四、继受：合同转让

原始缔约人一方通过某种形式，使其他人继受了其与另一方的权利义务，则产生仲裁协议继受的问题。此时，仲裁协议是否仍为有效仲裁协议？继受最常见的形式是合同转让。仲裁条款具有独立性。仲裁条款只约束仲裁协议的当事人。由此产生的问题是，合同转让是否能导致仲裁条款自动转让？关于合同权利转让时仲裁条款的效力，虽然通常认为有效，但不同的观点仍然一直在理论和实务界存在。以下通过两个案例说明，除非当事人另有约定（如排除了仲裁协议），否则仲裁条款应自动对受让当事人生效。

龙海（集团）有限公司（以下简称“龙海公司”）于1993年2月与武汉东湖新技术开发区进出口公司（以下简称“东湖公司”）签订“金龙科技发展有限公司合营合同”，双方约定在中国武汉合资建立金龙科技发展有限公司。该合同规定，与合同有关的一切争议应提交CIETAC仲裁。同年12月，武汉中苑科教公司（以下简称“中苑公司”）与东湖公司签订协议，东湖公司将其在合资公司的全部股权转让给中苑公司。中苑公司同时还与龙海公司签订了一份“协议书”，规定由中苑公司替代东湖公司作为合资公司的中方，合资公司名称亦改为武汉金龙高科技有限公司，新的合资公司承担原合资公司的债权债务。“协议书”还对原合资公司章程

---

① 如《最高人民法院关于越南海防万华国际旅游公司起诉海南热岛风情国际旅行社有限公司旅游服务合同纠纷案仲裁条款效力的请求的复函》（2004年1月10日，[2003] 民四他字第36号）中最高人民法院的意见。法院认为，“发生纠纷地”不是一个明确的诉讼法上的概念。

② 《最高人民法院关于对江森自控香港有限公司诉深圳市飞铃智能系统集成有限公司一案受理问题的请示的复函》（2004年7月27日，[2004] 民四他字第22号）。

和合资合同中的投资额、注册资本、经营范围作了修改，但未对原合资合同中的仲裁条款进行约定。中苑公司与龙海公司以该“协议书”和原合资合同、章程办理了变更审批手续，工商行政管理部门审批备案的合同也是龙海公司与东湖公司签订的合资合同和龙海公司与中苑公司签订的“协议书”。

双方因履行上述合同和协议书发生争议。龙海公司申请仲裁，而中苑公司向武汉市中级人民法院（以下简称“武汉中院”）申请确认仲裁条款无效。武汉中院认为，中苑公司与龙海公司签订的“协议书”是对龙海公司与东湖公司之间的合资合同的认可和部分更改，原合同中的仲裁条款对该合同的受让人无法律效力。最高人民法院认为武汉中院作出的意见是错误的，并指令湖北省高级人民法院按审判监督程序予以纠正。① 最高人民法院认为：“武汉中苑科教公司与香港龙海（集团）有限公司签订的协议书只是对原合营合同部分条款的变更，未变更的原合营合同其他条款仍然有效。双方在工商行政管理部门变更登记时，没有就争议解决条款进行修改、变更登记。工商行政管理部门审批备案的是香港龙海（集团）有限公司与武汉中苑科教公司签订的协议和香港龙海（集团）有限公司与武汉东湖新技术开发进出口公司签订的原合营合同，应视为双方当事人对原合营合同的仲裁条款是认同的。故当事人因合营合同而发生的争议，应按原合营合同的约定提交中国国际经济贸易仲裁委员会仲裁，法院对此合营纠纷无管辖权。”

依此仲裁条款进行的仲裁程序及作出的仲裁裁决，当事人若以该不存在仲裁条款为由提出异议，则异议无法得到支持。这种情况，在其他国家也大抵如此。

在 Emja 案②中，瑞典法院确定，除特殊情况外，仲裁条款应对新当事人和其他当事人均具有约束力。此类特殊情况如原当事人之间的私人关系或存在新当事人无法支付仲裁程序费用的风险等。③ 因此，依此类仲裁条款作出的仲裁裁决不应仅因此类理由而被不予承认和执行。该案基本情况是：1990 年 1 月，德国船公司 Emja 与荷兰造船厂 Ferus 签订造船合同。

① 1998 年 5 月 12 日，法经［1998］212 号。

② See Jan Sallnas and Peter Dyer. Sweden: Arbitration and Assignment of Contract [J]. Int. A. L. R., 1999, 2 (1): N2-3.

③ 德国法院曾因当事人无法支付仲裁费而裁定仲裁协议终止。见上文 Bundesgerichtshof (III ZR 33/00) (Unreported, September 14, 2000) 案。

Ferus 再与分包商 Biljsma 签订合同。Biljsma 从瑞士制造商 Wärtsilä 处购买船用机械。依 Biljsma 和 Wärtsilä 之间的合同，任何因该合同产生的争议应提交仲裁。在船交 Emja 后，船舶机械发生了问题。Biljsma 和 Ferus 将合同项下有关机械的权利转让给 Emja。Emja 向瑞典地区法院提起诉讼，要求损害赔偿。Emja 称，由于 Emja 并非仲裁协议的当事人，因此仲裁条款不适用。Wärtsilä 要求地区法院以存在仲裁条款为由驳回该请求。地区法院以及上诉时的瑞典西部上诉法院认定仲裁条款有效，并对 Emja 有约束力。瑞典最高法院维持了地区下级法院的决定。瑞典最高法院认定，如果取得合同权利的第三方当事人不受原当事人约定的仲裁条款约束，则非转让方的原当事人的地位可被严重削弱。必须认为，争议应通过仲裁解决是合同原当事人的一项重要考虑，因此，不能认为新当事人仅因权利转让而具有单方废除仲裁条款的权利。如果购买方不愿意受仲裁条款约束，其可以避免全部购买合同。依据 Wärtsilä 有关机械销售合同争议技术性和保密性的观点，瑞典最高法院认为，争议由法院审理对于 Wärtsilä 非常不利。因而，Wärtsilä 有正当理由援引仲裁条款。瑞典最高法院强调 Wärtsilä 没有机会反对已经发生的权利转让。合同权利的取得者不应较转让人针对其他合同当事人处于更有利的地位，这是合同法的根本原则。

在 *Adviso N.V.* (*Neth. Ant.*) *v. Korea Overseas Construction Corp.* (*Korea*) 案①中，被告并未辩称仲裁协议自始无效，而是称由于合并仲裁协议的合同已经转让给第三方，转让人放弃了作为仲裁一方当事人的权利，或者仲裁条款在原当事人间不具有效力。韩国法院认为，在这种情况下，仲裁协议的效力应由仲裁庭判决，因为这个问题不可避免地与仲裁的实体联系在一起。韩国法院认定，仲裁庭在裁决中已经以多数意见，承认所称转让的适用法应为与该转让最密切联系的沙特阿拉伯的法律。考虑到沙特阿拉伯司法部商事争议解决委员会以及沙特阿拉伯国家科技中心的观点，依该法转让无效。因此，仲裁协议仍然有效。被申请人对裁决提出的相关异议无法得到支持。

五、合同默示更新

合同默示更新的情况下，仲裁协议是否也相应更新？此时仲裁协议是

① See 14 February 1995, Supreme Court, no. 93Da53054. 该案还涉及适当证明的译本、多方申请人中的一方提起申请、除非违反公共政策否则不审理事实或实体、公共政策的狭义解释等问题。

否满足书面要件?

Kabushiki Kaisha Ameroido Nihon (*Japan*) *v. Drew Chemical Corporation* (*U.S.A.*) ①涉及仲裁协议的此类问题。在该案中，包含仲裁条款的合同在合同约定的日期未被正式终止，此后，双方仍依相同条款进行交易。在这种情况下，合同是否被终止？仲裁条款是否被终止？日本法院在该案中，认定当事人间存在默示的关于仲裁协议适用法律的约定，并且承认合同默示更新可以适用于代理协议。而原合同的默示更新及于默示更新后的仲裁协议，且该仲裁协议亦符合书面要件。

在另外一个案例中，被告日本公司声称1969年合同在1970年1月30日到期时，仲裁条款已经终止。日本法院认为，合同未包括任何有关仲裁协议适用法律的特殊规定。考虑到当事人同意在纽约进行仲裁的事实，该法院认定，当事人间存在一默示的协议，即适用于仲裁的法律应为美国纽约州法律。经查纽约州判例，该法院认定，1969年合同第16条仲裁条款，虽然其使用了“可以”而非“应当”，但给予双方当事人依此进行仲裁程序的权利。日本法院驳回日本公司关于只有积极开始诉讼的当事人有权选择仲裁的主张。该法院进一步认定，依据纽约州法律，存在一确定的规则，承认合同的“默示更新”理论，该理论类似于日本法项下与租赁合同相关的理论，并且，在当事人继续依据与原合同到期前相同条款相同方式进行交易时，可以发现更新原合同的协议。该理论不仅适用于租赁合同和雇佣合同，而且适用于代理协议。由于1969年合同到期（1970年1月31日）后日本公司和美国公司之间的交易和关系与以前相同，因此，存在更新合同的默示协议。而且，第9条但书条款不能排除依原合同相同条款作出的默示更新。关于纽约州法项下仲裁协议须以书面作出的形式要件，日本法院认定，更新之前以书面拟就的原仲裁协议可以有效地通过口头或书面予以更新。

从上述可以看出，除非确实存在仲裁协议无效的理由，否则，对据此作出的仲裁裁决的异议，是无法得到支持的。研究这些案例，对于维护当事人的正当权益，具有重要的意义。

---

① District Court of Yokohama May 3 1980. See ICCA Yearbook, Vol. VIII, 1983, 394-397.

第四章 正当程序抗辩

正当程序抗辩，或称仲裁程序不当抗辩，是裁决异议中非常重要的一种抗辩。司法实践中，以违反正当程序作为理由提出的抗辩很多。当事人几乎在大部分的裁决异议案件中，都会提出程序不当的抗辩，而不管事实上是否存在这种不当的情况。不过，大部分的抗辩无法得到支持。这一方面是因为仲裁庭本身在处理程序问题上的谨慎、认真、有效；另一方面也是出于法院对仲裁的支持。但对于任一方当事人（尤其是败诉方当事人）而言，仲裁程序不当抗辩是其论证裁决效力需要重点考虑的，这对其下一步所要采取的措施具有重要的影响。本章在概述仲裁程序的相关理论问题之后，结合大量司法判例，讨论这种抗辩。

第一节 概 述

一、含义

仲裁，尤其是国际商事仲裁，并不存在通用的或固定的程序规则。机构仲裁通常适用自己的机构规则，临时仲裁的当事人也可以选定或制定仲裁程序规则。此外，强制性法律的规定也必须遵守。仲裁庭依据当事人约定或者法律的规定，进行仲裁程序。违反这些程序规定的后果，是裁决被撤销或者被拒绝承认和执行。在 UNCITRAL 示范法和《纽约公约》中，一方当事人未得到选定仲裁员或仲裁程序的适当通知，或者因其他原因未能陈述，或者仲裁庭的组成或仲裁程序与当事人之间的协议或与可适用的法律本身的强制性规定不符的，裁决可以被撤销或不予执行。① 故此，仲裁程序不当抗辩或称正当程序抗辩，集中在这些方面。

仲裁应具有正当程序。正当程序（due process），或称自然正义（natural justice）的表述，来源于西方，是西方诉讼和仲裁程序的基本原

---

① UNCITRAL 示范法第 34 条第 2 款；《纽约公约》第 5 条第 1 款 b 项和 d 项。

则，但正当程序或自然公正的含义，却是在所有法域都以不同形式而存在的。仲裁程序的有效、公平和适当进行，需要遵守正当程序，用以确保仲裁庭适当组成、仲裁程序符合当事人的协议（受限于可适用的法律中的强制性规定），以及在程序、聆讯等方面给予当事人适当的通知，目的在于确保当事人受到平等对待并得到公平的听审，有充分和适当的机会陈述各自的案情。① 正如彼得·斯坦所说，自然公平的第一个原则是：必须给予诉讼当事人各方充分的机会来陈述本方的理由，这意味着必须将诉讼程序告知他们，并及时通知其任何可能受到的指控，以便于他们行使权利。

但何谓正当程序，正如 Sir Raymond Evershed 大法官在 *Abott v. Sullivan* 案②中所说的，正当程序的规则，易于表达，难以界定。故通常正当程序应依各国法律确定。例如，美国联邦法院认为未给予当事人口头聆讯是违反正当程序的，正当程序的基本要求是给予当事人机会使其在适当的时间得到适当的审理；③ 在大陆法系，当事人有权得到陈述案件的充分机会是经典的辩护权利（*droit de la defense*），常常吸收了辩论原则（*principle du contradictoire*），要求任何证据或理由，除非当事人有作出评论和辩论的可能性，否则不得用做判决的基础。④ 关于正当程序的不同理解所导致的后果，在国际商事仲裁裁决的效力上，可能出现尴尬的后果。所幸国际商事仲裁方面的公约和示范法，已经产生了良好的国际立法示范效果。

在欧洲，“正当程序”的概念在《欧洲人权公约》（ECHR）⑤ 中有明文规定，其第 6 条第 1 款规定：“在确定其民事权利与义务或者对其提出的任何刑事指控时，人人有权在合理的时间内得到由依法组建的独立、公正的法庭进行公正与公开的审理。”虽然第 6 条不适用于仲裁程序，然

① 参见国际商事仲裁法律与实务 [M]. 林一飞，宋连斌，译. 北京：北京大学出版社，2005：442.

② （1952）1 KB 189.

③ *Armstrong v. Manzo*, 380 U. S. 545, 552, 85, S. Ct. 1187, 1191, 14 L. Ed. 2d 62（1965）.

④ Alan Redfern and Martin Hunter and with Negel Blackaby and Constantine Partasides. Law and Practice of International Commercial Arbitration [M]. 4th ed. Sweet & Maxwell. 中文本由林一飞、宋连斌译，由北京大学出版社于 2005 年出版。

⑤ 《保护人权与基本自由的公约》（罗马，1950 年 11 月 4 日），（1955）213 United Nations Treaty Series 221，已修订。

而，仲裁庭也必须尊重基本的正当程序规则。① 在涉外或国际仲裁中，关于正当程序应依据哪个国家的标准，正如美国的一个案例指出的，《纽约公约》本质上支持适用法院地国的正当程序标准。② 但这不意味着，对于外国或者外法域裁决，本国或者本法域有关正当程序的规定必然适用。③一般而言，正当程序包含两条最根本的规则：一是听取双方当事人陈述（*audi alteram partem*），二是任何人不能为自己的法官，即任何人不得审判自己的或者有利害关系的案件（*nemo iudex in parte sua*）。在英美学者看来，这是实现公平正义必须的手段。④《纽约公约》、UNCITRAL 示范法以及多数现代仲裁法均体现这一原则。

仲裁程序不当抗辩，可能是对仲裁裁决提出异议的最重要的一个理由。⑤ 在撤销或者承认和执行仲裁裁决的程序中，被申请人可能提出仲裁庭进行仲裁的程序不当，包括未能得到委任仲裁员通知、未得到仲裁程序进行的通知，或未能陈述其意见，或者仲裁庭的组成未依据当事人的约定或仲裁地法的规定等，以此来对抗裁决的承认和执行。这些具体抗辩可以分为三类：一类有关仲裁员选定和仲裁庭组成的；一类有关当事人充分陈述的权利；一类涉及其他不符合当事人约定和法律规定的情形。下文将详述这些情形。

另外，应当注意到正当程序与公共政策的关系。公共政策作为一种安全阀，正如本书其他部分所要指出的，事实上包含了仲裁程序违反公共政策的情况。即使当事人无法或未提出证据证明，⑥ 但若法院认为不具有正当程序违反公共政策到必须通过消除裁决效力才能补救的程度，也不排除依公共政策为由进行救济。不过，以公共政策为由进行的救济，无论是对国内仲裁裁决，还是对外国仲裁裁决，均较少见。各国一般对于不当程序抗辩作严格审查，对正当程序作狭义和支持仲裁的解释。正如汉堡上诉法院所指出的，只有在极为特别的情况下，法院才能根据德国法考虑正当程

---

① 参见国际商事仲裁法律与实践［M］. 林一飞，宋连斌，译．北京：北京大学出版社，2005：445.

② *Parsons Whittemore Overseas Co. Inc. v. Société Générale de l'Industrie du Papier*（*RAKTA*）508 F. 2d 969（2nd Cir. 1974）975.

③ 参见赵健．国际商事仲裁的司法监督［M］. 北京：法律出版社，2000：162.

④ 参见赵健．国际商事仲裁的司法监督［M］. 北京：法律出版社，2000：162.

⑤ 参见赵健．国际商事仲裁的司法监督［M］. 北京：法律出版社，2006：442，480.

⑥ 如依《纽约公约》第 5 条第 1 款。

序原则的适用。

二、仲裁程序进行的原则

上述这些具体抗辩背后所蕴涵的原则，归纳起来，主要有以下几点：

(一) 当事人自治

就具体案件而言，仲裁程序规则的适用都是当事人直接或间接选用的结果。当事人自治的原则，是国际商事仲裁中确定需遵守程序的指导原则。该原则不仅在国内法中得到支持，而且得到国际仲裁机构和组织的认可。1923年《日内瓦议定书》和1958年《纽约公约》早已有此规定。前者规定“仲裁程序，包括仲裁庭的组成，应适用当事人的意愿……”；①后者规定，如“仲裁程序未依当事人的协议”，则外国仲裁裁决的承认和执行可予以拒绝。②

UNCITRAL示范法的立法历史表明，该原则被得到一致通过：“……也许示范法所应依据的最重要的原则，是当事人的自由，以使得国际商事仲裁可以按其期待适当发挥作用。”③UNCITRAL示范法本身也规定：“除本法另有规定外，当事各方可以自由地就仲裁庭进行仲裁所应遵循的程序达成协议。”④

大多数主要仲裁机构仲裁规则中都有类似的规定。例如，国际商会历史上就是当事人自治的支持者，其仲裁规则规定：“仲裁庭审理案件的程序适用本规则。本规则没有规定的，适用当事人约定的，或当事人未约定时仲裁庭确定的规则……”⑤ 伦敦国际仲裁院也采取了同样的方式，其规则规定：“当事人可以并且仲裁院也鼓励当事人就仲裁程序的进行达成一致……”⑥CIETAC仲裁规则规定：“……当事人约定适用其他仲裁规则，或约定对本规则有关内容进行变更的，从其约定，但其约定无法实施或与仲裁地强制性法律规定相抵触者除外。”⑦

“解决投资争端国际中心”（ICSID）采用了类似的方式。ICSID对程

---

① 1923年《日内瓦议定书》第2条。

② 《纽约公约》第5条第1款d项。

③ UN Doc. A/CN. 9/207, para. 17.

④ UNCITRAL示范法第19条第1款。

⑤ 国际商会仲裁规则第15条第1款。

⑥ 伦敦国际仲裁院仲裁规则第14条第1款。

⑦ 2005年CIETAC仲裁规则第4条第3款。

序的进行，作出了详细的规定。① 类似地，“国际争议解决中心”（ICDR）也给予仲裁庭确定程序上的广泛权力，但应服从当事人的协议。②

不过，应该看到，当事人自治虽然是仲裁程序的基础，但此处“当事人”指的是“双方当事人”。任何一方当事人不能擅自以自治为由，改变双方此前已经达成的一致。当事人在通过合意就程序事项达成一致，并在将其可处分的程序控制权转移至仲裁庭以后，则应由仲裁庭来主导程序的进行，除非程序规则规定当事人仍享有某些权利。

如前所述，基于仲裁的性质和特点，当事人合意选择仲裁程序的权利，通常会得到认同。当事人可以在仲裁协议中直接明确约定进行仲裁所应遵守的程序规则，或者援引一套现成的仲裁规则；也可以通过选定仲裁机构或仲裁员再通过后者来间接确定应适用的仲裁规则。在中国，当事人选择到哪个仲裁机构仲裁，一般就意味着选择适用该机构的仲裁规则。但越来越多仲裁机构的仲裁规则规定，当事人选择到一个仲裁机构仲裁，既可对该机构的仲裁规则予以修改，也可以选择适用其他的仲裁规则。仲裁规则是仲裁法的细化，对于仲裁规则没有明确规定的事项，仲裁法自动起到补充作用。在具体的仲裁活动中，有关方面不能违反适用的仲裁规则和仲裁法的规定。

（二）合法

仲裁程序的进行，应当符合仲裁进行地国的强行性规范。仲裁法或仲裁程序法（*Lex arbitri*）规定了进行仲裁程序的最低正当程序要求。如果仲裁程序的进行违反了这项最低要求，当事人就可据此对裁决的效力提出异议。依《纽约公约》规定，仲裁程序与进行仲裁地国家的法律不符，可能导致裁决被不予承认和执行。③

仲裁进行地的法律对仲裁程序进行控制或管理。近年来，一项理论（实际上已经有此类的案例）涉及裁决的国籍，对控制仲裁程序的法律提出背离。“非本地化理论”（delocalisation theory）认为，国际仲裁不应受因国家不同而不同的法律的控制，寻求使国际仲裁脱离所有国家法律，包括仲裁地法律的控制。不过，很少国家采纳这种理论。例如，英国普通法传统上反对非本地法理论。在 *Minmetals v. Ferco* 案④中，法院认为，“国

① 例如，解决投资争端国际中心仲裁规则第 20 条第 1、2 款。

② 国际争议解决中心仲裁规则第 16 条。

③《纽约公约》第 5 条第 1 款 d 项。

④ *Minmetals v. Ferco*, [1999] 1 All ER (Comm) 315.

际商业中，一方当事人如果在合同中约定在国外进行仲裁，那么他不仅要遵循当地的仲裁程序，同时也要受仲裁地点有监督管辖权的法院的约束”。澳大利亚法院亦持这种观点。①

仲裁法与当事人选定的仲裁规则相比，主要有以下几点不同：（1）仲裁规则是当事人自己直接或间接确定的规范，具有契约的性质，而仲裁法则是国家制定或认可的法律；（2）仲裁规则的效力只及于相关的仲裁机构、仲裁员和当事人及其他仲裁参与人，而仲裁法却具有普遍的法律效力，在二者发生冲突时，仲裁法效力优先；（3）仲裁规则是法院干预仲裁时需要考虑的因素，是法院对合同和当事人意思自治的尊重，而仲裁法则是管辖法院干预仲裁的依据。

（三）平等

平等对待是仲裁程序适用的基本原则之一。在仲裁程序中，平等的基本含义，是指有平等的机会进行仲裁程序，包括得到进行仲裁程序的通知，进行陈述等。UNCITRAL 示范法规定：“应对当事各方平等相待，应给予当事每一方充分的机会陈述其案情。”②在 UNCITRAL 规则中，是作为仲裁庭可以其认为适当的方式进行仲裁这个规则的但书条款进行表述的；③并且，提醒仲裁庭，在这样做的时候，它不得将其拒绝给予一方当事人的特权给予另一方当事人。这也是作为其他仲裁规则基础的一个概念。④

平等原则还包含着透明的含义。一方当事人提交的证据或其他材料，不应当对另一方隐瞒，否则剥夺了另一方得到平等对待、知情和进行陈述的权利。

平等原则也包含着公平的含义。公平聆讯本身就是程序进行的最低标准。但何谓公平聆讯，则由国内法确定。

平等对待当事人的概念，对于所有的司法体系都是基本的。实际上，平等对待当事人的要求，对于多数仲裁法和仲裁规则而言，都是明文规定的。但无论是否明文规定，对于仲裁程序而言，平等对待当事人都是至关重要的。

---

① 关于非本地法理论，本书第二章有较详细的讨论。

② UNCITRAL 示范法第 18 条。

③ UNCITRAL 仲裁规则第 15 条第 1 款。

④ 如见世界知识产权组织仲裁规则第 38 条 a 款、国际商会仲裁规则第 15 条第 2 款、解决投资争端国际中心仲裁规则第 42 条以及伦敦国际仲裁院仲裁规则第 14 条第 1 款第 1 项的相应规定没有明确提及“平等”，但是“公平和公正”的表述应当包含前者。

三、仲裁程序的具体步骤

仲裁程序是仲裁法的主要部分，是仲裁制度的动态组成部分。仲裁程序涉及从申请到裁决作出所应遵循的规则。在确定仲裁程序规则时，应适用当事人意思自治约定的仲裁程序，仲裁程序的进行应当独立、公正、迅捷，并且各方当事人均应得到陈述的机会。仲裁程序的具体步骤依据所适用的不同仲裁程序规则而各有不同。在对裁决提出异议的过程中，应当首先明了仲裁程序各个部分的构成，这样才能有的放矢，知道所要提出的异议针对的是哪个方面的程序问题，而不是泛泛而谈，只有原则，不切实际。关于仲裁程序这条“流水线”的各个主要阶段，本书第一章第三节部分以中国为例作了简单介绍，此处不再赘述。

第二节　仲裁员选定/仲裁庭组成抗辩

仲裁的特点之一就是当事人意思自治。当事人可以自己选定仲裁员或者约定仲裁庭的组成方式。仲裁庭独立公正审理案件。当事人未选定仲裁员、未知悉仲裁庭的组成或者仲裁庭的组成与当事人的协议或可适用的法律不符，并不当然使得仲裁庭不能独立公正审理案件，但却可能因为程序上的瑕疵而导致仲裁的这种特点丧失。

依据 UNCITRAL 示范法或《纽约公约》，一方当事人未得到选定仲裁员的适当通知，或者仲裁庭的组成与当事人之间的协议或与可适用的法律本身的强制性规定不符的，裁决可以被撤销或不予执行。① 大多数现代国际商事仲裁法也都作了如是规定。② 在现代商事仲裁实践中，仲裁裁决事实上也经常遇到此种抗辩。

一、未得到选定仲裁员的适当通知

仲裁庭或仲裁机构未适当告知当事人选定仲裁员，或者未将仲裁庭的情况适当告知当事人，都构成当事人未得到选定仲裁员的适当通知。以未给予适当通知提出抗辩理由在一些案件中为当事人所引用。

---

① UNCITRAL 示范法第 34 条第 2 款；《纽约公约》第 5 条第 1 款 b 项和 d 项。

② 此类立法可参见宋能斌，林一飞．国际商事仲裁资料精选［M］．北京：知识产权出版社，2004.

适当通知的要求应当注意四点:① 首先，在任命仲裁员方面，仲裁员的姓名应为双方当事人所知晓，仲裁庭的组成人员包括仲裁庭主席的情况，均应适当正式通知当事人，是否符合这一要求成为判断是否给予指定仲裁员的适当通知的依据。其次，仲裁规则也不能排除当事人对仲裁员提出异议的权利，否则将违反公平审理的原则。再次，通知是否充分是一个事实问题，并无正式的特别形式要求。墨西哥法院曾在两起案件中认定，当事人已通过协议达成了有关进行仲裁程序的规定，从而默示放弃了墨西哥国内法有关通知手续的正式要求规定的适用。② 最后，给予指定仲裁员的时间限制过短并不能视为未给予适当通知或成为拒绝执行裁决的理由，只要其符合仲裁规则或双方的约定。

未告知当事人选定仲裁员，使得当事人选定仲裁员这项重要权利无法行使，自然会影响裁决的效力。在此种抗辩上，经常出现的情形是，当事人未在规定的选定仲裁员期限内选定仲裁员，或者逾期选定仲裁员。

被申请人深圳市新盛实业股份有限公司（以下简称“新盛公司”）申请撤销仲裁裁决案③涉及此种情形的抗辩。新盛公司向法院提出撤销CIEATAC深圳分会作出的［2000］深国仲结字第31号裁决的申请。申请人申请撤销仲裁裁决的理由之一是，新盛公司没有得到指定仲裁员的通知。该裁决书写明新盛公司的地址为深圳市深南中路福田大厦1011室，提供上述地址的是香港欣坤有限公司。由于该地址错误，导致新盛公司未及时收到仲裁申请书、仲裁规则等材料，因此，当新盛公司将指定仲裁员的函送达仲裁庭时，被告知逾期，仲裁庭擅自为新盛公司指定了仲裁员，使新盛公司失去选择仲裁员的权利。被申请人香港欣坤有限公司辩称新盛公司得到了指定仲裁员的通知。在申请仲裁之前，被申请人查询了新盛公司的注册登记资料，证实新盛公司的注册地址是福田区新洲北路新欣电子大厦四楼。仲裁通知是按注册地址以特快专递方式寄送的。这符合CIETAC仲裁规则第77条。

法院认为，虽然裁决书写明新盛公司的地址为深圳市深南中路福田大

① 参见宋航．国际商事仲裁裁决的承认与执行［M］．北京：法律出版社，2000：159.

② Report of the Secretary-General: Study on the Application and the Convention on the Recognition and Enforcement of Foreign Arbitral Award［R］. A/CN. 9/168, New York, 1958: 33.

③ （2000）深中法经二初字第106号民事裁定书。

厦1011室，但秘书处是按照深圳市福田区新洲北路新欣电子大厦四楼这一新盛公司的注册地址，向新盛公司寄送特快专递送达的。CIETAC仲裁规则第76条规定："有关仲裁的一切文书、通知、材料等均可以派人或以挂号信或航空特快专递、传真、电传、电报或仲裁委员会秘书局认为适当的其他方式发送给当事人及/或其仲裁代理人。"CIETAC仲裁规则第77条规定："向当事人及/或其仲裁代理人发送的任何书面通讯，如经当面递交收讯人或投递至收讯人的营业地点、惯常住所或通讯地址，或者经合理查询不能找到上述任一地点而以挂号信或能提供作过投递企图的记录的其他任何手段投递给收讯人最后一个为人所知的营业地点、惯常住所或通讯地址，即应视为已经送达。"因此，应当认定仲裁委向新盛公司送达了指定仲裁员的通知。而新盛公司没有在规定的期限内选定或委托仲裁委主任指定仲裁员，仲裁委主任依照仲裁规则为其指定了仲裁员，这是符合仲裁规则的。

上述情况较为常见。还有一些情况,则是由于当事人不知仲裁庭的组成人员。此种情况下,当事人对仲裁庭的组成适当与否无评论的权利,也无法提出回避等请求,事实上使仲裁程序从一开始就不能处于透明的状态之中。在一案中,丹麦买方与德国卖方在哥本哈根谷物与饲料贸易仲裁委员会进行仲裁。根据该仲裁委员会的规则,只有首席仲裁员的名字(而不是其他仲裁员的名字)被告之于全体当事人。裁决对德国卖方不利,后者遂在科隆地方法院阻止执行,其抗辩被支持。法院认定,由于德国卖方未被告知仲裁庭全体成员的名字,因而德国卖方没有得到指定仲裁员的适当通知。①

二、仲裁庭组成与当事人协议不符

仲裁具有合意性，除非适用法有相反的强制性规定，否则，当事人可依其意思自治对仲裁庭组成作出约定。如果裁决是由未按当事人协议组成的仲裁庭作出的，则该裁决也属于可被异议的情形。根据《纽约公约》，拒绝承认和执行裁决的第四项理由如下："(d) 仲裁庭的组成或仲裁程序同当事人间的协议不符，或者当事人间没有这种协议时，同进行仲裁的国家的法律不符……"② 也就是说，当事人之间的协议是第一位的，只有在当事人之间没有协议的情况下，才考虑仲裁地的仲裁法。而1927年《日内瓦公约》规定，如果仲裁庭的组成或仲裁程序与当事人之间的协议和

---

① See Yearbook Commercial Arbitration, Vol. VII, 1982, 345-346.

② 《纽约公约》第5条第1款d项。

仲裁地的法律不符，裁决可被拒绝。这一双重要求意味着，倘若仲裁的进行没有严格遵守仲裁地的程序法，随后的裁决将不能得到执行。在《纽约公约》中，这种双重要求已被废除。

在一起涉及货物品质的仲裁案中，仲裁程序的进行分为两个步骤：先由两名专家组成的品质仲裁庭确认货物的品质问题，其后由三名仲裁员进行审理，解决赔偿问题。法院拒绝执行裁决，认为这一仲裁程序即使符合仲裁地的习惯，也明显地违反了当事人之间的协议，因为协议中指明："以一个或同一个仲裁程序解决所有争议。"尽管这一做法在当时是一种习惯，但是，最终仲裁裁决是由两名仲裁员作出的，法院拒绝了裁决的执行。① 在该案中，当事人的协议优先适用，仲裁庭的做法虽然符合仲裁地的习惯，但不符合当事人的协议，裁决未得到执行。

在另外一起仲裁案中，当事人指定的两名仲裁员认定，他们对实体问题已经达成一致，因此决定不再选定首席仲裁员，径直作出裁决。法院认定，不再选定主席违反了当事人的协议，裁决应予撤销。②

当然，这不意味着当事人之间的协议可以违反正当程序。如果当事人的协议规定，仅一方当事人可指定仲裁员或不给予被诉人以申辩机会，或者存在其他不当情况，法院自然或以违反正当程序或公共政策为由拒绝执行这类裁决。③ 在一个案件④中，胜诉方在瑞士申请执行裁决。双方当事人同意仅《纽约公约》适用于裁决的执行。《纽约公约》对于裁决的执行规定了非常简化的程序。申请执行人仅需提交仲裁条款和仲裁裁决；被申请执行人承担不予执行的举证责任。法院首先认为，申请执行人所提供的文件形式有效。但是，法院认为，有关仲裁庭组成仲裁条款明显违反了瑞士公共政策，因此应依据《纽约公约》第 5 条第 2 款 b 项拒绝承认和执行。法院承认下列事实，即：贸易变得越来越国际化，民事诉讼程序通过国际协调与之相适应，外国的决定不应因为狭窄解释公共政策而被排除在瑞士之外；选择仲裁庭的当事人希望的是较法院更灵活、更不具形式性的

---

① 参见宋航．国际商事仲裁裁决的承认与执行［M］．北京：法律出版社，2000：163.

② 105 F. Supp. 452 (S. D. N. Y. 1952)；另见宋连斌．仲裁理论与实务［M］．长沙：湖南大学出版社，2005：278.

③ P. Sanders. The New York Convention ［M］// International Commercial Arbitration: Vol. II. The Hague, 1960: 293.

④ Bezirksgericht [Court of First Instance], Affoltern am Albis, 26 May 1994. Also see ICCA Yearbook, Vol. XXIII, 1998, 754-763.

程序。但是，法院强调，仲裁程序必须遵守最低限度的要求。当事人须有选择仲裁员的机会且受委任的仲裁员非涉及争议。关于仲裁员和当事人的关系对公共政策的影响，法官有如下论述：

“依据瑞士法，仲裁员的独立公正性属于法律保护的根本要求，因此属于公共政策。仲裁员（包括三人仲裁庭中的当事人委任之仲裁）必须与法官一样无偏见。因其与一方当事人有特殊关系的仲裁员不能担保其公正性。应当考虑到仲裁的特殊性。规定各方委任一名仲裁员并向其支付报酬的仲裁条款被认为是有效的，虽然这证明当事人与该仲裁员具有特殊关系。因此，在国际仲裁中，当事人与仲裁员的关系必须非常密切，才能证明违反瑞士公共政策。”

参照案例法，法院认为，本案仲裁员 E 博士依据苏黎世和瑞士联邦程序法是无行为能力的。法院认为，起草合同的人又作为仲裁员作出有约束力的解释完全无法接受，特别是其还曾做一方律师多年，而且在起草的合同中将其作为仲裁员且不可撤换。因此，法院拒绝承认“违反根本公平原则的某个私人的行为”。

在 *Denis Coakley Ltd. v. Ste Michel Reverdy* 案①中，也涉及仲裁员行为的抗辩，但却未能得到支持。在该案中，初裁中伦敦仲裁庭的一名仲裁员史密斯是胜诉方的律师，并在二裁中代表胜诉方。法国一审法院判决承认和执行裁决；败诉方上诉，认为该仲裁员行为违反了法国的“国际公共政策”。但上诉法院维持原判，认为史密斯并没有在初裁前就成为胜诉方代表律师，另外初裁裁决是三名仲裁员一致通过的，史密斯在二裁中并不是仲裁庭成员。

亚百利公司深圳华侨补习学校申请撤销仲裁裁决案②也涉及一方当事人提出有关仲裁庭组成的抗辩。申请人亚百利公司深圳华侨补习学校向法院申请撤销 CIETAC 深圳分会［2000］深国仲结字第 D12 号裁决。亚百利公司提出的理由之一是：申请人指定的仲裁员没有被仲裁委采纳。申请人根据仲裁规则，在 CIETAC 仲裁员名册中选定香港执业美国律师何蓉仲裁员，将选定仲裁员的函件送交仲裁委时，该会以她不是国内的仲裁员为理由要求重新选定仲裁员，无奈之下申请人只好选择了另外一位仲裁员组

---

① July 23, 1981, Review of Arbitration (1982), 303-309. 转见张宪初．外国商事仲裁裁决司法审查中“公共政策”理论与实践的新发展［M］// 中国国际经济贸易仲裁委员会华南分会．涉外仲裁司法审查．北京：法律出版社，2006：382-383.

② （2000）深中法经二初字第 108 号。

成了仲裁庭。仲裁委这种干涉申请人选择仲裁员权利的行为，明显地违反了《民事诉讼法》第 260 条第 3 款的规定。法院查明：亚百利公司选定肖志明为仲裁员，世纪汇鑫公司选定孙圣爱为仲裁员，因双方当事人未在规定期限内共同选定或者共同委托 CIETAC 主任指定首席仲裁员而由主任代指定赵长生为首席仲裁员。上述三位仲裁员于 1999 年 5 月 7 日组成仲裁庭审理该案。法院认为，深圳分会仲裁庭的组成完全符合《仲裁法》第 31 条、第 32 条及 CIETAC 仲裁规则第 24 条的规定。

当事人选定的仲裁规则是当事人协议的一种体现，通常被认为合并是当事人的仲裁协议。当事人可能提出，仲裁庭组成方式与 CIETAC 仲裁规则不符。广州经济技术开发区亚太铝业有限公司（以下简称“广州亚太公司”）申请撤销仲裁裁决案①中，广州亚太公司认为，仲裁庭的组成与仲裁规则不符。仲裁规则第 24 条规定了双方当事人各为一个时，应当各自选定仲裁员，第 27 条规定被申请人为两个以上时，应当经过协商共同选定仲裁员。该仲裁案中，中外炉会社申请了广州亚太公司和香港亚太公司作为被申请人，广州亚太公司与香港亚太公司经过协商，共同选定了仲裁员，但在首次开庭时中外炉会社申请撤回对香港亚太公司提出的仲裁请求，仲裁委员会对此予以认可，但未允许广州亚太公司独自选定仲裁员而径直以原组成的仲裁庭开庭审理，剥夺了广州亚太公司独自指定仲裁员的权力。广州亚太公司并提出，中外炉会社以书面申请撤回对香港亚太公司的仲裁请求，但未按 CIETAC 仲裁规则第 20 条的规定提供相应的份数，仲裁委员会更没有将该申请书送达仲裁被申请人，使仲裁被申请人未能陈述意见。深圳市中级人民法院经审理认为，CIETAC 深圳分会仲裁庭的组成完全符合《仲裁法》第 31 条、第 32 条及 CIETAC 仲裁规则第 24 条的规定，仲裁程序合法。香港亚太公司不是购买合同的当事人，故也不应是仲裁的当事人。仲裁庭根据中外炉会社的申请准许撤回对香港亚太公司的仲裁请求，程序是合法的。仲裁庭在准许中外炉会社撤回对香港亚太公司的仲裁请求后，虽然没有重新通知仲裁当事人选定仲裁员，但是广州亚太公司对此并没有提出异议，并如期指派自己选定的仲裁员参加仲裁庭的审理活动，并充分陈述自己的意见。这应是广州亚太公司的真实意思表示。深圳中院驳回广州亚太公司就此提出的主张。

有些案件中，当事人以公共政策为由，对仲裁庭的组成提出抗辩。如在德国汉堡上诉法院审理的一起就执行原南斯拉夫国际商事仲裁委员会裁

---

① （2001）深中法经二初字第 83 号民事裁定书。

决提起的上诉①中，德国败诉方提出仲裁庭全部仲裁员为南斯拉夫公民违反了德国的“公共政策”。法院拒绝了这一指控，指出双方各自委派了自己的仲裁员；因此败诉方已明确放弃了自己挑战仲裁庭组成的权利。败诉方提出抗辩的情况正是其自己选择的结果。在 *Transocean Shipping Agency (P) Ltd. v. Black Sea Shipping et. Al.* 案②中，印度上诉法院拒绝了败诉一方对基于仲裁员身份为由对执行裁决提出的异议。在该案中独任仲裁员为乌克兰运输部所委任，其本人是原告一方的一名高级官员。法院认为，不能根据这一事实本身就认为是违反“公共政策”，特别是在这一官员并没有亲自参与有争议的交易并且是公正行事的情况下。

仲裁成员未能披露可能影响公正仲裁的情事，可能导致裁决被撤销。北京英嘉房地产开发有限公司申请撤销北京仲裁委员会（2003）京仲裁字第 0016 号裁决案③即是如此。

三、仲裁庭组成与仲裁地法规定不符

《纽约公约》和 UNCITRAL 示范法均规定，在当事人未有协议的情况下，仲裁庭的组成与仲裁地法不符也构成裁决被提出异议的理由。④ 不过，应当注意到，倘若协议已作规定，但未能充分规定，此时，对未规定的情况，辅以仲裁地法作为组成仲裁庭的依据，可能不会导致此种抗辩成功的理由。在一案中，双方当事人的仲裁协议中约定由三人仲裁庭进行审理，但仲裁开始后，原告指定了仲裁员，而被告拒绝指定自己一方的仲裁员。仲裁由独任仲裁员进行。意大利法院认为，这一做法虽然不符合当事人的协议，但仍然是有效的，因为仲裁协议并未就一方当事人拒绝指定仲裁员的情况作出规定，而依据仲裁地法采用独任仲裁员审理并无不当。

第三节　未能陈述

一、概述

对仲裁程序的当事人来讲，仲裁程序的透明和公平，是保障其仲裁程

---

① Ober Landesgericht Hambury, July 6, 1994, 40 RIW (1994), at 1052-1053.

② 1998 SCC (2), at 281.

③ （2003）二中民特字第 5888 号民事裁定书。

④ 《纽约公约》第 5 条第 1 款 d 项；UNCITRAL 示范法第 34 条第 2 款 a 项 4 目。

序权利的体现。仲裁程序如果不透明、不公平，那么，这种程序就是有瑕疵的程序，将导致裁决效力被否定、各方的仲裁努力付诸东流。当事人如果能证明仲裁程序中非因己方原因未能陈述，从而说明程序不透明不公平，那么，因此而作出的裁决的效力，就将被法院所否定。

作为裁决执行对象的当事人，没有得到进行仲裁程序的适当通知，未能进行充分陈述，对于仲裁裁决而言，其后果往往是致命性的：裁决被撤销或得不到承认和执行。《纽约公约》作如是规定；① 绝大多数国家的国内仲裁法均作类似的规定。实践中，相当一部分裁决异议的案例涉及这一个理由。未能进行陈述的原因很多，可能是仲裁庭或仲裁机构在发出仲裁程序的适当通知上存在瑕疵，或者是未得到公平平等的机会进行陈述，或者是其他没有充分陈述的机会。本节细述未能陈述的各种情形及相应的法律后果。

本节所论述的未能陈述包括未得到仲裁程序的适当通知，或者因其他原因未能陈述案件的情形。

二、未得到进行仲裁程序的适当通知

当事人在执行仲裁程序中，可能提出，其未能得到进行仲裁程序的适当通知。根据《纽约公约》及 UNCITRAL 示范法，这是最重要的拒绝执行的理由之一。通知的问题虽然是形式事项，但却是一种非常重要的因素。正义不仅应当得到实现，而且是以看得见的方式被实现。通知正是这种看得见的方式之一。《纽约公约》或 UNCITRAL 示范法中所规定的未被给予通知的情形，主要指仲裁庭或仲裁机构未发出通知。但实践当中，通知问题可能涉及下述几种情形，应区别对待。

在详细阐述有关情形之前，有必要分析一下与此类情形密切相关的仲裁文书送达问题。如何送达仲裁文书才算是有效的送达？仲裁规则中有关送达的规定应作为送达仲裁文件合法有效的判定标准。应当认为，如果仲裁机构或仲裁庭或对方当事人尽到了谨慎的义务，仲裁文件按照仲裁规则规定的方式准确送到被送达人的地址，在送达问题上送达方没有过错或疏忽，送达就应该是符合仲裁规则和法律的送达。至于因被送达人自己的过

① 《纽约公约》第 5 条第 1 款 b 项。

错或疏忽①导致未能妥收仲裁文书，由此产生的后果就由送达人自己承担。②

（一）未通知

未通知是指由于仲裁庭或者仲裁机构处理仲裁程序上出现失误，导致有关仲裁程序的通知未向当事人送达，当事人因而未能得到进行仲裁程序的适当通知。例如，仲裁庭或仲裁机构本应将程序进行中的某些文件送达当事人，但却因某种原因未能进行送达；或者本应通知当事人做某件事，但却未能通知。未通知的原因在于仲裁庭或仲裁机构自身。

深圳瑞丰工贸有限公司申请撤销仲裁裁决案③中，被申请执行人提出的抗辩，属此种情况。申请人深圳瑞丰工贸有限公司（以下简称“瑞丰公司”）于1997年2月向深圳市中级人民法院提出诉请，请求法院依法裁定撤销CIETAC深圳分会［97］深国仲结字第07号裁决书。申请人瑞丰公司诉称：瑞丰公司没有得到合理的机会陈述意见，仲裁庭在将《验资报告》作为定案证据时未将该《验资报告》要求瑞丰公司陈述意见，瑞丰公司作为合作一方既不知该《验资报告》，也没有就该报告发表自己的看法和陈述意见。瑞丰公司抗辩的理由是，仲裁庭未通知瑞丰公司陈述意见，其没有得到相应文件。法院经查明事实后认为，仲裁庭已开庭审理，双方委托代理人也到庭陈述意见，庭后，双方又补充了材料，仲裁庭发了最后补充材料的通知，仲裁庭已给予双方当事人充分陈述意见的机会，瑞丰公司的抗辩理由不能成立。

深圳市华丰实业有限公司（以下简称“华丰公司”）申请撤销仲裁裁决案④也涉及以未通知抗辩。在该案中，申请人华丰公司于1999年12月向深圳市中级人民法院提出诉请，请求法院撤销CIETAC深圳分会［99］

---

① 例如，被送达人有意拒收，未将迁址事宜通知对方当事人或仲裁机构或仲裁庭，未在工商部门办理变更登记就迁移地址，或者其经营地或住所地无人管理、无人居住等。

② 参见韩健．仲裁文件有效送达的判定标准［M］//中国国际经济贸易仲裁委员会华南分会．涉外仲裁司法审理．北京：法律出版社，2006：290-291.

③ （1997）深中法经二初字第19号。

④ （2000）深中法经二初字第19号。

深国仲结字第45号裁决书。申请人华丰公司诉称的理由之一①即在仲裁庭仲裁案件过程中，申请人由于不属于自己的原因而未能陈述意见，仲裁庭在裁决书中仲裁庭的意见部分写明仲裁三方当事人签订了“股权转让协议”，但事实上，该份协议并不存在，任何一方当事人也未向仲裁庭出示过这样一份协议，仲裁庭依据这样一份不存在的协议对案件作出裁决，不仅违反了仲裁规则有关程序规定，也剥夺了申请人对此进行答辩和陈述意见的机会和权利。华丰公司的该项抗辩，实质是认为未得到有关该协议的通知。深圳市中级人民法院经审理查明后，认为，被申请人天喜公司向仲裁庭提交了“股权转让协议”，华丰公司在抗辩材料中也提及了该份“股权转让协议”，只是对其法律效力问题提出了异议，仲裁庭也对“股权转让协议”的效力作了认定，因而，该份“股权转让协议”并不是不存在，而是在其法律效力上存在争议，至于仲裁庭对该“股权转让协议”的效力如何认定，这是属于仲裁庭对实体证据的判断问题。这不属于《民事诉讼法》所规定的法院审查涉外仲裁程序的范围。

此外，在广州经济技术开发区亚太铝业有限公司申请撤销仲裁裁决案②中，申请撤销人也提出其未得到仲裁规则（应由仲裁委员会送达的文件）和撤案申请，使得其未能陈述意见。但申请撤销人的该观点未得到深圳中院的支持。

（二）通知，但送达地址错，未收到或未及时收到

某些情况下，仲裁机构或仲裁庭发出了进行仲裁程序的通知，但由于一方当事人提供的地址错误或不准确，导致另一方当事人未收到或未及时收到，从而可能产生未陈述或未能充分陈述的情形。此时，败诉方当事人可在裁决作出后，以此为由，提出撤销或不予执行。

广利开发公司（以下简称“广利公司”）申请撤销仲裁裁决案③涉及被申请执行人提出送达地址有误的情况。广利公司（仲裁被申请人）与新旭光公司（仲裁申请人）货物买卖合同争议仲裁一案，CIETAC深圳分会作出了［99］深国仲结字第57号裁决。广利公司向深圳市中级人民法

① 其他理由如：仲裁案中的争议实质为合资企业股份转让协议，该事项不属于合资合同仲裁条款的范围，仲裁庭在开庭审理时已将争议的实质明确为股东之间的股权转让纠纷。对此，申请人华丰公司当庭提出该争议超出仲裁条款范围的异议，但仲裁庭未予理会；仲裁庭作出裁决的依据有的在开庭审理时未出示给当事人质证，如“股权转让协议”，财产移交清单的原件，以及财产移交的证据等。

② （2001）深中法经二初字第83号民事裁定书。

③ （1999）深中法经二初字第223号民事裁定书。

院提出撤销该裁决的申请。广利公司申请撤销上述仲裁裁决的理由之一即仲裁委将广利公司地址弄错，致使其没有收到仲裁委寄送的任何通知和文件，致使其未能陈述意见。新旭光公司辩称，仲裁通知和开庭通知已按时投妥。就仲裁委是否未合法送达有关通知等仲裁文件，致使广利公司未能陈述意见问题，法院查明的情况是广利公司的注册地址是香港尖沙咀柯士甸路好兆年行1504室，营业地址为香港沙田城第三期雅兰苑7H座。深圳分会受理后，将仲裁申请书、有关证据、仲裁规则、仲裁员名册、仲裁庭组成和开庭通知等邮寄给广利公司，邮寄时根据新旭光公司提供的地址和前述裁定书载明的地址，将上述文件的邮寄地址错填为香港沙田城第三期雅艺苑7H座。但香港沙田有沙田城第三期雅兰苑，没有沙田城第三期雅艺苑。香港邮政署的送达单据均注明上述邮件已经妥投。1999年5月11日，深圳分会仍按雅兰苑这一地址将上述文件和新旭光公司补交的材料以特快专递方式邮寄广利公司，邮件被退回。之后，深圳分会按正确地址致函广利公司，函件被退回。6月9日，广利公司的代理人在深圳分会签收了上述被退回的材料。广利公司的代理人还在6月16日和6月30日提交了仲裁答辩意见。广利公司认为，广利公司未收到深圳分会邮寄的函件，这是由于深圳分会错填邮寄地址造成的，致使广利公司不能参加仲裁程序和未能陈述意见。新旭光公司则认为，部分邮件的邮寄地址虽然填错，但没有影响送达，广利公司实际上已收到邮件。法院认为，深圳分会将部分邮件的邮寄地址填错是事实，但填写错误的邮件，香港邮政署证明已经投妥。广利公司没有证据推翻香港邮政署的证明，应当认定深圳分会的邮寄文件已经送达广利公司。广利公司不能证明其未到庭陈述意见的合理原因，其请求撤销仲裁裁决的理由不能成立。

在深圳市新盛实业股份有限公司申请撤销仲裁裁决案中，被申请执行人提出的关于送达的抗辩，也涉及此种情形。① 法院认定仲裁委向深圳市新盛实业股份有限公司送达了指定仲裁员的通知。

应当指出，据此送达的地址，应由当事人提供。仲裁机构没有义务主动查询相关的送达地址；仲裁委员会在仲裁文件被退回时，可以要求申请人重新提供新的地址，但没有主动查询的义务。但是，仲裁机构应尽到合理查询的义务，而合理查询最基本的，是要求提供地址的一方当事人提供有关地址的证明文件。倘若仲裁机构未能尽到此种合理查询的义务，可能导致裁决被撤销。最高人民法院关于黑龙江鸿昌国际货物运输代理有限公

---

① （2000）深中法经二初字第106号民事裁定书。

司撤销中国海事仲裁委员会仲裁裁决案的复函中，即以此为由认为仲裁机构送达不能视为已经送达，从而导致一方未能陈述意见，认定撤销应予撤销。

（三）通知，送达地址没错，因其他原因，未收到

有些情况，送达地址没错，但当事人仍未收到，其理由可能是该当事人长期不在此地址，或者公司已经停业无人收件，或者此地址仅仅是法律上的地址，实际上并无人在此地址收件。当然，也可能是因为仲裁庭的原因，导致迟延送达。例如，在美国承认和执行仲裁裁决的一个案件①中，法院以违反正当程序为由不予执行仲裁地为西班牙的一份裁决，理由是反对执行仲裁裁决的当事人直到裁决作出之后，才收到关于仲裁程序的通知。不过，这种情况比较罕见。

仲裁实践中，送达材料被退回是经常的事，并且仲裁程序过程中始终无法实际送达，有关送达只能依据仲裁规则规定视为送达。此时可能存在两种情况：一是缺席裁决作出之后，并无人对裁决提出异议；二是缺席裁决作出之后，突然出现败诉一方提出异议的情形。

例如，在 CIETAC 华南分会一案中，香港某被申请人的香港地址是正确的，但由于长期不在香港，导致所有送达的材料均被退回，而申请人并未提出其他地址。但在执行程序中，申请人申请执行被申请人在大陆的财产。被申请人提出异议，称其从未收到通知，申请人恶意隐瞒所知的地址。如果法院能够认定，申请人存在此恶意，那么，此种视为送达是无效的，该裁决应不予执行。

加拿大法院判决的 *Skorimpex Foreign Trade Co. v. Lelovic Co.* 案②中，被申请执行人也提出送达的问题。Skorimpex 为波兰的国有贸易公司，Lelovic Co. 是总部在安大略的进口商，双方自 1957 年来就进行贸易往来。Lelovic Co. 购买波兰制造的男女鞋类制品。争议发生之后，双方进行了仲裁。仲裁庭作出有利于 Skorimpex 的裁决。Lelovic Co. 在安大略对裁决的执行提出异议，理由是其未收到进行仲裁程序的通知。Skorimpex 回应说其已经依 UNCITRAL 示范法第 3 条，采取了所有合理的措施通知 Lelovic Co. 。仲裁员认为，通知已经送达 Lelovic Co. 的三个地址，Skorimpex 已

---

① *Sesostris, S. A. E. v. Transportes Navales, S. A. & M/V Unamuno.* 727 F. Supp. 737 (D. Mass. 1989).

② CLOUT Case 384: Ontario Court of Justice - General Division (Gray J.), 26 April 1991; (2001) XXVI Yearbook Commercial Arbitration, at 317.

经对 Lelovic Co. 的地址作了合理查询，并已经使用了所有已知的地址。结果是仲裁缺席进行。法院认为，在此问题上，UNCITRAL 示范法第 3 条的要件已经得到满足，并且同意仲裁庭关于申请人已经使用了所有已知地址的认定。

在另外一个案件中，被申请人在法院提出撤销仲裁裁决的申请时，声称，签收装有仲裁通知特快专递的人并非其公司员工，且在其法定地址内，共有三家公司。法院在撤销仲裁裁决的裁定中采信了被申请人的说法，认为仲裁机构对仲裁通知的送达存在瑕疵，仲裁通知未能被申请人授权的其他公司员工签收，导致送达活动违反法定程序。

有必要提及该案的有关情况。仲裁机构受理案件后即向被申请人发出了仲裁通知。该通知是以特快专递方式邮寄的，邮寄的地址是被申请人的法定注册地址，邮寄的特快专递已被签收。由于仲裁机构在仲裁规则规定时间内未收到被申请人指定仲裁员的函件，仲裁机构依照仲裁规则规定代指定仲裁员，组成了审理仲裁案的仲裁庭，确定了开庭时间，并将仲裁庭组成和开庭通知以特快专递方式按同一法定注册地址寄送给被申请人。然而，被申请人在开庭前数天却发传真件给仲裁机构，称其未收到仲裁通知，只收到仲裁庭的组成和开庭通知，并据此要求延期开庭。在传真件中，被申请人对其未收到仲裁通知的可能原因未作出任何说明。收到被申请人的这一函件后，仲裁庭认为，在仲裁通知已经按照被申请人法定注册地址邮寄并已被签收的情况下，没有理由延迟开庭，拖延仲裁案件的审理，决定如期开庭审理案件。仲裁机构将仲裁庭的这一决定通知了被申请人，被申请人提交了答辩材料。仲裁庭如期开庭，被申请人的法定代表人和代理人均出庭参加审理。被申请人在开庭时明确表示对仲裁庭的组成没有任何异议，并阐述了观点和意见，质证了有关证据材料。庭后还补交有关材料，双方进一步进行了质证。在这种情况下（被申请人自始至终参与审理，明示对仲裁庭的组成没有异议，从未提出异议），法院撤销裁决的裁定受到了学者的批评。①

在西班牙法院审理的一起案件中，日内瓦国际商会仲裁院以电报和信件方式发出的开庭通知被退回，由西班牙邮局发出的回执上注明“拒收”。西班牙法院认为，这表明败诉一方未出席并不是其未接获通知，而

---

① 有关该案的评析，参见韩健．仲裁文件有效送达的判定标准［M］//中国国际经济贸易仲裁委员会华南分会．涉外仲裁司法审理．北京：法律出版社，2006：290-291.

是其自己选择的行为；所以决定承认和执行该裁决。①

（四）通知，收到，但通知内容不适当

有些情况，虽然发出通知，且当事人也收到该通知，但通知的内容不适当。极端的例子如，本应开庭审理，通知成书面审理。此时，当事人也有权提出异议。

（五）通知，收到，内容适当，但未反应

有必要提到另外一种情况，即当事人（一般为被申请人）的消极行为。此时涉及缺席程序。

缺席有两种含义：一种是狭义的，仅指缺席仲裁庭审；另一种是广义的，指缺席整个仲裁程序，包括庭审以及其他仲裁员与当事人会面或不会面的程序。适用于仲裁程序的仲裁规则通常会对缺席程序作出规定。例如，斯德哥尔摩商会仲裁院仲裁规则②第 28 条（缺席）规定：任何一方当事人无正当理由而未能出席庭审或未能遵守仲裁庭的决定，不影响仲裁庭继续进行程序直至作出仲裁裁决。日本商事仲裁协会仲裁规则③ 37.2 规定：如一方或双方当事人无正当理由缺席，庭审可在其缺席的情况下进行。但是，如双方当事人均未出席，审理程序不得在该次开庭之日终止。规则 37.3 规定：如一方当事人未出庭，审理程序可以根据到庭一方当事人的主张和证据来进行。印度仲裁委员会（ICA）仲裁规则 45 也有类似规定。④ 有时，成文法也规定仲裁庭在一方不作为时的权力。如 1996 年英国仲裁法第 41 条（一方不作为时仲裁庭的权力）第 4 款规定：如一方当事人没有充分理由而（1）经适当通知后，没有出席或委托代理人出席庭审，或（2）在以书面形式处理的事项中，未在经适当通知其提供书面证据或书面材料后按要求提供，则仲裁庭在该方当事人缺席的情况下可以继续仲裁程序，或视情况在该当事人未提供任何书面证据或材料的情况

---

① *Cominco France S.A. v. Soquiber S.L.*，（1983）VIII Yearbook of Commercial Arbitration，at 408-409.

② 1999 年 2 月 8 日斯德哥尔摩商会理事会通过，自 1999 年 4 月 1 日起生效文本。中文译本见宋连斌，林一飞．国际商事仲裁新资料选编［M］．武汉：武汉出版社，2001.

③ 1997 年 5 月 28 日修订，1997 年 10 月 1 日生效文本。

④ 1998 年 3 月 1 日修订文本。（ICA）仲裁规则 45 规定：即使一方当事人未遵从仲裁庭的指令，仲裁庭仍可继续进行仲裁程序；如经适当通知，一方或双方当事人没有或因疏忽而未依仲裁庭指定时间和地点参加仲裁程序，仲裁庭仍可在其缺席的情况下进行仲裁程序。

下，基于已有的证据作出裁决。缺席裁决和普通裁决一样，具有可执行性。①

可以看出，一般情况下，一方缺席并不影响程序的进行。仲裁庭仍可而且应当按照程序规则的规定，进行仲裁程序。但是，由于一方的缺席，仲裁庭掌握的可能只是一方的材料，在这种情况下，如何避免仲裁庭在程序上出现不当，或者说，仲裁庭掌握正当程序的度，就成了不可避免要碰到的问题。而所有程序中最重要的一点涉及证据的认定和材料的审查接受问题。仲裁庭是全盘接受出席方的主张和请求，还是进行审查后接受？如果是后者，审查到何种程度？答案应该是：仲裁员应进行审查，但只限于表面审查，即查明出席方所提供的证据是否可以证明其所提出的请求，并且证据之间无相互矛盾之处。

海南机械进出口公司诉唐纳公司案②中，被告认为，虽然其未能出现，但并不意味着原告的仲裁请求应自动予以全部满足；仲裁员应当认定原告提出充分的证据有利支持所请求的金额，并考虑到被告此前或在通信中提交给仲裁员的任何证据或陈述。这一个原则上是正确的。法官也同样承认。但是，法官认为，从裁决书所拟写的方式来看，仲裁员充分注意到案件的事实，仲裁员已经考虑是否存在充分的证据来作出裁决。法官所作的补充非常重要。法官认为，原告没有义务替被告向仲裁员进行陈述。被告应当自己做这些工作。仲裁员在一方当事人缺席的情况下，仅需要确定原告提供的证据证明了原告自己的主张，并且表面真实、内部一致。仲裁员没有必要因为一方当事人没有出席而成为未出席一方的律师。“仲裁员的职能不在于搜索真相，而是在两个向其提供的版本间作出选择；如果只提供了一个版本，他不能因此成为另一方的辩护人。”不过，在只提供一个版本的情况下，这并不是一个唯一的选择，理论上，仲裁员也可能驳回这个版本。

在另外一个案件③中，法院指出，当事人错误地理解了正当程序条

① 没有任何理由认为这种无对手的裁决不能得到执行。See Christopher Style Gregory Reid. The Challenge of Unopposed Arbitrations [J]. Arbitration International, 2000, 16 (2): 219-224.

② *Hainan Machinery Import and Export Corporation* (*PR. China*) *v. Donald & McArthy Pte Ltd.* (*Singapore*), High Court, 29 September 1995, no. 1056 of 1994. See [1996] 1 *Singapore Law Reports*, 34-46. Also see ICCA Yearbook, Vol. XXII, 1997, 771-779.

③ United States District Court, District of New Jersey, Decision of 12 May 1974.

款，但只要他收到仲裁的通知，就应当认为得到了申辩的机会，其他未能证实的理由不能作为拒绝执行裁决的依据。

三、未充分陈述

当事人可能以未充分陈述为由提出抗辩。但充分与否并无一个固定的标准。以下案例，可以看出各国对于何谓充分陈述的态度。

Corporacion Transnacional de Inversiones SA de CV v STET International SpA and STET International Neterlands NV 所涉争议的一方是四个墨西哥公司，另一方是一个意大利公司及其荷兰分公司。按照系争股权买卖协议，四个墨西哥公司之一同意将一个公司的股权卖给意大利与荷兰公司。当事人订立协议之后，意大利和荷兰公司在安大略对墨西哥的合同相对人及其三个分支机构，依国际商会规则提起了仲裁，寻求撤销股权买卖协议。在仲裁庭认定其对所有墨西哥被申请人有管辖权（包括股权买卖协议的未签字方）后，被申请人却联合抵制仲裁。对其不利的裁决作出后，墨西哥当事人向安大略法院申请撤销，理由之一是其没有得到充分陈述案件的机会。安大略通过 1990 年国际商事仲裁法采纳了 UNCITRAL 示范法，考虑到 UNCITRAL 示范法规定的撤销裁决的理由，安大略高等法院认为，仲裁庭的行为必须是足够严重地违反道德与公正的基本观念，才证明撤销裁决是具有正当理由的。法院确定，墨西哥当事人抵制仲裁，是故意放弃了得到聆讯的机会。他们这样做，被视为自己剥夺了自己可得到聆讯的权利。换言之，“正当程序”保障并非意在保护一方当事人消极或策略性选择。①

中国外运山东公司申请撤销仲裁裁决案②涉及未充分陈述意见的抗辩。申请人外运山东公司于 2000 年 1 月向广东深圳市人民法院提起诉请，请求法院撤销 CIETAC 深圳分会［99］深国仲结字第 92 号裁决书本案审理。申请人外运山东公司诉称的理由之一是，在仲裁过程中，由于两被申请人的原因使得申请人未能陈述意见。就这一点，深圳中院经审理查明后认为，申请人参加了仲裁庭的开庭审理，并陈述了自己的意见，也进行了答辩，先后两次向仲裁庭提交了其书面答辩意见，仲裁庭也将其答辩意见

---

① （1999）45 O. R.（3d）183（Ont. S. C. J.）.

② （2000）深中法经二初字第 37 号。申请人（原仲裁案被申请人）：中国外运山东公司；被申请人（原仲裁案申请人）：山西生宝企业集团有限责任公司香港合升发展有限公司。

转交给了其他两方当事人，仲裁庭已给了申请人充分的答辩机会，因而申请人的此项理由不能成立。

广州东建实业总公司申请部分撤销仲裁裁决案①涉及未充分陈述。申请人就与被申请人合作经营合同争议仲裁案，向深圳中院提出部分撤销CIETAC深圳分会作出的［99］深国仲结字第70号裁决的申请。其理由之一是申请人没有得到充分陈述意见的机会，仲裁庭不采纳申请人的开庭请求，拒绝接纳申请人最后提交的关键材料，违反了中国《仲裁法》第70条和《民事诉讼法》第260条第1款第2项的规定。仲裁庭共开庭三次，第二次开庭（1998年11月3日）结束前，仲裁庭就是否需再次开庭征求双方意见，双方都表示不再开庭，请仲裁庭尽快裁决。但被申请人后来又要求第三次开庭。仲裁庭接受了被申请人要求，进行了第三次开庭(1998年12月15日)，其意图是故意拖延本案的审理，达到以北京总会的V98409号仲裁案牵制本仲裁案的目的。由于被申请人的蓄意拖延，本案的程序显得极不正常。被申请人非法剥夺申请人对合作公司的经营管理权，拒不告知有关合作项目的建设进度和销售情况，对仲裁庭也隐瞒了这一重要情况和证据。所以，申请人申请仲裁庭派员实地调查取证，并补充了仲裁请求，申请再次开庭，但仲裁庭予以拒绝。因此，申请人认为仲裁庭只给被申请人充分陈述意见的机会和时间，却不给申请人充分陈述事实和表达意见的机会，在知道被申请人隐瞒事实和证据时，却拒绝接受申请人提交的证据材料，导致重大的认定事实错误。

深圳中院经审查后认为：该仲裁案件仲裁庭已经开庭三次，均给予双方充分陈述意见的机会。三次庭审结束后，申请人又再一次申请开庭，仲裁庭有权决定是否接受申请人提出第四次开庭的请求，没有同意再一次开庭，不等于不给申请人陈述意见的机会。申请人称，在第三次开庭后，又提交了新的证据，仲裁庭拒绝接收，仲裁庭并拒不派员实地调查取证。但申请人没有提交有关证据证明，法院不予认定。即使曾要求提交有关证据，也是在开庭之后。法律和仲裁规则没有要求仲裁庭必须根据申请人的申请实地调查事实，收集证据。相反，根据有关仲裁规则，当事人应对其申请所依据的事实提出证据。该项理由应予驳回。

桦庆塑胶制品有限公司申请撤销仲裁裁决案②也涉及未充分陈述的问题。申请人桦庆塑胶制品有限公司提出的理由之一即是庭审程序不完整，

---

① （2000）深中法经二初字第45号民事裁定书。

② （2002）二中民特字第06244号裁定书。

其没有机会对本案所涉的问题进行全面陈述。

四、不能陈述

被申请人可能提出，由于仲裁庭的原因，其不能进行陈述。例如，在一案①中，法国最高法院认定，仲裁庭采纳了一个专家的意见作为裁决的依据，但却没有告知另一方当事人，当事人没有得到机会对相关证据发表意见，因此违反了程序公正的基本原则。

在有关美国—伊朗索赔法庭所作的一个仲裁裁决案的撤销申请中，美国上诉法院认为，“仲裁庭极不明智地误导了美国公司，否定了该公司以一种有意义的方式陈述其请求的机会。”② 因此，美国公司“未能陈述案件”，裁决应予撤销。该案争议发生于一个伊朗直升机公司与一个美国公司之间，并被诉诸美国—伊朗索赔法庭。仲裁庭作出的裁决是美国公司败诉。在仲裁过程中的一次程序性会议上讨论到，仲裁庭是否要求美国公司出示实际养护发票，或者由独立的会计师准备一个汇总是否更方便些。仲裁庭的首席仲裁员指出，仲裁庭并不“特别希望得到连篇累牍的发票”。相应地，仲裁庭同意美国公司聘请一家国际会计师事务所，以证实提交给仲裁庭的账目精确地汇总了所记录的发票。事实上也这么做了。但是，案子开庭前，进行程序审查的仲裁庭首席仲裁员被解职并替换了。在开庭时，仲裁庭提出了为什么没有出示实际发票的问题。美国公司的法律顾问回答了这一问题。尽管如此，仲裁庭在裁决中没有同意会计师在其书面意见中提出的要求，仲裁庭称：“仅依据宣誓书及一摞发票，仲裁庭不能同意申请人的请求，即使这些发票的存在为独立审计所证实。”③ 法院认为，美国公司已经按照仲裁庭的要求提交了有关证据材料，而在被告知无须提交详细的发票的情况下，仲裁庭在裁决中却以美国公司未交详细发票为由驳回该公司的请求，这种做法剥夺了该公司陈述案情的机会，违反了正当程序。④

---

① Ste Groupement pour l'Industrialisation du Batiment v. Ste Industries et Technique [J]. Review of Arbitration, 1979: 241.

② (1993) XVIII Yearbook Commercial Arbitration 602.

③ *Iran Aircraft Ind. v. Avco Corp*, majority opinion, reported in (1993) XVIII Yearbook Commercial Arbitration 599; Also in 980 F. 2d 141 (2nd Cir. 1992).

④ 不过，此案法官之间也有不同意见，Cardamone 法官即认为没有违反正当程序。

在另一件荷兰法院根据《纽约公约》拒绝执行比利时裁决案①中，双方当事人 1996 年 5 月 10 日出席仲裁庭开庭审理，但开庭并未对任何实质性问题进行讨论，只是在原告方延期请求下决定原告应在 5 月 24 日前向仲裁庭提交其陈述、证人证言及其他相关文件；被告方应在 6 月 10 日前进行答辩。但仲裁庭没有给予原告方对被告方答辩进一步回应的机会。据此法院认为仲裁庭没有给双方口头申诉和相互诉辩的机会，从而违反了《纽约公约》程序公平和仲裁对抗制的原则。所以这一裁决不应得到承认和执行。

Minmetals Germany Cmbh v. Ferco 案②中，被告也提出不能陈述观点的理由。法官认为："Ferco 公司并非没有被给予机会发表意见。而恰恰相反，它已被给予了机会。唯一的错误在于 Ferco 公司的律师没有把握住这个机会。……我认为，英国仲裁法第 103 条第 2 款 c 项规定的当事人不能向仲裁庭进行陈述的情况主要是指被执行人由于不受其控制的原因而不能进行陈述。这自然涉及程序违背自然公正原则的案件。但是，如果被执行人由于自身的原因而未能抓住机会提出主张，那么他无权依据本条拒绝执行裁决。本案中的情况正是如此。"因此，Ferco 公司提出的不能陈述的主张不能得到支持。

丸红国际石油（新加坡）有限公司申请承认和执行外国仲裁裁决案③中，被申请人称其从未接获新加坡国际仲裁中心（SIAC）关于指派仲裁员或有关仲裁程序的任何适当通知，亦未接获仲裁员 Leslie Chew Sc 先生的任何上述通知，申请人对仲裁事项未能申辩也无法申辩。法院经查明，仲裁员在仲裁过程中将所有要送达给双方当事人的文件均以传真的方式送达给当事人，发给被申请人的号码经证实是深圳石化工业集团股份有限公司及其下属公司的传真号码，根据英国仲裁法及 SIAC 仲裁规则，传真送达是合法有效的送达方式。被申请人深圳石化工业集团股份有限公司称其没有被合理通知的申辩理由不能成立。

1993 年 1 月 15 日，香港最高法院判决拒绝执行 CIETAC 对 *Paklito*

---

① *Trading Ltd. v. Nidera Handelscompagnie.* 转见自张宪初．外国商事仲裁裁决司法审查中"公共政策"理论与实践的新发展［M］//中国国际经济贸易仲裁委员会华南分会．涉外仲裁司法审查．北京：法律出版社，2006：385.

② *Minmetals Germany Cmbh v. Ferco*,［1999］1 All ER (Comm) 315。

③ (2001) 深中法经二初字第 104 号裁定书。申请人：丸红国际石油（新加坡）有限公司；被申请人：深圳石化工业集团股份有限公司。

Investiment Limited v. Kloockner East Asia Limited 一案的裁决，其理由是，仲裁庭未给予被告处理专家报告的机会而造成他未能对案件陈述意见。①

第四节 违反仲裁程序规则的其他情事

无论是未得到进行仲裁程序的适当通知或是未能充分陈述，通常情况下，均属于对所适用仲裁程序的违反，属于不符合当事人约定（直接或间接）以及法律规定的情形。但除了这两种较常见情形外，仲裁程序因其是一个动态的进展过程而可能在各个环节出现不符合当事人约定或法律规定的情况。UNCITRAL 示范法和《纽约公约》均将仲裁程序与当事人之间的协议或法律本身的强制性规范不符作为对裁决提出异议的理由。本节将就上述两类情形之外的一些主要情况，结合案例进行实证研究。② 当事人的异议，可能就仲裁程序过程中的某一具体行为提出，也可能针对仲裁庭处理仲裁程序的方式提出，但无论如何，均应言之有据，而非泛泛之谈。没有依据或单纯的怀疑，是得不到法院支持的。例如，在 *Laker v. FLS*③ 案中，一名仲裁员与一方当事人的代表大律师在同一个“事务所”（chambers）工作，对方当事人怀疑有失公正。但 Rix 大法官不认为有什么不妥，它认为，若要成功申请，就要能够证明意外与不当地泄露了机密资料、仲裁员在另一方不在场的情况下与一方当事人讲话等。而申请人并不能证明存在此种情况。事实上，没有依据的怀疑，通常不会得到法院的审查。如广州东建实业总公司申请部分撤销仲裁裁决案④中，申请人申请撤销的理由之一是，由于被申请人蓄意拖延仲裁程序，借助北京总会的 V98409 号仲裁案影响和牵制本仲裁案，导致本仲裁案结案期限一再延期，这令申请人相信仲裁庭在处理案件过程中受到了外界不正常和不合理的影响，申请人有理由怀疑仲裁庭的独立性。法院认为，申请人该点理由不属于《民事诉讼法》第 260 条第 1 款的规定情形，不予审查。

---

① 1993（Vol. 2）Hong Kong Law Reports 40.

② 更多此类案例，可参见林一飞．商事仲裁法库［M］．北京：法律出版社，2004；杨良宜．国际商务游戏规则［M］．北京：中国政法大学，2000：第六章．

③ （1999）2 Lloyd's Rep. 45.

④ （2000）深中法经二初字第 45 号民事裁定书。申请人：广州东建实业总公司；被申请人：大明（集团）有限公司。

一、未依选定的仲裁规则进行仲裁

仲裁的自愿性决定了当事人可以约定进行仲裁程序所应当依据的各种规则。这种规则可以是临时性的，只对个案生效，由当事人约定；也可以是固定性的，由常设仲裁机构或国际组织颁布，作为欲提交其仲裁或按其规则仲裁时直接援用的规则。一般所谓仲裁规则，即指的是后者。仲裁规则具有合意的特点。实际上，在仲裁协议中约定适用某仲裁规则即将该仲裁规则合并进该仲裁协议，① 非经当事人合意不得更改。但一旦双方约定适用某仲裁规则，该仲裁规则即具有强制性，双方当事人须予以遵守。在此方面，当事人可能提出的抗辩是，所适用的仲裁规则并非约定的仲裁规则，或者所约定的仲裁规则未得到严格的适用。

China Agribusiness Development Corporation v. Balli Trading 案②涉及当事人抗辩所适用的仲裁规则并非约定的仲裁规则的情形。基本案情如下：1994 年 6 月 15 日，原告作为买方，被告（英格兰注册公司）作为卖方，双方签署合同，合同标的物为热轧钢。该合同包括如下仲裁条款：有关本合同及其执行的任何争议，应通过友好协商解决。如果不能达成和解，则争议应提交中国国际贸易促进委员会对外贸易仲裁委员会，依据中国国际贸易促进委员会对外贸易仲裁委员会的暂行程序规则进行仲裁。对外贸易仲裁委员会的决定是终局的，对双方当事人均有约束力。除非裁决另有决定，仲裁费用应由败诉方承担。之后产生争议。1994 年 10 月，原告依据上述条款将争议提交仲裁。对外贸易仲裁委员会（FETAC）已经更名为中国国际经济贸易仲裁委员会（CIETAC）。但 CIETAC 仍然是适当的仲裁机构。不过，CIETAC 施行的规则并非 FETAC 的暂行规则。暂行规则已经于 1989 年 7 月 1 日失效，时间在合同签订之前。CIETAC 施行的规则也并非随后生效的规则，而是 1994 年 6 月 1 日起生效的另外一套规则。CIETAC 受理了原告的仲裁请求，并于 1994 年 11 月 7 日向被告卖方（以下称“Balli”）送达一份当时适用的仲裁规则。CIETAC 未收到回应。1995 年 5 月 5 日，CIETAC 作出裁决。Balli 未按该裁决履行。原告因此申请将该裁决如同法院判决一般执行。1996 年 6 月 24 日，Trench 法官作出单方面许可，并于 1996 年 11 月 6 日，拒绝撤销该单方许可。Balli 提起上诉。但未能得到法院的支持。

---

① 许多仲裁机构的规则均有类似规定。

② （1998）2 Lloyd's Rep. 76；［1997］C. L. C. 1437.

Balli 的观点是：由于合同中明确约定仲裁依暂行规则，故合同的明确措辞在此处必须产生不同的解释。仲裁庭是否拒绝适用暂行规则（依证据有争议）并无影响。Freedman 认为，仲裁协议以仲裁依暂行规则进行为条件。如果该协议无法履行，则不存在仲裁协议，于是，若原告拟主张其法律权利，需要在法院起诉 Balli，推测应该是在英国。暂行规则允许仲裁员收取最高为争议金额 1% 的仲裁费用，而现行的规则允许依递减的费率表收费，本案中就导致仲裁费为争议金额的 2.7%。

法官认为，本合同的正确解释应当是当事人约定 FETAC 或其继任机构的规则应予适用，且此规则应为仲裁开始时现行的规则。FETAC 除暂行规则外并无其他规则，因此，得出结论，认为该“暂行”一词仅仅是用来确认之词（a word of identification），而并非旨在指明双方当事人仅受其约束的早先版本规则的用来区别用词（a word of differentiation）。在这种情况下，考虑 CIETAC（FETAC 更名后）是否会接受依旧的暂行规则进行仲裁就具有相关性。法官得出结论，即如果当事人要求 CIETAC 依据旧的暂行规则进行仲裁，CIETAC 不会受理仲裁。因此，如果仲裁协议被解释为仅依据暂行规则进行仲裁，则当事人约定的是一些不可能做的事。当然，合同当事人可以自由约定不可能的事，而由法院来确定其法律后果，但是，法院会避免认为当事人具有做某些不能做的事的意愿。

二、质证问题

在多数普通法系国家的法院程序中，有关证据的主动权几乎完全处于当事人自己掌握之中。法官作为一种裁判，来主持证据规则，并在最后从对抗的意义上，作出谁“赢得”辩论的决定。法官聆听证据，并可能询问证人；不过，基本上，法官交由当事人来陈述各自所依据的事实和理由，并依据向法官所提交的证据形成判决。可以认为，普通法系国家的法院体系的职能，即是规定通过对抗解决民事争议，并执行最终的结果。而在大陆法系国家的法院中，法官在程序的进行和证据的提交（包括询问证人）中发挥更为积极的作用。大陆法系国家的程序不需要受对抗制法院中存在的同样的专门证据规则的约束。①

除非适用法律有相反的明确规定，否则，仲裁中所适用的证据规则与诉讼中的证据规则并不一样。尤其是在国际商事仲裁中，当事人来自不同

① 参见国际商事仲裁法律与实践［M］. 林一飞，宋连斌，译. 北京：北京大学出版社，2005：315-316.

的国家和地区，仲裁员以及各方的律师接受不同的法律教育和训练，其文化和专业背景的差异导致各方在证据理念上存在明显的差异，从而导致对证据的判断标准不同。故国际商事仲裁中的仲裁庭无法适用统一的证据规则。1983年，国际律师协会制定了一套规则，适用于国际商事仲裁中证据的提交。从那以后，不同法域的律师对该规则全部进行了修改。该规则全称为《国际律师协会关于国际商事仲裁中取证的规则》。经当事人和仲裁庭同意，该规则可以被全部或部分采用（或修改后采用）。现行的版本为1999年版。①

在仲裁中的证据规则与诉讼中的证据规则不一样的前提下，有关证据提交、质证等各个方面，应当依仲裁法中的相关规定。交叉询问并非通行的质证制度，仲裁庭应当明确质证的方式，例如，关于证人质证，可以参照 UNCITRAL《关于组织仲裁程序的说明》（UNCITRAL 说明）。②

中国《仲裁法》第45条规定：“证据应当在开庭时出示，当事人可以质证。”这是否意味着，只要是证据，不论当事人在什么时候提供，都应在开庭时出示？一般的观点是，只要仲裁庭给予双方当事人同等的对证据质证及陈述意见的机会和权利，在质证上就满足了正当程序的要求，仲裁庭完全可以决定通过当庭质证还是书面质证的方式实现。考虑到仲裁的优势在于程序上的简便、快捷、灵活，在这一点上，仲裁规则应采取庭前证据交换，双方认可和当庭出示与书面质证相结合的做法；而对于逾期提供和当庭提供或庭审后，经仲裁庭同意提供的证据材料，仲裁庭决定再开庭审理的，则当庭出示、质证；仲裁庭决定不再开庭审理的，则通过书面质证，但仲裁庭应给予当事人合理的书面质证期间，以保证当事人充分行使质证的权利。③

在申请人中国化学工程第六建设公司申请撤销北京仲裁委员会（2000）京仲裁字第0191号裁决一案④中，申请人中国化学工程第六建设

---

① 参见国际商事仲裁法律与实践［M］. 林一飞，宋连斌，译 . 北京：北京大学出版社，2005：附录 E.

② 可能性之一是，证人首先由仲裁庭询问；至于当事人的问题，则先由传召证人的一方当事人发问。另一种可能性是由传召证人的当事人提问证人，然后由其他当事人发问，仲裁庭可在整个提问过程中或之后提问，只要仲裁庭认为当事人的观点未充分说明。参见 UNCITRAL《关于组织仲裁程序的说明》第62条。

③ 参见黄海瑞 . 关于证据规定在仲裁中的适用［M］// 中国国际经济贸易仲裁委员会华南分会 . 涉外仲裁司法审查 . 北京：法律出版社，2006：332.

④ （2001）二中经仲字第173号。

公司（简称中化六建公司）诉称的理由之一是，仲裁庭开庭时，中化六建公司要求出示书证原件进行质证，却被仲裁庭以默示的方式拒绝；违反了《仲裁法》第45条及仲裁规则第37条的规定。法院经审理认为不存在此种情节。

中国国际正龙贸易公司申请撤销仲裁裁决案①涉及未质证抗辩。申请人中国国际正龙贸易公司（以下简称“正龙公司”）向北京市第二中级人民法院申请撤销CIETAC作出的（2001）贸仲裁字第0181号仲裁裁决。正龙公司主张鉴定系纺织品股份公司单方委托，且鉴定结论未经质证问题。法院经查，认为正龙公司所称其对于纺织品股份公司提交的专家报告未发表质证意见的主张与事实不符。另外，1998年5月10日施行的CIETAC仲裁规则第39条规定：“仲裁庭可以就案件中的专门问题向专家咨询或指定鉴定人进行鉴定。”该条规定并非正龙公司理解的对于案件中的专门问题，仲裁庭要求双方当事人各自聘请专家就案件有关专业问题出具专家报告，属于要求当事人举证范畴，并不违反仲裁规则的规定。前述仲裁规则第41条规定：“当事人提出的证据由仲裁庭审定，专家报告和鉴定报告，由仲裁庭决定采纳。”因此，仲裁庭经审查认定纺织品股份公司提交的专家报告是可信的，并予以采信，符合仲裁规则的规定。正龙公司主张仲裁庭无端采信纺织品股份公司单方委托的专家报告的撤销理由亦不成立，法院不予支持。

上海纺织发展总公司申请撤销仲裁裁决案②中，上海纺织发展总公司提出的理由之一是，仲裁裁决违反法定程序，有关证据未经当庭质证。法院不支持该项理由，认为，仲裁裁决认定的事实所采信的证据均经当庭质证，部分事实系申请人的委托代理人的调查笔录所证实。

但倘若确未经质证，则可导致裁决被撤销。在一个案件③中，申请人提出的理由之一是：仲裁庭仲裁程序违反了法定程序，裁决书中认定商品砼差价数额的关键证据材料是鉴定单位于2000年3月30日作出的，该材料在仲裁庭于2000年3月20日最后开庭后，没有再开庭进行出示，因而剥夺了其当庭质证的权利。就此，法院认为，咨询部重新计算出的商品砼差价材料属新证据，裁决书中也将其作为证据予以引用，因此，该证据应

① （2002）二中民特字第03283号裁定书。

② （1998）沪一中执字第1746号民事裁定书。

③ （2000）二中经仲字第348号民事裁定书。甘肃省酒泉地区行政公署驻北京联络处申请撤销北京仲裁委员会（2000）京仲裁字第0060号裁决书案。

依法定程序在庭审中出示、质证。由于仲裁庭未能对该证据进行开庭质证，故仲裁庭违反了中国《仲裁法》第 45 条“证据应当在开庭时出示，当事人可以质证”的法定程序。因此，依照中国《仲裁法》第 58 条第 1 款第 3 项、第 60 条之规定，裁定撤销北京仲裁委员会（2000）京仲裁字第 0060 号裁决书。

同样，在另外一个案件①中，法院认定，仲裁庭在证据原件未在开庭时出示及质证的情况下即作出裁决，其仲裁程序明显违反法定程序，应予撤销。②

不过，在桦庆塑胶制品有限公司申请撤销仲裁裁决案③中，法院认为，本案系涉外仲裁案件，仲裁规则并未规定当事人必须当庭出示证据原件进行质证，亦未规定仲裁庭审的辩论程序，故本案的仲裁庭审程序与仲裁规则并不相悖，因此，该撤销理由不能成立。

应当注意，是否质证属程序问题，属于当事人申请撤销仲裁裁决的理由，但是，“对证据的分析和认定属于仲裁庭的权力范围，当事人不能以仲裁庭对有关证据材料的质证程度、采信与否作为申请撤销仲裁裁决的理由”。④

三、未开庭审理

是否开庭审理，依所适用的仲裁法或仲裁规则不同而不同。通常而言，开庭审理是主要的案件审理方式。例如，根据中国《仲裁法》第 39 条，仲裁应当开庭进行；当事人协议不开庭的，仲裁庭可以根据仲裁申请

---

① （2001）二中经仲字第 74 号民事裁定书。北京国安广告总公司（以下简称“国安广告”）申请撤销北京仲裁委员会于 2000 年 11 月 8 日作出的（2000）京仲裁字第 0166 号裁决书案。

② 其他案例，如（2003）二中民特字第 4079 号民事裁定书所涉北京荣丰房地产开发有限公司申请撤销北京仲裁委员会京仲裁字（2003）第 0079 号裁决案；（2003）二中民特字第 468 号民事裁定书所涉神华集团有限责任公司申请撤销北京仲裁委员会（2002）京仲裁字第 0483 号仲裁裁决案；（2004）二中民特字第 4398 号民事裁定书所涉北京中商海国际投资有限公司要求撤销北京仲裁委员会（2004）京仲裁字第 0048 号裁决案。

③ （2002）二中民特字第 06244 号裁定书。

④ 参见《最高人民法院关于浙江省天河房地产联合发展公司申请撤销中国国际经济贸易仲裁委员会上海分会仲裁裁决案的复函》（2003 年 11 月 10 日，［2003］民四他字第 19 号）。

书、答辩书以及其他材料作出裁决。除开庭审理外，当事人还可以协议不开庭审理。进行书面审理的案件，应经当事人同意；或者仲裁庭认为书面审理是适当的，且当事人对于书面审理经通知后并未表示异议。

如果所适用的程序规则规定了开庭审理案件，但仲裁庭未能开庭审理，则可能导致裁决被成功地提出异议。例如，申请人桦庆塑胶制品有限公司（以下简称"桦庆公司"）申请撤销 CIETAC（2002）贸仲裁字第0039 号裁决案。① 桦庆公司申请提出的撤销理由之一是，反请求未开庭审理。桦庆公司认为，仲裁庭的仲裁规则规定，仲裁庭应当开庭审理案件，因此，对其提出的反请求，仲裁庭亦应当开庭审理。而本案仲裁庭正式受理其提出的反请求后，在双方当事人均未申请书面审理的情况下，未经开庭审理即全部驳回了该方的反请求，该做法与仲裁规则不符。法院认为，《仲裁法》第 39 条规定："仲裁应当开庭进行。当事人协议不开庭的，仲裁庭可以根据仲裁申请书、答辩书以及其他材料作出裁决。"据此，CIETAC 仲裁规则第 32 条亦规定："仲裁庭应当开庭审理案件。但经双方当事人申请或者征得双方当事人同意，仲裁庭也认为不必要开庭审理的，仲裁庭可以只依据书面文件进行审理并作出裁决。"本案中，仲裁庭未经双方当事人同意桦庆公司提出的反请求进行书面审理并作出裁决，属于《民事诉讼法》第 260 条第 1 款规定的"仲裁程序与仲裁规则不符"的情形，因此，该仲裁裁决依法应当予以撤销。

倘若当事人同意书面审理，则可以进行书面审理，这也是符合仲裁自愿性原则的。在北京立地岩土工程有限公司申请撤销北京仲裁委员会（2004）京仲裁字第 0533 号裁决案②中，法院认为，仲裁庭征询双方当事人同意后对案件进行书面审理并不违反仲裁法定程序，此项撤销裁决的理由不成立。

四、合并审理

仲裁中的合并审理涉及的是多方当事人的问题。在一些关联案件中，一方当事人可能从便利和经济的角度出发，主张合并仲裁。合并仲裁指的是两个已经开始的仲裁程序的合并，该两个仲裁程序的当事人可能是基于同一个仲裁协议，也可能是基于不同的仲裁协议，在此种情况下，可能会使得两个仲裁程序合并，各个国家各个时期有不同做法。应该明确的是，

① （2002）二中民特字第 06244 号裁定书。

② （2004）二中民特字第 13100 号裁定书。

仲裁中的合并审理仅是程序上的合并，在法律允许适用的情况下，对于主体资格的适格性没有影响；虽然可能因为程序的合并导致主体的数目增加。合并审理只是使得两个或两个以上仲裁程序下的仲裁主体在一个程序中进行仲裁程序。仲裁程序通常因密切相关的原因而合并。依 1974 年澳大利亚国际仲裁法①第 24 条第 1 款的规定，仲裁程序合并的理由主要有：(1) 所有程序均产生了共同的法律或事实问题；(2) 所有程序中提出救济的权利均相关于或产生于同一交易或一系列交易；或者 (3) 其他合乎需要的理由。

各国有关仲裁合并的规定或实践不一。合并仲裁通常可以通过下述几种情况发生：一是特定法院享有合并仲裁的权力，如荷兰；二是仲裁机构享有合并仲裁的权力，如比利时、意大利；三是仲裁庭允许；四是当事人约定合并。通常情况下，关于合并仲裁，规则并不仅规定一种情况，而是会同时规定数种情况。例如，当事人意思表示即是大多数规则需要考虑到的情况，可能与仲裁庭允许或仲裁机构允许一并规定在规则中。从当事人意思表示角度，基本上可以将合并仲裁分为两种：一种是当事人同意方可进行的合并，如英国、印度等的做法；另一种是无须当事人同意即可进行的合并，如下述荷兰的司法权合并、日本同一仲裁协议情况下的合并。当事人同意方可进行合并体现仲裁的自愿原则，是目前国际商事仲裁界的主流做法。

是否可以合并，应依适用法的规定。如果适用法没有规定，一方当事人可能会以此为由提出异议。中国《仲裁法》没有对合并审理作出规定。不过，实践当中存在一些合并审理的案例。通常情况下，如果只有一个仲裁协议，且该仲裁协议的当事人是三方或以上，在仲裁当事人提出请求且仲裁协议的各方当事人都同意（包括同意参加仲裁，同意采用已经采用的仲裁规则，同意仲裁庭的组成人员以及其他程序性事项），而且仲裁庭也同意的情况下，可以允许两个或两个以上已经开始的仲裁程序合并进行。如果两个或两个以上的仲裁程序分别是基于不同的仲裁协议，则不应该允许仲裁程序的合并。在后一种情况下，如果因为当事人同意而形成“合并审理”，实际上原来的仲裁协议，已被一个由多方共同达成的新仲

① 1974 年澳大利亚联邦议会通过 1974 年国际仲裁法，其后 1974 年仲裁法（外国裁决和协议）的基础上，经其后 1979 年法院管辖法（其他规定）、1987 年成文法（其他规定）、1989 年国际仲裁修订法、1990 年 ICSID 实施法、1991 年海上货物运输法等法分别对其进行了修订。

裁协议所取代。在这种情况下，该第三方已成为仲裁程序的一方当事人。

深圳市新盛实业股份有限公司（以下简称“新盛公司”）申请撤销仲裁裁决案①涉及此种情形。新盛公司提出的理由之一是：仲裁庭将两个互不相干的案件合并审理。其一是裁决支付股权转让金，依据的是股权转让协议。其二是裁决转让行为无效，依据的是合资合同。法院认为，仲裁庭既裁决支付股权转让金，又裁决新盛公司将股权转让给另一公司的转让行为无效，并不违反仲裁规则。

但在平安星轮 I 运费、滞期费争议案及平安星轮 II 运费、滞期费争议案②中，也是 CIETAC 在实践当中遇到过的案例。该案法院以两个仲裁庭对牵连争议合并开庭审理导致在审理每一争议案中均有一方无直接法律关系的当事人和一名仲裁员进行旁听，此种做法缺乏法律上的依据并与仲裁规则有关规定不符为由，要求仲裁委员会对上述两案重新仲裁。

五、调解程序

从国际层面上看，仲裁程序和调解程序归并于一个程序之中（尤其是仲裁员和调解员身份重合），普遍被认为存在冲突。③ 许多仲裁或调解法律或规则（包括程序规则和行为规范）均对身份冲突问题作出规定。例如，1980 年 UNCITRAL 调解规则第 19 条（调解员在其他程序中的作用）规定，双方当事人和调解员应保证调解员在涉及调解程序主题的争端的任何仲裁或司法程序中不得担任仲裁员或一方的代表或律师。2002 年 UNCITRAL 国际商事调解示范法④第 12 条（调解员担任仲裁员）规定，除非当事人另有约定，调解员不应当担任对于曾经是或目前是调解程序标的事项的争议或者由于同一合同或法律关系或任何与其有关的合同或法律关系引起的另一争议的仲裁员。

中国，在仲裁进行过程中，可以视情况进行调解程序。仲裁与调解相结合主要指的就是这种情况。在这种情况下，如当事人同意，仲裁员也可以作为调解员调解案件。调解成功，则通过仲裁庭作出和解裁决或当事人请求撤案的形式解决争议。如果争议未能通过调解解决，则仲裁庭继续进行仲裁程序。仲裁中进行调解应当基于当事人自愿原则。例如，

---

① （2000）深中法经二初字第 106 号民事裁定书。

② 参见蔡鸿达．关于重新仲裁的问题探讨［J］．仲裁与法律，2000（2）：16.

③ 参见林一飞．略论仲裁中的身份冲突［J］．法学评论，2006（1）：152.

④ 联合国 2002 年 11 月 19 日第 52 次全体会议通过。

CIETAC2000 年仲裁规则第 45 条规定，如果双方当事人有调解愿望，或一方当事人有调解愿望并经仲裁庭征得另一方当事人同意的，仲裁庭可以在仲裁程序进行过程中对其审理的案件进行调解。第 47 条规定，仲裁庭在进行调解的过程中，任何一方当事人提出终止调解或仲裁庭认为已无调解成功的可能时，应停止调解。

不过，应当强调的是，调解程序并非仲裁程序中的必经程序。以调解程序未进行为由，提出抗辩是无法获得支持的。

中国国际正龙贸易公司申请撤销仲裁裁决案①中，申请撤销人正龙公司主张仲裁庭未作调解工作。法院查明，在 2001 年 2 月 27 日的仲裁庭审笔录中，明确记录了仲裁员在双方当事人明确表示有调解意愿后，当庭进行了调解，但调解未成功。综上所述，正龙公司主张仲裁庭未作调解工作，与事实不符，故其该项撤销理由不成立，法院不予支持。

六、未得到审理

所有的当事人应有机会得到审理，这也是一个基本的原则。当事人可能以其未得到审理为由提出异议。

在德国法院受理的一件申请撤销仲裁裁决的申请案件②中，一方当事人以未得到审理提出异议。双方当事人是车门锁的制造商和经销商。1993 年 3 月 9 日，当事人签订许可协议。该协议涉及车门锁的生产和销售。被告是 A-lock 的生产商，对于该锁依意大利法享有专利权。申请人是 B-lock 的生产商。当事人之间就 B 锁是否包含在 A 锁的专利范围之内和使用费是否已经到期产生了争议。1996 年 6 月 27 日，当事人同意将争议提交国际商会仲裁。仲裁庭作出有利于专利持有人（即被告）的决定。

申请人向德国高等地区法院申请撤销仲裁裁决。申请人认为，仲裁庭对于意大利商标法不具有必要的知识，因此有义务要求中立专家出具意见。虽然申请人提出此项意见，仲裁庭未作出命令，也未对其决定给出任何理由。申请人认为，这侵犯了申请得到审理的权利，构成德国民事诉讼法典第 1059 条第 2 款 Nr. 1(d)项（仲裁程序）以及 Nr. 2(b)(公共政策)

---

① （2002）二中民特字第 03283 号裁定书。本案中，申请撤销人还提出仲裁庭延期审理的理由不充分、仲裁裁决有改动合同内容、文字上错误百出等撤销理由。但均被法院以无充分证据及仲裁规则有明确规定驳回。

② CLOUT Case 375：Bayerisches Oberstes Landesgericht；15 December 1999；(2001) XXVI Yearbook Commercial Arbitration，at 330-331.

项下撤销裁决的理由。

依据德国法，法院无权在实体上审查仲裁裁决。因此，无论仲裁庭是否正确适用了意大利专利法，法院均无权审查。法院仅可以审查，在证明意大利法的原则的过程中，是否存在一些错误。但是，从有关事实明显可以看出，仲裁庭是依据申请人早先提供的一份专家意见确定此类原则。因此，即使在发生错误的情况下（虽然不太可能），此种错误也不会导致不同的裁决，因此不能作为撤销裁决的理由。另外，从裁决本身明显可以看出，仲裁庭已经考虑了申请人提出的技术方面的问题，但是，其结论是依意大利法不具相关性。法院强调，其不能审查意大利法的适用。法院认为，仲裁庭未对其不取得独立专家意见的决定说明理由，不侵犯申请人得到审理的权利。在没有相反证据的情况下，应当认为仲裁庭已经履行其审理的义务。仅在特殊的情况下，才可认为仲裁庭侵犯了审理的权利。申请人关于第 1059 条第 2 款 Nr. 2(b)项规定的抗辩也被驳回。虽然侵犯申请人得到审理的权利通常构成对德国公共政策的违反，但是，本案不存在此种情况。

七、仲裁费问题

当事人也可能以仲裁费事宜提出抗辩。例如，当事人可能认为，当事人未缴足仲裁费，或者仲裁庭没有收足仲裁费。此种情况虽然与正当程序并无必然的关系，但也间或发生。事实上，某个阶段，甚至可以成为法院拒绝承认裁决效力的理由。但目前来看，这种抗辩理由即使存在，也不应构成仲裁程序不当从而导致否定裁决效力的理由。

英国法院曾认为一个瑞士仲裁庭收取超额仲裁费构成对裁决异议的理由,① 但依 1996 年英国仲裁法，则看不出有此规定；1977 年，美国密执安地区法院在执行一起瑞士裁决案中，驳回了当事人对仲裁费的异议，认为这一抗辩完全误解了《纽约公约》第 3 条的重要意义，也不是该公约第 5 条所肯定的抗辩理由之一。②

在中国，香港振裕染印织造有限公司申请撤销仲裁裁决案中，败诉方申请撤销的理由是仲裁委员会没有要求当事人补交仲裁费。法院以仲裁庭

① See A. Redfern & M. Hunter. Law and Practice of International Commercial Arbitration [M]. 1991: 429.

② See A. J. van den Berg. The New York Arbitration Convention of 1958 [M]. 1981: 238-239.

对未缴费请求进行审理超出了仲裁申请为由，撤销了仲裁裁决。①这一裁定引起了学界的广泛批评。②

可喜的是，三年之后，在另外一个以仲裁费为由提起的撤销之诉中，同一个法院正确地驳回了此项主张。深圳市新盛实业股份有限公司申请撤销仲裁裁决案③中，被申请执行人认为，欣坤公司增加仲裁请求应补交仲裁费，但在仲裁过程中，欣坤公司预缴人民币 106 900 元仲裁费，结案时也是 106 900 元，可见仲裁庭没有增加收取仲裁费。法院认为，CIETAC 仲裁规则第 58 条规定："仲裁庭有权在仲裁裁决书中裁定双方当事人最终应向仲裁委员会支付的仲裁费和其他费用。"可见，仲裁费用是由仲裁庭决定的。

不过，当事人可能从另一角度提出抗辩，即不提正当程序抗辩，而指出存在超裁的情况。在中国台湾地区一地方法院撤销仲裁裁决案④中，原告主张申请仲裁者为原告，被告为相对人，原告所请求仲裁之标的为违约之原因在于被告，要求返还没收之保证金，被告虽于申请书内请求仲裁确认原告违约不履行与被告间 5 000 公吨高粱买卖契约等，惟未依法缴纳仲裁费用，欠缺仲裁必备之要件，视为未申请，该仲裁判断主文竟为"确认申请人违约不履行买卖契约，相对人应返还申请人新台币 436 620 元"，自属仲裁判断与仲裁标的之争议无关。被告就此难抗辩，申请仲裁者为原告，被告无缴纳仲裁费用之义务，原告请求仲裁判断确认被告违约，该项请求本身即为两面，准许则确认被告违约，不准许则确认原告违约，原告请求被告返还新台币 2 183 100 元及利息，准驳以当事人何者违约为先决条件，原仲裁判断驳回原告之给付请求，即包括确认原告违约即被告不违约之认定，未超出法律争点之范围。法院最后的认定虽非直接基于仲裁费，但也认定，原告请求仲裁以外之仲裁判断，相当于诉外裁判，亦即仲裁判断与仲裁契约标的之争议无关，原告据此有理由请求撤销该仲裁判断。

类似案例对于仲裁庭而言，应有警示作用。

---

① (1997) 深中法经二初字第 050 号民事裁定书。

② 参见郭晓文．中国涉外仲裁裁决撤销制度中存在的问题及其立法完善［M］//陈安．国际经济法论丛：第一卷．北京：法律出版社，1998：419；陈治东．国际商事仲裁法［M］．北京：法律出版社，1998：276-286.

③ (2000) 深中法经二初字第 106 号民事裁定书。

④ See http：//www. bjac. org. cn/data/Board3. asp？ id = 182.

第五节 异议权放弃

一、概述

仲裁程序进行过程中，一方当事人可能不行使其权利，此时，在已经进行了适当的通知的情况下，仲裁程序通常不受影响。这种情况即是所谓的权利放弃。广义的权利放弃涉及当事人所有的消极行为。例如，存在仲裁协议而一方当事人向法院起诉，被申请人未在规定期限内提交答辩书，没有在规定的期限内约定组庭方式或选定仲裁员，①未提出管辖权抗辩，②当事人经书面通知无正当理由不到庭③或未经许可中途退庭等。

商事仲裁中，狭义的放弃条款异议权，即指“一方当事人知道或者理应知道本仲裁规则或仲裁协议中规定的任何条款或情事未被遵守，但仍参加仲裁程序或继续进行仲裁程序而且不对此不遵守情况及时地提出书面异议的，视为放弃其提出异议的权利”。④一般认为，当事人在仲裁程序中没有提出异议，则不能在裁决后的法院程序中提出异议，如比利时司法法典第1706条规定，撤销裁决的各种理由应由有关当事人在同一程序中提出，违者禁止。按照UNCITRAL示范法，法院可以接受当事人在裁决后提出的管辖权异议，只要这一延迟是合理的，负责起草该示范法的秘书处和工作组一致认为仅受某些例外（如公共政策及可仲裁性）的限制。⑤除了某些例外，当事人如没有及时提出管辖权异议，在随后的仲裁或法院程序中即丧失了提出这种异议的权利，UNCITRAL示范法第4条和第16条即如此规定。这种条款在理论上被称为“异议权放弃条款”。异议权放

---

① 如伦敦国际仲裁院仲裁规则第2.3条规定，未能提交答辩书并不妨碍被申请人否认申请人的请求或在仲裁过程中提出反请求。但是，如果仲裁协议要求当事人选定仲裁员，没有在期限内或根本就没有提交答辩书或者提名仲裁员，构成该当事人对其提名仲裁员机会的不可撤销的放弃。

② 如伦敦国际仲裁院仲裁规则第23.2条规定，除非其至迟在答辩书中提出，被申请人被视为不可撤回地放弃了抗辩仲裁庭没有管辖权的权利。

③ 关于缺席问题，在其他章节已有阐述。

④ CIETAC仲裁规则第51条。中国《仲裁法》和《仲裁委员会仲裁暂行规则示范文本》未对异议权放弃条款作出规定。

⑤ See H. M. Holtzman et al. A Guide to the UNCITRAL Model Law on International Commercial Arbitration: Legislative History and Commentary [M]. 1994: 483-484.

弃是国际商事仲裁界的普遍做法，多数仲裁机构的仲裁规则中规定有放弃异议条款。①

通常，异议权放弃条款或由国家的立法者规定在仲裁法里，或由仲裁机构规定在其仲裁规则中，或者规定在国际条约中。其表现形式主要有两种：一是概括性的放弃异议条款，其适用范围不仅仅是仲裁管辖权，如UNCITRAL示范法第4条、1996年英国仲裁法第73条、1998年德国民事诉讼法典第1027条、1997年美国仲裁协会国际仲裁规则第25条、1998年国际商会仲裁规则第33条、1999年斯德哥尔摩商会仲裁院规则第29条、UNCITRAL仲裁规则第30条等；二是分散性的放弃异议条款，即对不同的问题分别规定不同的异议时限，在时限内没有提出异议视为没有或放弃异议，如UNCITRAL示范法第16条、荷兰仲裁法第1065条、葡萄牙仲裁法第27条第2款、《欧洲国际商事仲裁公约》第5条第2款等。很多国家的立法及仲裁规则兼采两种形式的放弃异议条款，以保证其准确适用，如1996年英国仲裁法除第73条外，第32条第1款专门针对放弃管辖权异议。②

当事人选择仲裁之后，即应当诚信履行其应当履行的义务，行使其享有的权利。如果当事人在争议诉诸仲裁之后，明知应当采取某些行为而不采取，明知可以提出对当事人、仲裁庭的异议而不及时提出，却在得到不利的结果之后，再以此为由提出异议，违背了民商事交往中的诚实信用原则，也损害了仲裁作为争议解决方式的功能。任何一方当事人均不能从自己的前后不一致中获利。美国法院在一例承认和执行仲裁裁决的案件中指出，反对执行仲裁裁决的一方当事人，有机会向仲裁庭提出异议，却没有这样做，如果法院在这一阶段再拒绝承认和执行仲裁裁决，"将违反《纽约公约》的目标和宗旨"。③

在1994年香港高等法院审理的 *China Nanhai Oil Joint Service Cpn v.*

---

① 关于"异议权放弃条款"的论述，可参见宋连斌．国际商事仲裁管辖权研究［M］．北京：法律出版社，2000：242-246.

② 参见宋连斌．国际商事仲裁管辖权研究［M］．北京：法律出版社，2000：242-243.

③ *La Societe National Pour La Recherche, La Production, Le Transport, La transformation et La Commercialisation Des Hydrocarburse v. Shaheen Natural Resources Co. Inc.* 585 F. Supp. 57 (S. D. Y. 1983).

Gee Tai Holdings Co. Ltd. （1995）案①中，当事人提出在中国作出的一项裁决应被拒绝执行，因为仲裁庭的组成不符合当事人之间的协议。所选定的仲裁员出自深圳的仲裁员名册，而不是北京（CIETAC）的名册。Kaplan 法官在判决中认为拒绝执行的理由已经具备，但是仍然允许裁决的执行继续进行，因为反对执行的一方，明知仲裁员技术上不是选自正确的名册，而仍参加了仲裁。既如此，它们现在就不能从这一错误中获利。这位博学的法官已考虑到将禁止反言原则适用于《纽约公约》的其他方面，他说道："如果根据第 2 条第 2 款，禁止反言原则可适用于仲裁协议书面形式的抗辩，那么我看不出来为什么它不能适用于第 5 条规定的各项反对理由。当事人意识到仲裁庭的组成可能出错，但不向仲裁庭或组成该仲裁庭的仲裁委员会对仲裁庭的管辖权提出任何正式异议，而是就案件的实体问题进行答辩，继而在裁决后的两年，试图以仲裁员选自错误的 CIETAC 名册为由，使整个仲裁程序归于无效，这让我觉得十分不公平。"②他认为："……即使一项反对的理由得以证实，执行法院仍享有额外的自由裁量权去执行裁决。这表明，反对的理由并非僵硬地予以适用。额外的自由裁量权使执行法院可在各种情形下得到公正的结果……""因此很明显，可拒绝执行的唯一理由是……特定的，且证明一项理由的责任由被告承担。而且，即使一项理由得到证实，显然，法院仍保有附加的自由裁量权。"③

构成异议权放弃一般要满足如下条件：一是所涉及的行为当事人可以对其放弃提出异议的权利。有些行为，当事人即使现在放弃，将来也可以以此为由提出异议。但现在对该类行为持越来越宽松的态度。二是当事人知悉该类行为。仲裁程序中存在的不当行为已经为当事人所知悉，当事人有对此类行为提出异议的机会。三是继续参加仲裁程序。在知悉存在这种行为的情况下，当事人仍然进行仲裁程序。四是未提出异议或未在合理期

---

① See *China Nanhai Oil Joint Service Cpn v. Gee Tai Holdings Co. Ltd.* （1995）XX Yearbook Commercial Arbitration 671. Similarly, see *Tongyuan International Trading Group v. Uni-Clan* [2001] 4 Int. A. L. R., N-31.

② *China Nanhai Oil Joint Service Cpn v. Gee Tai Holdings Co. Ltd.* （1995）XX Yearbook Commercial Arbitration 677. Similarly, see *Tongyuan International Trading Group v. Uni-Clan* [2001] 4 Int. A. L. R., N-31.

③ *China Nanhai Oil Joint Service Cpn v. Gee Tai Holdings Co. Ltd.* （1995）XX Yearbook Commercial Arbitration 672. Similarly, see *Tongyuan International Trading Group v. Uni-Clan* [2001] 4 Int. A. L. R., N-31.

限内提出异议。当事人虽然有提出异议的机会，但因为自己的原因，没有提出异议或没能及时提出异议。

二、可以放弃提出异议的权利

仲裁法或仲裁规则通常规定，可以放弃的是对"未遵守情事"提出异议的权利。其所涉及的是哪些规定，通常没有明确说明。但是，一般认为，除非明确表明不可放弃，否则，当事人对于其他任何不遵守情事不提出异议，均可以构成异议权放弃。例如，2003 年日本仲裁法规定，除非当事人另有约定，有关仲裁程序，若一方当事人知悉本法任何规定或当事人约定的仲裁程序规则未被遵守，却未对此及时提出异议（如果规定了提出异议的期限，则在此期限内），则该方当事人应被视为放弃其异议权。① 国际商会仲裁规则规定，当事人对本规则或适用于程序的其他规则，仲裁庭的任何指令，或者仲裁协议中有关仲裁庭组成或进行程序的任何要求未被遵循的情事没有表示异议，而继续进行仲裁程序的，视为已经放弃异议权。② 伦敦国际仲裁院仲裁规则规定，如果当事人知晓仲裁协议的任何规定（包括本规则）未被遵守而未立即就此提出异议且仍继续进行仲裁程序，则应被视为已经不可撤销地放弃了提出异议的权利。③ 美国仲裁协会仲裁规则规定，当事人一方明知本规则的任何条款或要求未被遵守，而未立即提出书面异议，仍继续进行仲裁，应视为已放弃提出异议的权利。④ 斯德哥尔摩商会仲裁院仲裁规则、⑤斯德哥尔摩仲裁协会加速仲裁规则、⑥新加坡国际仲裁中心仲裁规则、⑦印度仲裁委员会仲裁规则、⑧世界知识产权组织网上加速仲裁规则（1998 年草案）、⑨ UNCITRAL 仲裁规则⑩等均

---

① 2003 年日本仲裁法第 27 条。日本仲裁协会仲裁规则第 46 条规定，当事人知道或应当知道仲裁程序没有适当进行，但并未及时提出异议，则应视其放弃了提出异议的权利。

② 国际商会仲裁规则第 33 条。

③ 伦敦国际仲裁院仲裁规则第 32 条。

④ 美国仲裁协会仲裁规则第 25 条。

⑤ 斯德哥尔摩商会仲裁院仲裁规则第 29 条规定。

⑥ 斯德哥尔摩仲裁协会加速仲裁规则第 20 条规定。

⑦ 新加坡国际仲裁中心仲裁规则第 34 条第 1 款。

⑧ 印度仲裁委员会仲裁规则第 58 条。

⑨ 世界知识产权组织网上加速仲裁规则（1998 年草案）第 58 条。

⑩ UNCITRAL 仲裁规则第 30 条。

有类似规定。

当事人的申请回避权如果不及时行使，也视为放弃。例如，斯德哥尔摩商会仲裁院仲裁规则规定，当事人提请仲裁员回避，应以书面方式向仲裁院提出并陈述理由。回避申请须于当事人知晓所谓不称职事由之日起15日内提出。当事人未能在规定期限内提出的，视为其放弃此项权利。① 对仲裁庭超越权限的抗辩不及时行使视为放弃。例如，伦敦国际仲裁院仲裁规则规定，对仲裁庭超越权限的抗辩应在仲裁庭已表明将决定当事人认为越权的事项后立即提出，否则亦应被视为不可撤回地弃权。② 目前，此类所涉及的行为非常广泛，甚至对于严重不当，当事人放弃异议，将来也不得以此为由对仲裁裁决提出抗辩。例如，在美国联邦第二巡回上诉法院 *Techno v. IDTS* 一案中，IDTS 以违反公共政策为由反对对其不利的两个裁决的执行，声称仲裁庭有受贿行为。法院认定 IDTS 已经放弃了在执行程序中提出这一主张的权利，因为它在明知有关受贿的事实的情况下，仍完全参与了仲裁程序，且在裁决作出前未披露这些相关事实。③

有些仲裁法或仲裁规则规定，对于不能放弃的权利，当事人的不异议行为不能视为放弃了该项权利；所涉权利仅限可被当事人放弃的权利，任何一方当事人均不得视为已放弃了其不能放弃之权利。如 UNCITRAL 示范法规定，当事一方如知道本法中当事各方可以背离的任何规定或仲裁协议规定的任何要求未得到遵守，但仍继续进行仲裁而没有不过分迟延地或在为此订有时限的情况下没有在此时限内对此种不遵守情事提出异议，则应视为已放弃其提出异议权利。④ 1998 年德国仲裁法规定，任何可被当事人放弃的规定或仲裁程序的任何被约定的条件没有被遵守而继续进行仲裁，当事人一方对此不及时或不在规定期限内提出异议，则不得在其后对此提出异议，除非该当事人此前并不知悉前述不符点。⑤

三、弃权的后果

弃权将导致弃权方当事人不能在今后援引此类权利，提出请求或作为

---

① 斯德哥尔摩商会仲裁院仲裁规则第 18 条第 1 款。

② 伦敦国际仲裁院仲裁规则第 23 条第 2 款。

③ 转引自曹丽军．根据《纽约公约》执行外国仲裁裁决的最新发展 [OL]. http://www.com-law.net/wenku/susong/newyork.htm.

④ UNCITRAL 示范法第 4 条。

⑤ 1998 年德国仲裁法第 1027 条。

抗辩。例如，弃权方当事人不能在日后可能的撤销或不予执行程序中，声称存在其曾经放弃过的行为，损害了其权益或正当程序。提出这种主张无法得到法院的支持。

在 *Minmetals v. Ferco* 案①中，当事人提出不予执行的理由之一是违反规则。法官认为，“……英国仲裁法第 103 条第 2 款 c 项规定的当事人不能向仲裁庭进行陈述的情况主要是指被执行人由于不受其控制的原因而不能进行陈述。这自然涉及程序违背自然公正原则的案件。但是，如果被执行人由于自身的原因而未能抓住机会提出主张，那么他无权依据本条拒绝执行裁决”。“毫无疑问，Ferco 的代理人在向法院申请撤销裁决时，在他们重新参加仲裁程序时，十分清楚仲裁员未能按仲裁规则的规定行事。但他们未对仲裁员的不遵守情况明示地提出异议。因此，根据 CIETAC 仲裁规则第 45 条的规定，他们已放弃对仲裁员未披露下家买卖合同裁决继续提出异议的权利。实际上，本案中放弃对程序错误提出异议的权利的现象实在是太明显了。因此 Ferco 公司不能再依据存在不遵守规则的程序来拒绝执行裁决。”

在 *AAOT Foreign Economic Association*（*VO*）*Technostroyexport*（*Techno*）*v. International Development and Trade Services, Inc.*（*IDTS*）案②中，美国联邦第二巡回上诉法院中得出了同样的结论，不过理由稍有不同。该案中，IDTS 以违反公共政策为由反对对其不利的两个裁决的执行，声称仲裁庭有受贿行为。法院认定 IDTS 已经放弃了在执行程序中提出这一主张的权利，因为它在明知有关受贿的事实的情况下，仍完全参与了仲裁程序，且在裁决作出前未披露这些相关事实。

有必要指出，中国《仲裁法》没有规定所谓放弃异议的问题，但 CIETAC 仲裁规则中却有放弃异议条款，③ 由此使得该条款的效力在实践中（尤其是法院适用时）有不确定性。有学者认为，仲裁规则直接或间接地构成当事人仲裁协议的一部分，当事人自行拟定仲裁规则或明文将某一规则纳入其仲裁协议时固然如此，当事人仅仅选择某仲裁机构而没有另行约定可适用的仲裁规则，通常适用该机构的仲裁规则，即使某些仲裁机构只允许适用该机构的规则而不适用当事人另行约定的仲裁规则，仲裁规则也同样构成当事人协议的一部分，无论规则本身有无这样宣称。临时仲

---

① *Minmetals Germany Cmbh v. Ferco*, [1999] 1 All ER (Comm) 315.

② 139 F. 3d 980 (1998) US Court pf Appeal, 2nd Circ.

③ 见 1998 年 CIETAC 仲裁规则第 51 条，该机构以前的仲裁规则也有类似规定。

裁时，情况与此相同。正是因为仲裁规则构成当事人协议的一部分，其中的放弃异议条款自然对当事人有拘束力，应该受到法院的尊重，该条款的效力来源于各国民商法公认的当事人意思自治或契约必须信守等原则。①从争议解决的本意来看，情形正应如此，除非有正当理由，否则，应当由当事人自行承担弃权的后果。

① 参见宋连斌．国际商事仲裁管辖权研究［M］．北京：法律出版社，2000：243-244.

第五章　超裁抗辩

如裁决事项并非仲裁条款或仲裁协议所包含的争议，或裁决事项包含提交仲裁的事项之外的其他事项，则当事人可以提出超裁抗辩。但如果裁决所包含事项可以分离，则通常该可分离部分的效力并不受影响，当事人仍可据以申请承认和执行。超裁抗辩，是一种重要的抗辩裁决效力的方式。本章在阐析超裁抗辩一般问题的基础上，分类考察涉及超裁抗辩的中国以及国际上的案例，论述超裁抗辩的法律与实践。

第一节　一般问题

一、含义

超裁，或称越权，指仲裁庭超越权限作出裁决。国际公约、示范法和各国法律均规定，超裁或越权作出裁决，是裁决被提出异议的重要理由。仲裁庭不能超越自己的授权，这是仲裁作为当事人意思自治的一种争议解决方式的特点之一。仲裁庭的权力包括当事人自己在适用法律允许的限度内授予的权力以及法律可能赋予的其他权力。① 简而言之，仲裁庭的权力来源于仲裁协议和法律的双重授权。因此，仲裁庭只能严格审理和裁决仲裁协议的当事人就特定争议提出的特定请求。

仲裁庭的权力包括很多种。② 仲裁庭作出裁决，是为了使裁决有效，可以在国内或国际上得到承认及/或执行。这就要求仲裁庭必须首先认定其自己对于要求其决定的事项，有权作出决定。同样，其亦必须确保其处理了所有这些事项。仲裁庭必须在进退两难的双重风险中控制着程序的进

---

① 参见国际商事仲裁法律与实践［M］. 林一飞，宋连斌，译. 北京：北京大学出版社，2005：250.

② 参见林一飞. 国际商事仲裁法律与实务［M］. 北京：中信出版社，2005：196-198.

行：它不应当做得太少（导致裁决遗漏），也不应当做得太多（导致裁决越权）。①

就超裁抗辩而言，当事人通过仲裁协议授予的，是仲裁庭在仲裁协议范围内作出判断的权力，或者在仲裁请求范围内作出判断的权力。超越此种授权，是与当事人的意思自治相悖的，而在法律后果上，将导致裁决无效。同时，应当指出，当事人通过仲裁协议授予的权限，不能超过法律的规范，只能在法律允许的范围内。这后一点，使得超越法律规定，也成为超裁抗辩的内容之一。但此种抗辩可能与其他抗辩（例如不可仲裁性抗辩或公共政策抗辩）混在一起，从而不具有明显的独特性。

二、超裁的种类

一般地，超裁可以分为两种情形：一是超越仲裁协议，二是超越仲裁请求。超越仲裁协议的裁决，就该超越部分而言，不存在仲裁协议，自然无法通过仲裁来裁决双方的该部分争议。超越仲裁请求的裁决，则是仲裁协议可能包含了所裁决的事项，但是当事人并未将其提交仲裁，然而仲裁庭却对此部分事项予以裁决，也超出了仲裁庭的权限。两者均违反了当事人的意思表示，超越了仲裁庭的权限。此外，超越申辩内容也是当事人提出异议的理由之一。

（一）超出仲裁协议

仲裁协议对仲裁的事项作出约定。一般情况下，对仲裁事项的约定可以采取全括式、特定式和混合式。全括式指将因合同产生的或与其相关的所有争议均提交仲裁。特定式指只将特定的一个或数个方面的争议提交仲裁。而混合式则指将与合同某一方面相关的所有问题提交仲裁。在后两种情况下，易发生超出仲裁协议约定的情况。例如，提交仲裁并由仲裁庭作出裁决的问题并非仲裁协议指明的特定方面的争议，或者并非仲裁协议指明的合同某一方面的问题。

仲裁庭对于未规定在仲裁协议范围内的事项，无权裁决。未在仲裁范围之内，即意味着双方当事人并未将裁决此种事项的权力授予当事人，仲裁庭自然不能违背当事人的意思，自行裁决。即便在仲裁协议的范围之内，如果所约定的争议依所适用的法律不能通过仲裁解决，如某些国家规

① 参见国际商事仲裁法律与实践［M］. 林一飞，宋连斌，译. 北京：北京大学出版社，2005：377.

定劳动争议不能通过仲裁解决，不具可仲裁性，① 则仲裁庭也不能进行裁决，而只能对仲裁协议内可以通过仲裁解决的事项作出裁决。

此外也需指出，仲裁协议只涉及仲裁当事人。非仲裁协议的当事人不能作为仲裁程序的当事人，自然也不能作为裁决所定义务的主体。如果裁决涉及非当事人，则显然也构成超出仲裁协议范围的抗辩。

（二）超出仲裁请求

如果裁决的事项并未超出仲裁协议范围，但是当事人并未提出相应请求，或者裁决的事项不但超出仲裁协议，而且超出仲裁请求，则法院也可以通过撤销或不予执行的方式，否定裁决的效力。如是外国裁决，法院可依《纽约公约》裁定不予执行。仲裁庭应当围绕当事人的请求进行审理，不能在当事人请求之外，“好心办坏事”，自行对相关事项作出裁决。不过，关于裁决的利息，如果所适用的法律允许较请求为多，则可能并不导致裁决不予执行。例如，*M/S A* 号船船东申请执行裁决案。② 该案被申请执行人提出的异议之一是仲裁庭裁决了申请人未请求的裁决后利息。但是，德国汉堡上诉法院同意执行，驳回了被申请人基于所谓的仲裁和仲裁裁决中存在严重程序错误而提出的异议，认定所适用的法律（1996 年英国仲裁法）和仲裁规则允许仲裁员作出不附具理由的裁决或者不进行口头庭审，并且允许裁决较申请人所提请求更多的利息。

（三）超出申辩内容

超出申辩内容指的是这样一种情况：仲裁庭以当事人在申辩中并未提出的理由作为裁决的理由。此种情形，是否构成超裁，可能见仁见智。例如，在适用本国法的情况下，法院以当事人未提出的法律依据作出裁决；在适用外国法的情况下，外国法作为事实，当事人未提供，而仲裁庭自行以其作为依据。又如，一方当事人未提出时效抗辩，仲裁庭自行以时效为由驳回其他方的请求。再如，仲裁庭自行调整违约金的数额。超出申辩内容，也可能导致当事人对裁决提出异议。

超出仲裁协议、超出仲裁请求、超出申辩内容三者的关系，有学者如此论述：

“能说明由仲裁员审理的争端的首先是仲裁协议、合同或合同提及的问题，其次是仲裁申请书，再次是申诉要点。有时，仲裁协议很具体，足

① 关于可仲裁性的讨论，见本书第七章。

② *Shipowner v. Time charterer.* 30 July 1998, Oberlandesgericht [Court of Appeal], Hamburg.

以说明争端；如果协议涉及一项现存的争议并包括一项索赔要求，就可能是这样。通常协议并不十分具体，而仲裁申请书，则多是相当具体的。但是，如果仲裁申请书仅仅指出了该争议，为了详细说明索赔要求及提出此项要求所根据的重要事实，那么申诉要点就成为必要的了。"

"三种说明及随后的裁决应当像几个同心圆一样相互一致和互有关联。首先，仲裁申请必须在仲裁范围内提出；否则，除了已经明示或默示放弃对缺点的申诉权外，就会发生越权情况，并且可以就管辖权问题提出抗辩，以致最后可以对裁决提出异议。其次，申诉要点必须与仲裁申请保持一致。最后，裁决书必须与申诉要点相一致或相符合。"①

这种关系是仲裁庭审查案件和法院在审理裁决异议时应当明确的。超裁抗辩就是针对超越上述同心圆的裁决提出的抗辩。

三、超裁对第三人的效果

通常，超裁可能只涉及仲裁的当事人，对当事人之间未约定的争议或未提交的请求进行了裁决，此时只是对仲裁所处理的物上的越权。但无论是超出仲裁协议或是超出仲裁请求的裁决，都可能涉及第三人的利益，即造成对仲裁处理的人的越权。仲裁裁决只应及于特定当事人之间的特定争议，既不能涉及其他争议，也不能涉及其他当事人。仲裁庭不得越权裁决双方当事人之外的第三人权益。其理由主要是:②

首先，仲裁协议具有相对性，依据仲裁协议所进行的仲裁程序，也只能约束仲裁协议的当事人，仲裁裁决也只能针对仲裁协议当事人之间的争议，不能涉及其他人。仲裁裁决不得裁决第三人的权益。虽然第三人并无提出撤销或不予执行裁决的机会，但是，在作为证据之时，涉及第三人利益的裁决可能被认定不具有证明力。

其次，仲裁中不存在第三人。第三人在不参与仲裁程序的情况下，对其作出的裁决，违反法律，不符合公平公正。此类裁决在申请执行时，将无法针对第三人执行。

---

① ［瑞典］乌尔夫·霍尔姆贝克．瑞典的仲裁［M］．周子亚等，译．北京：法律出版社，1984：108.

② 理由如：仲裁管辖权源于双方仲裁协议的授权；仲裁管辖权取决于合同相对性原则；审理并裁决第三人权益等同于没有仲裁协议的无管辖权基础的无权裁决；审理并裁决第三人权益在仲裁案件实践中难以行得通；第三人在未参加仲裁程序条件下作出涉及第三人权益的裁决将被法院依法撤销或不予执行等。参见高菲．仲裁案件越权裁决简论［J］．中国仲裁与司法，2005（6）：18.

不过，实践中确实存在裁决涉及第三人的情况。当事人也可能以此为由提出抗辩，认为裁决涉及非仲裁协议的当事人。例如，最高人民法院《关于山东省房地产开发集团青岛公司请求撤销中国国际经济贸易仲裁委员会（2000）贸仲裁字第0333号仲裁裁决案的复函》① 所涉及的情况。这种涉及第三人利益的裁决，从仲裁程序的当事人角度看，是仲裁庭超出了仲裁协议当事人的授权或仲裁请求的范围，使仲裁程序的结果过度膨胀；从第三人角度看，是仲裁庭错误行使了权力，将其事实上纳入了仲裁程序。不过，应当指出，通常所谓超裁抗辩，是仲裁程序的当事人对裁决提出的抗辩，是裁决触动当事人自身的利益而引发的；第三人提出抗辩的途径法律上没有明确规定，因此较为少见，但仍有发生，尤其可能发生在执行程序之中。

四、超裁的解释原则

法院如何认定当事人提出的超裁抗辩，涉及对当事人的仲裁请求、仲裁裁决及仲裁所依据的仲裁协议的解释问题，涉及法院对超裁抗辩本身的解释。一国法院如何认识商事仲裁，与其仲裁理念密切相关，取决于一国的立法或判例法传统，以及该国法院执法的质量和水准。仲裁，尤其是国际商事仲裁中，关于超裁抗辩的解释，并不存在统一的标准。不过，《纽约公约》提供了部分的统一标准。从该公约的实践看，各国普遍认为，在审查仲裁庭是否越权时，法院无论如何不应涉及争议的是非曲直，不鼓励法院就仲裁员对当事人协议的认定进行再认定，法院不应取代仲裁庭的作用，除非仲裁庭明显的越权，否则不应认定仲裁庭超裁。② 不过，应当看到，实践中，当事人提出超裁抗辩涉及实体问题几乎是不可避免；无论是何种超裁抗辩，其所针对的均涉及实体问题的审理。因此，法院的解释就显得尤为重要。

和其他异议的理由一样，从当前国际上的司法实践来看，对于仲裁员越权裁决，各国也一般作狭义的解释。如美国法院所称的，"（美国法院）

① 2003年7月8日，[2002] 民四他字第8号。

② 参见宋连斌．国际商事仲裁管辖权研究 [M]．北京：法律出版社，2000：258-259.

关于仲裁裁决的审查标准极为狭窄”。① 在 *Parsons & Whittemore* 案②中，美国法院认为，“存在一个强有力的假定，即仲裁庭是在其权限范围内行事的”。如果当事人对此有异议，则应提供充分的证据予以证明。法院指出，对仲裁员超越权限从窄解释，以符合《纽约公约》“便利仲裁裁决执行的宗旨”。在后来的一些案件中，这种狭义解释的标准继续得到确认和应用。③

其他国家也多采用此种原则，如德国。当事人援用了越权理由对仲裁庭适用商人法、④ 裁决的利息比请求的还多⑤提出异议，德国法院予以驳回。

后文提及的更多案例，将进一步表明，对于越权裁决各国法院所持立场和所采用的解释原则。

五、部分超裁的问题

事实上，大多数情况下，超裁均是部分超裁。出现裁决完全超越仲裁协议范围或仲裁请求的范围极为罕见，也难以想象。如果仲裁庭超越其管辖权作出裁决，是整个撤销裁决，或是只撤销裁决中超裁的那一部分？《纽约公约》和 UNCITRAL 示范法均规定，即使部分越权得到证实，但就已提交仲裁的有关事项作出的那部分裁决仍可保留，不影响其效力。⑥ 从各国立法看，大部分国家都是将超裁部分和未超裁部分相区分，只撤销超裁部分。有的国家由于对此未作明确的法律规定，在实践中出现了不区分超裁部分和未超裁部分，否定裁决的整体效力，这是不合理的，无助于达

---

① *Libyan American Oil Company (Liamco) v. Socialist Peoples Libyan Arab Yamahirya, formerly Libyan Arab Republic*, (1982) VII Yearbook Commercial Arbitration 382, at 388.

② 508 F. 2d 969, 975 (2d Cir. 1974). 另见赵健. 国际商事仲裁的司法监督[M]. 北京：法律出版社，2000：165.

③ 如 *Fertilizer Corporation of India v. IDI Management, Inc.*, 517 F. Supp. 948 (S. D. Ohio 1981), reh'g denied, 530 F. Supp. 542 (S. D. Ohio 1982)。

④ See the decision of the regional court of Hamburg of September 18, 1997, (2000) XXV Yearbook Commercial Arbitration 710.

⑤ See the decision of the Court of Appeal of Hamburg of July 30, 1998, (2000) XXV Yearbook Commercial Arbitration 714.

⑥ 《纽约公约》第 5 条第 1 款 c 项；UNCITRAL 示范法第 34 条第 1 款 a 项第 3 目，第 36 条第 1 款 a 项第 3 目。

到以仲裁方式迅速有效地解决争议的目的。

对于部分超裁，合理的处理情况是，如果裁决中对提交仲裁的事项所作的决定与对未提交仲裁的事项所作出的决定能分开的话，对该对未提交仲裁的事项作出决定的那一部分裁决予以撤销或不予执行。无论对于国内或是国际商事仲裁，部分超裁均不宜以全部否定裁决效力的方式来处理。事实上，如上所述，这也是 UNCITRAL 示范法和《纽约公约》的规定。①

六、和解协议中的超裁问题

仲裁裁决可以是基于仲裁庭的审理作出的，也可以是基于当事人的和解协议作出。后一种情况称为和解裁决（consent award）。和解协议通常涉及一揽子解决双方当事人之间所有问题的情形。和解裁决超出原先的仲裁协议及/或仲裁请求的情形经常会发生。那么，此时，仲裁庭的权限范围应当如何把握？

原则上，仲裁庭有权依据和解协议作出裁决，因为这通常是仲裁规则的规定，而仲裁规则是当事人通过协议选定的，体现了当事人的意思自治。但是，必须记住两点：首先，如果和解协议涉及仲裁协议范围外的事项，例如，仲裁协议涉及合同争议，而和解协议将侵权争议一并纳入，此时，应在和解协议中出现有当事人同意将侵权争议也通过仲裁管辖并一并在此基础上作出和解裁决的表述（相当于达成新的仲裁协议）；其次，如果和解协议涉及仲裁协议范围内但仲裁请求范围外的事项，当事人应在和解协议中一并同意将此类争议由本案仲裁庭审理，其和解协议是在此基础上达成的。

当然，无论任何时候，仲裁庭对于和解协议均应作合法性审理。仲裁庭不能依据不合法的和解协议，作出和解裁决。

七、国际立法

对于超裁，正如 UNCITRAL 示范法和《纽约公约》中所规定的一样，现代的国内仲裁立法均将其规定为可对裁决提出异议的理由。以下仅例举少数几个立法，由此也足以窥豹一斑。

1. UNCITRAL 示范法

UNCITRAL 示范法对于超裁抗辩的规定如下：

---

① UNCITRAL 示范法第 34 条第 2 款 a 项第 3 目；《纽约公约》第 5 条第 1 款 c 项。

“裁决处理了不是提交仲裁的条款所考虑的或不是其范围以内的争议，或裁决包括有对提交仲裁以外的事项作出的决定，但如果对提交仲裁的事项所作的决定与对未提交仲裁的事项所作出的决定能分开的话，只可以撤销包括有对未提交仲裁的事项作出决定的那一部分裁决。”①

UNCITRAL示范法规定的这一项追诉理由，其预设的前提是，裁决确由对争议处理有管辖权的仲裁庭作出，但仲裁庭越权处理了未向其提交的事项。

2.《纽约公约》

《纽约公约》规定，超裁可导致裁决被不予执行：

“裁决所处理之争议非为交付仲裁之标的或不在其条款之列，或裁决载有关于交付仲裁范围以外事项之决定者，但交付仲裁事项之决定可与未交付仲裁之项划分时，裁决中关于交付仲裁事项之决定部分得予以承认及执行。”②

此处，对仲裁员超出当事人提交仲裁的范围或仲裁协议的范围作出的裁决，外国法院可拒绝执行。这里，仲裁员所越之权实际上是授权而不是权限：即裁决的对象是否超出当事人仲裁申请以及仲裁协议的范围，而非超出仲裁机构的受案范围。③

《纽约公约》适用于所有缔约国。因此，在外国裁决的承认与执行上，超裁抗辩是可适用的主要的抗辩。此外，各国仲裁法也对本国及《纽约公约》裁决之外的其他类型的裁决的超裁抗辩情形作了规定。

3. 英国

1996年英国仲裁法第67条规定：因仲裁庭无实体管辖权，要求法院裁定宣布仲裁庭就实体方面作出的裁决全部或部分无效。④ 第68条规定：仲裁庭超越其权限，⑤ 构成严重不当行为。但依第67条规定，超出实体管辖权的除外。依照该法的规定，越权裁决将导致裁决全部或部分无效力。

4. 德国

---

① UNCITRAL示范法第34条第2款a项第3目。

② 《纽约公约》第5条第1款c项。

③ 参见宋连斌．国际商事仲裁管辖权研究［M］．北京：法律出版社，2000：139-140.

④ 1996年英国仲裁法第67条第1款b项。

⑤ 1996年英国仲裁法第68条第2款b项。

1998 年德国民事诉讼法典（第十编）对于超裁抗辩的规定如下："裁决涉及仲裁协议未规定或涵盖的事项，或包含超越仲裁协议范围的事项的决定；如提交仲裁事项的决定可以与未提交仲裁事项的决定分开，则仅包含未提交仲裁事项部分的决定可被撤销……"①

在此情况下，裁决可被撤销。对于国内裁决，该法还规定：如存在第 1059 条撤销裁决的理由，则宣告裁决可执行性的申请应被拒绝并且裁决应同时被撤销。② 此时，超裁也构成阻却宣告可执行性的理由。

5. 比利时

1998 年比利时司法法典（第六编）对于超裁抗辩也作了规定：如仲裁庭超越其管辖权或权力，裁决可被撤销。③ 此外，依第 1723 条，如比利时与裁决作出地所在国有无可适用之条约者，则超裁也同样构成院长拒绝发出执行许可的事由。

6. 瑞典

1999 年瑞典仲裁法规定，超出当事人签订的有效仲裁协议的范围；或者仲裁庭在当事人约定的期限届满后作出裁决，或仲裁庭超越其授权范围，可以导致裁决被全部或部分撤销。④ 此类裁决为在瑞典进行的仲裁作出的裁决。如被申请执行人证明外国裁决涉及的争议不属于提交仲裁的范围或包含的决定超过仲裁协议范围，则该裁决在瑞典将不能得到承认和执行，但如果交付仲裁部分的裁决可和未交付仲裁部分的裁决分开，则该交付仲裁部分的裁决可以被承认和执行。⑤

八、漏裁

与超裁相关联的一个概念是漏裁。漏裁指仲裁庭未能充分行使管辖权，对提交其仲裁的事项未能在裁决书中予以裁决。关于漏裁是否可构成裁决撤销或不予裁决的理由，存在不同的观点。在某些国家，仲裁庭漏裁构成可撤销裁决的理由，因为漏裁事项可能与已裁事项不可分割。如比利时司法法典规定：如果仲裁庭没有就争议的一点或数点作出裁决而遗漏各

---

① 德国 1998 年民事诉讼法典第 1059 条第 2 款 c 项。

② 德国 1998 年民事诉讼法典第 1060 条第 2 款。

③ 比利时 1998 年司法法典第 1704 条第 2 款第 4 项。

④ 瑞典 1999 年仲裁法第 34 条第 1 款、第 2 款。

⑤ 瑞典 1999 年仲裁法第 54 条第 3 款。

点不能与已经裁决的各点划分，裁决可被撤销。① 比利时将争议区分为可划分和不可划分两类。美国、荷兰、法国、瑞士、英国、葡萄牙、意大利、印度尼西亚、土耳其等国也有类似比利时的规定，② 但没有使用争议不可划分的概念。学者认为，应均衡地考虑整个裁决，如果解决了全部争议，当事人的权利义务分配可能发生变化，故应允许当事人诉诸撤销程序。③

不过，一般认为，如只有漏裁事项，一项仲裁裁决应被判定为有效，因为就已解决的争议要点而言，仲裁庭是有管辖权的。④ 应当注意到，仲裁机构的仲裁规则和各国仲裁法通常都规定，如有漏裁事项，当事人可在一定期限内请求仲裁庭作出补充裁决；仲裁庭依据法律或仲裁规则也可主动作出补充裁决。例如，1998 年德国民事诉讼法典第 1058 条规定：当事人收到裁决书后 1 个月内，可申请仲裁庭就其在仲裁程序中已提出而在裁决内漏掉的请求作出补充裁决；CIETAC1998 年仲裁规则第 62 条规定，仲裁庭可主动在发出裁决书 30 天内作出补充裁决。事实上，很多国家如中国、瑞典乃至 UNCITRAL 示范法没有将漏裁规定为可撤销裁决的理由。在执行程序中，如外国仲裁的承认和执行程序中，《纽约公约》没有规定法院可因漏裁而拒绝承认、执行外国裁决。

九、超出仲裁机构受理范围

《纽约公约》或 UNCITRAL 示范法只是规定了仲裁员（仲裁庭）超裁的情况，事实上，还存在另外一种情况，即仲裁机构超出受理范围。仲裁机构超越其受理范围这种情况的出现，是与一国的仲裁制度、仲裁文化和仲裁立法密切相关的。例如，我国《民事诉讼法》第 260 条第 1 款第 4 项规定，对我国涉外仲裁机构作出的裁决，被申请人提出证据证明仲裁裁决属于仲裁机构无权仲裁的，人民法院经审查核实，裁定不予执行。在这种

① 比利时 1998 年司法法典第 1704 条第 2 款第 5 项。

② 美国联邦仲裁法第 10 条；荷兰仲裁法第 1065 条；法国民事诉讼法典第 1484 条；瑞士国际私法法第 190 条；1996 年英国仲裁法第 68 条；葡萄牙仲裁法第 27；、意大利民事诉讼法典第 829 条；印度尼西亚民事诉讼法第 643 条；土耳其民事诉讼法典第 533 条。

③ 参见韩健．现代国际商事仲裁法的理论和实践［M］．北京：法律出版社，1993：282-283.

④ 参见宋连斌．国际商事仲裁管辖权研究［M］．北京：法律出版社，2005：226.

情况下，仲裁机构本身规则对于受案范围的规定显得尤为重要。在中国国际工程咨询公司申请执行 CIETAC 仲裁裁决案①中，裁决被裁定为无权仲裁作出的裁决，理由是：丽都饭店与咨询公司均为中国法人，双方之间发生的工程承包合同纠纷系国内经济合同纠纷，不具有涉外因素，并非国际经济贸易中发生的争议。按照当时的 CIETAC 仲裁规则的规定，该案不属于 CIETAC 的仲裁案件受理范围。因此，不予执行 CIETAC 作出的裁决书。当时的 CIETAC 仲裁规则第 2 条规定："仲裁委员会根据当事人在争议发生之前或者在争议发生之后达成的将争议提交仲裁委员会仲裁的仲裁协议和一方当事人的书面申请，受理产生于国际经济贸易中的争议案件。"即只能受理涉外案件，不能受理国内案件。但目前，CIETAC 已经可以受理国内和国际案件，上述案件中的抗辩理由应不会再出现，法院也不会再以此为由支持异议人的主张。

但是，在不存在临时仲裁的法域中（如中国大陆），超过仲裁机构的权力的情况仍有可能发生。例如，行业仲裁协会受理了不属于其机构受理范围内的案件。但此种情况概率极小，除非是机构本身在初期审查过松，或出于其他目的，如争夺案源。

第二节 仲裁协议

仲裁庭所作裁决超出仲裁协议的范围，可导致裁决被撤销或不予执行。通常情况下，超出仲裁协议范围与当事人的仲裁请求有密切的关系，可能是当事人的仲裁请求本身即超出了协议的范围，但从表面上看，却并

---

① 基本案情如下：中国国际工程咨询公司（以下简称"咨询公司"）与北京丽都饭店公司（以下简称"丽都饭店"）于 1984 年 1 月 30 日至 1985 年 6 月 10 日，先后签订了关于丽都饭店俱乐部工程、丽都饭店三栋六层公寓、三栋十五层公寓的三个工程承包合同。合同均规定：双方在执行合同过程中所发生的一切争议应通过友好协商解决，如协商不能解决时，应提请在北京的中国国际贸易促进委员会对外经济贸易仲裁委员会进行仲裁。1990 年 8 月 20 日，咨询公司以丽都饭店长期拖欠工程款为由，向该仲裁委员会提出仲裁申请，要求丽都饭店支付工程欠款及迟延付款的利息。中国国际经济贸易仲裁委员会于 1991 年 11 月 1 日作出［91］贸仲字第 2569 号裁决：丽都饭店应于 1991 年 12 月 31 日前将所欠工程款以及其他工程费用共计 885 171.50 美元及利息520 000美元支付给咨询公司。1992 年 1 月 15 日，咨询公司以丽都饭店未履行仲裁裁决为由，向北京市中级人民法院申请执行该仲裁裁决。See http: //www.chinalawedu.com/news/2004_ 4/10/1622309013.htm.

没有超出。一般而言，超裁的认定并不困难，有经验的仲裁员也不难避免。但是，一方当事人可能提出各种各样的超裁情形，而法院对此类情况的监督和控制，事实上可能导致法院对裁决实体的干预。甚至有人认为，超裁是抗辩裁决实体问题的唯一途径。这种说法虽然有点夸张，① 但也显示出超裁抗辩与实体审查之间的密切关系。如下文案例可能看出，在一方提出超裁抗辩的情况下，法院几乎经常会对实体问题进行审查（至少是表面审查）。

本节以及以后各节将结合实际案例，阐析实践中可能提出的各种各样抗辩情形。应当在此指出，所提及的案例既有国内案例，也有国际案例，所针对的既有内国裁决，也有非内国裁决，但无论超裁的抗辩成功与否，都对将来理论研究和实践有一定的借鉴作用。

一、明确排除某些事项

仲裁协议可能明确约定，某些事项不得仲裁。倘若仲裁庭在最后裁决中对此类已经被明确排除的事项作出判定，则会导致裁决被撤销或不予执行。

AAMCO *Transmissions Inc. v. Kunz* 案②涉及此种情况。在该案中，上诉人以被上诉人未能提供商业报告并支付费用等为由，终止了与被申请人签订的特许经营协议。双方依仲裁条款将争议提交仲裁，仲裁地在美国。但是，仲裁条款包括一但书规定，将有关“……AAMCO 部分或全部基于特许经营人欺诈或未能诚实公平地对待任何顾客或未能向 AAMCO 准确报告其总收入的理由而终止合同……”而产生的事项排除在仲裁范围之外。仲裁庭作出有利于上诉人的裁决。上诉人随后在加拿大寻求法院承认和宣告裁决的可执行性。一审法院拒绝承认仲裁裁决。在上诉的时候，争议点为裁决是否涉及提交仲裁协议范围之外的事项，或者是否包括对超出提交仲裁协议范围的事项作出的决定。上诉人称，上述但书规定应予以狭义解释，以仅仅包括欺诈或准欺诈行为，而不包括因为经销商而未能提交报告而产生的终止行为。被申请人称，所涉争议明显涉及当事人未规定或仲裁协议范围之外的事项。上诉法院认定，被申请人未能提交商业报告在仲裁

---

① 各国法律自行规定的各种类型的实体抗辩不乏存在，公共政策作为最后一道防线也可能导致对实体的审查。

② CLOUT Case 67：Saskatchewan Court of Appeal（Vancise，Wakeling and Gerwing JJ. A.），17 September 1991.

条款中明确规定为不可仲裁事项，并驳回上诉，支持了一审法院的决定。

北京市西单商业区建设开发公司申请撤销仲裁裁决案①也涉及此种情况。但在该案中，排除的范围并不似上案如此明显，而需要通过双方之间的其他约定来确定。法院经审理认为，北京仲裁委员会应依仲裁条款及不超出仲裁协议范围审理仲裁案件。（1）本案中西单建设开发公司与龙辉公司签订的《联合建设沙子口九号楼A座协议书》中明确约定不含土地出让金，应认定关于土地出让金问题不在签约双方仲裁协议范围之内，裁决书中裁决由西单建设开发公司缴纳土地出让金，超出了仲裁协议的范围。（2）关于沙子口九号楼A座产权办理及归属问题，虽然联建协议书中第1条载明“土地所有权属西单建设开发公司所有”，第2条规定“西单建设开发公司负责将九号楼A座的产权过户给龙辉公司”，但在以后的补充协议中仲裁双方又明确约定“西单建设开发公司负责协调好与京工房地产的关系，使龙辉公司及龙辉公司的联建单位能以京工房地产的直接联建方的名义办理产权，办理产权过程中，政府收取的费用由龙辉公司承担”。该条款表明龙辉公司对西单建设开发公司不具备九号楼A座的产权是明知的，而且该条款已否定了联建协议书中关于产权归属的约定。（3）协议中的上述条款已经涉及仲裁之外的第三方京工房地产的民事权利及义务，而京工房地产不是仲裁的当事人，裁决书第三项的裁决亦应认为超出仲裁协议的范围。法院因此撤销北京仲裁委员会（1999）京仲裁字第077号裁决书裁决主文第（三）项。在该案中，法院认为裁决书超出了仲裁协议的范围，也涉及第三人的权益，应当予以部分撤销。

二、明确规定仲裁庭的职责

除了排除事项之外，仲裁协议还可能对仲裁庭的职责作出约定，明确规定其判断的方式。此时，若仲裁庭以其他方式进行审理，超出当事人的约定和授权，则可能导致裁决被不予执行或撤销。

例如，在一案②中，某人在一家保险公司投保火险。其保险单规定，

---

① （2000）二中经仲字第201号。申请人（原仲裁申请人）：北京市西单商业区建设开发公司（以下简称“西单建设开发公司”）；被申请人（原仲裁被申请人）：北京龙辉技术经济开发公司（以下简称“龙辉公司”）。See http：//www. bjac. org. cn/data/Board3. asp？ id = 170.

② ［瑞典］乌尔夫·霍尔姆贝克．瑞典的仲裁［M］．周子亚等，译．北京：法律出版社，1984：165.

如果任何一方当事人对估价者所确定的损失金额感到不满时，那“就要由三名仲裁员作出新的估价……”“这三名仲裁员的决定，或当他们意见不一致时，其中两名仲裁员所赞成的决定，对双方当事人均有拘束力。”在估价者或仲裁员所定金额的基础上，保险单又进一步规定了关于赔偿损失的办法。该人的财产因遭火灾而受到损失，估价者对其损失作了估价。该人对估定数额不满，因而指派了仲裁员。仲裁员以多数票确定了一个比先前大得多的金额并责令该公司如数偿付。该人请求行政庭下令执行这个裁决，但该公司予以抵制。行政庭认为仲裁员的职责限于对损失做估计，而命令支付所确定的金额的行动已超越交付仲裁事项的范围。

一般的仲裁条款通常只会约定仲裁庭的审理和裁决权，而不会对具体的职责作出约定。但是，应当看到，商事交易的复杂性使得目前的仲裁条款或仲裁协议也趋向于复杂，尤其在国际大型交易中，签订详尽的事后仲裁协议的可能性非常大，对仲裁员/庭行使职权的方式作出规定，也是当事人意思自治的一种表现。事实上，这也是一种当事人约定的程序规则。因此，仲裁庭在行使职责时，对于任何一种程序规则，无论其是固定的机构规则，或是当事人在仲裁协议中约定的程序规则，均应予以充分的注意。

三、关联合同

明确排除的情况较容易辩论。在某些案件中，尤其是在一些关联合同案件中，这种情况则较难认定。法院通常认为，除非异议人自己提出证据证明其主张，否则，不应认定超裁。这是与超裁抗辩的严格解释原则一致的。在外国商事仲裁裁决的承认与执行上，《纽约公约》也是如此规定的。① 在国内仲裁裁决的撤销上，法律和实践也是如此。

例如，北京中灿房地产开发公司申请撤销仲裁裁决案。② 申请人中灿公司诉称，其于1995年9月18日与山海公司签订《合作翻建房屋合同》，合同约定双方联建王府城项目。合同履行中因山海公司违约双方发生纠纷。中灿公司按约定向北京仲裁委员会申请仲裁，但北京仲裁委员会将《合作翻建房屋合同》和《北京王府城有限公司合同》一并进行了仲裁，所裁决的开办费及投资款利息均系《北京王府城有限公司合同》的内容，

---

① 《纽约公约》第5条第1款c项。

② （1997）二中经初字第1080号。申请人：北京中灿房地产开发公司（以下简称“中灿公司”）；被申请人：海南山海实业有限公司（以下简称“山海公司”）。

而《北京王府城有限公司合同》未约定仲裁条款，故北京仲裁委员会超越仲裁范围进行仲裁违反了法律规定。法院经审理认为，北京王府城有限公司是中灿公司与山海公司为王府城联建项目成立的项目公司，山海公司向该公司的投资均是为完成王府城联建项目，仲裁裁决所裁决的开办费及投资利息均是依《合作翻建房屋合同》作出的，是山海公司投资王府城联建项目的费用，且中灿公司对开办费数额已认可。中灿公司未能提供上述开办费用及投资利息是用于经营北京王府城有限公司的费用的证据，故其以此为由主张超越仲裁范围进行仲裁理由不足，不予支持。

还有一种情况，是链式合同（chain contracts）情形下的关联合同。此时，上家与下家及下家与其下家的合同，事实上属于同一标的。在下家与其下家发生争议后，仲裁庭的裁决有可能涉及下家与其上家之间的交易。例如，仲裁庭认定质量存在问题。仲裁裁决一般是终局的。那么，其认定的质量存在问题是否终局的并对下家与其上家之间的争议有约束力？一般认为，上家无法提出超裁抗辩，但可在其直接的法律程序中提出证据证明仲裁庭的认定是错误的，以此达到对抗裁决书的效果。

四、“本合同或与本合同有关”

一些仲裁条款中所常见的表述，也可能是导致当事人提起超裁抗辩的缘由。例如，标准仲裁条款如：“凡因本合同引起的或与本合同有关的任何争议，应提交×××仲裁委员会，按照申请仲裁时该会实施的仲裁规则进行仲裁。仲裁裁决是终局的，对双方均有约束力。”异议方当事人可能对“本合同引起的或与本合同有关”此类表述作狭义解释，而实践中，法院通常是作广义解释。

北京市第二中级人民法院驳回上海齿科医械厂申请撤销仲裁裁决案①涉及申请人提出的裁决超越仲裁协议中所约定的“本合同或与合同有关的”事项的抗辩。申请人申请撤销 CIETAC 上海分会 1996 年 1 月 30 日 [96] 沪贸仲字第 038 号裁决，称：三方签订的海胜利医疗器械有限公司合同中对于仲裁协议的范围限定在“仅因执行本合同所发生的或与本合同有关的一切争议”，而裁决对不属于仲裁范围内事项即“合营公司内部分工行为”进行了裁决，违反了《仲裁法》第 58 条第 1 款第 2 项之规

① （1996）二中经初字第 83 号。申请人：上海齿科医械厂；被申请人：胡俊雄、香港梵提诺发展有限公司。See http：//www.bjac.org.cn/data/Board3.asp？id＝175.

定。法院认为，裁决书中“仲裁庭意见”第二项所审理的是围绕申请人上海齿科医械厂依据合同约定就合同第14条、第19条内容提出的请求的相关事实，裁决并未超出仲裁协议约定的范围。

倘若仲裁条款只提及“本合同履行中发生的争议”，而争议涉及其他事项，则可能产生超裁。例如，在一个案件①中，仲裁条款为：“本合同在履行中如发生争议，双方应协商解决。协商不能解决的，双方同意按以下第一种（即提交北京仲裁委员会仲裁）方式解决纠纷。”法院认为，因履行预售合同所发生争议属于预售合同中的仲裁协议范围。关于配套设施的建设问题在预售合同中没有任何约定，故有关配套设施建设问题不属于仲裁协议约定的范围。本案中，仲裁庭就预售合同中没有约定的配套设施建设问题进行审理并作出裁决超出了当事人约定的仲裁协议的范围。根据《仲裁法》的规定，仲裁裁决超裁部分应当予以撤销。②

五、多种法律关系

现代商事关系往往是复杂交错的。此种法律关系可能与彼种法律关系存在因果关系，而仲裁协议本身可能并没有明确的排除或包含的规定。此时，败诉当事人可能会提出抗辩。从仲裁庭的角度，应当认清所审理的范围只限于仲裁协议的范围，其在裁决中不应就非仲裁协议所能涵盖的其他法律关系作出裁决，否则，若裁决涉及其他的法律关系，则可能影响裁决的效力。

中国租赁有限公司申请执行仲裁裁决案③涉及此种情况，一方当事人认为审理了其他法律关系而无效。法院认为，仲裁受理的当事人之间的争议属于合资企业内部股东间就债务分担问题所产生的，虽然该债务产生可能来源于另外的法律关系，但仲裁庭最后的裁决也只是就股东间的争议而作出并未就其他法律关系作出决定，其裁决的具体事项并未超出当事人之间所签订的仲裁条款约定的范围，至于裁决的内容是否合理、合法，不属于我国《民事诉讼法》第260条关于人民法院审查涉外仲裁机构裁决的范围。因而，被执行人对CIETAC深圳分会［96］深国仲结字第01号裁决书的异议不成立，应予驳回。

---

① （2002）二中民特字第04134号民事裁定书。北京城市开发集体有限责任公司房地产经营分公司申请撤销北京仲裁委员会（2002）京仲裁字第0024号裁决案。

② （2004）二中民特字第08445号民事裁定书所涉裁决书也因超裁被法院撤销。

③ （1996）深中法执字第202-1号。

但另外一个裁决则没有这样幸运。在深圳瑞丰工贸有限公司申请撤销仲裁裁决案①中，瑞丰公司提出的理由之一是：仲裁庭裁决的事项不属于仲裁协议的范围。当事人提请仲裁的依据是瑞丰公司与宝明公司于1993年3月28日所签订的《中外合作经营企业合同书》，但裁决书第三项裁决瑞丰公司应返还宝明公司已交承包金518 900港元，但瑞丰公司从未收到宝明公司承包金，合作经营合同中也没有承包条款的约定，双方也无承包协议，瑞丰公司只收到合作企业“金宝阁”酒楼租金510 643元港币，并出具正式租金发票，但该部分租金的关系是瑞丰公司和“金宝阁”酒楼的关系，与宝明公司无关。这一裁决结果没有仲裁协议约定，又没有事实依据，仲裁庭无权裁决。

法院认为：瑞丰公司第二条理由认为其从未收到过宝明公司的承包金，此属于另一法律关系，而仲裁庭裁决由瑞丰公司返还给宝明公司是超出了合作经营合同中仲裁协议约定的范围。法院认为这518 900港元不属于合作经营合同所约定的内容，而是属于租赁关系中的争议，而在相关的租赁合同中并没有仲裁条款，因而仲裁裁决中的该项内容已超出了仲裁协议约定的范围，应对裁决书中的该部分内容予以撤销。

六、“一切争议”

不过，在可能涉及多个法律关系的时候，当事人更多的时候提出的异议基于的事实，会为广泛仲裁条款（broad clause）所吸收，“一切争议”条款对于当事人提出的不同法律关系抗辩具有强大的杀伤力。例如，深圳市华丰实业有限公司申请撤销仲裁裁决案。② 2006年中国仲裁法新司法解释第2条规定：“当事人概括约定仲裁事项为合同争议的，基于合同成立、效力、变更、转让、履行、违约责任、解释、解除等产生的纠纷都可以认定为仲裁事项。”新司法解释的此条规定，在概括性约定合同争议之时，将举凡基于合同成立、效力、变更、转让、履行、违约责任、解释、解除等产生的纠纷都认定为仲裁事项。最高人民法院曾经在《关于甘肃

① （1997）深中法经二初字第19号。申请撤销人（原仲裁案被申请人）：深圳瑞丰工贸有限公司（以下简称“瑞丰公司”）；被申请人（原仲裁案申请人）：宝明国际有限公司（以下简称“宝明公司”）。

② （2000）深中法经二初字第19号。申请人（原仲裁案被申请人）：深圳市华丰实业有限公司（以下简称“华丰公司”）；被申请人（原仲裁案申请人）：天喜化工漆油有限公司（以下简称“天喜公司”）。

省乡镇第三产业公司诉德国阿丝德有限公司、香港欣季实业有限公司合作合同无效纠纷案的请示报告的复函》① 中，对“一切争议”这种概括性约定作出解释：关于“执行本合同所发生的一切争议”的理解，应当按照最高人民法院《关于适用〈涉外经济合同法〉若干问题的解答》第二部分的规定：“对于涉外经济合同法第5条所说的‘合同争议’应作广义理解。凡是双方当事人对合同是否成立、合同成立的时间、合同内容的解释、合同的履行、违约的责任，以及合同的变更、中止、转让、解除、终止等发生的争议，均应包括在内。”

1990年2月18日，华丰公司与天喜公司及天津市天津油漆厂签署了一份《合资经营深圳华通化工有限公司合同书》，三方约定成立合资企业深圳华通化工有限公司。在该合同的第20章关于争议的解决部分，三方约定：凡因执行本合同所发生的或与本合同有关的一切争议，双方应通过友好协商解决，如果协商不能解决，应提交CIETAC深圳分会根据该会仲裁程序暂行规则进行仲裁，仲裁裁决是终局的，对双方都有约束力。该合同三方签订后，经深圳市人民政府批准，成立了合资企业深圳华通化工有限公司，其后在合资企业运作过程中，几方股东间发生争议，故一方股东天喜公司根据上述合同中的仲裁条款于1998年11月6日向深圳分会申请仲裁以解决几方股东间的纷争。仲裁裁决作出后，申请人华丰公司申请撤销仲裁裁决，其理由之一是：仲裁案中的争议实质是股权转让纠纷，其不属于合同中仲裁条款约定的范围。法院认为，华丰公司、天喜公司以及天津油漆厂三方所签订的合资合同中的仲裁条款约定很明确，凡与合资合同有关的一切争议均由仲裁方式解决，现合资三方因股权转让产生纷争，其实质也是合营的三方股东在履行合资合同中所发生的纷争，股东间的纷争也是基于合资合同中的股权关系而产生，与合资合同密切相关，因而股东间争议的解决应受合资合同中仲裁条款的约束。

佳织文华贸易公司（以下简称“佳织公司”）申请撤销仲裁裁决案②中的“一切争议”条款也得到了法院的支持。申请人请求撤销仲裁委裁决书的理由之一是：仲裁委裁决的事项不属于仲裁协议范围。申请人与广州从化太平经济发展总公司（以下简称“从化公司”）签订《合作合同》，约定各方以自有资金出资成立合作公司，并约定仲裁条款。但仲裁

① 1995年10月18日，法经［1995］273号。

② （2002）二中民特字第02331号。申请人（原仲裁申请人）佳织文华贸易公司；被申请人（原仲裁被申请人）：广州从化太平经济发展总公司。

委的裁决却是关于“双方在上述以租用厂房作为出资的纠纷”。双方对不同于合同约定的所谓“出资方式”是没有约定的，故关于租用厂房的出资纠纷，不是本案合同项下的争议，不在合作合同中仲裁条款的范围之内。其并未对此“纠纷”提出仲裁请求。因合作合同而发生的纠纷没有得到仲裁委的裁决。法院查明：1990 年 4 月 21 日，佳织公司与从化公司签订关于合作经营从化富临针织厂有限公司的合同。合同中约定了合作企业的成立、生产经营目的、投资及出资方式、合作各方的责任等条款。合同同时约定，“凡因执行合同所发生的或与本合同有关的一切争议，应提交中国国际经济贸易促进委员会对外经济贸易仲裁委员会仲裁”。从化公司作为合作公司签署一方，其出资方式属合作合同约定的应当履行的义务，仲裁委就当事人争议的焦点——从化公司的出资方式进行审理，并未超出合作合同中的约定的仲裁协议的范围。故佳织公司此项撤销裁决的理由不予支持。

再如，广东省食品企业集团公司申请撤销仲裁裁决案①中，法院认为，从合资合同第 44 条的约定看，仲裁条款约定的仲裁范围是因执行合资合同或与该合同有关的一切争议，而是否终止合资合同显然属于合资合同纠纷的范畴，仲裁庭对此进行审查并未超越仲裁协议的范围。

不过，并非所有的法院都会如此解释仲裁条款。例如，金海贸易发展公司申请执行仲裁裁决案②中法院的观点，不能说其完全不具有合法性，但却失之有效解决当事人争议的本意。

该案中，法院认为，被申请执行人与申请执行人签订的《中外合作经营南澳金叶大酒店有限公司合同书》虽载有“凡因执行本合同所发生的、或与本合同有关的一切争议，双方应通过友好协商解决，如协商无效应提交中国对外经济贸易仲裁委员会，根据该会的仲裁程序暂行规则进行仲裁”，但该合作经营合同中未约定承包条款，事后签订的《南澳金叶大酒店有限公司承包经营协议书》不能认定是合作经营合同项下的内容。而承包经营协议书中无仲裁条款，且被申请执行人在申请仲裁时也没有将承包经营协议书提交仲裁，虽然申请执行人在仲裁答辩和反请求中提到被申请执行人拖欠承包利润，被申请执行人在申请执行人提出该反请求后，

---

① （1999）深中法经二初字第 169 号裁定书。申请人：广东省食品企业集团公司；被申请人：四达纸品厂有限公司。

② （2000）汕中法立仲字第 4 号裁定书。申请执行人（原仲裁案被申请人）：金海贸易发展公司；被申请执行人（原仲裁案申请人）：广东省烟草公司南澳公司。

对仲裁请求进行整理中提到该承包经营协议无效，但双方没有就上述内容达成书面的仲裁协议。依现行法律，仲裁庭的管辖必须依据书面仲裁协议，所以仲裁庭对承包经营协议书无权仲裁。[99] 深国仲结字第 101 号裁决书对不在合作经营合同项下的承包经营协议书作出裁决，该部分裁决显然超过仲裁协议的范围，具有人民法院不予执行的法定情形。法院裁定不予执行。

在另外一个案件中，最高人民法院认为，“一切争议”仅指当事人之间合资性质的纠纷，仲裁庭对不属于合资纠纷性质的当事人之间的顾问费协议进行审理并作出裁决，超出了仲裁协议的范围。因此，仲裁裁决应予撤销。①

七、实体问题不审理

虽然超裁抗辩几乎总是涉及实体问题，并且法院也很可能进行表面审理，但仍然有些法院可能基于实体问题不审理的原则，认为仲裁庭的裁决属于实体问题，不属于其审理范围。这事实上体现了法院严格解释和处理超裁抗辩的原则。只是，从案例来看，中国法院在解释上并不能完全一致，不同案件可能出现不同的情况。

例如，在路通有限公司申请撤销仲裁裁决案②中，申请人路通公司申请称：裁决严重违反程序，无权仲裁，且其裁决的事项不属于仲裁协议的范围。在仲裁程序中，仲裁庭审理认为，虽然中仪公司与路通公司订立买卖合同，但是合同项下的货物实际是易达公司的。中仪公司是基于易达公司的委托，以自己的名义代理易达公司与路通公司订立买卖合同，而路通公司是知情的。所以，仲裁庭认为路通公司应当直接向易达公司主张货款，而无权向中仪公司主张合同权利。

法院认为，在路通公司与中仪公司订立的买卖合同中，双方约定的权利义务明确，仲裁条款也是有效的。路通公司依据合同中的仲裁条款，向 CIETAC 深圳分会提起仲裁并无不妥。而深圳分会仲裁庭认为路通公司无

---

① 《最高人民法院关于辉影媒体销售有限公司申请撤销［2003］大仲字第 083 号仲裁裁决一案的请示的复函》（2004 年 9 月 14 日，［2004］民四他字第 24 号）。该案仲裁条款也是典型的合资合同仲裁条款。

② （2002）深中法经二初字第 64 号。申请人（仲裁申请人）：路通有限公司（以下简称“路通公司”）；被申请人（仲裁被申请人）：中仪万诺进出口公司（以下简称“中仪公司”）。

权向中仪公司主张该合同的权利而驳回路通公司的仲裁请求，应属于仲裁庭的实体处理问题，不属于《民事诉讼法》第260条的情形，不属于人民法院审查的范围。同理，仲裁庭认为，路通公司应当直接向易达公司要求支付货款，亦属于实体问题，不属于程序问题，亦不属于人民法院审查的范围。综上所述，仲裁庭对路通公司的仲裁请求作出支持或驳回的裁决都属于实体问题，并没有超出仲裁协议的范围，都不属于人民法院的审查范围。

法院对超裁不进行实体审理或进行实体审理，并无一致的做法。如前文所述，在审查超裁抗辩时，法院不应涉及争议的是非曲直，除非仲裁庭明显的越权，否则不应认定仲裁庭超裁。

第三节　超出仲裁请求

仲裁庭作出的裁决书，要符合双方的文书请求，针对双方争辩过的问题，即在双方提交的请求范围之内（compliance with submission），否则仲裁庭超出了其权限，裁决书也会被提出异议。①

例如，巴黎上诉法院曾认定，仲裁庭越权裁决给一方当事人的赔偿金，数额上远远超出当事人的主张。② 当事人的异议成立。

但有些时候，仲裁庭虽然对案件享有管辖权，双方的争议确系在仲裁范围之内，但仲裁庭在裁决的时候，却仍可能对请求或反请求之外的其他事项作出裁决。仲裁庭如果对此类事项作出裁决，将因为违背了当事人的意思自治构成越权裁决，从而使得裁决被成功地提起异议。如前文所述，当事人自然有权提出任何其希望提出的请求，只要其承担可能产生的后果。但是，对于仲裁员而言，仍有必要从有关的案例（尤其是成功异议的案例）中吸取一些教训和经验，以备将来能更有效地管理仲裁程序、审理仲裁案件。

本节采用与上节相同的实证研究方法，结合大量案例，对此种超裁抗辩进行例释。有必要指出的是，当事人提出的超越仲裁协议或仲裁请求的抗辩经常是笼统一并述及，或者可能名为超越仲裁协议实为超越仲裁请求。理论上归类虽有必要，但实务中并不会引起太大的分歧或增加复杂度。

① 参见杨良宜．国际商务仲裁［M］．北京：中国政法大学出版社，1997：528.

② *Paris Lapeyre v. Sauvage* (2001) Revue de l'Arbitrage 806, n. Derains.

一、多种法律关系

当事人之间存在的多种法律关系，不仅可能使得当事人对仲裁协议的范围提出异议，而且，由于其复杂交错性和不同仲裁庭在处理请求上的不同方式，当事人可能直接对裁决是否超越仲裁请求提出异议。因为存在不同的法律关系，仲裁庭的处理方式（如表述上与仲裁请求用语不完全一致）可能使得一方当事人认为，其处理了并非提起仲裁请求的那种法律关系项下的请求。必兴发展有限公司申请撤销仲裁裁决案①即涉及此种情况。该案可与上节述及的深圳瑞丰工贸有限公司申请撤销仲裁裁决案②和金海贸易发展公司申请执行仲裁裁决案③相对照。

申请人必兴公司申请理由之一是：仲裁庭所作裁决应根据当事人的仲裁请求而作出，仲裁范围在当事人请求的范围内进行。被申请人东方酒店在申请仲裁时，其仲裁请求是“清付租金”、“终止租赁关系，收回场地”，而裁决却是“支付承包合同中所约定的费用”、“终止双方签订的合作合同和承包合同”，仲裁请求与裁决结果不相对，显然，该裁决超出了仲裁范围。申请人与被申请人之间从未签订过租赁合同，双方不存在租赁关系。被申请人请求仲裁第五项所谓“终止租赁关系，收回场地”与裁决第二项所谓“申请人收回其提供给合作企业的约 2 500 平方米的场地”没有事实依据。即使存在所谓的租赁关系，也没有仲裁条款约定由 CIETAC 深圳分会进行仲裁，所作的裁决超出了仲裁范围。

法院认为，[2001] 深国仲结字第 58 号裁定书是仲裁庭依据东方酒店《仲裁申请书》和《中间裁决申请书》中的请求作出的，没有超出仲裁请求范围。东方酒店在《仲裁申请书》中的仲裁请求为“清付租金”、“终止租赁关系，收回场地”；在《中间裁决申请书》中的请求为“终止名为合作实为租赁的民事法律关系，收回场地”，该请求仲裁庭已依程序送达给了必兴公司。东方酒店和必兴公司基于合作合同和承包合同所实际履行的行为是名为合作（或名为承包），实为租赁的民事法律关系，与此相对应，东方酒店在仲裁申请中提出的“租金”的请求，实际上就是关

① （2001）深中法经二初字第 109 号裁定书。申请人：必兴发展有限公司（以下简称“必兴公司”）；被申请人：广州市东方酒店集团有限公司（以下简称“东方酒店”）。

② （1997）深中法经二初字第 19 号。

③ （2000）汕中法立仲字第 4 号裁定书。

于承包合同中所约定的费用的请求；仲裁请求中的“终止名为合作实为租赁的民事法律关系”实际上就是终止双方签订的合作合同和承包合同。且仲裁庭裁决“约定费用”的金额与东方酒店的仲裁请求中的“租金”数额是相一致的。仲裁庭认为，东方酒店有权取得承包合同中所约定的费用，该费用的取得权利不因当事人采用“承包利润”、“固定利润”、“租金”、“场租”或其他不同称谓而予以否定。由于必兴公司在承包合同中已明确承诺，独立承担其对合作企业独立经营管理活动过程中发生的一切税费和债权、债务，因此，即使在必兴公司独立经营管理合作企业期间合作企业未能盈利，也没有充分的理由可以借此排除东方酒店取得承包合同所约定费用的权利。[2001]深国仲结字第58号裁决书是仲裁庭依当事人的仲裁请求作出的，不存在必兴公司所称的“超出仲裁范围”的情形。故必兴公司认为[2001]深国仲结字第58号裁决书存在超裁的理由不能成立。

二、“一切争议”

如上文所称，“一切争议”条款对于超裁抗辩有非常大的杀伤力，即使在多种法律关系中亦是如此。深圳经济特区房地产（集团）股份有限公司申请撤销仲裁裁决案①涉及多种法律关系的抗辩，而法院在“一切争议”条款的基础上认定，没有超出仲裁请求的范围。

1991年12月21日，深房公司、巨邦公司和新峰公司在深圳市签订了《合作经营深圳市竹园企业有限公司合同书》（以下简称“合作合同”），约定合作经营深圳市竹园企业有限公司。合作合同还明确规定，凡因执行本合同所发生的或与本合同有关的一切争议，应提交CIETAC深圳分会根据该会仲裁规则进行仲裁。2000年3月24日，巨邦公司根据上述合作合同中约定的仲裁条款，对合作合同争议一案，向CIETAC深圳分会申请仲裁。

裁决作出后，申请人深房公司申请撤销仲裁请求。法院认为：本案所涉及的合作合同中有明确的仲裁条款，仲裁裁决的事项属于仲裁协议的范围……申请人深房公司称仲裁庭在裁决书中认定将深房公司替新峰公司出资投入酒店公寓建设的三千余万资金作为深房公司对合作公司的债权，是

① （2001）深中法经二初字第136号裁定书。申请人：深圳经济特区房地产（集团）股份有限公司（以下简称“深房公司”）；被申请人：深圳市巨邦企业总公司（以下简称“巨邦公司”）、新峰企业有限公司（以下简称“新峰公司”）。

违反仲裁程序，因为该事项仲裁庭无权裁决。法院认为，深房公司替新峰公司出资投入酒店公寓建设的三千余万资金归属问题，是在本案的三方当事人履行合作合同过程中产生的纠纷，在本案仲裁协议要解决的纠纷范围之内，仲裁庭对该纠纷有权仲裁，同时，该纠纷也是三方当事人在本案仲裁的争议焦点之一，仲裁庭对该事项进行裁决并未超出当事人申请仲裁的范围，故仲裁庭对该事项进行裁决并无不妥。

国际上对此类条款的解释亦是如此。通常认为，审查仲裁裁决的标准是一种保留了当事人所选择法院的自主性并最小化司法干预的标准。在 *Quintette Coal Limited v. Nippon Steel Corp. et al.* 案①中，涉及当事人提出超越仲裁请求的抗辩。该案中，Quintette 是一家加拿大公司，同意向被申请人日本一家公司供应某种货物。它们之间签订的协议规定，任何合同争议应依不列颠哥伦比亚法律提交至有约束力的仲裁解决。因此，关于规定定价模式的合同条款解释的争议被提交仲裁。仲裁庭作出裁决。Quintette 依据加拿大国际商事仲裁法采纳的 UNCITRAL 示范法第 5 条和第 34 条，寻求撤销裁决，理由是仲裁员由于处理了未提交仲裁的事项而超越了管辖权。上诉院支持了下级法院的认定，维持了裁决。法院注意到了限制司法对商事仲裁干预范围的世界性趋势。裁决依合同条款可以是具有正当理由的，故此法院依据不列颠哥伦比亚法律第 34(2)(a)(iv)条(与 UNCITRAL 示范法第 34(2)(a)(iii)条相同)不进行干预。

三、对未正式提出的反请求作出裁决

倘若被申请人未提出反请求，或未正式提出反请求，而只是将其作为一种抗辩，或是在抗辩中提出其所享有的权利，此时，仲裁庭应当慎重考虑，避免将未请求事项进行裁决。

中国台湾地区一地方法院撤销仲裁裁决案②中，裁决涉及对当事人未请求的事项作出判断。该案的基本案情是：原告向被告标得供应泰国进口高粱 5 000 公吨，卖与被告，并约定任何因契约或有关契约或其解释或履行所生之争执可以经由仲裁解决之，该仲裁地点应在台北，依照中国台湾“仲裁法规”进行。另有原告缴付被告履约保证金 57 450 元，约明于同年

① CLOUT Case 16: British Columbia Court of Appeal (Hutcheon, Proudfoot and Giggs, JJ. A.), 24 October 1990; (1994) XIX Yearbook Commercial Arbitration, at 259-259.

② See http://www.bjac.org.cn/data/Board3.asp? id=182.

5 月 15 日装船，随后原告以被告违约不履行，反向原告表示终止买卖契约，并没收保证金，乃请求中华商务仲裁协会仲裁判断违约之原因在于被告，并请求被告返还已没收之保证金，该仲裁协会所为之仲裁判断为“确认申请人（即本案原告）违约不履行与相对人（即本案被告）5 000 公吨高粱买卖契约，相对人应返还申请人新台币 436 620 元，申请人契约申请驳回”。原告申请撤销仲裁判断。

法院认为：契约之不能履行，可能当事人一方违约，可能双方均违约，亦可能系因不可归责于双方之事由而致不能履行，亦即双方均未违约。原告请求仲裁，确认被告违约，被告应返还履约保证金新台币 2 183 100元，并自没收日起计算利息，另赔偿新台币 2 183 100 元。二者间因仲裁契约标的所生之争议为被告是否违约及应否返还履约保证金及赔偿损害与原告，如被告未违约，并不能认定原告当然违约，得没收保证金及无赔偿责任。原仲裁判断对原告未请求事项作判断并判原告违约，得没收履约保证金，并认违约金约定数额过高酌减部分而判令被告返还原告新台币 436 620 元，自为原告请求仲裁以外之仲裁判断，相当于诉外裁判，亦即仲裁判断与仲裁契约标的之争议无关，原告据此请求撤销该仲裁判断，为有理由。

在北京欣正物业管理有限责任公司（以下简称“欣正物业公司”）申请撤销北京仲裁委员会（2004）京仲裁字第 0323 号裁决案①中，法院认为，欣正物业公司作为仲裁申请人对被申请人国信智林开发公司所欠 2002 年 12 月、2003 年 6 月、2004 年 1 月、2004 年 2 月和 2004 年 3 月的租金及物业管理费提出仲裁请求，国信智林开发公司对所承租面积提出异议，认为承租面积不足，在已经给付的 22 个月的租金中有多给付的情况，并进一步提出应将多给付的租金抵消欣正物业公司主张的 5 个月的租金。国信智林开发公司有关抵消的上述主张，应属于仲裁反请求的内容，在国信智林开发公司未提出仲裁反请求的情况下，仲裁庭对此作出裁决，构成无权仲裁的情形，应予撤销。

不审理未提出的请求，即“不告不理”的原则，也同样适用于仲裁。无论是增加的请求或反请求，如未正式提出，则不应裁决，否则，亦为超出仲裁庭的权限。但也应注意到，增加的请求或反请求并不一定须以单独的文件提出方为正式提出，它完全有可能包括在当事人提交的其他书面文件中，只要当事人明示的将其表明为请求，则亦构成仲裁庭可以审理的事项。

---

① （2004）二中民特字第 12319 号民事裁定书。

第四节　超出申辩内容

在仲裁中，有时会出现一些“自说自话”的现象：申请人说的是A、B、C问题，被申请人并没有针对这些问题进行抗辩，相反，被申请人说的是另外的E、F、G问题。而仲裁庭虽然作出了裁决，却是在对H、I、J问题进行分析的基础上作出的。这当然不能说明仲裁庭是有效率的。就裁决而言，某些情况下，裁决所依据的法律适用或者裁决理由，并非任何一方当事人所提出的内容。这种情况虽然罕见，但并非没有，尤其是在法律适用上。此外，还包括其他情况。例如，一方主张违约，仲裁庭虽然最后确认违约，但违约的理由并非该方当事人提出的理由；或者虽然没有任何一方提出时效的问题，仲裁庭却依据时效提出了问题；或者一方要求终止合同，但最后终止合同的理由并非该方提出的理由。

应当指出的是，超裁虽然可能涉及实体问题，但很多国内法以及《纽约公约》和UNCITRAL示范法所称的超越管辖权仅仅是程序性的，对其审查不涉及争议实体问题的是非曲直，尤其是对于适用这些法律或公约的国际商事仲裁的审查。① 这也是法院实践中通常采取的做法。不过，有原则就有例外，仍然有一些案例可能被成功地提出异议，即使异议的理由并非超裁抗辩，而是其他的，如正当程序抗辩，或公共政策抗辩，或者国内法规定的其他的抗辩。

一、没有适用当事人选择的法律

裁决可能是依据当事人选择法律之外的法律或法律原则作出。如仲裁地没有任何强制法规禁止当事人选择解决争议应适用的法律，则若仲裁庭不适用当事人选择的法律作出实体裁决，仲裁庭一般被认为有违规行为或超越了管辖权，除非仲裁庭所适用的法律系依仲裁地程序法必须适用的强制性规范。一旦出现仲裁庭适用他种法律的情况，裁决将以超越管辖权或仲裁员以违反授予其职权的方式作决定为由予以撤销，如比利时、荷兰、法国、英国等国即如此。② 而瑞士、德国等国则求助于公共秩序，按照

① 参见宋连斌．国际商事仲裁管辖权研究［M］．北京：法律出版社，2000：230.

② 比利时司法法典第1704条第2款d项；荷兰仲裁法第1065条第1款第3项；法国民事诉讼法典第1502条第3款；1996年英国仲裁法第68条第2款第2、5项。

UNCITRAL 示范法似乎也只能以公共秩序为撤销裁决的理由,① 很多国家的法律对此种情形没有明文规定，求助于公共秩序可能成为唯一的选择。

在中国,《民事诉讼法》第 260 条第 1 款关于撤销或不予执行涉外仲裁裁决的理由中，没有任何一点可被解释为适用于此种情况。但是，依据公共秩序保留的原则，虽然若此种不适用法律可被解释为严重违反了社会公共利益（公共秩序)，则即便该条对涉外仲裁裁决的审查未规定公共秩序，也不意味着中国在这一点上放弃了公共秩序。对于中国国内（无涉外因素）仲裁裁决的审查，当可求助于公共秩序。

在德国申请执行的一宗案件②中，涉及此种抗辩。在一买卖汽车的交易中，B 银行发出以 A 银行为受益人的银行保函。保函规定："本保函应受国际法管辖。担保人同意产生于本保函的任何法律程序应向巴黎的国际商会提出。"其后，B 银行拒绝付款。A 银行启动国际商会仲裁程序。裁决有利于 A 银行。A 银行在德国申请执行。B 银行认为，仲裁庭适用商人法（*Lex mercatoria*)，超越其权限。汉堡法院驳回此异议理由，裁定执行。

法院认为：

"依照 1961 年《欧洲国际商事仲裁公约》第 5 条第 1 款第一句后半句以及第 2 款第一句后半句，仲裁庭因适用商人法而超越其管辖权的异议必须被驳回。适用何种法律的问题，保函中规定适用'国际法'，这个问题双方当事人在仲裁程序中已经讨论过……在仲裁中，被告 B 银行仅对 A 银行提出此种异议，即不存在确定银行保函内容的国际实体法，因此，当事人未对适用于实体的法律（法律选择）作出决定。商人法不是可以作为适用法律的综合法律制度。

仲裁庭拒绝了此种异议，认为当事人的约定隐含着适用国际贸易惯例以及国际贸易法的一般法律原则的意思。因此，各方对（所谓）仲裁庭越权问题直接进行辩论。B 银行应当在仲裁程序中已经提出此异议，因为双方对法律选择条款的解释存在相互矛盾的观点。在执行程序中，这种异议是不适时的，并且不再可采信。"

法院并且认为：

"此外，在本案中，处理所谓的越权异议，将导致重新审查法律条款

---

① 德国民事诉讼法典第 1041 条第 1 款第 2 项、瑞士国际私法法第 190 条第 2 款第 5 项、UNCITRAL 示范法第 34 条第 2 款 b 项。

② 18 September 1997-Landesgericht [Court of First Instance], Hamburg; (2000) XXV Yearbook Commercial Arbitration, at 641-1164.

的解释，并间接重新审查仲裁裁决有关实体问题的正确性。”

不适用当事人选择的法律，有可能是当事人没有选择，也有可能是当事人未能达成一致。而其结果除了仲裁庭适用其他法律之外，还可能出现友好仲裁的问题。如果不是当事人协议的结果，则仲裁庭不能进行友好仲裁，这是允许友好仲裁的国家和国际组织的仲裁机构的一致规定，UNCITRAL示范法第28条第3款亦如此。仲裁庭作出裁决但没有适用任何国内法，如果这是当事人协议的结果，一般不会被认为有什么不妥，不少国家允许仲裁员在当事人明示同意的情况下依公允及善良原则进行友好仲裁，当事人可协议适用商人法（*lex mercatoria*, law merchant）、一般法律原则乃至国际法等。如ICSID的仲裁正是如此。① 比利时司法法典第1700条规定，仲裁员应按法律规则作出裁决，当事人有相反约定者除外。《欧洲国际商事仲裁公约》第7条也规定：如当事人决定且仲裁员依仲裁所适用的法律可以进行友好仲裁时，仲裁员即可进行友好仲裁；无论何种情况，仲裁员均应考虑合同条款和商业惯例。1996年英国仲裁法第46条规定，仲裁庭应依当事人选择适用于争议实体的法律解决争议；或者如果当事人同意，按照其所同意或仲裁庭决定的其他类似因素解决争议。这表明，根据双方当事人的约定，非国内法规则和非法律标准的适用直至友好仲裁的进行依英国仲裁法是可能的。

二、显然漠视法律

仲裁员显然漠视法律（manifest disregard of the law），裁决可被撤销，这是美国第八巡回上诉法院创设出的超裁的一个例外形式。这一概念由美国最高法院在著名的 *Wilko v. Swan* 案中首次提出：仲裁员没有以显然漠视法律方式行事之权限。但法官没有解释其含义。虽然《美利坚合众国仲裁法案》所列举对裁决进行司法审查的理由不包括显然漠视法律，但此后又有一系列案件涉及于此。但迄今为止，这一概念的含义尚有争论，一般认为，仲裁员清楚并正确陈述法律却无视该法律，构成显然漠视法律。在 *San Martine Company de Navegacion, S. A. v. Saguenay Treminals Ltd.* 案中，第九巡回法院认为，单纯的法律错误或仲裁员不知道法律不构成显然漠视法律，而仲裁员知道并正确陈述了法律却无视于它才构成显然漠视法律。尽管如此，为保持仲裁制度的优势，美国的判例亦表明，法院按符合有利于商业交往的目的严格适用显然漠视法律原则，裁决明显错误解释

---

① 《解决国家与他国国民间投资争端公约》第42条。

法律、裁决违反公共政策、裁决不附具理由等情况不产生显然漠视法律的问题，如仲裁员有合理的根据无视法律亦不应被认定为显然漠视法律。

今天，显然漠视法律在美国通常已经不再被认为是一项阻碍涉外仲裁裁决执行的理由。在 *Brandeis Intsel Limited v. Calabrian Chemicals Corporation* 案①中，一个地区法院明确拒绝把显然漠视法律作为《纽约公约》下不执行外国裁决的理由。诚然，将主观和模糊的标准引入裁决的司法审查领域，将迫使仲裁庭趋于不必要的保守，② 并最终不利于仲裁的发展。

三、时效

仲裁庭是否可主动适用时效问题，曾存在争论，有人认为仲裁庭可以主动适用时效，无须当事人主张。不过多数人认为法院无权主动适用诉讼时效。应当认为，仲裁庭不能主动适用时效。仲裁庭虽然不是法院，但法院不能主动援用诉讼时效是绝大多数国家的通例。例如，法国民法典第2223条规定：法官不得主动援用时效的方法。日本民法典第145条也规定：除非当事人援用时效，法院不得根据时效进行裁判。瑞士债务法第142条也规定：审判官不得以职权调查时效。

四、主动调查

有些仲裁机构的仲裁规则规定，仲裁庭如认为必要时，可以自行调查事实，收集证据。③ 例如，CIETAC 仲裁规则规定：仲裁庭认为必要时，可以自行调查事实，收集证据。北京仲裁委员会仲裁规则也明确规定：当事人申请且仲裁庭认为必要时，可以自行调查事实、收集证据；当事人可以对仲裁庭收集的证据提出质证意见。④ 但这种主动调查，是否会超出当事人申辩的范围，从而为当事人将来提出异议留下口实？应该认为，仲裁规则是当事人通过仲裁协议选定的，已经合并进入仲裁协议。如果仲裁规则作此规定，那么，应认为当事人已经同意授权仲裁庭在必要时主动调查。此时，并不构成超越授权或越权裁决的情况。但应当注意，仲裁庭取

---

① 656 F. Supp. 160, 164. (SDNY1987).

② 参见宋连斌．国际商事仲裁管辖权研究［M］．北京：法律出版社，2000：234.

③ 2005年5月1日起施行版本，第37条。

④ 2004年3月1日起施行版本，第30条。

得的证据也需要经过双方当事人的质证。

第五节　裁决涉及第三人

除了不多见的例外，仲裁中并不存在第三人，因为，“只有合同的当事人才能成为仲裁的当事人”（only a party to the contract can be party to the arbitration），① 这是广为接受的原则。一些国家的仲裁法或者商事仲裁机构仲裁规则，对仲裁第三人作出规定，虽然这种规定并不是很普遍。比如荷兰仲裁法规定了三种第三人参加仲裁的情况：② 一是第三人与仲裁程序的结果有利害关系的，可以自行申请并经仲裁庭同意，参与仲裁；二是一方当事人向第三人索赔，可以申请第三人参与仲裁；三是第三人根据与仲裁协议当事人之间的书面协议，可以参与仲裁。在上述三种情况下，一旦仲裁庭准许第三人参与仲裁程序，第三人即成为仲裁程序的一方当事人。比利时于1999年5月19日修改、1998年8月17日开始生效的仲裁法规定：仲裁的一方当事人可以要求第三方参加仲裁程序。第三方也可以自动请求加入仲裁程序。仲裁庭必须一致接受第三者的加入。而且，原先的当事人和新加入的当事人必须签订一份仲裁协议。有些仲裁机构的仲裁规则中也规定了第三人。如日本商事仲裁协会商事仲裁规则之规则26、规则40。规则40（加入仲裁程序）规定了第三人参加仲裁的条件：（1）第三人同意；（2）当事人同意；（3）仲裁庭同意。只有同时满足这三个条件，按照该仲裁协会的规则，第三人才可能参与仲裁。而规则26则规定第三人参加仲裁时的程序上相应的变动。

但即使明确规定了仲裁第三人制度的国家，对于第三人参与仲裁，各国一般给予严格限制，需要该第三人与仲裁当事人达成一致意见，甚至还需要仲裁庭同意。本节所述的第三人，与上述参与仲裁程序的第三人有所不同；本节所述第三人并未参加仲裁程序，但其利益却直接受仲裁裁决调配。应当认为，此种裁决系超出仲裁庭授权的裁决：当事人未授权仲裁庭裁决第三人的利益，第三人也未授权仲裁庭裁决其利益。

在裁决涉及第三人且第三人对裁决提出异议时，抗辩应属仲裁协议抗辩与超裁抗辩的竞合，而其本质则是一样的。

---

① 参见刘振江．国际民事诉讼法原理［M］．北京：法律出版社，1985：149.

② 荷兰仲裁法第1045条。

美国杰拉德金属公司申请承认英国伦敦金属交易所仲裁裁决案①中，裁决涉及非仲裁协议的当事人。法院以超裁为由，作出部分不予承认的裁定。该案裁定同时还涉及法院以裁决事项无法区分作出部分不予执行的情形。

该案中，申请承认人（原仲裁申请人）美国杰拉德金属公司，被申请承认人（原仲裁被申请人）芜湖冶炼厂和芜湖恒鑫铜业集团有限公司（以下简称"芜湖恒鑫公司）。2002年11月25日，申请承认人杰拉德公司向安徽省高级人民法院提出申请，请求承认由英国伦敦金属交易所仲裁庭2002年5月23日所作的仲裁裁决。被申请承认人芜湖冶炼厂于2003年1月27日向安徽省高级人民法院递交了对该仲裁裁决不予承认及执行的抗辩请求。被申请承认人芜湖恒鑫公司于2003年1月27日也递交了异议书，认为：该公司不是本案合格的被执行人，请求依法驳回杰拉德公司将该公司列为被执行人的申请。其理由是：该公司与杰拉德公司之间没有发生过货物买卖业务，从未发生过货物买卖纠纷，更未参与过仲裁活动。该公司与芜湖冶炼厂没有任何产权或股本关系，杰拉德公司将该公司列为被执行人没有法律和事实依据，系滥用诉权行为。

安徽省高级人民法院经审查认为：依据本案所涉仲裁协议，芜湖恒鑫公司不是仲裁协议的当事人，却被仲裁庭列为被申请人，但裁决书未说明将芜湖恒鑫公司列为被申请人的事实和理由，而且杰拉德公司至今也未提供证据证明芜湖恒鑫公司与芜湖冶炼厂为同一实体或存在某种关联关系，以至于能够将芜湖冶炼厂与杰拉德公司交易的行为视为芜湖恒鑫公司的行为。在裁决书中，除"被申请人芜湖冶炼厂应在2002年5月31日英国夏时制下午5时之前向申请人杰拉德公司支付金额5 725 613.46美元（伍佰柒拾贰万伍仟陆佰壹拾叁美元零肆拾陆美分），加上自裁决之日起至付清该金额和最终解决本争议事项中向仲裁庭提出的所有索赔之日止按6个月期伦敦银行同业拆放利率加2.5%利率计算的该金额的利息"部分表明了被申请人为芜湖冶炼厂外，裁决其他处所提到的"被申请人"均未指明是芜湖冶炼厂还是芜湖恒鑫公司。由于该裁决书将芜湖冶炼厂和芜湖恒鑫公司同时列为被申请人，义务主体又指代不明，而且根据杰拉德公司提供的证据，并非所有仲裁程序上的通知均发往了芜湖恒鑫公司，该仲裁庭对杰拉德公司与芜湖恒鑫公司之间所谓的买卖合同纠纷所作裁决，显然已超出了本案仲裁协议的范围，违反了《纽约公约》第5条第1款b项规定，

① 安徽省高级人民法院（2002）皖民二他字第10号民事裁定书。

存在部分不予承认的情形。

法院认为，根据《纽约公约》第5条第1款b项之规定，仲裁事项超出仲裁协议范围的，应不予承认及执行。而该条文但书部分又规定：如果仲裁庭有权裁决的部分与超裁的部分是可分的，则有权裁决的部分应予以承认及执行。从本案仲裁裁决书的最终裁决结果部分看，被申请人已明确为芜湖冶炼厂，并裁决其单独承担责任：即"被申请人芜湖冶炼厂应在2002年5月31日英国夏时制下午5时之前向申请人杰拉德公司支付金额5 725 613.46美元（伍佰柒拾贰万伍仟陆佰壹拾叁美元零肆拾陆美分），加上自裁决之日起至付清该金额和最终解决本争议事项中向仲裁庭提出的所有索赔之日止按6个月期伦敦银行同业拆放利率加2.5%利率计算的该金额的利息。"该部分裁决中，"5 725 613.46美元的金额及自裁决之日起至付清该笔金额时的利息"能够确定并与超裁部分是可分的，仲裁庭有权裁决，经审查亦不存在其他不应予以承认的情形，因此对于该裁决内容应予承认。但该部分裁决中所称的"最终解决本争议事项中向仲裁庭提出的所有索赔之日止"包括了移送案件和裁决的费用以及相关的保证金，由于该部分内容以及其他使用"被申请人"称谓表明应该承担责任部分的裁决未明确区分芜湖冶炼厂及芜湖恒鑫公司应承担的责任，因此，法院对于仲裁庭有权裁决部分和超裁部分亦无法区分，故该部分裁决不应予以承认。

上述案件是超裁抗辩的典型案件。法院依《纽约公约》进行的分析及其结论是正确的。当然，安徽省高级人民法院在作出此裁定前，也依报告制度向最高人民法院作了请求。上述意见也是最高人民法院的意见。①

美国纽约南区法院1989年判决的 *Fiat, S. p. A. v. Ministry of Finance and Planning of Republic of Suriname* 案也是此类型的案件。法院认定仲裁庭超越权限，因仲裁庭裁决约束了仲裁协议并未明确涵盖的非签字方。②不过，关于非签字方是否一定为不受仲裁协议约束的第三人，答案是并非如此。在 *International Paper Company v. Schwabedissen Maschinen & Anlagen*

① 最高人民法院关于美国GMI公司申请承认英国伦敦金属交易所仲裁裁决案的复函（2003年11月12日，［2003］民四他字第12号）。

② See Aksen, G. & Dorman, W.S. Application of the New York Convention by United States Courts: A Twenty-year Review (1970-1990) [J]. The American Review of International Arbitration, 1991, 2 (1): 82.

GmbH案①中，美国联邦第四巡回上诉法院注意到，即使在《纽约公约》第2条第1款和第5条第1款a项的前提下，源于普通法的合同法和代理法原理的五种理论仍为非签字方受仲裁协议约束提供了基础。这五种理论是：(1) 援引；(2) 假定；(3) 代理；(4) 揭开公司的面纱/代办人原则；(5) 禁止反言。上诉法院认定 International Paper Company 被禁止对仲裁庭作出的于其不利的裁决的执行进行反对，因为其请求完全是基于含有仲裁条款的合同所提出的。

如前所述，在涉及第三人时，超裁抗辩与仲裁协议竞合，通常让位于仲裁协议抗辩。因为此时，对当事人而言构成超裁抗辩的事由，事实上更是对无仲裁协议的第三人的裁决，构成其在执行时可提出无仲裁协议的抗辩。在外国裁决的执行程序中，可依据《纽约公约》提出，而在其他执行或撤销程序中，可依据相应的法律提出异议。荷泽地区仁达购销服务公司曹县分公司诉海峰投资发展有限公司和李延泰执行 CIETAC 裁决案②也涉及非仲裁协议当事人且未参与仲裁程序的第三人。在该案中，两个被申请人对债务承担连带责任，但李延泰未与申请人签订仲裁协议，也未参与仲裁程序，仲裁庭却裁决李延泰应承担连带责任。在执行程序中，李延泰就仲裁庭对其管辖权提出异议，法院予以支持，因而撤销了对李延泰所发的执行令。深圳天俊实业股份有限公司（以下简称“天俊公司”）申请撤销福华（深圳）地产发展有限公司（以下简称“福华公司”）与利是佳发展有限公司（以下简称“利是佳公司”）之间的裁决书案情况也类似。③

---

① 206 F. 3d 411, 418 (4th Cir. 2000).

② 广东省深圳市中级人民法院（1995）深中法仲执审字第101号民事裁定书。

③ 广东省深圳市中级人民法院（1995）深中法执审字第192号通知书、(1996) 深中房初字第006号，广东省高级法院（1996）粤民终字第90号。三家公司签订了《合作建房合同》，福华公司与利是佳公司因分摊工程费发生纠纷，福华公司根据合同中的仲裁条款申请仲裁并获得有利的裁决，天俊公司申请撤销裁决，法院认为三公司之间没有有效的仲裁条款，且天俊公司不是仲裁程序的当事人，遂驳回其申请。

第六章 裁决效力抗辩

裁决效力抗辩通常在承认与执行程序中出现,① 指以裁决不具有约束力、被撤销或中止为由，对裁决的承认和执行提出抗辩。众多的立法和公约均对此项裁决效力抗辩作出规定。例如，依《纽约公约》第 5 条第 1 款 e 项的规定，如裁决对各方尚无拘束力，或已经裁决地所在国或裁决所依据法律的国家主管机关撤销或停止执行的，构成裁决不予执行的理由。通常情况下，具有此种情况，裁决应依《纽约公约》第 5 条不予承认和执行。但由于存在第 7 条更优惠权利条款，一国可能基于对裁决执行更优惠的国内法或条约的规定，执行外国已经撤销的仲裁裁决。另外，依《纽约公约》第 6 条规定，如裁决已经向有权机关申请撤销或停止执行，受理援引裁决案件之机关可在认为适当的时候，延缓关于执行裁决的决定，并可依请求执行一方当事人的申请，命令被申请执行人提供适当的担保。但以裁决效力为由，对执行裁决提出抗辩，在目前支持仲裁的大环境下，也可能不足以成功阻止裁决的承认和执行，如被撤销裁决并不一定不能得到执行。裁决效力抗辩较常见于国际商事仲裁裁决的承认和执行。在国内商事仲裁中，裁决一经撤销，本国法院应承认其既判力。本章探讨裁决效力抗辩的法律和实践。

第一节 一般问题

《纽约公约》规定的第 5 条拒绝承认和执行的理由如下：“（e）裁决对当事人还没有约束力，或者裁决已经由作出裁决的国家或据其法律作出裁决的国家的管辖当局撤销或停止执行……”② UNCITRAL 示范法第 36

① 在撤销程序中通常不会出现裁决效力抗辩。但是，假设在仲裁地进行的仲裁并不适用仲裁地的程序法，理论上可能出现两个地方的法院均有撤销权的情况。此时，也可能出现当事人提出了此种抗辩的情形。

② 《纽约公约》第 5 条第 1 款 e 项。

条也对拒绝承认或执行的理由规定如下：“（e）裁决尚未对当事各方具有约束力，或作出裁决的国家的法院，或根据其法律作出裁决的国家的法院已将裁决撤销或中止……”①

上述国际立法首先规定了裁决对当事人没有约束力的情形。但如何判断裁决是否具有约束力？是自动具有约束力还是需要由第三方认定其约束力？谁来证明？

1927年《日内瓦公约》规定：“(d)裁决在其作出地国已是终局的。”②该规定虽然极为简单，但导致了被称为“双重许可”(double exequatur)的问题。依据《日内瓦公约》，寻求执行方需要证明裁决在作出国是终局的，因此事实上导致其需要在该国也寻求许可。在一些国家，一项裁决仅在其当地法院已同意执行的情况下，无论是通过许可还是其他方式，才被承认是终局的。这意味着，在这些国家，为了表明裁决的终局性，首先必须获得裁决作出地国法院的许可。然后，为了执行裁决，还必须从执行地国法院获得另一个许可。③ 为了避免这种情况，多数国际仲裁规则都规定，裁决是终局的，并对当事人具有约束力。④

《纽约公约》的相关规定在避免《日内瓦公约》所产生的双重许可上前进了一大步。依《纽约公约》，裁决只需具有约束力即可。而依《日内瓦公约》，倘若国内撤销程序或其他可以抗辩裁决效力的程序尚未进行，则裁决不是“终局的”，是不具有执行力的。“约束力”一词是起草《纽约公约》时的一种妥协的结果，在不予执行上较之《日内瓦公约》要求更为严格。如果裁决尚可能受制于其他程序（例如撤销程序），不意味着裁决不能依《纽约公约》执行；除非裁决已被撤销。

然而，一些国内法院仍然认为，结合裁决所适用的法律并依据该法来看其是否“有约束力”是必要的。⑤ 事实上，对于该规定采纳与否，曾产生旷日持久的讨论，今天对此法院以及实务界依然有很多不同的

① UNCITRAL示范法第36条第1款e项。

② 《日内瓦公约》第1条d项、e项。

③ 参见国际商事仲裁法律与实践［M］. 林一飞，宋连斌，译. 北京：北京大学出版社，2005：471.

④ 例如，UNCITRAL仲裁规则第32条第2款。

⑤ See Van den Berg. The New York Arbitration Convention of 1958［M］. Kluwer, 1981：87，88.

观点。①

排除双重执行许可是讨论《纽约公约》时的一般看法。② 使用“有约束力”一词是各国妥协的结果。最初，各国也均同意寻求执行裁决的当事人无须证明裁决是可执行的；被执行人应证明裁决依作出国或所适用的法律国的法律，尚不具可执行性。但对于何种裁决是终局的，各国未达成一致。在最后的文本中，联合国大会避免采用“终局”一词（因其与双重许可有密切联系），而是采用了“有约束力”一词，这样各缔约国可以达成一致。有学者认为，在对裁决约束力的理解上，许多判决并不按照裁决作出地的程序法来进行，而是依照公约的规定，也就是说，除非依特定法（如关于允许执行的法律）可执行性的条件得到满足，否则，裁决不被认为是有约束力的。公约中该规定的解释因此被认为是独立于该特定法。这样，在相关解释上存在巨大的差异。学者认为，为了避免差异，并且便利裁决的承认和执行，有必要更为精确地界定“有约束力”，并对第5条第1款e项的相关规定提出了修改的方法：仅在撤销或中止的决定是在裁决地国作出时；或者如果裁决不得在承认国进行实体上诉或进行其他一般的上诉。③

应当认为，除非有相反规定，裁决一经作出，即自动具有约束力。申请执行人无须再去证明该裁决是有约束力的。被申请执行人如有异议，应当举证证明裁决不具有约束力。这是与支持仲裁的国际大环境相衬的。

裁决效力抗辩的另外一个方面是提出裁决已被撤销或中止。通常而言，裁决被其他法院撤销或中止，不能得到执行，其理由可能是出于法律的明文规定（如《纽约公约》），也可能是出于国际礼让（国际仲裁），或者维护国内司法的统一（国内仲裁）。但是，最近的情况表明，仲裁裁决被撤销或中止，并不必然导致裁决不具有执行力，尤其在国际商事仲裁中。

在外国仲裁裁决的承认和执行方面，《纽约公约》没有限制裁决作出国或依其法律作出裁决的国家撤销或中止执行的理由。在撤销理由上各国

① See Jacques El-Hakim. Should the Key Terms Award, Commercial and Binding be Defined in the New York Convention? [J]. Journal of International Arbitration, 1989, 6 (1): 161-170.

② 不过，美国以及拉丁美洲的一些国家一开始并不支持排除双重许可。

③ See Jacques El-Hakim. Should the Key Terms Award, Commercial and Binding be Defined in the New York Convention? [J]. Journal of International Arbitration, 1989, 6 (1): 161-170.

的不一致性导致了已撤销裁决的执行；一国对于国内法规定的本国的要求，在其他地方的法官和律师看来，不足以动摇国际仲裁裁决的效力。① 法国、比利时、奥地利和美国法院均已有承认和执行仲裁地法院已撤销仲裁裁决的案例，② 其理由有二：第一，《纽约公约》第5条的用语是任意性的，而不是强制性的；公约的英文本规定，执行法院"可以"拒绝承认和执行，而不是"必须"拒绝承认和执行。第二，《纽约公约》第7条承认可能具有裁决可据以得到承认和执行的更优惠的规定。③ 在存在第7条更优惠权利的情况下，国内法未规定裁决撤销作为不予执行的理由，或者有其他有利执行裁决的规定，则裁决效力并不受影响。

在此有必要提及中国仲裁立法和实践在这方面存在的问题。中国法院可能遇到的执行程序中的裁决效力抗辩可能有两种：一是在外国裁决的承认和执行程序中提出，二是在内国裁决的执行程序中提出。前者通常主要依《纽约公约》进行，而后者则依仲裁法及民事诉讼法的相关规定提出。中国的法律并无规定已无约束力或已撤销裁决不能执行。这就意味着，在外国裁决的承认和执行程序中，也可能存在执行已撤销裁决的情况；在内国裁决的执行程序中，当事人也可能提出执行已撤销裁决，理由是法律并无规定不能执行。针对此情形，有两种建议：一是改革内国裁决的不予执行制度，使当事人在其与撤销制度之间只能选其一进行；④二是在不予执行事由中，增加裁决不具约束力、已撤销或中止的抗辩，防止一方请求执行已无效力的裁决，也节省司法资源。对同一国家而言，既判力应当得到普遍的、当然的尊重。事实上，国内法的这种规定，对于防止外国仲裁裁

---

① 参见国际商事仲裁法律与实践［M］．北京：北京大学出版社，2005：485．对于《纽约公约》容许的本国要求，国际商会仲裁院前秘书长称之为："迄今为止阻碍仲裁得到真正的国际化的一个坚固壁垒，因为裁决作出国适用于纯国内裁决的各种追诉手段及使之无效的各种理由，可能被用来反对裁决在境外得到承认……" Derains，Foreword. *Hommage à Frédéric Eisemann* 5. 13（1978）［translated by Paulsson，in（1996）7 American Review of International Arbitration 99］．

② 关于国内法院承认或执行在仲裁地被撤销的裁决的实例的综述，参见 Hamid G. Gharavi. The International Effectiveness of the Annulment of an Arbitral Award［M］．Kluwer，2002．

③ 《纽约公约》第7条第1款规定如下：

"本公约的规定不影响缔约国参加的有关承认和执行仲裁裁决的多边或双边协定的效力，也不剥夺有关当事人在被请求承认或执行某一裁决的国家的法律或条约所许可的方式和范围内，可能具有的利用该仲裁裁决的任何权利。"

④ 有关内容详见本书第十章。

决承认和执行时利用更优惠权利条款援引国内法规定执行已撤销裁决，也有作用。这种建议实施的结果是，倘若撤销请求被驳回，当事人不得再进行不予执行申请；倘若撤销请求被支持，当事人也不得再以该申请执行该已撤销裁决；倘若当事人在执行程序中提出不予执行的抗辩，那么，该抗辩被驳回将导致裁决被执行，该抗辩被支持将导致裁决被不予执行，不再具有约束力，其无法在一国之内的其他地方申请执行。

关于撤销程序和执行程序的关系，可参见本书第十章。本章将结合案例对其他裁决效力方面的抗辩进行阐析。

第二节　无约束力和中止抗辩

本节结合国际上有关的案例，例释无约束力抗辩，同时也涉及中止抗辩。关于裁决已撤销的抗辩，在下节讨论已撤销裁决的执行时一并述及。

一、抗辩问题

Maritime International Nominees Establishment (*MINE*) (*Liecht.*) *v. The Republic of Guinea* 案①是较早涉及裁决效力抗辩的一个案例。启动其他仲裁，使得前一仲裁程序所作出的裁决不具约束力。

1971 年 8 月 19 日，几内亚和 MINE 签订合同设立混合经济公司 SOTRAMAR。合同中的争议解决条款规定：双方应首先尽可能友好客观地来解决争议；如果争议未能解决，当事人同意提交调解程序，必需时应依下列条规提交仲裁：三名仲裁员；首席仲裁员由 ICSID 主席选任；裁决是终局的，当事人应立即执行。后双方在合作中发生争议。1978 年，MINE 向美国仲裁协会提起仲裁。被申请人未参与仲裁程序。美国仲裁协会作出仲裁裁决。MINE 要求美国地区法院确认并依仲裁裁决作出判决。几内亚此时参与程序，提出缺乏管辖权的异议。法院驳回几内亚的请求，确认了美国仲裁协会的裁决。几内亚不服，向美国上诉法院（哥伦比亚巡回法院）提起上诉。上诉法院改判，认为根据外国主权豁免法，地区法院对标的物缺乏管辖权。1984 年，MINE 向 ICSID 提交了仲裁申请。双方延期组成仲裁庭开始 ICSID 程序。同时，MINE 开始了在欧洲扣押财产的程序。1985 年 6 月，几内亚向仲裁庭提出紧急请求，要求解除 MINE 的无端扣

---

① (1987) XII Yearbook Commercial Arbitration, at 514-522. 仲裁裁决译文可参见赵秀文. 国际商事仲裁案例评析［M］. 北京：中国法制出版社，1999：279-288.

押。仲裁庭最后裁定，MINE 应立即撤回、终止所有没有结束的诉讼，并且解除所有对财产的扣押，并不能在一国法院寻求其他任何新的救济。

1986 年 3 月 13 日，日内瓦一审法院驳回 MINE 的申请。就裁决效力方面，法院认为，在该案中，MINE 在美国仲裁协会仲裁结束后，提出 ICSID 仲裁，这就相当于承认美国仲裁协会的裁决不具有约束力。

如上文所述，裁决一经作出，除非另有规定或约定，否则即应具有约束力。在内国法院启动的撤销或上诉程序，并不必然使得裁决不具有约束力，即便该撤销或上诉程序是法律允许的，并且可能对裁决的实体产生影响。例如，*Fertilizer Corporation of India et al. v. IDI Management*, *Inc.* 案①中的情形即是如此。

在该案中，裁决被认为是具有约束力的，即便印度法院在对其法律错误进行审查。在该案中，IDA 提出的抗辩之一是裁决不可执行，认为在印度法院审查事实问题前，其不具有第 5 条第 1 款 e 项下的约束力。在美国地区法院判决之时，当事人已经就裁决请求印度法院提出作出裁定，其中之一即是请求认定仲裁员是否可以在合同中明确禁止间接损害赔偿的情况下，裁决间接损害赔偿。IDA 认为，美国法院仅就裁决出现非常不合理的错误以及显然漠视法律进行审查，而印度法院则就任何法律错误，对附具理由的裁决进行审查。IDA 认为，这种审查作为对实体问题的审查，阻却了任何有意义的约束力或终局性。美国地区法院驳回该抗辩，理由是所适用的国际商会仲裁规则和印度仲裁法均规定仲裁裁决是终局的，有约束力的。美国地区法院认为，"不仅裁决作出后对于当事人有约束力，而且，其具有既判力，可在相同当事人相同标的的诉讼中作为依据"。

在 *Ukrvneshprom State Foreign Economic Enterprise*（*Ukraine*）*v. Tradeway*, *Inc.*（*US*）案②中，美国法院再次确认，在裁决作出地进行的程序，并不能阻止仲裁裁决成为有约束力的裁决。该案中，双方 1993 年签订一份合同，买卖钢铁产品。合同规定争议由乌克兰商工会仲裁院仲裁。1994 年签订的后续合同也包括相同的仲裁条款。争议发生之后，USFEE 启动仲裁程序，并获得了有利的仲裁裁决。1995 年，Tradeway 向乌克兰基辅法院申请撤销。随后，Tradeway 开始了"反请求"的仲裁程序。USFEE 在美国地区法院申请确认裁决，并请求禁止 Tradeway 隐藏、

---

① 517 F. Supp. 948（1981）.

② 11 International Arbitration Report;(1997) XXII Yearbook Commercial Arbitration, at 958-966.

毁坏、转移或处理财产。在随后的庭审中，Tradeway 承认其已将财产出售给 Tradeway West, Inc.，后者由前者的一名雇员所拥有。Tradeway 同意不再作额外的支付。同时，基辅法院拒绝撤销裁决。Tradeway 向乌克兰最高法院提出复审该决定，在美国地区法院程序进行时，乌克兰最高法院尚未作出决定。Tradeway 的抗辩之一是，裁决依乌克兰法律不是终局的、有约束力的。法院认为，仲裁裁决的约束力在美国已经得到很好的确立。法院并举出一些判例，诸如 *James Richardson & Sons v. W. E. Hedger Transportation Corp.*, 98 F. 2d 55 (2d Cir. 1938)（承认仲裁裁决是终局的、有约束力的）；*Blue Tee Corp. v. Koehring Co.*, 808 F. Supp. 343, 346 (S. D. N. Y. 1992)（承认美国仲裁协会的仲裁员作出终局和有约束力裁决的权力，且可在有管辖权的法院执行）；*Fertilizer Corp. of India v. IDI Management, Inc.*, 517 F. Supp. 948, 957 (S. D. Ohio 1981)（承认印度法院复审的裁决仍是有约束力和可执行的）。

法院认为，正如美国法院在 *Fertilizer Corp. of India* 案所表述的意见，"如果不能诉诸其他仲裁庭（即上诉仲裁庭），则裁决应被认为是《纽约公约》项下有约束力的裁决。可以诉诸其他法院的事实并不阻止仲裁裁决成为有约束力的裁决"。因此，美国地区法院认为，尽管乌克兰的程序在进行中，但裁决是有效的，应予确认。

按美国法院的意见，仲裁程序中只要没有上诉仲裁庭①可资利用，那么，仲裁庭作出的裁决即应当被认为是有约束力的裁决。

另外要指出，执行裁决时，虽然如上文所述，一些国内法院仍然认为有必要结合裁决所适用的法律并依据该法来看其是否"有约束力"，② 但是，仍然有法院认为，即便法院需要判断裁决是否有约束力，其所作判断并不依裁决作出地法律，而是依执行地法律。如果执行地法律认为具有约束力，则裁决具有可执行性。在 *Murmansk Trawl Fleet v. Bimman Realty Inc.* 案③中，Murmansk Trawl Fleet 和 Bimman Realty 签订协议，将鱼皮加工成皮革制品。合同具有俄文和英文版本。争议具有国际性。争议产生之后，当事人进行了仲裁。裁决于纽约作出，对 Bimman 不利。Murmansk

---

① 例如 GAFTA 两级仲裁制度中的上诉仲裁庭。

② Van den Berg. The New York Arbitration Convention of 1958 [M]. Kluwer, 1981: 87, 88.

③ See Ontario Court of Justice - General Division (Somers, J.), 19 December 1994; (2001) XXVI Yearbook Commercial Arbitration, at 318.

寻求在安大略执行仲裁裁决，但是，Bimman 提出异议，援引了 UNCITRAL 示范法第 36 条的规定。Bimman 称裁决在纽约尚不具有约束力，未由纽约法院依据州或联邦法律确认。法院驳回了这个观点，因为依纽约法进行确认仅相关于在纽约进行执行。在安大略进行执行应适用 UNCITRAL 示范法，而非纽约州法。法院命令执行纽约仲裁裁决。

再如，*Inter-Arab Investment Guarantee Corporation*（*Kuwait*）*v. Banque Arabe et Internationale d'Investissements*（*France*）案①中，法院也认为，《纽约公约》第 5 条第 1 款 e 项并不意味着仅可依据裁决作出国的法律来认定裁决的约束力。法院经过分析驳回了裁决效力抗辩。

在科威特最高法院审理的一个案件②中，法院也认定，裁决及其程序完全符合《纽约公约》，没有必要首先在法国取得许可。

裁决在他国已经被中止，依《纽约公约》，也构成拒绝承认和执行的理由。*Creighton Ltd. v. Government of Qatar* 案即是如此。③ 在该案中，原告向美国地区法院申请确认 1993 年在法国作出的裁决。被告卡塔尔政府申请驳回，理由是其已经在法国提出撤销之诉。法院同意被告的主张，驳回原告的申请。法院认定，虽然其具有属物和属人管辖权，但依据法国法，申请撤销裁决自动中止裁决的执行，因此，拒绝执行。

在国内仲裁裁决的执行程序中，当事人也有可能提出裁决尚不具有约束力。例如，当事人认为，裁决已被撤销，或者正在撤销程序中。前一种情况下，裁决不得执行。后一种情况下，本国法可能规定应当或可以中止执行。比利时司法法典规定，在对提出执行裁决方案之决定进行上诉或者申请撤销裁决之情况下，法官得根据一方当事人之申请，裁定中止执行裁决，或者执行以提供担保为条件。④ 瑞典仲裁法规定，如对方当事人提出其已向有权机关请求撤销或中止执行裁决，上诉法院可推迟作出裁定且经申请执行的当事人请求，命令对方当事人提供合理的担保，否则，上诉法院可裁定执行裁决。⑤ 中国《仲裁法》规定，一方当事人申请执行裁决，

---

① Cour de Cassation [Supreme Court], 5 June 1998;（1999）XXIVa Yearbook Commercial Arbitration, at 603-614.

② Supreme Appeal Court of Kuwait, Cassation Circuit, 21 November 1988. 双方合同中的仲裁条款规定，由国际商会进行仲裁，裁决是终局的，不得上诉。

③ United States District Court, District of Columbia, 22 March 1995 No. 94-1035 RMU;（1996）XXI Yearbook Commercial Arbitration, at 751-758.

④ 比利时 1998 年司法法典第 1714 条。

⑤ 瑞典仲裁法第 58 条。

另一方当事人申请撤销裁决的，人民法院应当裁定中止执行。①

二、延期和担保问题

在一方于裁决作出国提出撤销申请或中止，另一方申请执行仲裁裁决的情况下，是否延期由法院决定。法院对于延期执行裁决的情况一般均处理得很严格，不轻易行使该项裁量权。这方面有不少案例，如荷兰 *Glecer v. Glecer* 案。在该案中，被申请执行人寻求将承认和执行的申请延期至以色列或比利时对仲裁裁决的撤销申请作出决定之后。法院认为，裁决是在以色列作出的，以色列法院对于撤销申请具有专属管辖权，而现在在以色列并未进行此类程序。而在比利时的案件已经审理了四年，当事人显然未能迅速行事，有关决定也不会尽快作出。因此，法院不予延期作出有关执行的决定。又如，瑞典的 *Datema Aktiebolag*（*Sweden*）*v. Forenede Cresco Finans AS*（*Norway*）案。② 该案涉及裁决作出地正在进行撤销之诉时执行裁决的情况、审理撤销申请的法院中止裁决执行的能力等问题。在该案中，法院将撤销裁决胜诉的可预期性作为延期执行的标准。除非有证据表明裁决将被撤销，否则，不应延期执行裁决。而本案并无证据表明，因此，被申请执行人要求延期执行的请求未被支持。

依《纽约公约》第 6 条的规定，如一方已经向裁决地国有权机关申请撤销或中止执行，则受理承认和执行外国仲裁裁决申请的法院，对于延期承认与执行的决定有裁量权，并且可以命令提交担保。如英国 *Soleh Boneh International Ltd. v. Government of the Republic of Uganda and National Housing Corp.* 案。③ 该案涉及提供担保的问题。在该案中，原告同意为被告在乌干达从事工作，并由乌干达政府担保。合同随后被取消。理由是原告是以色列公司。1978 年，原告在瑞典获得临时仲裁裁决，金额为 950 万美元，并寻求在英国执行裁决。自 1990 年开始，被告开始在瑞典法院抗效力，理由是无效委任和主权豁免。在英国的法院程序中，法院命令被告提供 2 900 万美元的担保，作为本金和利息。被告对该命令提起上诉。法院对提供担保问题的意见是：（1）法院应考虑到支持裁决无效的观点是否有依据和执行裁决的难度；（2）如果裁决显然无效，则应延期并不应命令提供担保；（3）如果裁决显然有效，则或者应命令立即执行，或

① 中国《仲裁法》第 64 条第 1 款。

② 23 November 1992, Supreme Court, S 653.

③ [1993] 2 Lloyd'd Rep 208, CA.

者提供实质性担保；（4）在评估执行难易程序时，法院应考虑到延迟的后果（如裁决的执行是否会因资产移动或其他因素而更加困难）；（5）裁决被辩称无效，在瑞典有很长的延迟且被告未及时行事；（6）在这种情况下，命令提供500万美元的担保是正当的。该款项会使得被告迅速行事，并给予原告一些保护；（7）依1978年国家豁免法第13条第2款，命令不得针对国家作出；没有规定特定来源的付款的命令并非禁令；（8）无论在何种情况下，除非被告在四周内提供500万美元，否则法院会作出命令，同意裁决如判决一般执行。

Sovereign Participations International S.A.（*Luxembourg*）*v. Chadmore Developments Ltd.*（*Ireland*）案①也涉及裁决无约束力抗辩，同时，卢森堡法院也对《纽约公约》规定的中止权力进行了分析，认为这只是法院的一种裁量权。该案中，SPI以其已向瑞士最高法院要求复审为由，认为仲裁裁决尚无既判力，因此，法院应中止其执行决定以等待对复审的最终判决。卢森堡法院首先注意到，瑞士最高法院已经驳回SPI的中止请求，认为没有任何理由考虑中止请求。卢森堡法院同时也注意到，当事人约定裁决不得上诉。因此，裁决是终局的，不得再对其提出异议，而当事人通过这种方式，隐含着同意其裁决必须具有公约所述约束力的意思。并且，SPI并未对裁决对当事人的约束力向瑞士最高法院提出上诉。SPI认为法院至少应中止执行。因为“执行不再存在或可能在其作出国被废除的裁决……是很荒谬的”。但是，卢森堡法院认为，《纽约公约》并未规定必须中止，而只是赋予法院“认为合适”时的裁量权。第6条应与第7条第1款相结合。这样，《纽约公约》所贯彻的支持仲裁（*favor arbitrandum*）的原则应使裁决尽可能得到执行。法院最终认可，根据《纽约公约》，卢森堡法院仅可以其国内法中规定的理由之一拒绝执行，而其国内法并无规定外国裁决在国外受到异议也是理由之一，因此，中止决定是不合适的。

第三节 已撤销裁决的执行

一、已撤销裁决的效力

大多数国家的法院都不承认已撤销裁决的效力。例如，在一个案例

① （1999）XXIVa Yearbook Commercial Arbitration，714-723.

中,① 申请人在德国申请执行莫斯科仲裁机构作出的仲裁裁决，该裁决已经为俄国相关法院撤销。该案中，被申请人从莫斯科海事仲裁委员会获取一份有利于其的仲裁裁决，并且寻求在德国执行该裁决。同时，裁决被莫斯科市法院撤销，并在上诉审中被莫斯科上诉法院撤销。罗斯托克上诉法院认定，申请人已经符合了申请执行的形式要件，但是，由于裁决已经在裁决作出国被撤销而不再对当事人具有约束力，因此，执行申请应被驳回。德国法院认为，“执行宣告要求外国裁决依适用于其的法律已经生效，即在上诉法院或国家法院已经没有其他上诉方式。这一点应由法院自行审查。裁决如为有权法院或上诉仲裁庭所撤销，则不再具有约束力，即使只是为临时的具有执行力的决定所撤销。此撤销决定必须得到承认，而无须审查，依据承认外国决定的标准，其是否可予承认。本案中仲裁裁决前后为莫斯科市法院和上诉法院所撤销，因此，其不再具有约束力，也不再可在德国被承认。当然，上诉法院的决定可能可以依据俄国法上诉，但依《纽约公约》第5条第1款e项第二个选择项（“或者被中止”)，这一点不具相关性”。

不过，如上文所述，裁决在一地被撤销，不必然影响裁决的效力，裁决在他地仍然可能被执行。传统的观点是，仲裁地法院或者裁决所依据法律的法院如果撤销了裁决，则裁决无效，不能被执行。这一点集中体现在《纽约公约》中。②

但是，《纽约公约》的观点并不必然体现为其他公约或立法的观点。甚至，对《纽约公约》规定本身的解释，已经使得上述原则不再是固定不变，“不证自明”。③ 例如，《欧洲国际商事仲裁公约》并未将裁决在他国被撤销作为不予承认和执行的理由。④ 1998 年奥地利最高法院据此执行了已撤销的裁决。⑤奥地利最高法院并没有依据《纽约公约》的规定，而是依据 1961 年《欧洲国际商事仲裁公约》。法院认为，该欧洲公约并

① 28 October 1999 - Oberlandesgericht [Court of Appeal], Rostock.

② 《纽约公约》第 5 条第 1 款 e 项.

③ See Albert Jan van den Berg. Annulment of Awards in International Arbitration [M] // Richard B. Lillich and Charles N. Brower. International Arbitration in the 21th Century: Towards “Jurisdition” and Uniformity? Transnational Publishers Inc., 1994: 161.

④ 《欧洲国际商事仲裁公约》第 9 条规定，一项公约裁决，只有由裁决作出地公约国法院或仲裁程序法所属公约国法院，依照公约规定的事由予以撤销，才构成在其他公约国不予执行的理由；若非依公约列明的事由撤销，其他公约国可以执行裁决。

⑤ OGH 23. 2. 1998, Wirtschaftsrechtliche Blatter 1998, 221 (“Radenska II Case”).

没有包括与《纽约公约》第5条第1款e项相似的规定，因此裁决在仲裁地因违反“公共政策”被撤销并不必然使裁决在其他缔约国被拒绝执行。依法国民事诉讼法典第1502条，外国仲裁裁决被撤销，不是不予执行的事由。实践中，法国法院已经多次承认并执行了被撤销的仲裁裁决，例如：*SEEE v. Yugoslavia* 案、*Pabalk Ticaret Sirketi v. Norsolor S. A.* 案、①*Hilmarton Ltd. v. Omnium de Traitement et de Valorisation* (*OTV*) 案。② 在 *Pabalk Ticaret Sirketi v. Norsolor S. A.* 案中，法国最高法院认为，由于在法国拒绝执行外国仲裁裁决的成文法的理由并不包括裁决在作出地被撤销，因此，该理由不能被作为执行程序的抗辩。该案中的推理无可挑剔：《纽约公约》的目的是便利执行仲裁裁决，对执行未作限制规定，第7条明确授权申请人依据国内法和国际条约申请执行不符合《纽约公约》最低标准的裁决。法院因此认定法国法并未使裁决被撤销成为拒绝执行的理由。这就意味着外国的撤销对于外国仲裁裁决在法国的承认与执行没有影响。法国立法拒绝了既判力的概念，使其自己的法院成为判断裁决是否适合执行的唯一法院。③

比利时、美国等国，也已经出现了执行被撤销裁决的案例。这一类的案例虽然数量不多，但只要存在执行被撤销裁决的法律上的可能性，那么，将来仍然可能在这些国家或者其他国家出现类似执行可撤销裁决的案例。

二、Chromalloy 案

Chromalloy Aeroservices Company (*CAS*) *v. The Arab Republic of Egypt* 案④是在执行已撤销裁决方面，受到仲裁界普遍关注和热烈讨论的

① See Alan Redfern and Martin Hunter. Law and Practice of International Commercial Arbitration [M]. 2th ed. Sweet & Maxwell, 1991: 470.

② 参见赵健. 国际商事仲裁的司法监督 [M]. 北京: 法律出版社, 2000: 250-251.

③ See Adam Samuel. Imperialism and Chauvinism in International Arbitration: Lawyers, Statutes and Scoundrels [OL]. http://www.adamsamuel.co.uk/pdf/isdcarb.pdf.

④ Civ. No. 94-2339 (July 31, 1996) (“Chromalloy”). Reprinted in 11 Mealey's Int'l Arb. Rep (Aug. 1996) at C-54 (August 1996).

案件。①

该案的基本情况：1988 年 6 月 16 日，Chromalloy 与埃及订立合同，由 Chromalloy 向埃及空军提供直升机部件、维修保养服务。1991 年 11 月，埃及通知 Chromalloy 终止合同，Chromalloy 表示反对，依照合同中的仲裁条款申请仲裁。双方当事人在合同中约定适用埃及法律仲裁，仲裁地在开罗。1994 年 8 月 24 日，仲裁庭作出有利于申请人 Chromalloy 的裁决。开罗上诉法院于 1995 年 11 月以仲裁庭应当适用埃及行政法而非埃及民法典为由撤销了该仲裁裁决。但是，Chromalloy 仍然向美国哥伦比亚地区联邦法院申请执行，法院于 1996 年 7 月 31 日决定强制执行该仲裁裁决。法国巴黎上诉法院也于 1997 年 1 月 14 日维持了巴黎大审法院 1995 年 5 月 4 日作出的裁定，执行该仲裁裁决。

美国、法国两国的法院执行被撤销仲裁裁决的法律依据如下：②

1.《纽约公约》并不禁止承认与执行地国法院承认和执行已撤销的仲裁裁决。《纽约公约》对于仲裁地国或裁决所依据法律国家的法院撤销了的仲裁裁决，规定执行地国的法院有自由裁量权或剩余裁量权，即法院“可”拒绝承认和执行，而非“应”拒绝承认和执行。

2.《纽约公约》保障当事人根据国内法或其他国际条约寻求承认与执行仲裁裁决的权利，只要该国内法或国际条约的规定更有利于裁决的承认和执行。按照《纽约公约》第 7 条，该公约的规定“不影响缔约国间所订关于承认与执行仲裁裁决之多边或双边协定之效力，亦不剥夺任何利害关系人可依援引裁决地所在国之法律或条约所认许之方式，在其许可的范围内，援用仲裁裁决之任何权利”。因此，如果承认与执行地国法律或

① 如 Philipp W. AHL . Enforcement of Foreign Arbitral Awards Set Aside in their Country of Origin—The Chromalloy Case Revisited [J]. Journal of International Arbitration, 1999, 16 (4): 0131-0140; Dana H. Freyer. United States Recognition and Enforcement of Annulled Foreign Arbitral Awards—The Aftermath of the Chromalloy Case [J]. Journal of International Arbitration, 2000, 17 (2): 0001-0010; Pierre Lastenouse. Why Setting Aside an Arbitral Award is not Enough to Remove it from the International Scene [J]. Journal of International Arbitration, 1999, 16 (2): 25-48; Gary H. Sampliner. Enforcement of Nullified Foreign Arbitral Awards—Chromalloy Revisited [J]. Journal of International Arbitration, 1997, 14 (3): 141-166; Hamid G. Gharavi. Chromalloy: Another View [J]. Mealey's Int. Arb. Rep., 1997 (1).

② 参见赵健．国际商事仲裁的司法监督 [M]. 北京：法律出版社，2000：253-254. 另参见前注各有关该案的评述和讨论。

承认与执行地国与仲裁裁决的国籍国间的国际条约，对承认和执行仲裁裁决规定的条件优于《纽约公约》，则承认与执行地法院可以不考虑《纽约公约》的规定。

3. 美国、法国的仲裁法均没有规定，仲裁裁决被其本国撤销，则不得予以承认和执行。

4. 美国法院认为，在对承认和执行以仲裁事项为内容的法院判决缺乏国际条约调整的情况下，国际礼让（international comity）学说、主权行为理论（act of state doctrine）都不构成承认与执行该类法院判决的充分理由。

5. 在法国法院看来，国际商事仲裁裁决是独立于国内法体系而存在的，仲裁裁决无所谓国籍。

学者认为，承认和执行已撤销的仲裁裁决，与法理有悖，在实践中也存在着潜在的危害：①

第一，除非另有规定，仲裁裁决的效力依附于其本国法，被撤销的裁决是无效的、不存在的，外国法院执行此种裁决，法理上无法讲得通。

第二，已撤销裁决得到执行，使得撤销程序的存在价值大打折扣。

第三，《纽约公约》将被撤销的裁决列入不予执行的理由，其立法意旨显然是支持裁决地国法院拒予承认与执行已被其本国撤销的仲裁裁决。

第四，执行已撤销裁决，将使得当事人进行“执行挑选”，从而既增加当事人的讼累，也使得对撤销和执行裁决的后果难以预测。

第五，可能产生两份相互矛盾的决定，使执行地法院无所适从。这种情况在 *Hilmarton Ltd. v. Omnium de Traitement et de Valorisation*（*OTV*）案中已经出现。在该案中，仲裁庭于 1988 年 8 月 19 日作出裁决，驳回申请人的仲裁请求。该裁决于 1990 年 4 月 17 日被瑞士最高法院撤销。巴黎上诉法院于 1991 年 11 月决定执行裁决；法国最高法院也于 1994 年 3 月 23 日维持了该决定。与此同时，在仲裁裁决被撤销后，申请人重新在瑞士申请仲裁，新的仲裁庭于 1992 年 4 月 10 日支持了申请人的仲裁请求，其结果与原仲裁裁决的正好相反。1993 年 5 月 25 日，法国南特初审法院准许执行新仲裁裁决。被申请人提起上诉，凡尔赛上诉法院于 1995 年 6 月 29 日决定维持南特初审法院的裁定。造成的结果是，凡尔赛上诉法院允许了相同的当事人之间就同一争议两个相互矛盾的仲裁裁决的同时并存。凡尔赛上诉法院认为，这并不违反法国的国际公共政策。被申请人向法国最高法

---

① 参见赵健．国际商事仲裁的司法监督［M］．北京：法律出版社，2000.

院上诉。1997年6月10日，法国最高法院以既判力为由，撤销了凡尔赛上诉法院1995年6月的决定。最高法院指出，"1994年3月23日不可撤销的法国法院决定的存在，阻止了任何与其矛盾的、关于相同当事人之间相同争议的外国司法或者仲裁决定在法国的确认"。于是乎，形成的事实是，已撤销的仲裁裁决得到执行，未被撤销的仲裁裁决不能执行。①

三、执行已撤销裁决的再思辨

应该指出，虽然有少数几个国家承认和执行已撤销的裁决，但是，不执行已撤销裁决仍然是主流。例如，上文所述德国不执行已撤销裁决的案例，② 法院即认为，"……裁决如为有权法院或上诉仲裁庭所撤销，则不再具有约束力，即使只是为临时的具有执行力的决定所撤销……"

许多国家实践中都不存在这种案例。我国的仲裁实践中，也不存在这种情况。不过，理论上并不排除已在仲裁地国撤销裁决依更优惠权利条款的执行；事实上也已经产生了此类案例。当然，这些适用于国际商事仲裁裁决，而不适用于国内裁决；国内仲裁中，法院必须维护司法的统一性。

已撤销裁决的执行涉及执行地国法院的两种态度：一是对外国仲裁裁决的态度，二是对外国法院的态度。执行地法院承认外国仲裁裁决的结果，但不承认外国法院推翻此种结果的结果。这可能隐藏着三种考虑：一是执行仲裁裁决，是《纽约公约》的本来意义，这是由国际条约规定的义务。二是外国法院所为的结果，可能不具有公正性，而这种可能具有的不公正性，不应当影响原本公正的裁决的执行。尊重撤销裁决决定的前提是该决定是正确的。外国法院错误的司法判决，不影响外国仲裁裁决的正确性。三是在这种情况下，国际礼让不适用于外国法院，即对于错误的判决，不予尊重。

基于上述考虑，对于已撤销裁决是否应当得到执行，应当慎重考虑，不应一致肯定，也不应一概否定。这要看适用的公约或法律，是否也作了相应的规定。

在国际商事仲裁中，已撤销裁决的执行问题，主要涉及《纽约公约》更优惠条款的适用。如果内国法院认为国内法存在更优惠于执行的规定，

---

① 参见赵健．国际商事仲裁的司法监督［M］．北京：法律出版社，2000：256-257.

② 28 October 1999 - Oberlandesgericht [Court of Appeal], Rostock.

则存在依《纽约公约》第 7 条适用国内法的可能性。《纽约公约》第 7 条第 1 款规定，“本公约之规定不影响缔约国所订立的关于承认和执行仲裁裁决的多边或双边协定的效力，亦不剥夺任何利害关系人以援引裁决地所在国之法律或条约认可的方式及在其许可之范围内，援用有关仲裁裁决的任何权利”。该条被称为“更优惠权利条款”。该条事实上，创设了一种有别于《纽约公约》主文规定的平行的执行体系，即为达到使仲裁裁决被最大限度的承认或执行的目的，当事人可以通过援引“更优惠权利条款”的机制，给予执行申请人援引较公约更为优惠的适用于执行地国的其他条约或国内法关于执行裁决的规定，以执行其胜诉裁决的权利；当事人并非仅可在《纽约公约》的框架内执行其裁决。该条规定赋予了当事人在申请仲裁裁决强制执行时，选择缔约地国就执行外国仲裁裁决的国内法，或其参与的双边或多边条约，而放弃适用《纽约公约》的自由和权利。这一机制为那些据《纽约公约》无法执行或不能执行的裁决提供了一个解决办法。

援用“更优惠权利条款”的案例，除了上述美国、法国、比利时等少数国家外，有报道的案例极少见到。事实上，正是在援引“更优惠权利条款”执行已撤销裁决上，理论和实务界产生了争论。援引“更优惠权利条款”是一种突破，有利于裁决的执行（特别是已撤销裁决系因地方保护主义而被撤销时），但这种突破是否会成为另外一种地方保护主义的借口，这正是人们的担心所在。

倘若更优惠权利本身与《纽约公约》明确的不予执行规定并不违反，而只是更宽松，当然不会引起多大的争议；但若更优惠权利虽然更宽松，但其本身与《纽约公约》明确的不予执行规定相反，那么，产生争议是理所当然的。这也是相关案例引起争议的理由所在。但是，理论上的探讨限于理论上。而法律规定和法院实践是很明确的、具可操作性的。至少就《纽约公约》而言，更优惠权利条款所留下的漏洞，绝非遗漏；事实上，当事人有权利选择任何一种执行机制进行执行。

在这种情况下，国际商事仲裁中，在极其特殊的情况下应当允许执行已撤销裁决的情形存在，以为当事人留下一条救济之路。如前所述，在德国法院实践中虽不支持执行已撤销裁决，不过，学者也认为，是否执行已撤销判决，应当看该撤销的决定是否值得德国法院承认。德国法院不应自动赋予外国法院撤销裁决的决定以既判力。德国法院应当认定，外国法院的判决，本身满足德国适用于承认外国法院判决的法律规则上通常要求的最低限度的管辖权和正当程序要求。① 印度学者也认为，印度法院也可以执行已撤销的裁决。② 在我国也应如此，不自动承认外国撤销裁决的判决的即判力。但是，必须坚持，援引更优惠权利条款，执行已撤销仲裁裁决，应当如同审查裁决时适用公共政策一样，非常严格，并且极少用以支持异议。

对于执行已撤销裁决的某些案例，认为是一种突破是正确的，但无须悲观地认为是一种末日一般的突破。大多数国家都无这样的法律实践。迄今为止，除上文所述几个国家之外，目前尚无其他国家③出现这种做法。

事实上，即便在美国、法国和比利时等几个国家，认为在任何情况下可以执行这种已撤销裁决的当事人并且企图利用这种制度的人，结果也会证明他们是在动用一种极其罕见的且极有可能徒劳的战术。法院只是在特殊的案件中，才会援引更优惠权利条款，执行已撤销仲裁裁决。美国法院在 *Chromalloy* 案后，相继拒绝执行了两份企图执行已撤销裁决的申请。④此种情形表明，美国并非“已撤销裁决执行的天堂”。这些案例可以看出美国法院在执行已撤销裁决上的一些原则。首先，美国法院并不愿意执行已撤销的裁决。在 *Baker Marine* 案中，法院明确拒绝了当事人协议中未提及美国法情况下执行已撤销裁决的观点。其次，当事人仲裁协议中的表述可能对于此执行问题至关重要。最重要的是，当事人的协议中应规定美国仲裁法管辖仲裁程序和裁决。此类障碍的存在，事实上使得当事人极难在美国寻求执行已撤销裁决。⑤

---

① Felix Weinacht. Enforcement of Annulled Foreign Arbitral Awards in Germany [J]. Journal of International Arbitration, 19 (4): 313-336.

② P. Ramaswamy. Enforcement of Annulled Awards: An Indian Perspective [J]. Journal of International Arbitration, 19 (5): 461-472.

③ 此类案例的性质决定了其一旦出现，就会有人评述或报道。但目前除文中所述几个国家外，尚未见其他国家出现这种情况。

④ *Baker Marine (Nig.) Ltd. v. Chevron (Nig.) Ltd.* 191 F. 3d 194 (2d Cir. 1999); *Spier v. Calzaturificio Tecnica S. p. A.*, 71 F. Supp. 2d 279 (S. D. N. Y. 1999), *reargument den.*, 77 F. Supp. 2d 405 (S. D. N. Y. 1999).

⑤ See Dana H. FREYER. United States Recognition and Enforcement of Annulled Foreign Arbitral Awards—The Aftermath of the Chromalloy Case [J]. Journal of International Arbitration, 2000, 17 (2): 1-10.

第七章　可仲裁性抗辩

可仲裁性（Arbitrability），或称仲裁的适用范围，简单来讲，是指依一国法律规定，哪些争议可通过仲裁解决，哪些争议不能通过仲裁解决。它是对当事人自主意志（主要体现为仲裁协议）的限制，并涉及裁决的效力，涉及裁决可否为法院承认和执行。可仲裁性抗辩是当事人可对裁决提出的抗辩之一。① 本章论述有关可仲裁性抗辩的法律和实践，特别述及可能涉及可仲裁性抗辩的各种情形。有必要指出，现代仲裁的趋势是扩大可仲裁性，大部分商事争议均是可仲裁的，因此，可仲裁性问题虽然重要和复杂，但就抗辩而言，当事人只有在具有充分依据的情况下，所提出的可仲裁性抗辩才可能为法院所接受。

第一节　概　述

一、含义

当事人可以约定争议的范围，但并非当事人所约定的都可以通过仲裁解决。这是因为，仲裁是一种可以产生公共后果的私人程序。② 某些类型的争议只能由国家法院管辖。正是在这个意义上，它们是不“可以通过仲裁解决”的。例如，法国民法典第2059条虽然规定，“所有的人均可签订有关其可自由处分的权利的仲裁协议”，但第2060条进一步规定，当事人对特定领域的争议（如家事法）不得约定仲裁，并且，“更为普遍的

---

① 可仲裁性问题可能早在仲裁程序开始阶段即提出。应当注意，即使向仲裁庭提出且仲裁庭已经作出管辖权决定，仲裁的范围问题也是法院应当独立决定的事项。例如，美国法院在 *First Options v. Kaplan*，115 S Ct. 1920（1995）．案中重新确定了这个基本原则。不过，法院通常会尊重仲裁庭作出的决定。See William W. Park. The Arbitrability Dicta in First Options v. Kaplan : What Sort of Kompetenz-Kompetenz Has Crossed the Atlantic?［J］. Arbitration International，1996，12（2）：137-160.

② 例如，在承认和执行仲裁裁决上。

是在具有公共利益的所有事项上”（“*plus Generalement dans toutes les matieres qui interessent l'ordre public*”）不得约定仲裁。再如，在有些阿拉伯国家，外国公司和本地代理人之间的合同得到法律的特别保护，并且，为了加强这种保护，产生于此类合同的所有争议仅可通过本地法院解决。①

这就涉及争议事项的可仲裁性。争议事项的可仲裁性，关涉确定何种类型的争议可以通过仲裁解决，何种类型的争议专属于法院的范围。广义上讲，可仲裁性一词，包括下列两种含义：一是当事人没有约定的事项，不可以仲裁，不具有可仲裁性；二是当事人约定的事项，也并不必然可以仲裁和具有可仲裁性。前者涉及仲裁协议的约定范围，并不排除当事人在新签订仲裁协议后通过仲裁解决争议的可能性，② 而后者则是对仲裁方式解决争议这种制度本身的限制。本章研究的是后一种情况，前者则在有关仲裁协议的其他章节论述。

争议标的具有可仲裁性是仲裁协议生效的先决条件。如果一个国家的法律规定，某些争议不得通过仲裁解决，那么，关于此类争议不得通过签订仲裁协议以仲裁方式解决。但更重要的一点是，如果A国规定某些争议可以通过仲裁解决而B国规定不可以，则若欲在B国执行裁决，裁决将因为法律上的冲突而无法在B国得到承认和执行。

一些国际性法律文件规定了可仲裁性对于裁决执行的重要性，但并不能解决上述因法律冲突导致的可仲裁性对裁决的影响。如1923年《日内瓦议定书》限定仲裁协议：“涉及商事或其他能够通过仲裁解决的事项。”③《纽约公约》规定，缔约国有义务承认符合以下条件的仲裁协议并使之产生效力：当事人以书面协定承允彼此间所发生或可能发生之一切或任何争议，如关涉可以仲裁解决事项之确定法律关系，不论为契约性质

---

① Alan Redfern and Martin Hunter and with Negel Blackaby and Constantine Partasides. Law and Practice of International Commercial Arbitration [M]. 4th ed. Sweet & Maxwell. 中文本由林一飞、宋连斌译，由北京大学出版社于2005年出版。

② 在 *AT&T Technologies Inc. v. Communications Workers of America* 案中，法院认为：“可仲裁性问题——是否协议创设了当事人仲裁特定争议的义务——毫无疑问是由司法确定的问题，除非当事人另有明确规定，当事人是否同意仲裁，是由法院决定，而非仲裁庭决定。”此处的可仲裁性含义即是如此。475 US 643 (1986), at 649. 另见 *Carlos E. Alfaro Flavia Guimarey*. Who Should Determine Arbitrability? Arbitration in a Changing Economic and Political Environment [J]. Arbitration International, 1996, 12 (4):415-428，其中可仲裁性（arbitrability）一词也是在这个含义上使用。

③ 1923年《日内瓦议定书》第2条。

与否，应提交仲裁时，各缔约国应承认此项协定。①《纽约公约》并规定了商事保留，即缔约国承认和执行裁决的义务只适用于根据本国法律属于商事的法律关系——无论契约与否。② UNCITRAL 示范法规定拒绝执行的理由是：（1）该国法律规定争议标的不能通过仲裁解决；或者（2）承认或执行该裁决将会违反该国的公共执行。③ 上述国际性法律文件表明，裁决的事项若在裁决作出地或执行地不具有可仲裁性，则将被拒绝承认和执行。

在裁决异议上，成功的可仲裁性抗辩，可以导致裁决被撤销，或者不予承认和执行。各国法律对于撤销事由或标准规定不同。在多数国家，可仲裁性一般都被认为是撤销裁决的理由之一。最典型的是 UNCITRAL 示范法第 34 条第 2 款 A 项 a 目的规定。UNCITRAL 示范法的用语几乎与《纽约公约》中的用语相同。对于以可仲裁为由不予承认和执行仲裁裁决，最重要的法律文件是《纽约公约》。不过，可仲裁性可导致裁决被不予承认和执行源自 1927 年《日内瓦公约》。④

二、主观可仲裁性和客观可仲裁性

除上文所述两种含义外，根据当事人提起可仲裁性抗辩的理由，学界通常将可仲裁性分为主观可仲裁性（subjective arbitrability, or arbitrability ratione personae）或客观可仲裁性（objective arbitrability）。前者指行为能力（capacity），当事人通常抗辩其不能采取仲裁方式解决争议；后者指仲裁的范围（domain of arbitration），当事人通常抗辩依可适用的法律，争议事项不在仲裁范围内。二者之间表面上的界限在于前者解决谁可以进行仲裁的问题，而后者解决什么可以仲裁的问题。⑤

主观可仲裁性这个概念过去经常受到批评，但是目前，学者和许多法律均予以承认。⑥

主观可仲裁性通常被认为是行为能力的同义词，即指当事人提交仲裁

① 《纽约公约》第 2 条第 1 款。

② 《纽约公约》第 1 条第 3 款。

③ UNCITRAL 示范法第 36 条第 1 款 b 项。

④ UNCITRAL 示范法第 1 条第 2 款 e 项 。

⑤ See Böckstiegel. Public Policy and Arbitrability [M] // ICCA Congress: Series No. 3. New York, 1986: 177-204.

⑥ See Bernard Hanotiau. The Law Applicable to Arbitrability [M] // ICCA Congress: Series No. 9. Paris, 1999: 146-167.

的能力。① 依据《纽约公约》的规定，如能证明，签订仲裁协议者应适于其的法律无行为能力，则裁决可予拒绝承认和执行。1996 年英国仲裁法第 103 条、1998 年德国仲裁法第 1059 条等均有相应规定。依据中国《仲裁法》第 17 条第 2 款的规定，无民事行为能力人或者限制民事行为能力人订立的仲裁协议无效，也就是说，只有完全民事行为能力人签订的仲裁协议方为有效。除完全民事行为能力人外，无民事行为能力人或者限制民事行为能力人，被认为不能有效表示其真实意思，表明其仲裁意愿，因此，其订立的仲裁协议是无效的。实际上这就涉及主观可仲裁性的问题。在国家或国家实体作为一方当事人的时候，特别可能出现主观可仲裁性即行为能力问题。国家或公共实体可能在裁决之后，以其按适用法不具有行为能力为由提出抗辩。目前，通常认为，国家或国家组织等公共部门作为一方当事人时，不得援引其国内法，声称该国或其控制的当事人缺乏主观可仲裁性，或某一项争议不可仲裁，或其享有国家豁免权。② 众多国家的仲裁法均承认，国家具有同意进行仲裁的行为能力，这是国际仲裁法的一般原则。例如，瑞士国际私法对此作了明确规定："所有具有财产性质的纠纷都可以提交仲裁。仲裁协议的当事人不得以其本国法律的规定不同为理由来抵制仲裁协议的规定。"③ 执行法院通常会适用其国际公共政策来解决这个问题。

通常所称的可仲裁性指客观可仲裁性，即指依照法律规定，哪些争议可以通过仲裁解决，属于仲裁范围。如未特别说明，本书所称可仲裁性即指客观可仲裁性。

某些商事事项不能通过仲裁解决。国际立法和各国的国内立法均对仲裁范围作了不同程度的限制。1923 年《日内瓦议定书》将仲裁范围限制在"商事问题或者其他可以用仲裁方式解决的问题"，④《纽约公约》规定缔约国可声明公约仅适用于对商事争议——无论其为契约性质与否——所作出的裁决，⑤《欧洲国际商事仲裁公约》⑥ 适用于自然人或法人在国

① See Marc Blessing. Arbitrability of Intellectual Property Disputes [J]. Arbitration International, 1996, 12 (2): 191-222.

② See Marc Blessing. Arbitrability of Intellectual Property Disputes [J]. Arbitration International, 1996, 12 (2): 191-222.

③ 瑞士国际私法法第 177 条。

④ 《日内瓦议定书》第 1 条。

⑤ 《纽约公约》第 1 条。

⑥ 《欧洲国际商事仲裁公约》第 1 条。

际贸易中发生的争议而缔结的仲裁协议，《美洲国际商事仲裁公约》① 则把仲裁局限在当事人在商务活动方面发生的争议。一些专门的国际条约和双边条约就具体事项的可仲裁性作出明确规定，如 1965 年《解决国家与它国国民间投资争端公约》规定，ICSID 的任务是仲裁和调解缔约国和另一缔约国的国民之间的投资争议。② UNCITRAL 示范法通过解释"商事"的含义来明确国际商事仲裁的范围。但对于商事性的含义，也可能产生不同的理解。例如，在 *Re Carter et al. v. McLaughlin et al.* 案③中，唯一的问题是，仲裁协议和裁决是否具有 UNCITRAL 示范法含义内的"商事性"。法院认为，虽然出售住宅与任何一方通常的商业行为并不相关，但其是以类似于商业的方式作出的（in a business-like way），在专业房地产经纪人的协助下并在适合于涉及一大笔钱的交易的法律框架内进行。UNCITRAL 第 18 次大会秘书长报告中所包含的分析注释表明，起草示范法的委员会预计到"商事性"一词将被给予广泛的解释以包括产生于商事性质的所有关系，以及"商事性"一词的广泛解释将意味着包括商事关系，而不管当事人是否为特定国内法下的"商业当事人"或"商人"。

国内立法方面，一般而言，大陆法系国家在民事诉讼法典中界定仲裁范围，如德国、法国、意大利、日本等，普通法系国家则在仲裁法典中规定仲裁范围，如英国、美国等，还有一些国家在民法典或商法典中规定仲裁范围，如秘鲁、墨西哥等。④

三、界定仲裁范围的立法模式

国际上关于界定仲裁范围的方式，主要有以下三种：⑤

① 《美洲国际商事仲裁公约》第 1 条。

② 《解决国家与它国国民间投资争端公约》第 1 条。

③ CLOUT Case 390: Ontario Court (Rutherford J.), 1 February 1996; (2001) XXVI Yearbook Commercial Arbitration, at 322-322. 基本案情如下：1993 年，被告 McLaughlin 移居安大略，并将其位于明尼苏达的房屋卖于原告 Carter。协议包括有通过仲裁解决任何有关房屋状况纠纷的条款。随后发生争议。裁决书裁定被告应向原告支付 $ 9 049.50，作为修换房屋腐料部分的费用。McLaughlins 拒绝支付，Carters 在安大略提起申请执行裁决。

④ 参见宋连斌．国际商事仲裁管辖权研究［M］．北京：法律出版社，2000：118-119.

⑤ 参见谭兵．中国仲裁制度研究［M］．北京：法律出版社，1995：118-119；宋连斌．国际商事仲裁管辖权研究［M］．北京：法律出版社，2000：119-121.

1. 概括式

立法上不具体列举可仲裁或不可仲裁的争议类型，只对仲裁范围作抽象性概括的规定。概括式规定具有一定弹性，较宽泛，多为仲裁业较发达或者对仲裁较支持的国家或地区采用。概括式又分肯定性概括和否定性概括两种，其中前者规定的仲裁范围宽于后者。肯定性概括式立法如瑞士，瑞士国际私法第 177 条规定，“一切具有财产性质的争议均可提交仲裁”，对国际商事仲裁的范围作了较广泛的限定。同样，韩国仲裁法（私法中的争议可提交仲裁）、泰国仲裁法（已发生或将要发生的民事纠纷可提交仲裁）、比利时司法法典（允许和解的有关特定法律关系的任何争议可成为仲裁协议的标的）等也是肯定性概括式的范本。否定性概括式的典范是阿根廷等国，如阿根廷国家民商事诉讼法典规定，法律不准许和解与调解解决争端，不能提交仲裁，否则仲裁无效。埃及国际商事仲裁法案亦规定，不能和解的争议不允许仲裁。①

2. 列举式

立法上具体列举可仲裁或不可仲裁的争议类型，亦可分肯定性列举和否定性列举。通常，列举式立法较明确具体，有利于判断一个争议有无可仲裁性，但其范围较窄，其中肯定性列举尤甚，多为仲裁业不太发达的国家或地区采用。加拿大不列颠哥伦比亚省 1986 年国际商事仲裁法是肯定性列举式的立法典型。该法案第 1 条第 6 款列举了 16 种可仲裁的商事争议；否定性列举式并不多见，1984 年秘鲁民法第 1913 条将涉及个人法律能力和地位的争端、国家及其财产的某些争端、道德情感和可接受的标准的争端排除在仲裁范围之外。②

3. 结合式

立法上兼采以上两种方式来界定仲裁范围，既反映了逐渐拓宽仲裁范围的态势，又避免了概括式的模糊，是立法技术上的进步。结合式通常以肯定性概括为主，以否定性列举为辅，如瑞典、葡萄牙、希腊等国的立法。中国《仲裁法》也是如此，其第 2 条规定：平等主体的公民、法人

---

① 《韩国仲裁法》第 1、2 条；《泰国仲裁法》第 5 条；《比利时司法法典》第 1676（1）条；阿根廷《国家民商事诉讼法典》第 737 条；《埃及国际商事仲裁法案》第 9 条。参见程德钧，王生长．涉外仲裁与法律：第二辑［M］．北京：中国统计出版社，1994：183，189，37，299，360.

② 参见程德钧，王生长．涉外仲裁与法律：第二辑［M］．北京：中国统计出版社，1994：335-336，309.

和其他组织之间发生的合同纠纷和其他财产权益纠纷，可以仲裁；第 3 条规定：婚姻、收养、监护、扶养、继承纠纷和依法应由行政机关处理的行政争议不能仲裁。结合式中也有既作肯定性、否定性概括，又作肯定性列举的立法，如荷兰民事诉讼法典第 1020 条规定：当事人可将契约性或非契约性争议提交仲裁；仲裁协议不应用于确定当事人不能自由处分的法律后果；当事人可协议将仅确定货物的品质或状况、仅确定损害的数量或金钱债务等争议交付仲裁。而澳门内部仲裁法（不适用于国际商事仲裁）第 2 条则采用否定性概括加否定性列举的结合式：不涉及不可处分权利之任何争议均可成为仲裁标的；已经裁判或解决的争议、引致检察院参与诉讼之争议尤其不得为仲裁标的。

下文各节（第三节起）将对涉及此种客观可仲裁性的各种较为特殊的情况进行阐析。有必要在此处指出，某一类争议依适用法律是否具有可仲裁性，本质上是需由该法确定的公共政策事项，而一国的公共政策与他国的公共政策不同，并且，事实上都在改变着，① 因此，理论上，不具可仲裁性的事项可能随时增加或减少。应该说，可仲裁的争议存在扩大的趋势，而法院以此为由进行的审查程度日益缩小。② 不过，也应当看到，这种可仲裁性扩大的趋势并非在所有国家均是如此。虽然大部分国家都已经承认了国际商事仲裁，但仍有相当一部分国家将其视为对主权的蚕食。尤其在国家商事仲裁中，可仲裁性问题仍然可以与公共政策联在一起，从而影响仲裁和仲裁裁决。例如，巴基斯坦最高法院在判决的 *Hubco v. WAPDA* 案③中认为，表面上的欺诈、非法性及腐败主张足以排除仲裁，其本身构成应由巴基斯坦法院审理的公共政策问题。此案采取严格的解释可仲裁性的方式，受到学者的批评。④

四、公共政策和可仲裁性

有些学者认为，《纽约公约》第 5 条第 2 款 a 项规定是同义反复，因

---

① 参见国际商事仲裁法律与实践 [M]. 林一飞，宋连斌，译. 北京：北京大学出版社，2005：147-148.

② See Joseph T. McLaughlin. Arbitrability: Current Trends in the United States [J]. Arbitration International, 1996, 12 (2): 113-136.

③ Civil Appeal no. 1398 & 1399 of 1999.

④ Nudrat B. Majeed. Commentary on the Hubco Judgement [J]. Arbitration International, 16 (4): 431-437.

为第 5 条第 2 款 b 项所规定的公共政策抗辩已经将其涵盖在内。① 可仲裁性在本质上是国内公共政策问题。② 但是，也应当指出，限制可仲裁性的法律规则并不必然是公共政策的一部分。虽然限制可仲裁性的法律规则总是被认为不以当事人意志而改变，具有强制性，但是，此种强制性规范并不必然与公共政策规则一致，③ 并不必然反映具有根本性质的国内政策以至于当事人可以认为其属于公共政策问题。该两种抗辩本身可能涉及不同的审查。不可仲裁性来源于国家法院的专属管辖权，构成对仲裁裁决承认和执行的绝对的阻却，无论其结果如何，而公共政策涉及实体和程序，确立了仲裁员及其裁决需要遵守的标准。一国在确定仲裁范围时，需考虑经济发展程度及立法目标、法律传统、文化背景等因素，这些因素可能构成该国国内的公共秩序，但不一定是国际公共秩序，而一国法院以缺乏可仲裁性为由拒绝或撤销一项仲裁裁决时，也完全不必动用公共秩序这个安全阀。④

此外，如争议本身涉及公共政策，其是否具有可仲裁性？如法国民事诉讼法规定，涉及公共团体及公共机关以及更概括地涉及公共秩序的一切方面的争议，不得提交仲裁。⑤ 按照该规定，法国法院最初采取非常严格的方式，举凡需要解释或适用公共政策规则的争议均不可仲裁。不过这种态度后来有所变化。在一案⑥中，法国法院认为，某项交易产生公共政策问题的争议，本身不足以使得该争议不具有可仲裁性。直到 1991 年 *Ganz* 案⑦和 1993 年 *Labinal* 案⑧后，法国法院明确了国际商事仲裁中可仲裁性与公共政策。在 *Ganz* 案中，突尼斯与匈牙利间签订合同，约定由匈牙利公司 Ganz 向某突尼斯公司交付铁路设备。Ganz 随后分立成几个公司，其

① See Philippe Fouchard. La port internationale de l'annulation d'une sentence dans son pays d'origine? [M]. Rev. de l'Arb., 1997: 347.

② See Patrick M. Baron and Stefen Liniger. A Second Look at Arbitrability [J]. Arbitration International, 19 (1): 27-54.

③ See Böckstiegel. Public Policy and Arbitrability [M] // ICCA Congress Series: No. 3. New York, 1986: 177-204.

④ 参见宋连斌. 国际商事仲裁管辖权研究 [M]. 北京：法律出版社，2000: 117-118.

⑤ 法国民事诉讼法典第 2060 条。

⑥ Court of Appeal of Paris, 9 February 1954.

⑦ Court of Appeal of Paris, 29 March 1991, *Ganz*.

⑧ Court of Appeal of Paris, 19 May 1993, *Labinal*.

中之一被认为是原 Ganz 的承受人。突尼斯方提起仲裁程序，要求认定公司分立构成欺诈和违反国际公共政策。仲裁庭支持该请求。匈牙利方要求巴黎上诉法院撤销裁决，主要理由是仲裁协议具有要求仲裁员绝对分立公司是否与公共政策相悖的效果，因而是无效的。但法国法院驳回了该撤销申请。*Labinal* 案中，一方提出，所涉协议与欧共体《罗马条约》第 85 条第 1 款和第 86 条相悖。但法国法院最终认为，此种争议也是可仲裁的。这两案可以看出，法国上诉法院认为，在国际商事仲裁中，仲裁员在考虑国际公共政策的概念后，对争议的可仲裁性有权作出决定；如果仲裁员认为争议可以仲裁，则其可以适用任何与争议相关的规则，无论是否为公共政策规则。这表明仲裁员所适用任何法律规则所具有的公共政策性，在确定可仲裁性问题上，不再发挥作用。在欧洲的其他国家，也采取了类似的方法。①

五、中国法律的规定

争议的可仲裁性通常可以依据该当事人对于争议的和解权利（可和解性）来判断，但不能违背法律的规定。如上文讨论，各国的法律规则不尽一致，实践也存在差异。中国《仲裁法》采取列举和排除两种方法，对仲裁的适用范围作了确定。《仲裁法》在起草过程中，各界对于哪些争议可仲裁也有不同意见。第一种主张认为，仲裁权不同于司法权，仲裁权实际上是当事人赋予的，因此，只要当事人达成仲裁协议，任何纠纷都可以申请仲裁。第二种主张认为，仲裁具有民间性质，所以仲裁只能解决民事纠纷。因此，除依法应由行政机关处理的行政争议外，任何民事纠纷都可以进行仲裁。第三种主张认为，只有当事人有处分权的民事纠纷，才可以申请仲裁。因此，婚姻、监护、扶养、收养等问题，不能仲裁。第四种主张认为，仲裁应当是专家仲裁，解决经济贸易中的专门性问题，主要解决商事纠纷，公民个人之间的民事纠纷不能提交仲裁。② 最后定稿的《仲裁法》第 2 条规定："平等主体的公民、法人和其他组织之间发生的合同纠纷和其他财产权益纠纷，可以仲裁。"第 3 条则规定："下列纠纷不能仲裁：（1）婚姻、收养、监护、扶养、继承纠纷；（2）依法应当由

---

① See Antoine Kirry. Arbitrability: Current Trends in Europe [J]. Arbitration International, 1996, 12 (4): 373-390.

② 参见国务院法制局研究室．重新组建仲裁机构手册 [M]．北京：中国法制出版社，1995：37.

行政机关处理的行政争议。”也就是说，如果是此类争议，当事人即使在仲裁协议中约定提交仲裁解决，也因不具有可仲裁性，而无法由商事仲裁机构予以受理。

第二节　可仲裁性的法律适用

按照《纽约公约》，争议事项的可仲裁性问题在法院承认仲裁协议①和申请法院执行仲裁裁决②时都会涉及。事实上，在对国际仲裁裁决提出异议的过程中，都会牵涉到可仲裁性。无论何种情况，均首先需要解决可仲裁性的适用法律问题。可仲裁性的法律适用不是一个容易解决的问题，要视仲裁庭或法院而定。

一、可能涉及的适用法律

争议如依仲裁程序法不具可仲裁性，则不得进行仲裁。并且，《纽约公约》在规定法院自行审查可仲裁性时，规定的是依申请承认及执行地国的法律来确定可仲裁性。此外，如果依据仲裁协议的适用法律，争议不具有可仲裁性，则因仲裁协议依其适用法律而无效，也不能进行仲裁。因此，可仲裁性问题实际上至少可能涉及三个国家的法律：仲裁协议适用法律所在地国的法律、程序进行地国的法律和承认及执行地国的法律。此外，还可能涉及其他国家的法律。

归纳起来，在仲裁的可仲裁性方面，法院通常可能需要考虑法院地法（*lex fon*）、当事人选择来适用于仲裁条款的法律（*lex electionis*）或适用于合同的法律（*lex contractus*）、仲裁庭所在地法（*lex arbitrii*）或裁决执行地法（*lex executionis*）。③ 如争议依上述适用法律不具有可仲裁性，则以仲裁方式解决可能就没有实际上的意义，因为其结果或者是仲裁协议无效、无法执行，或者是仲裁裁决无法执行。

由于存在这种可能性，不同法院所作决定可能存在不一致性。有人提出，此种不一致性的根源在于《纽约公约》自身，特别是《纽约公约》

---

① 《纽约公约》第2条。

② 《纽约公约》第5条。

③ See Mare Blessing. The Law Applicable to the Arbitration Cause and Arbitrability? [J]. 40 Years of Application of the New York Convention (ICCA Congress Series No. 9, 1999) 168 at p. 169 *et seq.*

在可仲裁性问题上适用法院地法的倾向。① 但也有人认为，不一致的根源并非《纽约公约》，而在于其不同规定的混乱的解释，以及不适当的分析方法。首先，不可仲裁性、仲裁条款的效力以及公共例外等截然不同的概念，经常被混在一起，因此引起混乱。其次，关于方法，不可仲裁性已经被系统地认为是法律冲突问题（conflict of law）而不是管辖权冲突问题（conflict of jurisdiction）。此外，它们还使得法院援引外国法而非法院地法来审查可仲裁性问题。他们认为，援引外国可仲裁性的标准，在现行国际仲裁法律和实践中，是没有理由的。《纽约公约》第 5 条第 2 款 a 项仅规定在法院地国法律认为不具可仲裁性时才可以拒绝执行。在涉及仲裁协议时，可仲裁性的法律适用也是如此。因此，依据《纽约公约》，在可仲裁性问题上，单独适用法院地法实际上提供了简单、清楚和统一的方法。② 不过，应当指出，简单的规则，即使不是难以理解，也是难以适用。③ 这也许可以诠释为什么在可仲裁性的法律适用问题上会出现各种理解。

二、内国裁决可仲裁性审查时的法律适用

仲裁裁决作出以后，一方可能向仲裁地法院提出撤销。如裁决在作出地被撤销，通常都会在其他国家被拒绝承认和执行。此时，受理撤销申请的法院是仲裁地法院。

UNCITRAL 示范法第 34 条第 2 款 A 项 a 目规定，根据当事各方所同意遵守的法律，或未指明何种法律，则根据本国法律，该协议是无效时，仲裁裁决可以被法院撤销；UNCITRAL 示范法第 34 条第 2 款 B 项 a 目规定，根据本国的法律，争议事项不能通过仲裁解决，法院可以撤销裁决。UNCITRAL 示范法将仲裁协议的效力与可仲裁性分开约定；仲裁协议的效力是需要当事人证明的，而可仲裁性问题，法院可依职权自行认定。在许多国家的仲裁法中均作如是规定，如 1998 年德国仲裁法、④ 1998 年比利时司法法典。⑤

---

① See Jan Paulsson. Arbitrability, Still Through a Glass Darkly? [J]. Arbitration in the Next Decade, Special Supplement *ICC Int'l Ct. of Arb. Bull.*, 1999: 95.

② See Homayoon Arfazadeh. Arbitrability under the New York Convention: The Lex Fori Revisited [J]. Arbitration International, 2001, 17 (1): 073-088.

③ See David J. Branson. Arbitrability and Pre-emption: More Litigation in the United States [J]. Arbitration International, 1996, 12 (2): 161-170.

④ 1998 年德国仲裁法第 1059 条。

⑤ 1998 年比利时司法法典第 1704 条。

仲裁地法院在考虑内国裁决是否可撤销时，在可仲裁性问题上，适用本国的法律（法院地法，也即仲裁地法）来判断是否具有可仲裁性。但仲裁协议效力的准据法，通常应依冲突规则①来判断。

《纽约公约》和UNCITRAL示范法均规定仲裁的类型限于“可通过仲裁解决”的争议。②

许多国家的仲裁立法都对可仲裁性作出规定。除中国《仲裁法》第2条和第3条分别从积极和消极两个方面作出规定外，1998年德国仲裁法第1030条（可仲裁性）也规定：（1）任何涉及经济利益的请求可以成为仲裁协议的对象。如果仲裁协议是关于不涉及经济利益的请求，则其在当事人有权就争议问题缔结和解协议的范围内具有法律效力。（2）有关德国境内住宅租赁合同关系存在与否的争议的仲裁协议是无效的。但其涉及德国民法典第556a条第8款所指的住宅种类除外。（3）根据本编以外其他成文法规定，某些争议不得提交仲裁或只在特定情况下才可提交仲裁，此类规定不受本编影响。1998年比利时司法法典第1676条规定：（1）已产生或可能产生于特定法律关系且允许和解之任何争议，均得成为仲裁协议之标的。（2）能够或有权订立合同者，均可缔结仲裁协议。除法律另有规定外，公法法人仅可就有关合同成立或履行之争端的解决订立仲裁协议。此种仲裁协议之订立条件与其履行属仲裁事项之合同相同。而且，公法法人得就法律或部长会议通过的法令所确定之事项缔结仲裁协议。此种法令亦得确定有关协议成立之条件和规则。（3）前款规定之适用不妨碍法律规定之例外。

三、外国裁决可仲裁性审查时的法律适用

《纽约公约》第5条第2款a项规定，如被请求承认和执行仲裁裁决的国家的法院查明有下列情况，争执的事项依照本国法律，不可以用仲裁方式解决，也可以拒绝承认和执行。按照该规定，受理请求承认和执行裁决申请的法院适用法院地法来审查可仲裁性问题。如果法院地法给予本国法院或承认外国主管部门对争议事项有专有的管辖权，可排除仲裁，则裁

① 瑞士国际私法法第178条；第8条第1款；UNCITRAL示范法第34条第2款a项第1目。

② 《纽约公约》第2条第1款和第5条第1款a项；UNCITRAL示范法第34条第2款b项第1目和第36条第1款b项第1目。

决是不可执行的。①

同样遇到的一个问题是，第5条第1款a项中所需申请不予执行的当事人证明的仲裁协议无效是否包含了可仲裁性。应当认为，《纽约公约》已将仲裁协议无效和可仲裁性问题分开。当事人所选择法律或仲裁地法律对于可仲裁性问题施加的限制依《纽约公约》的规定并不具有相关性。

在《纽约公约》第5条第1款a项下，可仲裁性并不能构成不予执行裁决的理由。在《纽约公约》第5条第2款a项下，仅在法院地法将争议事项明确保留给国家法院或其他主管机关以排除仲裁时，可以不予承认和执行裁决。②

第三节　侵权争议的可仲裁性抗辩

一、一般情况

一般认为，侵权包括对他人财产的侵犯和对他人人身的侵犯两个方面。不同国家对于侵权的定义各不相同，其包括的具体情况也存在差别。例如，德国民法典第823条规定，“（1）故意或因不法侵害他人的生命、身体、健康、自由、所有权或其他权利的人，对他人负有赔偿由此而发生的损害的义务。（2）违背以保护他人为目的的法律的人，负有相同的义务。依法律内容，即便无过失仍可能违背此种法律的，只有在过失的情形中，才发生赔偿的义务”。第823-853条规定了侵权行为的各种情况。法国民法典则只对侵权行为作了概括性的规定。该法典第1382条规定，“任何行为使他人受损害时，因自己的过失而致使损害发生之人，对该他人负赔偿的责任”。第1383条规定，“任何人不仅对其行为所引起的损害，而且对其过失或疏忽所造成的损害，负赔偿责任”。③ 中国《民法通则》第106条第2款规定，“公民、法人由于过错侵害国家的、集体的财产，侵害他人财产、人身的，应当承担民事责任”。

侵权争议是非契约性争议，与契约性的争议不同。而仲裁具有合意

---

① See Homayoon Arfazadeh. Arbitrability under the New York Convention: The Lex Fori Revisited [J]. Arbitration International, 2001, 17 (1): 073-088.

② See Homayoon Arfazadeh. Arbitrability under the New York Convention: The Lex Fori Revisited [J]. Arbitration International, 2001, 17 (1): 073-088.

③ 日本民法典第709条、意大利民法典第2043条等亦都作了规定。

性，前提是当事人同意仲裁。但大量的侵权争议，当事人不可能事先达成仲裁协议；除非当事人事后达成协议，否则侵权争议不会通过仲裁解决。当然，大量的侵权争议，当事人不会在事后达成仲裁协议。不过，目前许多合同中的标准仲裁条款均是广泛条款（broad clause），约定一切争议提交仲裁。但问题是，此种约定可否视为当事人同意将有关侵权争议提交仲裁？还有一个问题，即便当事人达成协议，所适用的法律也可能禁止就侵权争议进行仲裁。

对于第一个问题，一般的规则是，如果仲裁条款是广泛的仲裁条款，则只要侵权争议直接或间接与合同标的相关，侵权争议即是可仲裁的，如美国的一些案例。① 在一案中，② 原告与 Porta-John 签订了许可合同。根据合同，Porta-John 向原告提供化学用品。后原告称受到化学用品伤害，提出过失和产品责任损失。法院认为，虽然许可合同包含了广泛的仲裁条款，但是，该事项不可仲裁。法院认为，该侵权与合同的争议事项无关，因为争议的解决无须参照合同，并且，即便 Porta-John 是陌生人，其对原告也有义务。依此标准，涉及诽谤、过失、欺诈、侵入等大量的侵权争议，被认为是可以仲裁的，因其与合同标的有充分的关系。③

第二个问题涉及所适用法律对侵权争议的阻却作用。如果所适用的法律禁止全部或部分类型的争议通过仲裁解决，则在适用该法律时侵权争议不具有可仲裁性。例如，美国尚有部分州排除就侵权争议进行仲裁，有些州禁止惩罚性损害赔偿的仲裁，这样就使得争议发生前的仲裁协议无法达成。

一般认为，仲裁协议的范围内潜在地包含三种类型的请求：契约性请求（包括附带于合同的请求，如无合同规定时按合理价格支付）；侵权上的请求以及法定请求。④ 实践中，无论是国际仲裁还是国内仲裁，一般均承认侵权争议的可仲裁性，除非适用法明确排除。

在考虑仲裁协议的范围时，依据当事人将争议事项提交仲裁的行为，

---

① *Old Dutch Farms, Inc. v. Milk Drivers*, 359 F 2d 598 (2nd Cir. 1966); *Kroll v. Doctor's Assocs., Inc.*, 3 F 3d 1167 (7th Cir. 1993); *Greenwood v. Sheffield*, 895 SW 2d 169 (Mo. Ct. App. 1995).

② *Dusold v. Porta-John Corp.*, 807 P 2d 526 (Ariz. Ct. App. 1990).

③ See Joseph T. McLaughlin. Arbitrability: Current Trends in the United States [J]. Arbitration International, 1996, 12 (2): 113-136.

④ 参见国际商事仲裁法律与实践 [M]. 林一飞，宋连斌，译. 北京：北京大学出版社，2005：165.

当事人可能被认为默示地同意授予仲裁员超过原依据仲裁条款而存在的管辖权的管辖权。因而，可能不属于仲裁条款范围的侵权请求，在当事人于仲裁程序中处理该事宜而未对管辖权提出保留意见时，仍然可属于仲裁庭的管辖范围之内。① 在采此种实践的国家，即使侵权争议并不在原仲裁条款范围之内，但若当事人未提出异议，则在裁决作出之后，以侵权为由提出抗辩也不能成立。②

二、广泛的仲裁条款

前文述及，仲裁条款应是广泛的仲裁条款。但是，何谓广泛的仲裁条款？或者说，在什么程度上，仲裁条款被认为可以包括侵权争议？这就涉及仲裁条款的措辞。有些措辞被认为不能包含侵权争议，例如“产生于合同项下”（*Arising under*）的争议。*Sangyong* 法院认为，此种措辞的仲裁条款是“狭窄的”，不包括各种与当事人合同义务不直接相关的侵权争议。其他有些法院也采取类似的立场。③

不过，大多数国内法院如今都将仲裁视为解决国际商事争议的适当方式，因而努力在可能的情况下给予仲裁效力。④ 例如，在英国 *Kaverit Steel Crane Ltd. v. Kone Corporation* 案⑤中，Kaverit 启动法院程序，声称 Kone 违反了某些许可和分销协议。Kone 寻求依据协议中所包含的仲裁条款，中止法院程序和将争议提交仲裁。仲裁条款规定，所有“产生于本合同或与本合同有关”的争议应提交仲裁。上诉法院拒绝中止程序，理由是 Kaverit 提出的某些请求包含了超过违约的主张。例如，共谋和诱导违约。初审法院认为，基于侵权提出的请求不属于仲裁条款的范围。但是，上诉法院认为，仲裁条款的措辞广泛，足以使依据合同关系的存在提出的任何请求属于其范围之内，即使请求本身是侵权上的请求。⑥ 例如，由于主张“通过非法方式共谋以损害 Kaverit”的请求依据于将违约作为“非法性”

---

① 参见国际商事仲裁法律与实践［M］. 林一飞，宋连斌，译．北京：北京大学出版社，2005：166.

② 如见 *The Almare Prima* ［1989］2 Lloyd's Rep. 376.

③ See G. A. Born. International Commercial Arbitration[M]. 2nd ed. 2001:297-330.

④ 参见国际商事仲裁法律与实践［M］. 林一飞，宋连斌，译．北京：北京大学出版社，2005：163-164.

⑤ 87 D. L. R. 4th 129；(1994) XVII Yearbook Commercial Arbitration 346.

⑥ 法院认为，如果“合同的存在对于请求或答辩均有密切关系”，则争议“产生于合同或与合同相关”。

的依据，该争议应提交仲裁。但是，非基于合同存在而提出的请求应通过法院审理，而非仲裁。①

英国一法院曾经认为，约定“相关于”合同产生的争议提交仲裁，就足以使得仲裁庭有权调整合同以实现其真正的目的。② 类似地，美国一法院将同一措词解释为赋予仲裁员对争议作出裁定的广泛权力，法院据此可以中止诉讼，要求提交仲裁。在该案中，请求是从侵权方面提出的（诽谤、共谋和违反有关不公平贸易作法的法律）。法院认为：“国际商会推荐条款规定‘所有相关于本合同产生的争议’提交仲裁，其应被解释为包括了可仲裁问题的广泛范围。该推荐条款并未将仲裁限于合同的字面解释或履行。它包含了对合同有重要关系的当事人之间的每一争议，而不管争议贴上了什么标签。”③

三、中国的法律与实践

《纽约公约》只规定争议涉及的是“契约性和非契约性商事法律关系”，④ 而未对此作详细的说明。在1986年《最高人民法院关于执行我国加入的〈承认及执行外国仲裁裁决公约〉的通知》中，最高人民法院指出，这个表述“具体的是指由于合同、侵权或者根据有关法律规定而产生的经济上的权利义务关系……”故此，按照最高人民法院的规定，无论是合同或者是侵权或是其他经济权利义务关系，均可通过仲裁解决。根据《仲裁法》，除第3条所规定的行政争议以及身份争议等之外，所有平等主体的公民、法人和其他组织之间发生的合同纠纷和其他财产权益纠纷，均可以仲裁。很明显，合同争议是一种，其他财产权益争议是另外一种；可以通过原合同中已经订立的仲裁条款对将来争议的解决方式进行约定，也可以通过争议发生后另订仲裁协议约定解决争议的方式。因此，对于侵犯财产权益争议的可仲裁性应无异议。

国际上，对于作为替代性争议解决方式的商事仲裁持支持态度。各国

---

① 许多国家的法院对于类似条款采取了更为广泛的解释，虽然作为基础的原则是类似的。参见国际商事仲裁法律与实践［M］. 林一飞，宋连斌，译. 北京：北京大学出版社，2005：146.

② *Ashville Investments Ltd. v. Elmer Contractors Ltd.* （1997）37 B. L. R. 60 at 81 （CA）; see also *Ethiopian Oilseeds Pulses Export Corp v. Rio Del Mar Foods Inc.* ［1990］1 Q. B. 86.

③ *J. J. Ryan Son Inc. v. Rhone Poulenc* 863 F. 2d 315 （4th Cir. 1988）.

④ 《纽约公约》第1条第3款.

国内立法的趋势是减少对争议事项可仲裁性的限制，对于当事人提交仲裁的争议事项持较为宽松的态度。多数国家对当事人能自行处理或通过和解解决的争议允许付诸仲裁，如德国、比利时、瑞典、法国、意大利、荷兰等国，均持此种立场。① 我国《仲裁法》对于可仲裁性的限制也较少，仅在第 3 条作了限制性的规定。下段所述的轻纺公司案中，原审法院正是错误理解和适用了《仲裁法》和其他有关法律，才认为案件不应通过仲裁而只能由人民法院受理的决定。

中国先后有两个较重要的案例涉及侵权争议的可仲裁性问题。一个在《仲裁法》颁布之前，一个在之后。中国技术进出口总公司（以下简称“中技公司”）诉瑞士工业资源公司（Swiss Industrial Resources Company Inc.，以下简称“IRC 公司”）钢材买卖合同案中，② 中技公司以受欺骗为由对 IRC 公司提起侵权之诉，IRC 公司先后在两审中提出合同中订有仲裁条款，法院没有管辖权，但均遭驳回。终审的上海市高级人民法院判称，IRC 公司在无钢材的情况下，谎称货物已备妥，诱使中技公司签订合同修改协议书，又伪造全套单据骗取货款，IRC 公司利用合同形式诈骗，已超出合同履行的范畴，双方的纠纷已非合同权利义务的争议，而是侵权损害赔偿纠纷，中技公司有权向法院起诉，而不受仲裁条款的约束。

在江苏省物资集团轻工纺织总公司（以下简称“轻纺公司”）诉（香港）裕亿集团有限公司（以下简称“裕亿公司”）、（加拿大）太子发展有限公司（以下简称“太子公司”）侵权损害赔偿纠纷上诉案中，最高人民法院最终认可了侵权争议的可仲裁性。1996 年 5 月 5 日，原告轻纺公司与被告裕亿公司签订了 CC960505 号销售合同，约定由裕亿公司销售普通旧电机 5 000 吨给轻纺公司，每吨 348.9 美元。同年 5 月 6 日；轻纺公司与被告太子公司签订了 CC960506 号销售合同，约定由太子公司销售普通旧电机 5 000 吨给轻纺公司，每吨 348.9 美元。上述两份合同第 8 条均明确约定：“凡因执行本合约所发生的或与本合约有关的一切争议，双方可以通过友好协商解决；如果协商不能解决，应提交中国国际经济仲裁委员会，根据该会的仲裁规则进行仲裁。仲裁裁决是终局的，对双方均有约束力。”货物到港后，经商检查明：货物总重量为 9 586.323 吨，“本批货

---

① 参见丁建忠．外国仲裁法与实践［M］．北京：中国对外经济贸易出版社，1992.

② 参见最高人民法院公报典型案例全集：（1985.1－1999.2）［M］．警官教育出版社，1999：464 及其后．

物主要为各类废结构件、废钢管、废齿轮箱、废元钢等”。轻纺公司遂以裕亿公司和太子公司侵权给其造成损失为由提起诉讼。裕亿公司和太子公司在答辩期内提出管辖权异议称本案当事人之间对合同纠纷已自愿达成仲裁协议，人民法院依法不应受理。江苏省高级人民法院认为：本案是因欺诈引起的侵权损害赔偿纠纷。虽然原告轻纺公司和被告裕亿公司、太子公司之间的买卖合同中订有仲裁条款，但由于被告是利用合同进行欺诈，已超出履行合同的范围，构成了侵权。双方当事人的纠纷已非合同权利义务的争议，而是侵权损害赔偿纠纷。轻纺公司有权向法院提起侵权之诉，而不受双方所订立的仲裁条款的约束。

最高人民法院认为：本案争议的焦点在于仲裁机构是否有权对当事人之间的侵权纠纷作出裁决。《仲裁法》自 1995 年 10 月 1 日起施行，该法第 2 条规定：“平等主体的公民、法人和其他组织之间发生的合同纠纷和其他财产权益纠纷，可以仲裁。”第 3 条规定：“下列纠纷不能仲裁：(1) 婚姻、收养、监护、抚养、继承纠纷；(2) 依法应当由行政机关处理的行政争议。”CIETAC 仲裁规则第 2 条也明确规定：该委员会“……解决产生于国际或涉外的契约性或非契约性的经济贸易等争议……”从被上诉人轻纺公司在原审起诉状中所陈述的事实和理由看，其所述上诉人裕亿公司和太子公司的侵权行为，均是在签订和履行 CC960505 号和 CC960506 号两份销售合同过程中产生的，同时也是在《仲裁法》实施后发生的。而该两份合同的第 8 条均明确规定：“凡因执行本合约所发生的或与本合约有关的一切争议，双方可以通过友好协商予以解决；如果协商不能解决，应提交 CIETAC，根据该会的仲裁规则进行仲裁。仲裁裁决是终局的，对双方均有约束力。”根据《仲裁法》和 CIETAC 仲裁规则的上述规定，CIETAC 有权受理侵权纠纷，因此本案应通过仲裁解决，人民法院无管辖权。

当然，侵权争议虽在中国具有可仲裁性，但其仍需满足仲裁协议要件和法律规定的商事性，即需要是仲裁协议涵括的范围之内，并且是财产权益纠纷。

第四节 反托拉斯或竞争法事项的可仲裁性抗辩

一、概述

为了防止企业意图控制价格，垄断市场，以维护市场公平竞争，世界各国纷纷制定了反托拉斯法（Anti-trust）、反垄断法或更广义上的竞争法(competition law)。其中，美国和欧盟较为突出。美国反托拉斯法是联邦及州法律体系的组成部分，其主旨是通过确保竞争不受市场垄断组织的损害来保护消费者。第一部联邦反托拉斯法是1890年制定的谢尔曼法(Sherman Act)，该法规定垄断为非法行为，垄断行为包括：具有在某一市场垄断的能力以及有意取得或维护这种能力。1914年通过的克莱顿法(Clayton Act) 更加明确地规定了价格歧视等非法行为，法律禁止只涉及商品的捆绑销售，并且规定反竞争的合并和收购为非法。从1914年始，联邦贸易委员会被指定为负责执行联邦反托拉斯法和消费者保护法的实体。

欧共体竞争法包含于欧盟条约的第三部分，即“共同体的政策”。欧共体竞争法禁止在现有的欧盟内部作出以妨碍、限制或扭曲竞争为其目的或有此后果的协议或安排（欧共体《罗马条约》第81条）以及滥用支配地位（欧共体《罗马条约》第82条）。欧共体条约的竞争规则，特别是第81、82条，对众多经济领域大量的行为或协议产生了重大影响。① 第81条和第82条历史上主要是由欧洲委员会执行的。欧洲委员会有权调查、禁止行为、罚款以及鉴于违反第81条的行为或协议带来更大利益在适当时依据第81条第3款给予豁免。违反第81条的协议依据第81条第2款是无效的，除非属于第81条第3款豁免规定的范围。在2004年5月1日前，给予豁免的权力属于欧洲委员会自身。依据理事会条例 No. 1/2003，该种权力已经扩展至国家法院和竞争管理机关。②

裁决作出之后，当事人可能提出，仲裁所依据的合同违反了竞争法（或反托拉斯法或反垄断法)，因此，裁决所涉及事项不具有可仲裁性，从而裁决是可被撤销或不予执行的。③ 问题的关键是此类竞争法事项是否具有可仲裁性。有人认为，竞争法是国家管理市场、维护公共利益及本国经济体制的公法，基于这些法律产生的争议，国家有理由禁止提交仲裁。事实上，这种观点一度占了主导地位。不过现在，此种观点已经过时。下

---

① 参见许光耀．欧共体竞争法研究［M]．北京：法律出版社，2002：14.

② 参见国际商事仲裁法律与实践［M]．林一飞，宋连斌，译．北京：北京大学出版社，2005：149，脚注 52.

③ 反托拉斯法的可仲裁性问题至少在三个阶段可能提出：仲裁庭审理阶段、法院确认特定争议是否具有可仲裁性阶段以及裁决执行阶段，并且至少有三种法律制度可能涉及。See John Beechey. Arbitrability of Anti-trust/Competition Law Issues [J]. Arbitration International, 1996, 12 (2): 179-190.

文将探讨各国的法律和实践。通过下文例示，可以看出，现在反托拉斯问题可以仲裁已经在国际上得到了广泛的接受。

二、一些国家的实践

（一）美国

美国传统上并不认为反托拉斯争议可以仲裁。但是，1985 年最高法院 *Mitsubishi Motors Corp. v. Soler Chrysler-Plymouth, Inc.* 案（以下简称“三菱案”）① 之后，法院态度猛然转变。该案承认了产生于国际合同的反托拉斯问题具有可仲裁性。②

1. 传统的规则（三菱案前）

American Safety Equipment Corp. v. J. P. Maguire and Co. 案③中，第二巡回上诉法院确定了对于反托拉斯法事项的规则，判决反托拉斯争议不能仲裁。法院认为：

“反托拉斯法项下的请求不仅仅是私人事项……违反反托拉斯法可以影响成千上万，也许是上百万的人，并且产生巨大的经济损害。我们相信国会不会愿意此类请求在法院之外的其他地方解决。”

不过，同样的法院，8 年之后在 *Coenen v. Pressprich and Co.* 案④中，确立了上述规则的例外，认为反托拉斯事项可以依据争议发生之后达成的仲裁协议进行仲裁。其理由是“当事人已经知道他们同意仲裁的是什么，并且，由于申请人并没有被要求一定起诉且总是可以自由解决三倍损害赔偿的反托拉斯案件，因此其同意仲裁事实上是一个解决争议的协议”。

---

① 473 U. S. 614 (1985). See Sigvard Jarvin. Arbitrability of Anti-Trust Disputes: The Mitsubishi v. Soler Case [J]. Journal of International Arbitration, 1985, 2 (3): 69-82。案情及判决摘要也可参见赵秀文. 国际商事仲裁案例评析 [M]. 北京: 中国法制出版社, 1999: 81-89.

② See William J. T. Brown Stephen D. Houck. Arbitrating International Anti-trust Disputes [J]. Journal of International Arbitration, 1990, 7 (1): 77-90.

③ 391 F. 2d 821 (2d Cir. 1968). 该案的案情是：Safety 与 Hickok 签订了一份商标许可协议，其中有一项条款要求它们之间将来可能发生的所有争议提交仲裁。后来，Safety 公司起诉 Hickok 和商标权的受让者，诉称该许可协议违反了谢尔曼法，因为它非法扩大 Hickok 的商标垄断，并且不合理地限制 Safety 的经营业务。Hickok 和商标权的受让者要求仲裁。地区法院判决争议应提交仲裁。上诉法院认为判决争议不可仲裁。

④ 406 U. S. 949 (1972).

2. 三菱案

原告三菱公司是一家制造汽车的日本公司，被告索勒公司是波多黎各的一家公司。1979 年 10 月 31 日，被申请人与克莱斯勒国际公司签订了一份销售协议，约定由被告在包括圣胡安在内的指定地区销售原告公司制造的汽车。同一天，克莱斯勒国际公司、被告、原告又签订了一份销售协议，从属于前一份销售协议，约定由原告直接售货给被告，并且约定了销售条件。销售协议的第 6 条（某些事项的仲裁）约定：因本协议自第 1 条 B 款至第 5 条所引起的或与之有关的、或因违反这些条款所引起的所有争议与分歧，均应按照日本商事仲裁协会的规则与规定在日本仲裁解决。最初，被告销售原告汽车经营良好，为此，经被告同意，原告与克莱斯勒国际公司大幅度提高被申请人 1981 年最低销售量。然而，1981 年初，因市场原因，被告难以完成预定的销售量。到 1981 年春天，被告请求原告延续或取消装运一些订货，与此同时，被告试图将一些汽车销往美国和拉丁美洲。然而，原告和克莱斯勒国际公司以各种理由拒绝允许被告转移销售，并且没有发货给被申请人，总共未发 1981 年 5 ~ 7 月份的订货 966 辆。1982 年 2 月，被告表示对此不负责任。此后 1 个月，原告根据联邦仲裁法令和《纽约公约》规定向美国负责波多黎各地区的地区法院起诉被告，请求法院裁决原告、被告按协议的第 6 条将争议提交仲裁。原告起诉后不久，即向日本商事仲裁协会申请仲裁。被告对原告的起诉进行了答辩，其理由之一是：原告与被申请人的协议违反了美国反托拉斯法，该反托拉斯争议不能提交仲裁；协议中的仲裁条款不能包含反托拉斯争议。地区法院判决：双方所签订的仲裁条款包含了反托拉斯争议；双方之间的反托拉斯争议可以提交仲裁。上诉法院维持了第一项，但撤销了双方之间的反托拉斯争议可提交仲裁的判决。

美国联邦最高法院以五票对三票的多数，作出判决，认定产生于国际合同的反托拉斯问题，依据联邦仲裁法是可以仲裁的。不管是否存在下列情况，均是如此：反托拉斯法的公共意义；私人当事人寻求三倍损害赔偿作为违反此类法律的阻碍因素的重要性；此类案件的复杂性。在其判决中，法院认为："……我们得出结论认为，即便在国内情况下可能产生相反的结果，但是，对国际礼让的关注、对外国和跨国仲裁庭能力的尊重以及为争议解决中的可预见性而对国际商业体系的需要所具有的适应性，要求我们执行当事人的协议。"法院继续指出，在进入执行仲裁庭作出的任何裁决程序时，执行反托拉斯立法中的公共利益如有必要仍可主张。法院认为："允许仲裁庭继续前进，美国的国内法院在裁决执行阶段仍将有机会确保执行反托拉斯法中的合法利益已经被遵守。《纽约公约》在‘裁决的承认或执行将与该国的公共政策相悖时’，为每个缔约国保留了拒绝执行裁决的权利。”①

3. 三菱案后

1985年三菱案判决后，下级法院均遵循最高法院的判决，自由解释仲裁协议，不考虑争议的性质和当事人的国籍，以使大量国际反托拉斯法争议通过仲裁解决。例如，*High Strength Steel, Inc. v. Svenkst Stal Aktiebolaq* 案，② 涉及瑞典一钢铁厂和德州经销商之间的一份经销协议。争议的问题是，规定“任何产生或相关于本合同的争议或违约”均进行仲裁的仲裁条款，是否可以包含德州公司提出的反托拉斯请求。法院认为，争议性质主要是契约性的，因此应进行仲裁。其他一些案例，例如，*In re Hops Antitrust Litigation* 案，③ *Genesco, Inc. v. T. Kakiuchi and Co., Ltd.* 案，④ *Shearson/American Express, Inc. v. McMahon* 案，⑤ 也均确认了法院的这种实践。⑥

（二）欧洲

欧州法院同样也涉及反托拉斯是否可以仲裁的问题。*Eco Swiss China Time Ltd. v. Benetton International NV* 案⑦是这方面具有标志性的案例。1986年7月，Benetton 和 Eco Swiss 两家公司签订了关于钟表的生产许可协议。1991年 Benetton 终止许可协议，Eco Swiss 根据合同仲裁条款提起仲裁，1993年仲裁裁决要求 Benetton 赔偿 Eco Swiss 损失，1995年进一步确定损失为23 750 000美元。1995年 Benetton 要求法院认定许可协议因违反欧共体《罗马条约》第81条而无效，进而依据该协议作出的仲裁裁决无效。

在判决中，欧洲法院将欧共体《罗马条约》第81条确认为公共政策

① *Mitsubishi Motors Corp v. Soler Chrysler Plymouth Inc.*, 473 US 614, 105 S. Ct. 3346 (1985) at 628.

② 1985-2 Trade Cases (CCH) 66, 884 (N. D. III. 1985).

③ 655 F. Supp. 169 (E. D. Mo.), app. dismissed, 832 F. 2d 470 (8th Cir. 1987).

④ 815 F. 2d 840 (2d Cir. 1987).

⑤ 483 U. S. 1056 (1987).

⑥ See William J. T. Brown, Stephen D. Houck. Arbitrating International Anti-trust Disputes [J]. Journal of International Arbitration, 1990, 7 (1): 77-90.

⑦ Case C-126/97; (1999) XXIV Yearbook Commercial Arbitration 629.

事项，忽视该事项将使得撤销或拒绝执行裁决具有正当的理由。某许可协议被认为仅在裁决作出之后违反了欧共体《罗马条约》第 81 条。在当事人对赋予此许可协议效力的裁决提出异议时，欧洲法院判定："收到提出撤销仲裁裁决申请的国内法院如果认为所述裁决事实上违反了欧共体条约第 81 条（前第 85 条），这种情况下其国内程序要求其基于未遵守国内公共政策规则同意撤销申请，则法院必须同意撤销申请。"①虽然就当事人自己未提及第 81 条时仲裁员是否有义务依职权适用第 81 条，欧洲法院未明确作出裁定，但是，该判例通常被认为——至少——隐含着这种意思，即仲裁员应当这样的，否则就要冒着其裁决以违反公共政策为由被撤销。②

在上述案中，有以下两点值得关注：第一，欧共体《罗马条约》第 81 条对于欧洲共同市场非常重要，必须被划归到 1958 年《纽约公约》中的公共政策的范围内。各国法院对于违反第 81 条的仲裁裁决应该与处理违反本国公共政策一样，宣告该裁决无效。第二，仲裁庭不在欧共体《罗马条约》第 234 条"法院或审判庭"的范围内，所以不能在对欧洲共同体法的解释有疑问时向欧洲法院申请初步裁定。各国法院和审判庭在审查仲裁裁决时可以就与欧洲共同体法的解释与判断有关的问题向欧洲法院申请初步裁定。③

在法国，竞争法的可仲裁性问题在 1993 年的 *Mors/Labinal* 案④中得到承认，并于 1999 年由法国最高法院再次确认。⑤

在瑞士，欧盟竞争法的可仲裁性由联邦法庭于 1992 年判例中予以承认。在该案中，法院认定：

"（欧盟）条约第 85 条及有关其适用的条例 17 均不禁止国家法院或

---

① 该决定产生于荷兰最高法院依欧洲《罗马条约》第 234 条（前第 177 条）向欧洲法院作的先行申请。

② 参见国际商事仲裁法律与实践［M］. 林一飞，宋连斌，译. 北京：北京大学出版社，2005：150-151.

③ 参见任永青. 欧共体竞争法与仲裁的关系发展［J］. 仲裁与法律，2003（3）.

④ The decision of the Cour d'Appel de Paris of May 19, 1993 [1993] Rev. Arb. 645, n. Jarrosson.

⑤ The decision of the Cour de Cassation of January 5, 1999

仲裁庭审查合同的效力。"①

在 *Eco Swiss China Time Ltd. v. Benetton International NV* 案②中，法院事实上不仅认为竞争法事项是可以仲裁的，而且也认为，即便当事人未提出或仲裁庭未考虑，若当事人在向欧盟成员国国内法院异议裁决时提出竞争法问题，也存在因其未对其做裁决而撤销的理由。也就是说，*Eco Swiss* 案判决实际扩展到 *Mitsubishi* 案的结论；后案认为竞争法事项是可以仲裁的，而 *Eco Swiss* 案则认为必须被仲裁，否则，可以对裁决提出异议。

该案基本案情如下：1986 年，Benetton International NV（"Benetton"）与 Eco Swiss China Time Ltd.（"Eco Swiss"）and Bulova Watch Company Inc.（"Bulova"）签订了一份为期 8 年的许可协议。当事人分别位于阿姆斯特丹、香港和纽约州。许可协议授权 Eco Swiss 以制造其上有"Benetton by Bulova"字样的钟表的权利，并且规定，Eco Swiss 和 Bulova 可以出售此类产品。协议包括法律选择条款，选择荷兰法律适用于合同；仲裁条款约定，所有争议应依荷兰仲裁协会的规则进行仲裁。1991 年 6 月 24 日，Benetton 发出终止合同的通知，较原定时间提前 3 年。随后发生了仲裁。仲裁庭作出两份裁决：首先，部分终局裁决裁定 Benetton 须为此提前终止向Eco Swiss和Bulova承担损害赔偿的责任；其次，终局裁决命令Benetton 向Eco Swiss支付US ＄23 750 000，向Bulova支付US ＄2 800 000，作为补偿。1995 年，Benetton 向法院申请撤销两份裁决，理由之一是：该两份裁决与公共政策相悖，因许可协议依欧共体《罗马条约》第 85 条是无效的，虽然在仲裁程序的进行之中，当事人和仲裁员均未提出许可协议与第 85 条相悖这一点。案件最后提交到荷兰最高法院。荷兰最高法院向欧洲法院提出一些问题：1. 仲裁员和法官均不得自行提出当事人提交范围之外的问题这条荷兰规则是否适用于撤销仲裁裁决？2. 荷兰法院是否可以根据如下事实撤销裁决：（1）依荷兰法在某些理由下可以撤销，包括公共政策的理由；（2）依荷兰的竞争法不被视为公共政策事项。欧洲法院认为：其国内程序规则要求在撤销申请基于未能遵守国内公共政策规则提出时同意撤销，则若受理撤销裁决申请的国内法院如果认为裁决事实上与

---

① Decision of the Tribunal Fédéral, April 28, 1992 [1992] A. SA Bull. 368. The same court reaffirmed this position in its decision of November 13, 1998 [1999] A. SA Bull. 529 and 455.

② Case C-126/97, *Eco Swiss China Time Ltd. v. Benetton International NV*, [1999] ECR I-3055.

《罗马条约》第85条相悖，其必须撤销裁决。

根据德国反限制竞争法第91条，包含降价卡特尔、产量限制等限制竞争的安排的仲裁协议，必须包括一个条款，允许将来选择审理地。学者认为，在执行具有反托拉斯事项的仲裁裁决时，该条应狭窄解释，以便不适用于普通的商业交易，并且，其适用应限制于涉及卡特尔组织的合同或决定。此外，在承认外国仲裁裁决上，第91条不应被认为是德国国际公共政策的一部分。①

英国的竞争法和欧盟竞争法在概念上是类似的，虽然其背景多少有些不同：英国的规则倾向于市场导向的方式，而欧盟（至少在一开始）是为了促进内部市场的发展。② 美国法院在三菱案中所采取的立场，也可以为英国的法院所采取。③

（三）新西兰和澳大利亚

新西兰高等法院采用并扩展了美国法院关于竞争法争议可仲裁性所持的意见。

在 *Attorney-General of New Zealand v. Mobil Oil New Zealand Ltd.* 案④中，新西兰首席检察官申请高等法院宣布1982年签订的一份协议的实施与1986年修订的商业法相冲突，理由是协议具有在相关部分实质性减少竞争的效果。该协议包含解决投资争端国际中心（ICSID）仲裁的条款。法官被要求拒绝中止诉讼程序，理由是商业法的公共政策目的是促进新西兰的市场竞争。法官援引美国法院的判决后，认为：

"此种态度自然是美国司法政策对国际投资和合同的态度。我认为，在我们这样一个小国家，这种原则也是适当的，因为国际贸易和商业关系具有重要的意义。在支持王室遵守其协议上，我看不出有什么理由可以背离该国际贸易礼让的原则。在我看来，该原则准确地反映了这种态度，即新西兰的法院应支持此种国际仲裁的规定。"

这个案件强烈表明，在新西兰，存在支持竞争法争议具有可仲裁性的

① See Wolfgang Kühn. Arbitrability of Anti-trust Disputes in the Federal Republic of Germany [J]. Arbitration International, 1987, 3 (3): 226-239.

② See J. H. Dalhuisen FCIarb. The Arbitrability of Competition Issues [J]. Arbitration International, 1995, 11 (2): 151-168.

③ See John Beechey. Arbitrability of Anti-trust/Competition Law Issues [J]. Arbitration International, 1996, 12 (2): 179-190.

④ [1989] 2 NZLR 64d.

趋势。①

两年后，澳大利亚也遇到这种案例。在 *IBM Australia Limited v. National Distribution Services PTY Limited* 案②中，遇到的问题是，依 1974 年贸易惯例法中消费者保护条款提出的救济请求，是否属于仲裁条款的范围。上诉时，Handley J. A. 认为：

"依据赋予在一般法院执行救济或授予具有普通管辖权的法院权力的成文法提出请求，我看不出排除的理由……一旦形成这种意见，那么，我认为，排除依贸易惯例法提出的请求是没有依据的。有权决定争议或请求的仲裁员必须也可以行使该法授予普遍管辖权法院的权力，只要该权力是适当的。"

（四）中国

中国的反垄断法尚未出台。中国曾于 1993 年颁布实施了《反不正当竞争法》，这是中国第一部规范市场竞争行为的法律。另外，在中国的《商标法》、《广告法》和《价格法》等法律中也涉及了不正当竞争和限制竞争的内容。近年来，中国涉及竞争法方面的争议日渐增多，而 1993 年《反不正当竞争法》在解决争议上过于依赖行政手段，没有规定仲裁解决。应当认为，竞争方面的争议特别是不正当竞争行为的认定及其赔偿不能被排除在仲裁范围之外。

第五节 知识产权争议的可仲裁性抗辩

一、概述

知识产权（intellectual property）指的是人们可以借其智力成果所依法享有的专有权利。一般认为，知识产权是专利权、商标权、版权和著作权等专有权的统称；专利权与商标权又被称为工业产权。专利权一般要经过申请、审查、批准后，才能获得。专利权人所享有的权利包括制造权、使用权、销售权；在有些国家，还包括进口权。就是说，任何其他人要从

---

① See John Beechey. Arbitrability of Anti-trust/Competition Law Issues [J]. Arbitration International, 1996, 12 (2): 179-190. Also see David A. R. Williams. Arbitrability: A-G for New Zealand v. Mobil [J]. Arbitration International, 1995, 11 (1): 96-97.

② [1991] 100 ALR 361.

事制造、使用、销售、进口等活动，必须经专利权人许可。但专利权人的权利并不是毫不受限制的，通常各国的专利法均会对专利权人行使权利规定限制。商标权一般也是经过申请、审查及批准后产生的。① 商标权人享有的权利包括自己（或许可他人）在某种商品上专用某个商标。版权（著作权）在大多数国家是依法自动产生的，即只要作品是独创的、作者也符合权利主体的条件，即应受到保护；版权并不保护作品所表达的思想，只保护表达思想的形式。版权所有人有权禁止别人出版、翻译、翻印、广播或销售、进出口其著作。版权所有人享有的权利，也受到一定的限制，如合理使用限制、② 版权穷竭原则③等。④

涉及知识产权的争议主要有三种：一是涉及知识产权的有效性和对该权利提出异议；二是因合同（如许可合同）而产生的争议，即合同争议；三是由于未经许可而擅自使用他人的知识产权的行为而构成对他人知识产权的侵犯，即侵权争议。

工业产权的有效性争议在很多国家不可仲裁，如法国、荷兰和德国认为专利的有效性不容仲裁，但美国、比利时、瑞典、瑞士等国则相反，专利的效力之争亦属可仲裁之列。⑤ 一般认为，专利或商标应否予以同意，这显然是相关国家公共管理机关考虑的事项；这些是仅有国家可以同意给予的垄断权利。有关其同意及有效性的任何争议均不在仲裁范围之内。⑥ 我国 1992 年《专利法》规定，宣告专利无效的权力应当属于专利复审委员会；⑦ 对于注册商标有效性的争议，按照我国 1993 年《商标法》的规

① 但在有些国家，如果通过实际使用某种商标建立起了信誉，那么虽未经注册，也可以产生商标权。对于此种未注册商标的保护，存在不同途径，例如，普通法系国家主要通过仿冒之诉（passing off）进行保护，大陆法系主要通过不公平竞争法进行保护。参见林一飞．英国商标保护中的仿冒之诉［M］//梁慧星．民商法论丛：第 31 卷．北京：法律出版社，2004：291-292.

② 为科研、教学或个人娱乐，均可以复制有限的享有版权的作品，而不必取得权利人的许可，这在版权法中叫做“合理使用”。

③ 指版权附着物经版权所有人同意而投放市场后，对这些物品的再销售，不必经过版权所有人的许可。不过，并非所有建立版权制度的国家都承认此原则。

④ 参见郑成思．知识产权与国际贸易［M］．北京：人民出版社，1995：7.

⑤ 参见宋连斌．国际商事仲裁管辖权研究［M］．北京：法律出版社，2000：125.

⑥ 参见国际商事仲裁法律与实践［M］．林一飞，宋连斌，译．北京：北京大学出版社，2005：148.

⑦《中华人民共和国专利法》第 49 条。

定，也应当由商标评审委员会裁定。① 1990年《著作权法》规定，对于著作权侵权纠纷，如果通过调解的方式不能解决或者调解达成协议后一方反悔的，可以向人民法院起诉。② 此类规定中均无通过仲裁解决知识产权有效性争议的规定。只有涉及著作权合同纠纷时，才“可以依据合同中的仲裁条款或者事后达成的书面协议，向著作权仲裁机构申请仲裁”。③ 2000年8月和2001年10月，全国人民代表大会常务委员会分别对我国《专利法》、《商标法》和《著作权法》进行了修订。修订后的《专利法》、《商标法》均取消了行政主管部门对专利权和商标权有效性的最终认定权。④ 修订后的《著作权法》规定，著作权纠纷可以调解，也可以根据当事人达成的书面仲裁协议或者著作权合同中的仲裁条款，向仲裁机构申请仲裁。当事人没有书面仲裁协议，也没有在著作权合同中订立仲裁条款的，可以直接向人民法院起诉；当事人对行政处罚不服的，可以自收到行政处罚决定书之日起3个月内向人民法院起诉，期满不起诉又不履行的，著作权行政管理部门可以申请人民法院执行。⑤ 据此，著作权纠纷的解决方法，包括调解、仲裁、诉讼的方法，以及当事人对行政处罚不服时可诉诸人民法院等方式。但此种修订并未实质性扩大仲裁范围，将有效性也纳入了可仲裁的事项范围。⑥

有关知识产权的合同争议、⑦ 侵权争议，具有可仲裁性。专利或商标所有人经常给予一个或多个公司或个人许可，以开发利用该专利或商标；许可人或受许可人之间的任何争议可以提交仲裁。事实上，关于此类知识产权的争议通常是提交国际仲裁。首先，这使得当事人有机会自己选择在这些事项上经验丰富的仲裁员组成仲裁庭；其次，也许更重要的是，仲裁

① 《中华人民共和国商标法》第27条第2款。

② 《中华人民共和国著作权法》第48条。

③ 《中华人民共和国著作权法》第49条。

④ 如《中华人民共和国专利法》第41条规定：专利申请人对专利复审委员会的复审决定不服的，可以自收到通知之日起3个月内向人民法院起诉。

⑤ 《中华人民共和国著作权法》第54、55条。

⑥ 有学者认为，修订后的我国知识产权立法大大地扩展了仲裁庭的可仲裁事项范围。参见胡瑾．国际商事仲裁协议研究［EB/OL］．http：//www.148china.com/ReadNews.asp? NewsID = 1792.

⑦ 知识产权问题产生的情况基本上有四类：一是许可协议；二是合营合同；三是商业并购协议；四是雇佣合同。See Marc Blessing. Arbitrability of Intellectual Property Disputes［J］. Arbitration International，1996，12（2）：191-222.

程序是保密的，有助于保护商业秘密。① 与专利或商标不同的是，版权作为一种知识产权，其存在独立于任何国内或国际的注册，并可以为当事人自由处分。因此，有关此类私权的争议可以提交国际仲裁，这一点，一般而言并无疑义。②

二、一些国家的实践

1. 美国

在美国，曾经一度，依专利法提起的诉讼以及侵权诉讼被认为是不可仲裁的。不过，1982 年，国会增订立法，明确规定专利争议具有可仲裁性。③ 例如，在 *Rhone-Poulenc Specialities Chiniques v. SCM Corp.* 案④中，法院认定专利侵权之诉可以仲裁。根据美国法律，对专利纠纷进行仲裁已不成问题。⑤ 商标争议可仲裁性虽无明确的成文法规定，但案例法并不认为法律意图排除商标争议的仲裁，而是承认了商标争议的可仲裁性。⑥ 类似的，在版权领域，法院也是这种观点。例如，在 *Kamakazi Music Corp. v. Robbins Music Corp.* 案⑦中，上诉法院准许了版权侵权索赔的可仲裁性。再如，在 *Saturday Evening Post Co. v. Rumbleseat Press, Inc.* 案⑧中，法院认为："至少在合同争议仲裁中效力问题成为争议点的情况下，联邦法并不禁止对版权的效力进行仲裁。"并且，"版权侵权之诉的当事人可以决

---

① See Lew. Intellectual Property Disputes and Arbitration [M] // Final Report of the Commis sion on International Arbitration, ICC Publication, 1997: 7-15.

② 参见国际商事仲裁法律与实践 [M]. 林一飞，宋连斌，译. 北京：北京大学出版社，2005：148.

③ 同时，联邦专利法修正案也明确规定，有关专利效力和侵犯专利权的案件的仲裁裁决仅在仲裁的当事各方之间有约束力，对其他任何人没有约束力或效力。这样，未同意将某一特定专利权的有关问题提交仲裁的其他当事人可以选择到法院对该问题提起诉讼。

④ 769 F. 2d 1569 (Fed. Cir. 1985).

⑤ [美] 大卫·普朗特. 美国的知识产权争议仲裁问题研究 [J]. 江波，译. 仲裁与法律通讯，1996 (5)：28.

⑥ 如 *Saucy Susan Products Inc. v. Auied Old English Inc.* 案，*U. S. Diversified Industries Inc. v. Barrier Coatings Corp.* 案。

⑦ 684 F. 2d 228 (2d Cir. 1982).

⑧ 816 F 2d 1191 (7th Cir. 1987).

定将争议提交仲裁”。①

2. 法国

对于此种性质的争议，法国也持这种看法。例如，巴黎上诉法院1994年3月24日作出的一份决定②中，法院特别确认，关于许可协议延期问题以及所声称的违反独占性问题应适用双方合同约定，并不牵涉到法国民法典第2059条和第2060条项下的公共政策，故此类事项并不专属于法国法院管辖。撤销裁决的请求因此被驳回。

3. 德国

对涉及知识产权且独立于注册而存在的其他权利的争议，德国1998年之前的仲裁法并未设置特别的障碍。例如，关于专利权，通常的看法和实践是专利权人可以依自己的意志行使的措施，可以由仲裁庭处理。1998年德国民事诉讼法典第1030条规定：凡涉及经济利益（economic interest）的请求都可提交仲裁；涉及非经济利益纠纷时，则以当事人是否有权对争议事项进行和解作为可以提交仲裁的标准。该规定承继并发展了原来关于仲裁范围的界定，也未对知识产权的可仲裁性作不利的限制。但是有人认为，此种界定可能会引起混乱。③

4. 意大利

意大利最高法院有少数几个涉及知识产权可仲裁性的裁决。事实上，截至1996年，只有三个此类的案例：1956年10月3日第3329号、1977年9月15日第3989号和1989年5月19日第2406号案例。

在1977年9月15日第3989号案中，就有关商标或专利的仲裁所适用的法律原则，法院作了清楚界定。法院认为：

“关于专利或商标……此类规则不排斥约定将产生于国际商标的许可协议项下可处理权利提交给外国仲裁员管辖的仲裁条款的效力……关于商标或专利无效的请求，必须在检察官……的直接参与下判断，因此，不能提交给仲裁员解决……”

根据上述原则，关于商标存在或效力的争议以及有关主观权利的争议

---

① Joseph T. McLaughlin. Arbitrability: Current Trends in the United States [J]. Arbitration International, 1996, 12 (2): 113-136.

② (1994) *Revue de l'arbitrage* 514; see Marc Blessing. Arbitrability of Intellectual Property Disputes [J]. Arbitration International, 1996, 12 (2): 191-222.

③ See Daniel Paul Simms. Arbitrability of Intellectual Property Disputes in Germany [J]. Arbitration International, 1999, 15 (2): 193-198.

之间，存在明显的区别。只有后者可以提交仲裁。1989 年 5 月 19 日第 2406 号也遵循了同样的原则。①

5. 中国

在中国，2001 年《专利法》规定，对专利侵权行为，专利人或利害关系人可请求专利管理机关处理，也可以直接向人民法院起诉。② 1993 年修正的《商标法》规定，对侵犯商标专用权的行为，当事人可请求工商行政管理部门处理或直接向法院起诉。③ 这种规定，并不能理解为排除了仲裁在解决这类纠纷中的作用。1999 年《合同法》规定，技术合同纠纷的当事人可以根据仲裁协议申请仲裁。④ 1990 年《著作权法》规定，当事人对著作权侵权纠纷可以调解，也可以向法院起诉；而对著作权合同纠纷则还可以根据仲裁协议申请仲裁。⑤ 2001 年修订的《著作权法》进一步扩大了可申请仲裁的范围。⑥《仲裁法》规定中国涉外仲裁制度“适用于涉外经济贸易、运输和海事中发生的纠纷”，⑦ 这一概括性的范围足够包含知识产权争议。此外，从中国加入《纽约公约》的声明看，不仅合同纠纷，侵权及所有权争议都可交付仲裁。据此，知识产权合同争议、侵犯知识产权而发生的损害赔偿纠纷在中国均属可仲裁之列。⑧

第六节　其他特殊争议的可仲裁性抗辩

一、涉及破产争议的可仲裁性

正如学者指出的，仲裁与破产（bankruptcy）的政策存在相异之处，

---

① See Roberto Ceccon. Arbitration and Intellectual Property in the Italian Legal System [J]. Journal of International Arbitration, 1996, 13 (1): 65-80.

②《中华人民共和国专利法》第 57 条。

③《中华人民共和国商标法》第 53 条。

④《中华人民共和国合同法》第 128 条。

⑤《中华人民共和国著作权法》第 48、49 条。

⑥《中华人民共和国著作权法》第 54 条。

⑦《中华人民共和国仲裁法》第 65 条。

⑧ 事实上，CIETAC 已把包括知识产权转让在内的涉外经济贸易争议纳入受案范围。实践中也出现了相当一部分涉及技术许可转让合同的争议。

不过，仍然可以和谐共处。① 有时候，仲裁涉及一方当事人进入破产程序。这种情况可能出现在仲裁开始之时，也可能出现在仲裁进行过程中。如若仲裁程序继续进行，且作出裁决，一方当事人可能以破产不具可仲裁性为由提起异议。此时，异议是否可以得到支持？

首先应该指出，仲裁员不能裁决个人或法人破产。破产只是主体状态发生变化，而对于仲裁协议原约定的仲裁范围，并无必然的影响；事实上，在不考虑仲裁程序进行的情况下，原仲裁协议范围内的仲裁事项当然可以仲裁，除非其与适用法相悖，但此时与破产程序进行与否无关。通常，所涉及的仲裁范围是债权求偿方面的事项。此事项由仲裁庭裁决，并不会影响破产所隐含的政策目的。

不过，当事人可能提出，一方当事人在仲裁开始时已经进入破产程序，或在仲裁程序过程中进入破产程序，因此裁决针对的是不可仲裁的事项。从仲裁法理上看，此时仲裁协议是可执行的，争议的可仲裁性不因一方当事人的破产而改变，裁决所确定的权益可作为破产财产或破产债权向法院申报。奥地利、中国香港、澳大利亚的昆士兰等地均采取这种做法。在美国 *United States Lines* 案②中，第二巡回上诉法院认定，“最高法院解释的仲裁法要求仲裁条款应当被执行，‘除非这样做严重损害破产法典的目的’”。此种意见，确认了长期以来美国联邦最高法院以及第二巡回上诉法院采取的政策，即只要可能，就执行国际仲裁的规定。事实上，在此前，美国法院一般认为，在国际仲裁的情况下，应当执行仲裁协议。例如，在 *Distrigas Co.* 案③中，法院认为，如果案件包含重大的国际因素，则不应拒绝命令进行仲裁。在 *Hayes & Co. v. Merrill Lynch* 案④中，第三巡回上诉法院认为，地区法院没有权力拒绝执行仲裁协议，因为拒绝中止诉讼程序的一方当事人未能证明破产法典的宗旨与仲裁协议的执行相冲突。这个案例的重要性在于，其断言了在破产管理人提起诉讼的情况下，应当执行仲裁协议，因为难以证明破产背后的政策与仲裁背后的政策是相

---

① José Rosell and Harvey Prager. International Arbitration and Bankruptcy: United States, France and the ICC [J]. Journal of International Arbitration, 2001, 18 (4): 417-434. 例如在美国，强烈的支持仲裁的联邦政策和将有关债权人的所有争议由一个审理机构一并解决的联邦破产政策，即存在这种表面上的冲突。

② *In re* United States Lines, Inc., 197 F. 3d 631, 640 (2d Cir. 1999), *cert. denied*, 120 S. Ct. 1532 (2000).

③ 80 BR 606 (D Mass. 1987).

④ 885 F 2d 1149 (3rd Cir. 1989).

冲突的。第二巡回上诉法院在 *Shearson Lehman Hutton, Inc. v. Wagoner* 案①中也遵循了这种推理。

有关与破产相关的争议的可仲裁性，中国并无直接明确的规定。不过，我国仲裁实践中也存在破产清算组作为仲裁当事人的情况。公司在终止法律人格前必须进行清算。公司清算是依法定程序清理公司债权债务、处理公司剩余财产并最终终止公司法律人格的法律制度。公司清算分破产清算和非破产清算两种。破产清算是指由人民法院指定成立的清算组织，依据破产程序对破产企业的债权、债务及财产进行清理和处理，并将破产财产公平地分配给破产企业债权人的工作过程。破产清算是破产制度的重要组成部分，破产清算制度是服务于破产债权人的制度，② 其价值取向是最大限度地清偿破产企业债权人的债权。③和自然人死亡类似，④ 公司因破产或其他需要终止的原因进行清算并不导致仲裁协议无效。根据最高人民法院 2000 年所发的［2000］23 号函复甘肃高级人民法院和［2000］24 号函复辽宁省高级人民法院的司法解释，公司营业执照被吊销后，经营资格即被终止，但在被注销登记前的清算期间，其民事诉讼主体资格依然存在，可以以该企业法人的名义参加诉讼活动，也可以由企业法人的清算组织或清算人出面参加诉讼活动。中国《仲裁法》在这方面也没有明确的规定。不过，应当认为，清算期间，如果公司与债权人或债务人签订有仲裁协议的，仲裁协议并不因此失去效力，但此时，清算组织应为仲裁程序的一方当事人。例如，《外商投资企业清算办法》第 11 条第 8 款规定了

---

① 944 F 2d 114 (2nd Cir. 1991).

② 这是与非破产清算的本质区别。破产清算是在企业已破产的前提下展开的，由于破产企业大都资不抵债、无法清偿到期的债务。面对这样的企业，对于全体债权人而言，最重要的就是如何公平地分配破产企业的现有财产。

③ 参见王福祥．破产清算与律师实务［M］．长春：吉林人民出版社，1998：2-3.

④ 作为仲裁协议一方主体的自然人死亡之后，仲裁协议是否仍继续有约束力？1996 年英国仲裁法第 8 条第 1 款（可否因一方当事人死亡而解除仲裁协议）规定：除非当事人另有约定，仲裁协议不因一方当事人的死亡而解除，其仍可由或向该当事人的个人代表执行。比利时司法法典第 1688 条也规定，除非当事人另有协议，仲裁协议或仲裁员之委任均不因一方当事人死亡而终止。荷兰仲裁法第 1032 条规定，除非当事人已另有协议，仲裁协议或仲裁庭的委任均不应因为一方当事人的死亡而终止。我国澳门核准仲裁制度、香港仲裁法令均有类似规定。中国《仲裁法》未有明确规定，但参照《民事诉讼法》的相关规定，仲裁协议仍可由该当事人的继承人执行或向其执行，除非当事人另有约定或法律另有规定。参见林一飞．国际商事仲裁法律与实务［M］．北京：中信出版社，2005：68.

清算委员会清算期间行使代表企业参与民事诉讼活动的职权；第 21 条规定，“债权人对清算委员会关于债权的核定结果有异议的，可以自收到书面通知之日起15 日内，要求清算委员会进行复核。债权人对复核结果仍有异议的，可以自收到复核的书面通知之日起 15 日内向企业住所地的人民法院提起诉讼；债权人与企业有仲裁约定的，应当依法提交仲裁。”该规定即确认了仲裁协议的效力，表明可以依据该仲裁协议启动仲裁程序。同样地，参照中国《民事诉讼法》，有此效果的规定也体现在中国国内许多仲裁机构的仲裁规则上，虽然仅涉及中止仲裁程序，而未提及启动仲裁程序的情况，但所隐含的法理是一致的。

二、证券争议的可仲裁性

证券争议指当事人依证券法提出请求，属于民商事争议，当事人可以采取协商、调解解决和法院诉讼方式，亦可由仲裁机构以仲裁方式解决。这是当前国际上的主流观点。

在美国，1933 年证券法和 1934 年证券交易法均要求证券争议必须在法庭上解决，禁止任何不符合法律规定的合同条款。① 因此，当当事人双方同意通过仲裁解决证券争议时，联邦仲裁法（FAA）与证券法就出现了冲突。在 1954 年 *Wlko v. Swan*② 案中，美国联邦最高法院认为，考虑到证券经纪商与证券购买人之间交易能力的不平衡，国会在证券法中不想放弃司法审查。法院批评仲裁缺乏法院被证券法赋予的提供投资者必要程度保护的能力。因此，尽管当事方在证券争议中一致同意进行仲裁，但是联邦法院不应该执行基于联邦证券法提出的仲裁请求的协议。到 1974 年，法院认定，在国际商事仲裁中，此类争议是可以仲裁的。这是在 *Scherk v. Alberto-Culver* 案③中作出的决定。

该案基本案情是：被上诉人 Alberto-Culver Co. 是在特拉华州设立的公司，其主营业地在伊利诺斯州，生产和销售化妆品。上诉人 Fritz Scherk 是一个诉讼进行时住在瑞士的德国人，是依据德国法和列支敦士登法设立的三个相互关联的商业实体的所有人。在 20 世纪 60 年代，Alberto-Culver 开始与 Fritz Scherk 商洽交易。双方在奥地利的维也纳签署了合同，合同

---

① 15 U.S.C. S77n，78cc（a）.

② *Wilko v. Swan* 346 US 427（1953）. See McCormack. Recent US Legal Decisions on Arbitration Law［J］. Journal of International Arbitration，1994（1）：73.

③ *Scherk v. Alberto-Culver*，417 US 506（1974）.

规定 Scherk 将其拥有的企业和这些企业拥有的所有有关化妆产品的商标权转让给 Alberto-Culver。此外，合同中包含的仲裁条款规定："任何因本合同或其中的违约引起的争议或请求" 应提交法国巴黎的国际商会仲裁，"合同及对合同的解释和履行适用美国伊利诺斯州法"。交易完成约 1 年后，Alberto-Culver 声称发现其购买的合同下商标权存在第三方的权利请求。据此，Alberto-Culver 在伊利诺斯州北部管区联邦地区法院提起要求损害赔偿和其他救济的诉讼，主张 Scherk 对商标权状况的欺诈陈述违反 1934 年证券交易法的第 10 条（b）款以及证券交易委员会的 10b-5 规则。Scherk 请求依当事人的协议于巴黎仲裁前中止诉讼。Alberto-Culver 对该项请求进行了反驳。地区法院以 *Wilko v. Swan* 案为依据，驳回 Scherk 中止诉讼的请求，并且作出禁止 Scherk 进行仲裁的初步禁令。Scherk 不服地区法院的裁决，向第七巡回上诉法院提起上诉。上诉法院基于 Wilko 案的先例作用，在一个法官反对的情况下，作出维持地区法院裁决的判决。联邦最高法院在审理本案时，对国际证券争议和国内证券争议作了区别，确认在国际领域，证券争议可以通过仲裁解决。在该案中，法院认为，"一国国家对于执行国际仲裁协议的狭隘拒绝" 不仅会使协议的目的落空，而且会"损害国际商业和贸易的结构并危及商人签订国际商事协议的意愿和能力"①。在随后的案例中，法院接受了证券争议在美国国内仲裁中的可仲裁性。②

在中国，《股票发行与交易管理暂行条例》第 80 条规定："证券经营机构之间以及证券经营机构与证券交易场所之间因股票的发行或者交易引起的争议，应当由证券委批准设立或者指定的仲裁机构调解、仲裁。"证券仲裁的方式适用于证券经营机构之间以及证券经营机构与证券交易所之间因债券、基金的发行或者交易而引起的争议，上市公司、投资者等与证券经营机构或证券交易所之间的证券合同纠纷和其他财产权益的纠纷。从 1993 年起，大陆与香港订立的关于采用仲裁作为解决 H 股股东为一方当事人的争议的协议中，CIETAC 被指定为大陆方的仲裁机构。1994 年 8 月 26 日，国务院证券委员会发出了《关于指定中国国际经济贸易仲裁委员会为证券争议仲裁机构的通知》。在该通知中，国务院证券委员会依据

---

① *Scherk v. Alberto-Culver*, 417 US 506 (1974).

② See *Shearson v. McMahon*, 482 US 220, 107 S. Ct. 2332 (1987). See also: McCormack, *op. cit.*; Ebenroth Dillon. Arbitration Clauses in International Finance Agreements [J]. Journal of International Arbitration 1993 (5): 1.

《股票发行与交易管理暂行条例》第 80 条的规定，即“证券经营机构之间以及证券经营机构与证券交易场所之间因股票的发行或者交易引起的争议，应当由证券委批准设立或者指定的仲裁机构调解、仲裁”，指定 CIETAC 为该条规定所述的证券争议的仲裁机构。

目前，证券争议具有可仲裁性是大部分国家的共识。除非适用法有相反的明确规定，否则，以证券争议不具可仲裁性对裁决提出异议，无法得到支持。不过，有些国家，例如，加拿大、澳大利亚，仍对证券争议的仲裁不持支持态度，但也未明确禁止基于证券法提出请求的仲裁。①

三、雇佣争议的可仲裁性

雇佣关系或劳动关系引起的纠纷或基于此种关系提出的请求可否仲裁，不同国家做法不同。例如，在美国，雇佣关系引起的纠纷曾经不被认为是可仲裁的。不过，美国联邦最高法院 1991 年 *Gilmer v. Interstate/Johnson Lane Co.* 案②判决作出之后，仅有少量争议不能提交仲裁。在该案中，美国联邦最高法院认定,《雇佣中的年龄歧视法》(Age Discrimination in Employment Act, ADEA) 下的请求是可以仲裁的。除此案外，其他的美国法院判决也表明，与雇佣关系相关的请求，除非法歧视的请求外，均可以进行仲裁。在 *Bird v. Shearson Lehman/American Express* 案③中，第二巡回法院认为，仲裁协议是可以执行的。除判例法外，国会也制订立法④鼓励使用仲裁解决雇佣及相关争议。⑤ 不过，联邦仲裁法对于雇佣争议的可仲裁性也作了限制：“……本法规定不应适用于海员雇佣合同、铁路雇佣合同以及任何涉及外国或州际商业的工人的合同。”事实上，这也是美国成文法上对于可仲裁性所做的唯一限制，除此之外，其他任何成文法都

---

① See John J. Kerr, Jr. Arbitrability of Securities Law Claims in Common Law Nations [J]. Arbitration International, 1996, 12 (2): 171-178.

② 500 US 20 (1991).

③ 926 F 2d 116 (2nd Cir.), *cert. denied*, 501 US 1251 (1991).

④ 例如，1990 年制订的有美国残疾人保护法 [Americans with Disabilities Act (ADA)] 即包含此种条款。

⑤ See Joseph T. McLaughlin. Arbitrability: Current Trends in the United States [J]. Arbitration International, 1996, 12 (2): 113-136.

没有对可仲裁性作出规定。①

在中国，劳动争议是指劳动关系双方当事人因实现劳动权利和履行劳动义务而发生的纠纷，又称劳动纠纷，是指用人单位与劳动者之间因实现或履行《劳动法》确定的劳动权利义务产生分歧而引起的争议。劳动争议仲裁在我国的仲裁体系中处于特殊的地位。② 我国1994年《仲裁法》不适用于劳动争议的仲裁，明确规定了劳动争议仲裁另行规定。③按照我国现行法律，用人单位与劳动者发生劳动争议，当事人可以依法申请调解、仲裁、提起诉讼，也可以协商解决。④ 劳动争议仲裁具有以下特点:⑤ （1）当事人一方可提请劳动争议仲裁委员会对劳动争议进行仲裁,⑥ 这一规定与我国仲裁法确立的自愿原则，即协议仲裁原则是不同的。（2）劳动争议仲裁实行一裁二审的制度，即劳动争议仲裁委员会对劳动争议案件经过审理后作出裁决，如当事人不服，可在法定期间内向人民法院提起诉讼，由人民法院两审终审。（3）劳动争议仲裁实行级别管辖和地域管辖原则，与普通仲裁不实行级别管辖和地域管辖的原则不同。（4）劳动争议仲裁程序是向人民法院起诉的必经程序。劳动争议发生后须先经过仲裁解决，当事人对仲裁裁决不服的，才可以向人民法院提起诉讼。

一般而言，劳动关系是指劳动者与用人单位（包括各类企业、个体工商户、事业单位等）在实现劳动过程中建立的社会经济关系。从广义上讲，生活在城市和农村的任何劳动者与任何性质的用人单位之间因从事劳动而结成的社会关系都属于劳动关系的范畴。从狭义上讲，现实经济生活中的劳动关系是指依照国家劳动法律法规规范的劳动法律关系，即双方当事人是被一定的劳动法律规范所规定和确认的权利和义务联系在一起的，其权利和义务的实现，是由国家强制力来保障的。劳动法律关系的一

① See Patrick M. Baron and Stefen Liniger. A Second Look at Arbitrability [J]. Arbitration International, 1996, 19 (1): 27-54. 可仲裁性概念的发展主要是通过案例法而来。

② 关于中国的劳动仲裁，可参见 John MO. Probing Labour Arbitration in the PRC [J]. Journal of International Arbitration, 2000, 17 (5): 19-84.

③ 《中华人民共和国劳动法》第77条。

④ 《中华人民共和国劳动法》第77条。

⑤ 参见杨荣新．仲裁法理论与适用 [M]．北京：中国经济出版社，1998: 248-249.

⑥ 《中华人民共和国劳动法》第79条。

方（劳动者）必须加入某一个用人单位，成为该单位的一员，并参加单位的生产劳动，遵守单位内部的劳动规则；而另一方（用人单位）则必须按照劳动者的劳动数量或质量给付其报酬，提供工作条件，并不断改进劳动者的物质文化生活。① 但是，应当注意到，随着经济的发展，劳动关系具有的商事性越来越浓，对劳动关系的重新考量也成为必要。例如，劳动争议在中国具有可仲裁性（严格意义上的仲裁），也并非一种空想。事实上，实践中已经有一些雇佣关系，通过商事仲裁机制进行解决。② 而一些类似劳动关系（如演艺人合约）的争议更是可能通过仲裁解决。

四、惩罚性损害赔偿的可仲裁性

对于惩罚性损害赔偿的请求是否可以仲裁，各国做法不一。③ 例如，在英国，法官如适用美国法，则其无权命令支付美国反托拉斯立法项下规定的 3 倍损害赔偿。④ 但是，只要当事人的仲裁协议足以包括对美国反托拉斯法事项的确定，则位于英国的仲裁庭有权裁决 3 倍损害赔偿。⑤ 在大陆法系国家，无论是违约案件或是其他案件，除了某些国家有限的一些例外（被申请人故意损害申请人，构成欺诈），很少裁决惩罚性损害赔偿。⑥ 依据法国法和德国法，惩罚性损害赔偿不可追索。依据英国法，仅在侵权诉讼中，方可裁决惩罚性损害赔偿，即使此种情况，也仅限于特殊类型的案件。在违约之诉中，不得裁决惩罚性损害赔偿。⑦ 但是，此类请求在美国则得到允许；法律可能明确规定一方当事人向另一方当事人支付数倍的损害赔偿。⑧ 1995 年美国联邦最高法院在 *Mastrobuono v. Shearson*

---

① 参见中华人民共和国中央人民政府网站：http：//www. gov. cn/banshi/2005-06/01/content_ 3029. htm。

② 在一案中，双方签订合资合同的同时，约定由一方雇佣另一方作为总经理。随后签订了聘用合同。合资合同争议的审理同时包括了该聘用合同的争议。

③ 参见国际商事仲裁法律与实践［M］. 林一飞，宋连斌，译．北京：北京大学出版社，2005：382-384.

④ *British Airways Board v. Laker Airways Ltd.* ［1985］A. C. 58（HL）.

⑤ See *PPG Inc. v. Pilkington Plc*；（1995）XX Yearbook Commercial Arbitration 885.

⑥ ICC Case No. 5946，（1991）XVI Yearbook Commercial Arbitration 97.

⑦ See *Addis v. Gramphone Co. Ltd.* ［1909］A. C. 488；*Rookes v. Barnard* ［1964］A. C. 1129；［1967］1 Lloyd's Rep. 28（HL）.

⑧ 例如，美国反托拉斯法规定三倍损害赔偿。

Lehman Hutton Inc. 案①中判定，惩罚性赔偿争议也可以仲裁。在该案中，法院确定了几个重要的原则：一是仲裁员可裁决惩罚性损害赔偿；二是联邦仲裁法优先于任何排除仲裁庭此类权力的州法；三是当事人可以有效排除仲裁员裁决此类损害赔偿，但是，此类意思表示应当明确。②

① 63 U. S. L. W. at 4195 (7 March 1995).

② Mark Augenblick and Michael Stern. U. S. Supreme Court Upholds Arbitral Authority to Award Punitive Damages [J]. Journal of International Arbitration, 1995, 12 (2): 149-152.

第八章　公共政策抗辩

公共政策抗辩是商事仲裁（尤其是国际商事仲裁）中极易被提到的一种抗辩，但也是最难以得到支持的一种抗辩。公共政策不是具体的法律规定，具有不确定性，因此不易界定，其适用也具有较大的弹性。一般认为，公共政策是指关系到法律的最终目的的基本原则和法律政策、善良风俗及社会公益等。① 对于国际商事仲裁的执行而言，公共政策的适用是法院可以自由裁量决定的，可能包括实体和程序，因此具有重要的意义。各国法院通过案例法，对其定义的内涵作出阐释，有利于实际把握公共政策的概念。本章在对公共政策作一般讨论的基础上，结合实践，对公共政策抗辩的法律和实践进行阐析。

第一节　一般问题

众所周知，法院一般可以在两种程序中对裁决进行监督：一是撤销程序，该程序通常针对本国作出的裁决，包括不具有涉外因素的国内仲裁裁决，也包括在本国作出的涉外仲裁裁决；二是执行程序，包括对国内仲裁裁决的执行和对外国仲裁裁决的执行。在这两种程序中，易在公共政策上产生争论的，是在对涉外仲裁裁决的撤销和对外国仲裁裁决的执行程序中。本节先讨论与公共政策相关的一般问题。

一、公共政策

（一）公共政策的含义

公共政策，也被称为正义、公平和公共利益（justice，fairness and

---

① 参见林一飞．国际商事仲裁法律与实务［M］．北京：北京大学出版社，2005：321.

public interest)。① 在国际私法中，公共秩序是广为接受的概念，是拒绝适用外国法、拒绝承认和执行外国法院判决和仲裁裁决的理由。② “一般来讲，公共政策是拒绝执行外国仲裁裁决和外国判决最传统的一项事由，就像拒绝适用一个外国法律一样。关于公共政策的规定，在有关这些事项的几乎所有的国际公约或条约中都能找到。其基本功能是起到对管辖地国的基本道德规范和政策的保障作用。”③ 大陆法系称公共秩序（order public），普通法系称“公共政策”（public policy），两者表述不同，实际上是法国《拿破仑法典》中用词和英美法系传统用语不同的延续。④ 在现代实践中，公共政策和公共秩序两个词经常互换。事实上，《纽约公约》对这两个词也不做区分。

一般认为，公共政策反映了某些道德、社会、经济和法律原则，这些原则“极为神圣以至于无论如何均应当毫无例外地加以维护”，⑤ 而公共政策的目的就是为了保护社会的根本原则。⑥ 公共政策不易于界定。不过，根据其功能，有人尝试将公共政策例外界定为：“因实体原因即法院地国的根本法律原则和道德价值，而纠正选定的法律适用的机制。”⑦ 公共政策显然不仅涉及法律适用。但对公共政策涉及上述定义中所述的

---

① See Duncan Miller. Public Policy in International Commercial Arbitration in Australia [J]. Arbitration International, 1993, 9 (2): 167-196.

② 参见赵健．国际商事仲裁的司法监督［M］．北京：法律出版社，2000：191.

③ Berg, A. J. van den. The New York Arbitration Convention of 1958 [M]. Kluwer law and Taxation Publishers, 1994: 264.

④ 张宪初．外国商事仲裁裁决司法审查中“公共政策”理论与实践的新发展［M］//中国国际经济贸易仲裁委员会华南分会．涉外仲裁司法审查．北京：法律出版社，2006：369. Also see Hans van Houtte. From a National to a European Public Policy [M] //James A. R. Natziger and Symeon C. Symeonides. Law and Justice in a Multistate World. Transnational Publishers, Inc. 2002: 842-843.

⑤ Geoffrey Chevalier Cheshire et al.. Cheshire and North Private International Law [M]. 11th ed. 1987: 131.

⑥ See Vesselina Shaleva. The "Public Policy" Exception to the Recognition and Enforcement of Arbitral Award in the Theory and Jurisprudence of the Central and East European States and Russia [J]. Arbitration Internaitonal, 19 (1): 68.

⑦ See Vesselina Shaleva. The "Public Policy" Exception to the Recognition and Enforcement of Arbitral Award in the Theory and Jurisprudence of the Central and East European States and Russia [J]. Arbitration Internaitonal, 19 (1): 69.

“根本法律原则和道德价值”却有比较一致的看法。

各国普遍在理论和实践上都采纳了公共政策，但在立法表述上并不完全一致，从明确的“国际公共政策”术语的采用到国内规则的援用。归纳起来，主要有下列几类:① 一是在国内立法中采用公共政策概念，并按照《纽约公约》和UNCITRAL示范法措辞冠以“本国”从而形成“某国公共政策”的规定。这类立法为世界上绝大多数国家所采用，包括美国、英国、俄罗斯和原社会主义阵营中的东欧国家。二是区分国内公共政策与国际公共政策概念。如法国、葡萄牙、阿尔及利亚、黎巴嫩、突尼斯等国。三是在国内立法中把“公共政策（或秩序)”概念与公序良俗的概念并列，这类国家包括日本、利比亚、卡塔尔、也门、阿曼和阿联酋等。四是在国内立法中不直接使用“公共政策”的用语，而以其他相应的概念代之，如奥地利用“奥地利法制根本原则”；瑞典称“国家法制基本理念”；韩国规定为“国家基本社会秩序和道德”等。五是使用更宽泛的概念，如中国立法中一直使用的“社会公共利益”的概念。巴西立法甚至规定，如果决定损害到国内公共政策，则将被拒绝执行。所有这些公共政策的规定，都是一种“总括性”规定（blanket provisions)，均未对公共政策的概念或范围作出明确的界定。这就使得司法机关有权确定公共政策例外的范围。

公共政策抗辩作为仲裁裁决执行的抗辩由来已久。早在1927年日内瓦公约时，公共政策就被用来作出抗辩裁决执行的理由。1927年日内瓦公约要求承认执行外国裁决符合内国的“公共政策或法律原则”。②《纽约公约》第5条第2b项明确规定了如承认或执行外国仲裁裁决有违内国“公共政策”，内国法院可予拒绝。UNCITRAL示范法第36条第1款B项h目亦规定一国法院可拒绝承认和执行外国裁决，如这与本国的“公共政策”相抵触。因此，根据国际公约违反内国的“公共政策”可以成为拒绝承认和执行外国仲裁裁决的理由。

多数法律制度在表述上不完全一致也证明了，公共政策在国际层面上还没有一个完整明确一致的定义。《纽约公约》和UNCITRAL示范法也没有进一步对公共政策的含义作出说明或进行界定。不过，虽然如此，也应

---

① 参见张宪初．外国商事仲裁裁决司法审查中“公共政策”理论与实践的新发展［M］//中国国际经济贸易仲裁委员会华南分会．涉外仲裁司法审查．北京：法律出版社，2006：363-365.

②《日内瓦公约》第1条第2款e项。

该指出，在大多数国家或地区，公共政策的观念是相似的；问题只在于对此种相似性的解释上，不同法院可能根据本国所奉行的经济、法律、道德、政治、宗教和社会政策不同，采用不同的标准。

公共政策还具有现实性的问题。正如奥地利法院所认为，法院必须考虑其作出判决时的公共政策，而非仲裁庭作出裁决时的公共政策。在法国以及其他几个国家的国家私法中亦是如此。①

（二）公共政策抗辩的解释

公共政策的这种不确定性，对仲裁裁决的执行而言，产生了两种后果：一是当事人可能在任何一种情形下都提出公共政策抗辩；二是法院可以基于需要，裁量是否属于违反公共政策的情形。当事人提出公共政策抗辩是其程序权利，本章不作深入探讨。但法院应当如何适用，是本章研究的目的之一，其结果对于当事人如何行使其程序权利也有助益。

国际私法和仲裁法的一般理论和实践承认，"公共政策"规则的适用应审慎严格，应当作限制性解释和适用。各国在限制解释的表述上不一。例如，依奥地利法，仅在裁决与奥地利法律制度的基本原则不一致或其违反不得通过法律选择的强制性法律规定的情况下，裁决方可被撤销。② 奥地利最高法院认为，奥地利法项下的公共政策指奥地利法律制度的根本原则。1999 年瑞典仲裁法第 55（2）条规定，裁决的执行在明确与瑞典法律制度的基本原则相悖时得拒绝。瑞典也同样适用严格解释公共政策的原则。并且，在瑞典，拒绝执行与国际公共政策而不仅是国内公共政策相悖，进一步强调了公共政策严格适用原则。迄今为止，据公开报道的资料，瑞典只有一例以公共政策拒绝执行外国仲裁裁决的案例。2002 年，瑞典最高法院第一次援引《纽约公约》公共政策的规定，拒绝执行一起外国仲裁裁决。③ 在该案中，瑞典最高法院的意见仅仅指出裁决有关情形及依据使其执行将与瑞典法律制度的基本原则明显相悖。根据瑞典仲裁法的立法渊源，裁决在仲裁员受威胁、贿赂或遭遇类似情形且可被认为对裁

---

① See Christoph Liebscher. European Public Policy and the Austrian Supreme Court [J]. Arbitration International, 16 (3).

② § 595 (1) 6 of the ZPO.

③ Robert G v. Johnny L, Swedish Supreme Court, decision issued October 23, 2002, Case No. Ö 2309-02, NJA 2002 C 45.

决结果有影响时，可以认为仲裁裁决是与公共政策相悖的。① 一般认为，在外国仲裁裁决的承认和执行上，以“公共政策”为理由拒绝执行外国仲裁裁决只能在其违反承认和执行最根本道德和正义标准时使用。应当看到，在商事仲裁的法律和实践上，这种严格解释公共政策，将其与根本道德和正义标准及基本法律原则联系在一起，是一种国际趋势。

这方面的依据大体有以下三个方面：②

第一是相关国际公约的制定过程。在制定 1927 年《日内瓦公约》时，起草委员会曾规定以“公共政策”为理由拒绝的外国裁决应是那些“明显与内国公共政策或根本法律原则相抵触”的裁决。这一提法被 1958 年《纽约公约》的临时起草委员会所注意和采用，认为使用“明显”和“根本”等措辞是意在对“公共政策”的一般理解和使用加以限制，把拒绝承认和执行外国裁决限于“明显”违反本国法律体制的根本原则。③

第二是各国的实践，据 A. J. van den Berg 对《纽约公约》执行情况的考察，公约生效后到 20 世纪 80 年代初的 20 多年间，有 140 余起外国仲裁裁决在内国法院被拒绝承认和执行，但其中只有 5 件是基于“公共政策”的理由。④ 这一数字本身说明了各国法院对这一规则使用的严格程度。

第三是与其他国际公约的相互印证和对照。1979 年《蒙得维的亚美洲国家间外国司法判决和仲裁裁决域外有效性公约》中规定，对外国仲裁裁决拒绝的理由是“明显违反本国公共政策法律和原则”。⑤ 1980 年罗马《合同性债务适用法律公约》规定只有在“明显与法院地的公共政策相抵触时才能拒绝外国法规的适用”。⑥ 这一规定中的“公共政策”被解

---

① See Lars Heuman and Göran Millqvist. Swedish Supreme Court Refuses to Enforce an Arbitral Award Pursuant to the Public Policy Provision of the New York Convention [J]. Journal of International Arbitration, 2003, 20 (5): 493-506.

② 参见张宪初．外国商事仲裁裁决司法审查中“公共政策”理论与实践的新发展 [M] //中国国际经济贸易仲裁委员会华南分会．涉外仲裁司法审查．北京：法律出版社，2006：359-363.

③ 联合国经济社会理事会组建的执行外国仲裁裁决临时起草委员会报告，1955 年 3 月 28 日，UN Doc. E/2704 and E/AC. 42/4/ Rev. 1.

④ See A. J. van den Berg. The New York Arbitration Convention of 1958 [M]. Kluwer, 1981: 366.

⑤ 1979 年《蒙得维的亚公约》第 2 条 h 款。

⑥ 1980 年《罗马公约》第 16 条。

释为本国法律体系的“根本原则”。①

公共政策可能包括了实体和程序上的事项。公共政策抗辩通常都可能涉及实体和程序问题。举凡具体列明的异议理由之外的事项，都可能被当事人在抗辩之时纳入公共政策的范畴。事实上法院也可能这样做。例如，在一案②中，原告是仲裁中的败诉方。其申请撤销仲裁裁决，理由是仲裁裁决原告（仲裁程序中的被申请人）以外币向被告（仲裁程序中的申请人）支付一笔金额，而原告并无外币账户，这是与俄罗斯联邦的公共政策相冲突的。对于命令俄罗斯原告（被申请人）以外币进行支付的仲裁裁决，法院不认为其与俄罗斯联邦的公共政策相悖，即使原告没有可以处分的外币。在这一点上，法院表明，在执行裁决时，有管辖权的法院可以选择修改执行的安排和程序。但有些法院可能认定，违反程序与公共政策的概念并无关联性。例如，在俄罗斯法院审理的另外一案③中，原告的请求在仲裁程序中被驳回。原告申请撤销仲裁裁决，理由是在仲裁程序中，由于当事人未得到平等对待且裁决违反了公共政策，因此，俄罗斯关于国际商事仲裁的仲裁法第 18 条（相应于 UNCITRAL 示范法第 18 条）被违反。原告称尽管被告部分承认了仲裁请求，但其请求仍被驳回。在这一点上，法院认为，在作出裁决时，仲裁庭没有受被告承认请求这种情况的约束，因此，此类承认不构成撤销裁决的理由。由于原告未能证明裁决与公共政策相冲突，法院认定其就此方面提出的请求不能得到支持。同时，法院认为，仲裁程序中的违反程序与“公共政策”的概念并无相关性。依据所述事实，法院驳回原告撤销仲裁裁决的申请。

（三）实体和程序抗辩

公共政策抗辩是否可以涉及实体和程序上的不当？《纽约公约》第 5 条第 2 款 b 项中关于公共政策例外的范围和内容引起的一个有争议的问题是，其是否包括实体和程序，④ 即裁决的内容以及裁决争议的方式？当然，应该指出，实体和程序事项的判断，通常是依该法院所适用的法律来

① Lawrence Collins. Dicey & Morris on the Conflict of Laws [M]. 13th ed. Sweet & Maxwell, 2000: 32-227.

② Moscow City Court, 18 September 1995; (1997) XXII Yearbook Commercial Arbitration. at 295-296.

③ (1997) XXII Yearbook Commercial Abitration, at 293.

④ See Vesselina Shaleva. The "Public Policy" Exception to the Recognition and Enforcement of Arbitral Award in the Theory and Jurisprudence of the Central and East European States and Russia [J]. Arbitration Internaitonal, 19 (1): 76.

进行的。

公共政策作为最后一道安全阀，应当认为是包括实体和程序上的问题。有些涉及程序（仲裁进行中的最低公平），有些涉及反映争议实体的裁决内容。① 就《纽约公约》而言，事实上，在单列各项理由之外，再列明公共政策可作为法院自行审查的事项，有补漏之意。《纽约公约》本身未说明。但UNCITRAL在制定示范法时指出，“公共政策”一词，正如同《纽约公约》中所用的一样，包括“腐败、贿赂、欺诈以及类似的严重情形”；UNCITRAL并进一步指出，“关于裁决作出的方式”的事件“也被认为是公共政策问题”。② 由此可以看到，公共政策抗辩应被认为是包括了实体和程序上的抗辩，只要这些抗辩并不包括在其他种类的抗辩之中。

写明的具体理由总是有可能无法包括所有的理由。一个人可以在其他具体的理由穷尽之时，提出公共政策作为总的抗辩，来补缺补漏。这是公共政策的作用之一。但是，公共政策的严格解释和适用，使得无论是哪种实体或程序上的事由，均需在非常严重的时候方能以公共政策为由得到法院支持。

二、国际公共政策

如上文所述，公共政策没有国际层面上的一致含义，不同的国家有其不同的公共政策概念，这就可能使得裁决在一国被撤销，在另一国却被认为有效，而其理由却是基于各自的公共政策。即便严格适用，这种情形仍然无法避免。在这种情况下，“国际公共政策”（“国际公共秩序”）的概念就产生了。

但有必要指出，国际公共政策的概念与近年来一些学者提出的跨国公共政策或真正的国际公共政策（truly international or transnational public policy）并不相同。根据这些学者的观点，跨国公共政策由自然法的根本原则、普遍的公正原则、国际法中的强行规则以及为文明国家所接受的一般道德原则和公共政策组成，是建立在国际法和国际关系的不同领域中的原则，体现了国际社会和人类的共同利益，高于某个国家或者某些国家的

---

① See Willian W. Park. Procedural Evolution in Business Arbitration: Three Studies in Change [M] //Willian W. Park. Arbitration of International Business Disputes: Studies in Law and Practice. Oxford University Press, 2006: 13.

② UN Doc. No. A/40/53 (1985).

利益，具有跨国法、超国家法的性质。① 而国际公共政策属于国内法，重在保护法院地国的基础原则、根本利益。跨国公共政策在理论上尚未形成完整的体系，其用意虽好，但能否在实践中存在和发展，实在是大有疑问的。虽然有些学者提出有些法院已经接受了这个概念，但事实上，这些法院并未特别明确指明系依跨国公共政策作出决定。正如学者指出的，支持跨国公共政策的那些规则，大部分是包括在国际公共政策之内的。②

法国新民事诉讼法典③采用了国际公共政策的概念。“如果承认或执行有违国际公共政策”，那么，国际仲裁裁决法国新民事诉讼法典就可能在一定的条件下被不予执行或撤销。④ 这样，法国法律承认存在两个层次的公共政策：一是国内层面上，可能受纯粹的国内因素影响；二是国际层面上，其本身受到的限制要少些。在本国立法中使用“国际公共政策”概念，以使其与一般国内“公共政策”相区别，从而进行更严格限制的，还有一些国家，如葡萄牙、阿尔及利亚、黎巴嫩、突尼斯等国。⑤

不过，和公共政策一样，国际公共政策也没有一个统一的定义。UNCITRAL 仲裁工作组在一份报告⑥中表明，在讨论执行问题的一次会议中，与会者曾建议从执行问题条文草案中删除“本国的”这一用语。还有与会者指出，如果工作组的意图是涵盖公共政策的所有三种含义（国内公共政策、构成国际私法组成部分的公共政策和具有跨国性质的真正公共政策），那么使用“本国的”公共政策这一提法便具有不必要的局限性。有与会者就此建议应提及国际公共政策。然而，该建议未得到支持，原因是国际公共政策这一概念仍然十分模糊，人们对此的理解并不统一；在此列入“国际的”这一用语可能会造成案文复杂化，而这样做是毫无

---

① 参见赵健．国际商事仲裁的司法监督［M］．北京：法律出版社，2000：194.

② See Albert Jan van den Berg. The New York Convention of 1958: Towards a Uniform Judicial Interpretation［M］. Kluwer Law, Deventer.

③ 法国 1981 年 5 月 12 日第 81-500 号法令。

④ 第 1502 条第 5 款规定，对于仲裁裁决承认执行可以上诉，如果这种承认和执行违反法国的“国际公共政策”。第 1504 条规定，在法国作出的国际仲裁裁决可以因违反上述第 1502 条列明的理由而被法院宣布无效。

⑤ See Audley Sheppard. Interim ILA Report on Public Policy as a Bar to Enforcement of International Arbitration Awards［J］. Arbitration International, 2003, 19 (2): 225.

⑥ UNCITRAL 仲裁工作组第三十八届会议工作报告（2003 年 5 月 12 日至 16 日，纽约）。

必要的。并且，工作组的讨论只是触及了得到各国法院承认的有关国内公共政策、跨国公共政策和国际公共政策之间的各种区别。有关这些用语彼此之间区别及其各自内容的讨论尚未有定论，新的 UNCITRAL 示范立法条文如果偏离了《纽约公约》第5条和现行示范法第36条第1款A项b目使用的措辞，就可能破坏这些文书中已确定的立场，并且有可能扩大公共政策这一概念的范围。工作组经讨论后形成的普遍看法是，“国际公共政策”这一用语是一种不太清楚的概念，因为对此容易有不同的解释。有与会者指出，“国际公共政策”这一用语可以被包括在“本国的公共政策”范围以内。据指出，如果“本国的公共政策”这一用语可能被视为仅涉及国内公共政策，则为纠正这一印象，宜列入“法院承认的公共政策”这些词语。有与会者指出，该行文措辞可涵盖到一国法院承认的国际公共政策。

不过，虽然有关国际公共政策并无统一的解释，法院对于外国仲裁裁决与内国仲裁裁决在执行上适用不同的标准，则是多数国家司法实践中采取的方式。与公共政策一词在国际公法和国际私法上的不一致相比，相对而言，在仲裁裁决执行上，国际公共政策的含义得到了较为普遍的认同。国际社会为此也进行了努力。国际法协会通过的《以“公共政策”拒绝执行国际仲裁裁决的决议》① 附件规定的基本原则之一：除承认和执行外国裁决将会与“国际公共秩序”相抵触外，国际商事仲裁裁决的终局性应被尊重。在附件中“国际公共政策”一词用于称谓为一国可能禁止承认或执行国际商事仲裁裁决的所有法律原则和规范，如果这种承认或执行

① 国际法协会（International Law Association，“ILA”）从1996年开始经过数年准备和问卷调查，由英国伦敦 Clifford Chance 律师行合伙人 Audley Sheppard 撰写了《“公共政策”拒绝国际仲裁裁决的中期报告》，涉及的内容广泛，并于2000年提交给国际法协会在伦敦举行的第69届大会。其后在该报告的基础上，又由 Sheppard 律师和巴黎第一大学 Pierre Mayer 教授共同撰写了国际法协会就这一问题的最终报告，并提交给2002年于印度德里举行的国际法协会第70届大会。最终报告在中期研究报告的基础上提出了一系列具体的建议规则。在该次会议上，国际法协会正式通过了该协会对《以“公共政策”拒绝执行国际仲裁裁决的决议》（以下简称《决议》）并附有一些关于基本原则的建议。《决议》要求各国法院为“公共政策”适用的可预见性和一致性而关注《决议》附件提出的建议。

会导致对国际程序公共秩序或国际实体公共秩序的违反。① 据此，一个国家的"国际公共政策"包括（1）国家希望保护的正义和道德等基本原则；（2）旨在维持内国基本政治，社会或经济利益的规则（"公共政策规则"）和（3）对其他国家或国际组织承担的国际义务。这一概念显然试图包容各国对"公共政策"的不尽相同的定义，并以举例方式说明这些原则和规则中涵盖不允许滥用权力，仲裁庭（员）的公正性，反垄断，遵守联合国大会决议实行的制裁措施及禁止贪污受贿等不同类别。② 不过，应该看到，国际法协会只是一个国际性的学术团体，其对国际商事仲裁中适用"国际公共政策"规则的决议的合理性和有效性尚有待证实。

但是，国际间在立法层面上主动规定国际公共政策的例子也已经出现。1999 年 3 月由非洲工商业法规一体化组织（"OHADA"，*L'Organisation pour l'Harmonisation en Afrique du Droit des Affaires*）③ 国家部长理事会签署制定的《统一仲裁规则》④ 规定，在外国裁决明显违反其成员国"国际公共政策"规范时可被拒绝承认和执行，而且在象牙海岸阿比让设立一个由七名法官组成的统一组织司法仲裁院（*The Cour Commune de Justic et d'Arbitrage*），监督各国对这一规定的适用和解释，被拒绝承认执行的仲裁裁决可被上诉到这一跨国的仲裁机构。

事实上，国际公共政策更主要的是在法院承认和执行《纽约公约》裁决的实践中，被经常提及和论述。当然应该清楚的一点是，《纽约公约》所指的"公共政策"是指执行地国的公共政策，但当地的公共政策包括国内公共政策和国际公共政策，二者均属国内法范畴。法院究竟应当如何适用其国内或国际公共政策？马萨诸塞州联邦地方法院在 Sonatrach 案⑤中归纳了美国法院的观点。该法院称："最终有利于确定支持仲裁的

① See Resolution of ILA on Public Policy as a Bar to Enforcement of International Arbitral Awards and Annex [J]. Arbitration International, 2003, 19 (2): 213-215, 附录 I, (a) 1 (a) - (c).

② See Resolution of ILA on Public Policy as a Bar to Enforcement of International Arbitral Awards and Annex [J]. Arbitration International, 2003, 19 (2): 213-215, 附录 I, (a) 1 (d) - (e).

③ 这一组织于 1993 年建立，现有 16 个成员国，主要包括非洲法语国家和一些葡语国家，总部设在加蓬，所有非盟成员均可自由加入。

④ See http: //www. ohada. com.

⑤ *Sonatrach (Algeria) v. Distrigas Corp (United States District Court) Massachusetts*, reported in (1995) XX Yearbook Commercial Arbitration, at 795.

司法尺度之判决的基准，体现于美国最高法院的意见，对涉及外国实体的商事争议热情洋溢地采取了国际主义的立场……破除了国内法院在确定国际商事争议管辖权方面的狭隘取向。对于这个日益相互依赖的世界对国际礼让的需求，最高法院给予了有力的支持。在该院看来，当事人一致同意受制于经自由协商所达成的合同时，此种尊重尤为重要。”许多国家的法院均认为，在公共政策适用于《纽约公约》裁决时，应指的是国际公共政策，而不是国内公共政策，① 法院正是在通过严格适用解释和适用公共政策的基础上，对《纽约公约》裁决适用了国际公共政策。正如印度最高法院在 *Renusagar Power Co. Ltd v. General Electric Co.* 案②中所声称的：“……究竟应适用国际公法领域所适用的狭义的公共政策概念，还是适用国内法领域所适用的广义的公共政策概念。法院认为，狭义概念应优先适用，如果裁决的执行违反（i）印度法律的根本政策，或（ii）印度的利益，或（iii）公正或道德，此种执行将以公共政策为由加以拒绝。”③

一般认为，在国际商事仲裁中，不审理实体问题，只审理程序问题。但公共政策却可能既涉及实体，又涉及程序。而不严格解释和适用公共政策，可能使得公共政策成为仲裁裁决司法监督中的实体审查之盾。公共政策是被申请执行的当事人可能提出的最后一个理由，也可能是其最愿意提出的理由。如果裁决的执行与寻求承认与执行地国公共政策相悖，那么，法院可以拒绝予以执行。各个国家对于公共政策的规定倾向于严格。但公共政策，如海南机械进出口公司诉唐纳公司案④中的原告所认为的，可能“是间接要求法院审查案件的实体问题”。法院会否应用公共政策，间接审查实体问题？这是令人关注的问题。关注的原因有二：一是其可以作为确实存在实体错误时的一种救济手段；二是担忧其可能存在的滥用情况。

下文将通过考察不同国家适用公共政策的实例（主要是在国际商事

---

① 参见国际商事仲裁法律与实践［M］．林一飞，宋连斌，译．北京：北京大学出版社，2005：491.

② *Renusagar Power Co. Ltd.*（*India*）*v. General Electric Co.*（*US*）（1995）XX Yearbook Commercial Arbitration 702.

③ *Renusagar Power Co. Ltd.*（*India*）*v. General Electric Co.*（*US*）（1995）XX Yearbook Commercial Arbitration 702.

④ *Hainan Machinery Import and Export Corporation*（*PR. China*）*v. Donald & McArthy Pte Ltd.*（*Singapore*），High Court，29 September 1995，no. 1056 of 1994. See［1996］1 *Singapore Law Reports*，34-46. Also see ICCA Yearbook，Vol. XXII，1997，771-779.

仲裁方面①），来对公共政策的相关方面进行分析。事实上，对于公共政策这样一个不确定的概念而言，从实例入手是最好的方法。因为实例是最确定的，而单纯的分析和论证不确定且对实践也无大益处。实例虽然不能穷尽一切可能，但可以尽可能地对已发生的情形进行归纳，对可能发生的情形进行预测。

第二节　国际上的法律和实践

公共政策抗辩见之于撤销程序，也见之于执行程序。有关承认和执行裁决（尤其是国际商事仲裁裁决）的案例较易引起争论，其更具实践意义和参考价值，因此，本节以执行的案例为主，阐述各国有关公共政策抗辩的法律和实践。②

一、英国

在英国，对仲裁裁决的承认和执行提起公共政策抗辩的情形时有发生，但支持的极其罕见。在 *Soleimany v. Soleimany* 案前，③ 据说，“英格兰法院没有一起适用这一例外的案例”。④ 当然，除执行之外，撤销也涉及公共政策抗辩。⑤

1996 年英国仲裁法第 103 条第 3 款规定，违反公共政策亦导致仲裁裁决不予执行。从 *Dalmia Dairy Industries v. National Bank of Pakistan* 案⑥可以看出，法院对于执行裁决上适用公共政策的范围非常狭窄。较之 1950 年仲裁法的相应规定，依公共政策为由拒绝承认和执行的范围已经缩小。依 1996 年仲裁法的规定，裁决不能仅因为与英国法相悖而被拒绝承认与执行。在 *Deutsche Schachtbau-Und Tiefborhgesellschaft MBH v. Shell*

---

① 纯国内仲裁裁决在适用公共政策上不会引起太多争论，但也应严格适用。

② 以执行案例为主的原则也贯穿于其他各节中。

③ [1999] Q. B. 785.

④ Kerr. Concord and Conflict in International Arbitration [J]. Arbitration International, 1997 (13): 140.

⑤ 1996 年英国仲裁法第 68 条第 2 款 g 项。

⑥ [1978] 2 Lloyd's Rep. 223, (1977) 121 S. J. 442.

International Petroleum Co. Ltd.（*t/a Shell International Tradeing Co.*）案①中，法院对公共政策作出定义（从该案亦可以看出法院对于公共政策的适用采取非常严格的态度）。法院认为，证明违反公共政策，需要表明“存在某些不合法性（illegality），或者裁决的执行将对公共利益造成明确的损害，或者裁决的执行对通情达理和得到充分信息的一般公众成员的彻底的冒犯”。因此，适用商人法（*lex mercatoria*）作出之裁决并不违反公共政策。英国学者指出：

“……如果裁决是基于毫无疑义非法的合同作出，则裁决将依公共政策为由被不予执行。例如，裁决表面涉及企业的非法目的（从伊朗出口地毯），英国法院认为与公共政策相悖，则英国法院会基于此类理由而不执行裁决。如果英国的法院由于非法性而不会直接执行合同，其亦不会执行基于这样一份合同的仲裁裁决。在仲裁员已经考虑到非法性的主张并驳回该主张的时候，情况会较为困难。表面上裁决会被执行，但是，在适当的案件中，英国的法院会调查非法性的问题，而不管仲裁员的决定。没有必要表明未向仲裁员提出相关的主张。如果裁决依欺诈（诸如伪证）而得到，则裁决将依公共政策为由而被不予执行。但是，对于仲裁员已经决定的事实，不太可能重新审理。支持欺诈主张的新证据通常不被允许，除非该证据将实质性影响仲裁员的结论，并且在庭审时或可在国外申请撤销裁决时无法得到或无法合理得到。一般情况下，英国法院不会重新调查国外的监管法院已经审理过的程序缺陷的主张。见 *Minimetals Germany GmbH v. Ferco Steel Ltd.* [1999] CLC 647 at 659-662。最后必须注意到，承认和执行不能因仲裁员事实或法律上的错误而被拒绝。”②

即便裁决依英国法确实可能存在问题，但支持国际仲裁终局性本身也被认为是一项公共政策。在 *Hilmarton v. OTV* 案中，一方向英国法院申请执行已被撤销的裁决。③ 英国法官 Timothy Walker 指出，双方争议如在英国适用英国法仲裁结果可能会有不同。但是法官不是对双方有争议的合约

① [1990] 1 A. C. 295，[1988] 3 W. L. R. 230，[1988] 2 Lloyd's Rep. 293.

② PM North and JJ Fawcett. Cheshire and North's Private International Law [M]. 13th ed. Butterworths，1999：528.

③ 基本案情：仲裁庭认为当事人间的合约违反了瑞士的“公共政策”。因为原告一方违反了阿尔及利亚强制性法律通过游说取得某些政府合约。但日内瓦上诉法院以仲裁庭专断裁判为由撤销了裁决。认为如无确切证据证明行贿贪污，作为合约准据法和仲裁适用法的瑞士法并不认为是违反“公共政策”。这一决定进一步被瑞士联邦法院所维持。

进行裁判，而只是对是否在英国执行一个外国仲裁裁决作出裁断。在这种情况下，除非有明显的贪污行为要求有"公共政策"的考量，适用英国法会不会引致不同仲裁裁决是无关重要的。的确，英国法与瑞士法规定不一样，但双方选择了瑞士法和在瑞士仲裁。根据维护国际仲裁终局性本身作为一项"公共政策"，本裁决应被执行。① 法院在 *Westacre Investments Inc. v. Jugoimport-SPDR Holding Co. Ltd.* 案②中也确认，"倾向于执行"本身被视为公共政策。③

不过，在 *Soleimany v. Soleimany* 案中，④ 英国法院以公共政策为由拒绝执行裁决。该案裁决赋予一项父子间涉及从伊朗走私地毯的合同以效力，而该合同违反了伊朗财税法及出口管制。这对父子同意将争议提交伦敦犹太教仲裁，适用犹太法。根据犹太法，合同的非法目的不影响当事人之间的权利，犹太教法院因而作出裁决以履行该项合同。但是，法院在拒绝执行裁决时亦指出："在我们看来，法院考虑的是保持其程序的完整性，且要考虑查明不存在程序滥用。当事人不能通过私人协议藐视此点。他们不能明修栈道暗渡陈仓，借仲裁以达到执行非法合同的目的。这与公共政策相悖。"

此外，由于英国是欧盟成员国，因此还需考虑到欧盟公共政策问题。⑤ 与欧盟其他成员国的法院一样，英国法院也需适用欧盟的公共政策，包括竞争规则。欧共体《罗马条约》第 81、82 条对欧盟竞争规范作了规定。如果执行裁决违反欧盟公共政策，法院也须不予执行或将该问题提交欧洲法院。⑥ 其他欧盟成员国也同样如此。

---

① ［1999］2Q. B. 222.

② ［1999］2 Lloyd's Rep. 65（CA）.

③ 转见国际商事仲裁法律与实践［M］. 林一飞，宋连斌，译．北京：北京大学出版社，2005：489-490.

④ ［1999］Q. B. 785.

⑤ 欧盟委员会曾明确指出，随着欧洲一体化进程的深入，除各成员国独立保持其"公共秩序"的责任外，欧盟将会逐渐形成区域性的"欧洲公共秩序"。See European Commission Declaration, July 14, 1998, Bulletin of the European Communities, 7-8/1998.

⑥ 关于欧盟公共政策，学者指出，欧共体法的最高性和统一适用原则不能用以作为判定欧盟公共政策的标准，也并非所有具有直接效力的都属于公共政策，仅具有根本意义的才是公共政策，直接效力并非意味着具有根本性。See Christoph Liebscher. European Public Policy: A Black Box?［J］. Journal of International Arbitration 2000, 17（3）: 73-88.

二、瑞士

依据《纽约公约》第 5 条第 2 款 b 项规定，瑞士法院如认为承认及执行外国仲裁裁决有违瑞士公共政策，亦得拒绝承认和执行。和其他一些国家一样，① 瑞士对于公共政策的把握也颇为严格。相同的违反公共政策情形导致国内裁决被不予执行，但对于外国仲裁裁决则不一定导致其被不予执行。只有在违反国际公共政策的情况下，才会导致裁决必然被不予执行。下述案例涉及申请承认和执行外国仲裁裁决案件中法院对公共政策的意见。

K. S. AG v. C. C. SA (*Switzerland*) 案②对于公共政策阐述得非常清楚明确。1989 年，K. S. AG（K 公司）与 C. C. SA（C 公司）之间的争议经 ICC 仲裁并作出裁决。裁决未写明仲裁地和裁决作出地。K 公司在瑞士申请执行裁决。C 公司提起上诉。法院首先认为，裁决在何处作出并无关系。1989 年 1 月 1 日之后的裁决适用联邦国际私法法。依据该法第 194 条，《纽约公约》同时也适用于非缔约国作出的仲裁裁决。其次，依据《纽约公约》第 5 条第 2 款 b 项，如果寻求承认与执行地有权机关认为仲裁裁决的承认和执行违反公共政策，则可以拒绝承认和执行。法院认为，如裁决的承认和执行明显违反瑞士法律制度固有的正义感，并且否认其根本原则（实体或形式），则违反了瑞士的公共政策。但是，瑞士公共政策抗辩在承认和执行外国仲裁裁决的程序中，范围非常有限。法院如果认为外国法以与瑞士法院所采取的方式不同的方式适用，不应拒绝执行。法院认为，外国仲裁中的程序瑕疵并不必然导致拒绝执行，即使同样的瑕疵可能导致瑞士裁决无效。《纽约公约》对于执行的形式要件列举得越详细，瑞士公共政策适用得越少。C 公司认为，裁决对于实体所作的决定从实体角度违反了瑞士公共政策。法院认为，外国裁决并不仅因所谓的瑕疵或违反国家强制性法律规定而与瑞士的公共政策相悖。公约的目的是在于承认及协调不同的法律制度。C 公司认为一名仲裁员未签署仲裁裁决违反瑞士公共政策，法院认为这并不违反瑞士法律制度，同时，瑞士法律制度本身也不要求裁决由所有仲裁员签署。

法院对于公共政策的把握非常严格，以公共政策作为不予承认和执行

---

① 如本书中提到的英国、荷兰等。

② Camera di Esecuzione e Fallimenti [Execution and Bankruptcy Chamber], Canton Tessin 19 June 1990. 英文译本载于 ICCA Yearbook, Vol. XX, 1995, 762-765.

裁决的理由，通常不会得到法院的支持。但反过来，法院在不予承认和执行外国仲裁裁决的决定中，通常会涉及公共政策。

在另一个案件①中，也涉及仲裁员问题与公共政策抗辩。胜诉方在瑞士申请执行裁决。双方当事人同意仅《纽约公约》适用于裁决的执行。《纽约公约》对于裁决的执行规定了非常简化的程序。申请执行人仅须提交仲裁条款和仲裁裁决；被申请执行人承担不予执行的举证责任。法院首先认为，申请执行人所提供的文件形式有效。但是，法院认为，有关仲裁庭组成的仲裁条款明显违反了瑞士公共政策，因此应依据《纽约公约》第 5 条第 2 款 b 项拒绝承认和执行。法院承认下列事实，即：贸易变得越来越国际化，民事诉讼程序通过国际协调与之相适应，外国的决定不应因为狭窄解释公共政策而被排除在瑞士之外；选择仲裁庭的当事人希望的是较法院更灵活、更不具形式性的程序。但是，法院强调，仲裁程序必须遵守最低限度的要求。联邦法院在其判例中认为，当事人须有选择仲裁员的机会且受委任的仲裁员未涉及争议中。关于仲裁员和当事人的关系对公共政策的影响，法官有如下论述：

"依据瑞士法，仲裁员的独立公正性属于法律保护的根本要求，因此属于公共政策。仲裁员（包括三人仲裁庭中的当事人委任之仲裁）必须与法官一样无偏见。因其与一方当事人有特殊关系的仲裁员不能担保其公正性。应当考虑到仲裁的特殊性。规定各方委任一名仲裁员并向其支付报酬的仲裁条款被认为是有效的，虽然这证明当事人与该仲裁员具有特殊关系。因此，在国际仲裁中，当事人与仲裁员的关系必须非常密切，才能证明违反瑞士公共政策。"

参照案例法，法院认为，本案仲裁员 E 博士依据苏黎世程序法和联邦程序法是无行为能力的。法院认为，起草合同的人又作为仲裁员作出有约束力的解释完全无法接受，特别是其还曾作一方律师多年，而且在起草的合同中将其作为仲裁员且不可撤换。因此，法院拒绝承认"违反根本公平原则的某个私人的行为"。

大部分情况下，法院不会支持公共政策抗辩。正如法院在 *Inter Maritime Management SA (Switzerland) v. Russin & Vecchi (US)* 案中再次重申的，"公共政策——在狭窄的意义上进行理解，在执行程序中尤其是——反对执行以不可忍受的方式损害法律并违反瑞士法律制度根本原则的仲裁裁决"。并且，"实体的公共政策在外国规定与瑞士法律的强制性

---

① Bezirksgericht [Court of First Instance], Affoltern am Albis, 26 May 1994.

规定相悖时，也并不必然被违反”。

与前述 *K. S. AG v. C. C. SA*（*Switzerland*）案、*Inter Maritime Management SA*（*Switzerland*）*v. Russin & Vecchi*（*US*）案等案例一样，在瑞士申请执行的中国某进出口公司诉瑞士某公司案①中，法院也强调了违反公共政策的两个要件：违反瑞士法律制度的根本原则，以及以不可忍受的方式伤害固有的正义感。而该案中并没有这种情况。因此，法院认定该份裁决并不违反瑞士的公共政策。

三、美国

前已引述了美国法院的一些判例。*Parsons & Whittemore v. Societie Generale de L'Industrie du Papier*（*RAKTA*）案②也涉及公共政策抗辩。该案是美国根据联邦仲裁法审理的第一件外国仲裁裁决承认和执行案。该案法官在意见中，直接表明限制适用公共秩序的原则立场。在该案中，美国一公司与埃及一公司订立书面合约由美国公司为埃及修建一纸厂，并进行管理和督导。但 1967 年阿拉伯—以色列的战争使工程中断，埃及对美国支持以色列的立场极为不满，两国关系恶化，使美国公司多数人员离开埃及。同年 6 月 6 日，埃及更与美国断交，下令驱逐所有美国人离开埃及，除非他们申请特别的签证。美国公司通知埃及公司认为工程延误是不可抗力造成，但埃及公司不同意，认为美方违约。双方随后依合同仲裁条款对争议依 ICC 规则进行了仲裁。仲裁庭认为美国公司并没有认真申请特别签证，只是敷衍了事，故判其赔偿埃方违约损失。在埃方到美国申请承认执行这一裁决时，美方提出了一系列基于“公共政策”的理由，但美国第二巡回上诉法院拒绝接受这些抗辩，认为《纽约公约》规定的“公共政策”抗辩应加以狭义解释，外国仲裁裁决仅基于其“执行将违反法院地国最基本的道德和公正观念”，方可被拒绝承认和执行。把“公共政策”狭隘地理解为保护本国利益的工具将严重损害公约的效用。这一规定（公共政策例外）并不意味着在“公共政策”的名义下把变幻莫测的国际政治神圣化；相反公约框架内受到限制的“公共政策”学说意在承认其超越国家的重要性。

① Cour de Justice [Court of Appeal], Geneva, 11 December 1997. 英文译本载于 ICCA Yearbook, Vol. XXIII, 1998, 764-769.

② 508 F. 2d. 969 (2nd Cir. 1974).

National Oil Corp. v. Libyan Sun Oil Co. 案①中，当事人也提出执行裁决将违反美国的公共政策，理由是这将使 Libyan Sun Oil Co. 因遵守和支持美国政府的指令和政策而处于不利的地位，其他公司不会再愿意支持政策的制裁计划；执行该裁决与美国政府反恐怖政策的要求相抵触，削弱了国家社会反恐怖斗争的力量。法院认为，公共政策与外交政策不是同义语，尽管美利两国发生冲突，但是美国政府没有对利比亚宣战，美国总统也没有不承认利比亚政府，事实上行政部门还许可利比亚公司来美国提起诉讼。法院因此认为，其不能得出结论认为执行该裁决会违反美国“最基本的道德观念和公正理念”(most basic notions of morality and justice)。

欺诈或胁迫得来的裁决，不应得到承认和执行。一些国家对于此种裁决不予执行有明确的规定。依据美国联邦仲裁法，欺诈、胁迫、贿赂以及显然漠视法律均构成不予执行国内仲裁裁决的理由。在涉外裁决中，被告往往也提出这些事项，认为裁决的执行违反了美国的公共政策。美国进一步通过案例法，通过违反公共政策的概念，来否定其效力；但同时，法官在解释公共政策时也指出，公共政策是指裁决执行地关于公平和道德的最基本的观念。在早期的 *Biotronik Mess-und Therapiegeraete GmbH & Co. v. Medford Medical Instrument Co.* 案②中，法院表明了如下立场：如果构成欺诈，执行这样一项仲裁裁决将违反法院地最基本的道德观念和公正理念。*Transmarine Seaways Corp. of Monrovia v. Marc Rich & Co. A. G.* 案③中，法院提出，如果确有胁迫，可以依据公共秩序拒绝承认和执行仲裁裁决。法院得出结论，“法律要求，主张存在协迫的当事人应承担严格的举证责任，因为公共政策倾向于支持当事人显然知悉签订后愿受其约束的协议的可执行性”。

传统的理论认为，对于违反外国公共政策的行为，本国法院一般是不

---

① 733 Federal Supplement (1990), at 800-822. 原告是一家利比亚政府所有的石油公司，被告是一家美国公司，双方签订了石油开发和生产协议。后美国和利比亚发生冲突，里根政府禁止从利比亚进口石油，被告无法获得向利比亚出口技术和石油的许可，因此以不可抗力为由终止了协议。原告向国际商会申请仲裁，并获得有利裁决，后向美国法院申请强制执行。被告提出公共政策抗辩，被驳回。

② 415 F. Supp. 133 (D. N. J., 1976); (1977) II Yearbook Commercial Arbitration, at 250.

③ 480 F. Supp. 352 (1979); (1981) VI Yearbook Commercial Arbitration, 244.

过问的。① 不过，有些国家在司法实践中，在特定的情况下，也会对外国的公共政策表示尊重。例如，在 *Sea Dragon, Inc. v. Gebr. Van Weelde Scheepvaartkantoor B. V.* 案②中，法院认为，仲裁裁决违反了外国公共政策，承认它将背离承认仲裁裁决的一般原则；置他国扣押令于不顾，将与建立在对外国法院判决基础上的礼让原则相悖。

四、韩国

韩国仲裁法③规定，如裁决的承认与执行与韩国的公序良俗相冲突，也可以裁定撤销裁决。《纽约公约》第 5 条第 2 款 b 项规定法院如认为裁决的执行违反执行地国的公共政策，则可以拒绝承认与执行外国仲裁裁决。因此，韩国法院如发现存在违反其公共政策的事由，可以拒绝执行裁决或撤销裁决。但在这一点上，韩国法院与其他一些国家，对于公共政策的适用非常严格。一般认为，对国际商事仲裁裁决，韩国法院应参照国际公共政策而非国内公共政策来解释公共政策的概念。④

在 *Adviso N. V.* (*Neth. Ant.*) *v. Korea Overseas Construction Corp.* (*Korea*) 案⑤中，法院认为，《纽约公约》第 5 条第 2 款 b 项规定的基本原则是保护承认执行地国的根本道德信仰和社会秩序不受此类承认和执行的损害。除从国内因素考虑外，应当对国际商事秩序的稳定性予以适当考虑，因此，本条应当狭义解释。如仲裁裁决中的外国法律规则违反韩国法律的强制性规定，此类违反并不必然构成拒绝承认与执行的理由。仅在承认此类裁决的具体结果与韩国的良好道德和社会秩序相悖时，方可拒绝承认和执行裁决。在该案中，依仲裁裁决所适用的荷属安地列斯群岛时效法规定，期限为 30 年，长于韩国法律的强制性规定。法院认为，首先这个事实并不必然使裁决的执行与韩国公共政策相悖；其次，仲裁庭因申请人在 1978 年 11 月 8 日专有技术协议中对于被告的权利未转让于 S 公司，而

---

① 参见赵健．国际商事仲裁的司法监督［M］．北京：法律出版社，2000：208.

② 574 F. Supp. 367, (S. D. N. Y. 1983)．该案中，仲裁庭判令荷兰承租人向船东支付一笔债务。之前，荷兰已发布一个扣押令，要求债务人向船东赔付此笔款项，但是仲裁庭认为，这并不构成承租人的有效抗辩。

③ 6083 号法令修改，1999 年 12 月 31 日生效。

④ See Moonchul Chang. The New Korean Arbitration Law and Enforcement of Arbitral Awards [M]. Int. A. L. R., 2000, 3 (6): 196-199.

⑤ 14 February 1995, Supreme Court, no. 93Da53054.

认为其有管辖权，这并不违反韩国的禁止反言原则或者公共政策；最后，原告敲诈并对被告实施不当影响的主张没有证据支持。因此，法院认为，除非裁决与韩国的根本道德准则和正义观念相悖，否则裁决应得到尊重。

五、德国

依据《纽约公约》第 5 条第 2 款 b 项规定，德国法院如认为承认及执行外国仲裁裁决有违德国公共政策，也可以拒绝承认和执行。对于公共政策的适用，德国法院和其他国家的法院（例如瑞士）一样，把握得也十分严格。

在 *M/S A* 号船船东申请执行裁决案①中，法院认为，从第 5 条第 2 款 b 项来看，执行宣告也不违反德国的公共政策。裁决的执行并不导致明显违反德国法律的根本原则，特别是其宪法原则。裁决复利、依职权裁决利息或有关利息部分决定未写明理由也无此种效果。特别是在仲裁领域，仅在仲裁应影响社会经济生活的基础的严重错误而无效时，方可拒绝外国仲裁裁决的执行。

程序问题也可能导致公共政策抗辩。在德国汉堡上诉法院审理的一宗案件②中，当事人以程序不公正违反公共政策为由提出抗辩，法院予以支持。该案中，独任仲裁员只是根据双方提交的文件为基础作出裁决，没有给双方口头辩诉的机会。在仲裁过程中，美方当事人向仲裁员提交了一封信，但仲裁员并没有在裁决前转送给德方当事人。所以德方当事人根本不知道这封信的存在。同时仲裁员并没有对德国政府就本案向仲裁员提交的反驳信件给予重视。尽管法院承认在承认执行外国裁决时存在着内国“公共政策”和“国际公共政策”的差异，当事人无法有效参与国外的仲裁程序并提呈自己的辩护意见是违反德国基本法律秩序原则的；不仅违反公平仲裁原则，而且裁决是在单方收受美方当事人信件而不向德方当事人披露的基础上作出的。在这种情况下，即使存在着公正审理也不会改变裁决结果的可能性，也无法弥补这一裁决违反“公共政策”的根本性问题。

但因程序问题引起的公共政策抗辩并不总是会导致裁决失去效力。在

---

① *Shipowner v. Time charterer*. 30 July 1998, Oberlandesgericht [Court of Appeal], Hamburg.

② OLG, Hamburg, April 3, 1975;（1997）II Yearbook of Commercial Arbitration, at 241.

Spa Ghezzi v. Jacob Boss Sohne 案①中，一方以裁决作出超过 6 个月作出的期限为由要求不予执行。法院认为，这一程序问题并不违反公共和经济生活，应予执行。法院认为，只有在外国裁决存在严重地影响德国公共和经济生活基础的缺陷时，才能因德国公共政策的原因拒绝执行。

六、荷兰

荷兰仲裁法第 1076 条第 1 款 B 项规定，法院认为承认和执行外国仲裁裁决将违反公共秩序的，不予承认和执行。应当指出，该条所指的公共政策为荷兰的公共政策，而非国际公共政策。但荷兰法院通过案例法的形式，发展了国际公共政策。实际上，许多承认和执行案件中均涉及公共政策的问题，许多理由均可导致违反公共政策，因此公共政策抗辩与上述各项抗辩通常是结合在一起的。在考虑案件时，法院经常将《纽约公约》和荷兰仲裁法第 1076 条一并使用。如在 *G. W. L. Kersten & Co. B. V.* (*Neth.*) *v. Socio Commerciale Raoul-Duval et Cie* (*France*) 案②中，法院认为在仲裁程序中存在未向一方送达材料的情况下，承认和执行将违反荷兰的公共政策，其同时依据了《纽约公约》和荷兰仲裁法第 1076 条。

此案涉及一方当事人的材料未提交另一方当事人的情况。1990 年 7 月 19 日，Raoul 和 Kersten 签署合同销售可可豆。后发生争议。当事人将争议提交伦敦可可协会依其仲裁规则仲裁。裁决作出后，Raoul 寻求在荷兰执行裁决。1992 年 4 月 9 日，Utrecht 一审法院同意执行裁决。上诉时，阿姆斯特丹上诉院推翻该决定，判定仲裁庭未能给予 Kersten 受审的权利。法院查明，Raoul 向仲裁庭提供了一份包括一些事实的文件和一份基于此类事实得出的法律观点的文件。Raoul 承认其未向 Kersten 送达其提交仲裁庭的此类文件。而且，Raoul 对于仲裁庭未能将其向仲裁庭提供的文件送交 Kersten 这一点，也没有否认。法院认为，上诉事实违反了重要的程序原则。仲裁庭程序开始前，Raoul 已经用电传通知 Kersten 其主张，Kersten 有机会提交抗辩以及鉴于其抗辩的内容，其一定很清楚“仲裁程序中的问题”这些情况，均不影响这个结论。另外，此案当中也不存在改变这个结论的其他事实。因此，承认和执行仲裁裁决将违反荷兰的公共秩序。依据 1958 年《纽约公约》第 5 条第 2 款 b 项，应当拒绝。Raoul 的其他请

① (1990) XV Yearbook Commercial Arbitration, at 450-455.

② 16 July 1992 - Gerechtshof [Court of Appeal] Amsterdam. 英文译本载于 ICCA Yearbook, Vol. XIX, 1994, 708-709.

求也不能得到支持。民事诉讼法典第1076条第1款B项规定，如果法院认为承认或执行将违反荷兰公共政策，则对承认或执行的请求应予拒绝。本案正是这种情况。

《纽约公约》对程序不当作了规定。① 第1076条未对程序不当进行单列，但不属于《纽约公约》裁决的仲裁裁决若存在程序不当的情况，则法院可利用公共政策，作为不予执行的理由。在仲裁裁决属《纽约公约》裁决的情况下，仲裁程序不当可直接构成拒绝承认与执行的理由，如 *Rice Trading v. Nidera* 案。② 在该案中，Rice Trading 寻求在荷兰执行安特卫普饲料、大米和豆类商会（Chamber for Cattle Feed, Rice and Pulses Trade）1996年9月6日上诉程序中作出的裁决。Nidera 提出异议，认为上诉仲裁庭未允许其对程序中提交的证据作出反应，违反了正当程序。一审法院支持了这个异议，并拒绝执行该比利时裁决。上诉院支持一审法院的决定。

不过，如同其他国家，法院对于适用公共秩序一般持较为严格的态度。如中国包装设计公司（中国）诉 SCA Recycling Reukema Trading B.V.（荷兰）案③以及天津文体用品进出口公司（中国）诉 Verisport BV（荷兰）案，④ 裁决为《纽约公约》裁决，荷兰法院均认为，并没有违反公共秩序。

七、加拿大

加拿大法院也同样持严格解释的立场，认为公共政策仅在违反道德和正义的基本观念或基本道德时方予适用。*Re Corporacion Transnacional de*

---

① 《纽约公约》第5条第1款b项。

② Rice Trading (Guyana) Ltd. (Guyana) v. Nidera Handelscompagnie BV (Netherlands). 28 April 1998 - 24. Gerechtshof [Court of Appeal], The Hague, and President, Arrondissementsrechtbank [Court of First Instance], Rotterdam. 英文译本载于 ICCA Yearbook, Vol. XXIII, 1998, 731-734.

③ 中国包装设计公司（中国）诉 SCA Recycling Reukema Trading B.V.（荷兰）案，Arrondissementsrechtbank [一审法院], Zutphen, 1998年11月11日。英文译本载于 ICCA Yearbook, Vol. XXIVa, 1999, 724-726.

④ 天津文体用品进出口公司（中国）诉 Verisport BV（荷兰），荷兰 Arrondissementsrechtbank [Court of First Instance], Zutphen, 1996年9月3日。英文译本载于 ICCA Yearbook, Vol. XXII, 766-767.

ones, S. A. de C. V. et al. v. STET International, S. p. A. et al. 案①中，原告向渥太华法院提出申请，请求撤销裁决，被告则请求执行裁决。原告依据 UNCITRAL 示范法提出的撤销理由之一：裁决与安大略的公共政策相冲突。法院认为，拒绝执行仲裁裁决的理由应狭义解释，拒绝执行的公共政策理由应仅在执行将违反道德和正义的基本观念时（例如腐败、贿赂、欺诈等），方予以适用。法院也认为，UNCITRAL 示范法第 34 条第 2 款 a 项 ii 目的“正当程序”保护包括程序和实体的公平，这使得其与第 34 条第 2 款 b 项 ii 目的公平政策抗辩交叉。

Arcata Graphics Buffalo Ltd. v. Movie (Magazine) Corp. 案②中，败诉方以违反公共政策为由请求拒绝执行裁决。本案所涉的仲裁裁决包括每月 1.5% 的利息，而没有写明年利率。这与加拿大利息法第 4 条相悖。该条对于未以年利率表示的利息率施加限制。被申请人称赋予此条效力将与公共政策相悖，并因此违反 UNCITRAL 示范法第 36 条第 1 款 b 项 ii 目。法院采用了这个原则，即拒绝依 UNCITRAL 示范法第 36 条第 1 款 b 项 ii 目执行裁决，必须是执行裁决将与该国的基本道德相悖。法院支持了仲裁裁决。

八、小结

公共政策随时间、地点不同而可能不同，是多种因素综合的结合，它是保护执行地国基本道德和法律原则、重大利益的最后一道防线，是各国不能放弃但同时也须谨慎使用的一种武器。上述对一些国家案例的考察可以看出，各国对公共政策通常严格适用或通过适用国际公共政策来处理公

---

① 基本案情如下：被告（以下统称为“STET”）为一意大利公司及其位于荷兰的分支机构。原告是四家墨西哥公司（以下统称为“COTISA”），另一原告为 Javier Garza Caldern（以下简称“Garza”）。后者拥有及/或控制前者。被告针对四名公司原告启动仲裁程序。STET 与 COTISA 签订了股份认购协议，以购买古巴国家电话公司中的间接权益。1999 年 6 月，依据股份认购协议中的仲裁条款，STET 寻求解除该股份认购协议。仲裁在国际商会仲裁院进行。仲裁庭由三人组成。仲裁程序在渥太华进行。仲裁庭认为，其对于所有当事人以及所有向其提交的事项均有管辖权，并且认定原告对于赔偿 STET 损失应承担连带责任，赔偿的数额大约为因违反认购协议书而产生的损失 3.05 亿美元。考虑到本案的事实之后，法院认定，原告未能证明撤销裁决的理由成立。

② Ontario Court, General Division (Eberle J.), 12 March 1993; (1994) XIX Yearbook Commercial Arbitration, at 268.

共政策抗辩的情况，只有在有关情形违反了关系到法律的最终目的的基本原则和法律政策、善良风俗及社会公益等时，才会动用这种武器，来否定仲裁裁决的效力。

第三节　中国的法律和实践

中国立法上少有公共政策的表述,① 而是通常使用“社会公共利益”一词，如我国《合同法》第 7 条规定，当事人订立、履行合同，应当遵守法律、行政法规，尊重社会公德，不得扰乱社会经济秩序，损害社会公共利益；《外资企业法》第 4 条规定，外国投资者在中国境内的投资、获得的利润和其他合法权益，受中国法律保护；外资企业必须遵守中国的法律、法规，不得损害中国的社会公共利益。《民法通则》第 150 条规定，适用外国法律或国际惯例不得违背中华人民共和国的社会公共利益；《对外贸易法》第 16 条和第 26 条均明确规定，为维护国家安全、社会公共利益或者公共道德，国家可以限制或禁止有关货物、技术的进口或出口，也可以限制或禁止有关的国际服务贸易；《民事诉讼法》第 260 条规定，人民法院对于违反社会公共利益的仲裁裁决应裁定不予执行；《仲裁法》第 58 条规定人民法院可撤销违背社会公共利益的裁决。中国立法上所规定的社会公共利益，实质上就是公共政策。虽然有人认为这一概念与“公共政策”相比，始终没有社会一致认同的客观标准，也缺乏足够宣示公布的透明度，可能随着国家不同时期在不同领域的政策而出现变化，更由于缺乏判例和具体的实践研究和指引而变得十分宽泛模糊，是特别更为宽泛的一类公共政策，但是，本书不准备在此作进一步的思辨，因为，单就表述本身而言，是无法看出何者更为广泛更为不确定的；就两个均不确定的概念而言，没有论证孰宽孰窄的必要。从文义上讲，任何的公共利益都可以成为公共政策；反之，任何的公共政策都涉及公共利益。基于上述且为实践之目的，本书将二者统一，认为中国的社会公共利益即指的是中国的公共政策。

① 1950 年 11 月，当时的中央人民政府法律委员会在《关于中国人与外侨、外侨与外侨婚姻问题的意见》中指出，中国人与外侨、外侨与外侨在中国结婚或离婚，不仅适用中国的婚姻法，且宜于适当照顾当事人本国的婚姻法，但“适用当事人的本国的婚姻法以不违背中国的公共秩序、公共利益和目前的基本政策为限度”。这里使用了“公共秩序”的措辞。

有必要在此指出，中国法律的强制性规定不能完全等同于中国的公共政策。正如最高人民法院在《关于 ED&F 曼氏（香港）有限公司申请承认和执行伦敦糖业协会仲裁裁决案的复函》① 中指出的，违反我国法律的强制性规定不能完全等同于违反我国的公共政策。在该案中，中国糖业酒类集团公司未经批准擅自从事境外期货交易的行为，依照中国法律应认定为无效，但是，违反我国法律的强制性规定不能完全等同于违反我国的公共政策，因此，本案不存在《纽约公约》规定的违反我国公共政策的情形。

一、三种类型裁决公共政策抗辩的法律依据

中国法院在处理三种类型仲裁裁决的异议中均会遇到公共政策抗辩：一是国内仲裁（无涉外因素）裁决，二是涉外仲裁裁决，三是外国仲裁裁决。这三种裁决在撤销或不予执行制度下，均可以产生公共政策抗辩。

（一）国内仲裁（无涉外因素）裁决的公共利益抗辩

依据我国《仲裁法》第 58 条第 3 款的规定，人民法院在经审查核实后认为裁决有违反社会公共利益错误时，应当裁定予以撤销。依据《仲裁法》第 63 条和《民事诉讼法》第 217 条第 2 款的规定，被申请人提出证据证明存在所列情况之一的，经人民法院组成合议庭审查核实，裁定不予执行。《仲裁法》该条只提及当事人举证证明的事由。但社会公共利益是由人民法院依职权主动审查的。第 217 条第 3 款规定，人民法院认定执行该裁决违背社会公共利益的，裁定不予执行。

依上述规定，如违背社会公共利益，将导致国内仲裁（无涉外因素）裁决被撤销或不予执行。

在申请人北京星工场音乐娱乐有限公司（以下简称“星工场公司”）申请撤销北京仲裁委员会（2004）京仲裁第 0355 号裁决案②中，申请人星工场公司称：裁定认为星工场公司与北京市中鸿房地产开发有限公司之间签订的借款合同为有效合同系适用法律错误。该裁决违背了社会公共利益。依据《仲裁法》第 58 条的规定，应予撤销。申请人认为，金融市场的稳定牵涉到社会的稳定和经济的发展，牵涉到千家万户的切身利益，我国政府对国内金融市场一贯实行严格管理的政策，禁止各种扰乱金融秩序

---

① 2003 年 7 月 1 日，［2003］民四他字第 3 号。参见最高人民法院民事审判第四庭．涉外商事海事审判指导：第 1 辑［M］．北京：人民法院出版社，2004：12.

② （2004）二中民特字第 9365 号民事裁定书。

的违法行为。《中华人民共和国商业银行法》明确规定了任何单位和个人不得从事发放贷款等商业银行业务；中国人民银行发布的《贷款通则》进一步明确，企业之间不得违反国家规定办理借贷或变相借贷融资业务；最高人民法院《关于对企业借贷合同借款方逾期不归还借款的应如何处理的批复》也规定了企业借贷合同违反有关金融法规，属无效合同。1998 年，国务院为根治非法金融业务活动，再次发布了《非法金融机构和非法金融业务活动取缔办法》。由此可见，关于企业之间借贷合同属无效合同的规定不仅仅是行政规章的要求，还有相关法律法规为依据。综上，裁决违背社会公共利益，应予撤销。法院认为：《中华人民共和国商业银行法》是为了保护商业银行、存款人和其他客户的合法权益，规范商业银行的行为，提高信贷资产质量，加强监督管理，保障商业银行的稳健运行，维护金融秩序，促进社会主义市场经济的发展而制定的法律。《中华人民共和国商业银行法》第 2 条规定："本法所称的商业银行是指依照本法和《中华人民共和国公司法》设立的吸收公众存款、发放贷款、办理结算等业务的企业法人"，第 11 条第 2 款规定："未经中国人民银行批准，任何单位和个人不得从事吸收公众存款等商业银行业务……"本案中，北京中鸿房地产开发有限公司与星工场公司订立《借款合同》并向星工场公司提供贷款的行为，违反了上述法律的禁止性规定，应视为无效。仲裁裁决认定《借款合同》及作出的实体处理皆与法律规定相悖，违背了社会公共利益，应予撤销。

（二）涉外仲裁裁决的公共利益抗辩

《仲裁法》第 70 条和第 71 条与《民事诉讼法》第 260 条第 1 款皆规定了涉外仲裁裁决的撤销事由和不予执行事由。上述法条只提及当事人举证证明的事由，而未提及人民法院主动审查的社会公共利益。应该指出，社会公共利益是由人民法院依职权主动审查的。《仲裁法》未作规定，虽然是一种遗憾，但并不能剥夺《民事诉讼法》规定的主动审查的权力。《民事诉讼法》第 260 条第 3 款规定，人民法院认定执行该裁决违背社会公共利益的，裁定不予执行。而对仲裁法制定后方始创设的撤销权①而言，道理也是一样。但也应指出，在修改《仲裁法》之时，此处应当明确，即法院可以审查涉外仲裁裁决是否违背社会公共利益的问题。

曾经有学者提出，由于仲裁法中未提及社会公共利益，因此，人民法

① 我国《民事诉讼法》没有赋予人民法院对仲裁裁决的撤销权。仲裁法出于对仲裁当事人利益保护的需要，增加对仲裁的撤销程序。

院不再享有审查涉外仲裁是否违反社会公共利益的权力。① 这种观点显然不妥。除了上述立法文字表述上没有排除的理由之外，还应当注意到：首先，我国社会公共利益的表述实质上是公共政策，公共政策保留是一国维护其基本道德和法律原则、重大利益的最后一道防线，是各国无论如何不能放弃（但需谨慎使用）的一种武器，② 公共政策审查是法院为国家利益而享有的固有权力。其次，我国对无涉外因素的国内仲裁裁决进行公共政策审查，对外国仲裁裁决也进行公共政策审查，没有任何一种理由表明，涉外仲裁可以超脱于公共政策审查之外。再次，实践中，我国法院也从来没有认为《仲裁法》剥夺了人民法院适用公共政策的权力。③

（三）外国仲裁裁决的公共利益抗辩

中国是《纽约公约》的成员国。《纽约公约》的公共政策审查也适用于中国法院处理外国仲裁裁决承认与执行的案件。该审查的权力是人民法院可以主动行使的。在承认和执行外国仲裁裁决案件中，人民法院如认为外国仲裁裁决违反了我国的公共政策，可以拒绝承认和执行外国仲裁裁决。

二、以公共政策为由拒绝承认与执行裁决的实例考察

与世界上多数国家一样，我国在适用社会公共利益或公共政策审查时，也持严格的立场。最高人民法院近八年间只以社会公共利益为由不予执行了如下一例案件。④

对于美国制作公司与汤姆胡莱特公司诉中国妇女旅行社一案，某仲裁委裁决：中国妇女旅行社向美国制作公司和汤姆胡莱特公司支付所欠款项70%，计89 950美元；驳回中国妇女旅行社的反诉请求。此案进入执行程序后，中国妇女旅行社以对方在华演出违反了我国社会公共利益，未能

---

① 参见高菲．中国海事仲裁的理论与实践［M］．北京：中国人民大学出版社，1998：463.

② 有人称之为人民法院在执行仲裁裁决时为维护国家和人民的最高利益可操用的“杀手锏”。

③ 转见赵健．国际商事仲裁的司法监督［M］．北京：法律出版社，2000：219-220.

④ 美国制作公司与汤姆胡莱特公司诉中国妇女旅行社案。转见葛行军．简述仲裁司法监督与仲裁制度的完善［M］//中国国际经济贸易仲裁委员会华南分会．涉外仲裁司法审理．北京：法律出版社，2006：11-12. 另见葛行军．关于仲裁裁决在执行中存在的有关问题［J］．中国国际商会：仲裁研究所简报，2003，10（8）．

达到合同约定的演出场次、未能履行完合同的责任在对方为由，请求北京市第一中级人民法院对该裁决裁定不予执行。北京市中级人民法院受理并组成合议庭审查后，以该裁决书违反我国社会公共利益为由，拟裁定不予执行，呈报最高人民法院审批。最高人民法院组成合议庭审查认为执行法院的意见正确。美国制作公司和汤姆胡莱特公司未按合同约定的样带内容演出，演唱“重金属歌曲”，表演疯狂，演员在演出时吸烟、喝水、洒水、躺在地上唱，或跳下舞台，或中断演出，极其随意，观众极为不满，纷纷退场，要求退票；中方多次劝说无用。在演出 11 场后，中华人民共和国文化部根据观众的强烈要求，作出行政决定，取消美方的演出。至此，中方拒付余款 128 500 美元。对此，裁决却由中方承担 70% 的责任。此案报经最高人民法院审判委员会研究决定，作出批复：“美方演员违背合同协议约定，不按报经我国文化部审批的演出内容进行演出，演出了不适合我国国情的‘重金属歌曲’，违背了我国的社会公共利益，造成了很坏的影响，被文化部决定停演。由此可见，停演及演出收入减少，是由演出方严重违约造成的……裁决无视上述基本事实，是完全错误的。人民法院如果执行该裁决，就会损害我国的社会公共利益。依《民事诉讼法》第 260 条第 2 款的规定，同意你院（指北京市高级人民法院）对该仲裁裁决不予执行的意见。”

在开封市东风服装厂和太储国际贸易（香港）公司诉河南省服装进出口（集团）公司①案中，最高人民法院认为，适用社会公共利益是不正确的。此案涉及双方当事人之间的合资合同争议。CIETAC 仲裁裁决作出后，由于河南省服装进出口（集团）公司逾期未履行裁决，开封市东风服装厂向郑州中院申请强制执行。郑州中院裁定简单地认定：“如予以执行将严重损害国家经济利益和社会公共利益，影响国家对外贸易秩序，依照《民事诉讼法》第 260 条第 2 款规定，裁定仲裁裁决不予执行。”这是我国内地法院第一次引用公共秩序保留原则不予执行涉外仲裁裁决。但随后，最高人民法院通知郑州中院，该案以严重损害国家经济利益为由不予执行仲裁裁决是不正确的。学者对该案中院的裁定提出批评，认为是以

---

① 转见赵秀文．国际商事仲裁及其选用法律研究［M］．北京：北京大学出版社，2002：309-310；肖永平．肖永平论冲突法［M］．武汉：武汉大学出版社，2002：109-111.

地方的和个别单位的经济利益取代“社会公共利益”。①

还有一些涉外仲裁案件也涉及当事人提出公共政策抗辩。珠海经济特区建源工业有限公司申请撤销仲裁裁决案②即是一例。在该案中，法院将申请人所提的理由认为是应由仲裁庭审理的实体问题而驳回申请人的主张。申请撤销人提出的理由之一是：裁决事项是仲裁机构无权仲裁的，并违背了社会公共利益。申请人在仲裁中请求将已注册验资作为合作企业的注册资金作为投资退还给被申请人，这种请求就是要减少和收回已依法验资的注册资金，而注册资金不得抽逃是我国《公司法》和《外商投资企业法》明文禁止的；但仲裁庭却将注册资金认定为协议书项下的投资裁决退回两被申请人，这实际上是帮助两被申请人抽逃注册资金，违反了我国禁止性的法律规定，损害了公共利益，应予以撤销。法院认为，对仲裁庭裁决退还款项究竟是投资款还是注册资金，这实际上也是仲裁庭对案件实体问题的审查和判断，而根据《民事诉讼法》第 260 条的规定，这也不属于法院审查的范围。

在丸红中国香港有限公司申请执行仲裁裁决案③中，法院对中国的社会公共利益作了解释，这可以认为是我国法院对于公共政策的一种普遍解释和适用。

该案的基本案情如下：申请人与被申请人在 1997 年 4 月 1 日和 5 月 26 日，各签订买卖合同一份，均约定适用英国法律，在香港进行仲裁。之后双方因合同履行发生纠纷，申请人在香港申请仲裁，香港国际仲裁中心在香港特别行政区依据香港仲裁条例作出裁决，裁决被申请人向申请人支付拖欠的货款本金美元 2 038 103.77 元及利息。裁决作出后，被申请人未自动履行，申请人遂提起执行申请。被申请人提出异议，请求裁定不予执行该裁决，认为，仲裁庭仲裁所依据的证据都是复印件和申请人的陈述，符合香港仲裁法，但与内地《民事诉讼法》规定的证据规则相冲突，与内地法律的普遍原则相冲突，因此该裁决违反中华人民共和国社会公共利益，不应予以执行。

法院经审查认为，申请人的申请符合《最高人民法院关于内地与香

---

① 参见赵健．国际商事仲裁的司法监督［M］．北京：法律出版社，2000：268.

② （2000）深中法经二初字第 5 号裁定书。

③ （1999）深中法经二初字第 58 号裁定书。申请人：丸红中国香港有限公司；被申请人：深圳中物资源进出口有限公司。

港特别行政区相互执行仲裁裁决的安排》（以下简称《安排》）规定的条件，予以执行。被申请人提出不予执行异议的理由是，仲裁裁决违反了中华人民共和国社会公共利益。依照《安排》的规定，被申请人提出证据证明仲裁裁决存在《安排》第7条第1款规定的5种情形之一的，经审查核实，有关法院可裁定不予执行，而本案的被申请人没有主张本案的仲裁裁决存在《安排》第7条第1款规定的5种情形。依照《安排》的规定，执行仲裁裁决是否违反内地社会公共利益，不属于被申请人举证证明的不予执行的事由，应当由人民法院主动查明。

法院经审查认为，在内地执行本案的仲裁裁决，不违反内地的社会公共利益。依照《民事诉讼法》的规定，中华人民共和国的社会公共利益是指我国法律的基本原则和我国的国家利益、社会利益。本案仲裁裁决是对当事人双方之间的合同纠纷进行仲裁，裁决结果是被申请人向申请人支付拖欠的货款及其利息，执行本案的仲裁裁决，显然不会违反我国的国家利益和社会利益。执行本案的仲裁裁决也没有违背我国法律的基本原则，仲裁机构有权依照仲裁地的仲裁法律和有关证据法律对证据和事实进行认定。被申请人提出不予执行的主张不能成立，予以驳回。

第九章　实体问题抗辩

通常认为，仲裁裁决作出之后，当事人如欲对裁决提出异议，只能针对程序问题，而不能对裁决提出实体上的抗辩；尤其在国际商事仲裁中，情况更是如此。但是，不同国家仲裁法律环境不同，对于仲裁的控制尺度不同，对实体问题抗辩的态度也不同。有些国家允许当事人以存在实体问题为由，对裁决提出异议；有些国家在区分不同性质仲裁或者不同实体问题的情况下，允许提出实体问题抗辩。尤其在国际商事仲裁中，并非所有的国家均认可只应对程序公正事项进行审查。① 事实上，实体审查在仲裁中也是常见的一种现象。只不过有些国家只针对国内仲裁，而另外一些国家也可以针对国际仲裁而已。

当事人提出的实体问题抗辩可以分为两类：一是法律上的，即认为裁决存在法律错误；二是事实上的，即认为裁决存在事实错误。下文将研究这两种实体抗辩及各国的有关法律和实践。

第一节　法律错误的异议

一、理论依据

（一）支持以法律错误为由审查仲裁裁决的理由

裁决出现法律上的错误，这是可能的。仲裁员对于法律理解的不同，可能使得相同或类似案件的处理，出现不同的裁决结果。一个法律体系听任仲裁裁决（无论哪种类型）免予上诉或司法审查，风险是显而易见的。因此，理论上就存在支持以法律错误为由审查仲裁裁决的理由。

首先，存在仲裁结果不一致的风险。彼此独立的不同的仲裁庭对于相

① See Willian W. Park. Procedural Evolution in Business Arbitration: Three Studies in Change [M] // Reprinted form Willian W. Park. Arbitration of International Business Disputes: Studies in Law and Practice. Oxford University Press, 2006: 16.

同或类似的问题，有作出不一致决定的风险。由于仲裁不存在先例制度，故各仲裁庭一般并不知道相同的法律问题，可能已由其他仲裁庭以不同的方式作出决定。在决定是针对广泛应用的合同中的标准条款作出解释时，其后果尤其明显。比如国际咨询工程师协会（FIDIC）系列示范条件广泛用于建筑工程，商品、海航、保险或再保险市场世界通行的标准合同，或者 GAFTA 制定的各类商品交易标准合同。

其次，仲裁员的风险。仲裁员的素质不一。如裁决不受仲裁机构或者管辖法院核查，存在仲裁员可能不按其应有的权限或专业行事的风险。① 某些仲裁机构为了控制质量、减少此种风险，也制定了相应的内部机制，如国际商会仲裁院。②

最后，仲裁与诉讼结果不一致的风险。对于同一法律体系而言，仲裁庭和法院在适用相同的法律时，应当得出相同的结论，但如果仲裁庭的法律适用结果，与法院适用法律的结果不一致，会影响相同法律体系内法律的实施。法院因此有必要对法律适用进行审查。

（二）反对以法律错误为由审查仲裁裁决的理由

虽然存在上述理由，但是，如仲裁制度赋予对仲裁裁决法律错误无限制的异议权，则会产生极为不利的后果。因为仲裁毕竟不是诉讼，其所标榜的优点，只有在仲裁这个与法院相区分的争议解决机制下才会发生作用。反对以法律错误为由审查仲裁裁决的理由，主要就集中在法律错误审查的缺点上。

首先，国内法官的判决，可能取代了当事人选择或代其选择的仲裁庭的裁决。裁决具有终局性的特点，即裁决一旦作出，就发生法律效力，不像诉讼程序实行两审甚至三审终审制，程序简化有利于当事人之间的争议迅速得到解决。而若在仲裁裁决作出之后，再由法院进行审查，就使得裁决不具有终局性。

其次，有悖意思自治原则。同意诉诸仲裁而将其作为解决争议之私人方法的一方当事人，可能发现自己并非自愿地诉诸国内法院，由其公开进行审理。仲裁并非法院的一审机构。当事人选择仲裁，排除法院的管辖，

---

① 参见国际商事仲裁法律与实践［M］. 林一飞，宋连斌，译. 北京：北京大学出版社，2005：452.

② 如国际商会仲裁规则第 27 条规定，国际商会仲裁院在裁决最终形成并发给当事人之前，对裁决书进行核阅。这有助于保证实施“质量控制”措施。但核阅主要针对裁决书的形式，且在任何情况下不影响仲裁庭作出决定的自由。

可能出于多种考虑。仲裁采取自愿原则，以当事人自愿为前提，当事人享有充分的意思自治，包括自主决定是否采用仲裁方式解决争议以及采用仲裁方式解决争议的事项、选定的仲裁机构、指定仲裁员、约定仲裁程序等。意思自治也体现为程序的非形式性和灵活性。仲裁还具有保密性的特点，这也是当事人选择仲裁时的一项重要考虑。仲裁具有保密性，这是大多数国家的仲裁法的规定。仲裁程序包括裁决的结果不对外公开，有利于当事人之间某些商业秘密不被泄露，并且对于当事人的商业信誉也是一种保护，也使双方当事人在感情上容易接受，有利于日后继续业务往来。如若法院最后再进行实体审查，可能相当于由法院来决定争议，这无疑是与当事人的意思相悖的。

最后，可能成为当事人拖延履行义务的方式。以法律错误为由提出异议的程序可能被败诉方当事人用来拖延履行裁决，推迟付款的时间。而国际商事仲裁的一个主要目的就是使争议得到快速解决。当事人借助上诉或其他异议方式，就可能达到这种不当目的。一位研究 ICSID 上诉程序的学者写道："这一最终令人沮丧的道德在于，只要存在审查和推翻裁决的动机，未经审慎限制的一系列上诉理由必将不能保护仲裁裁决的效力。"① 无法确定当事人行为的动机，但也无法否定存在上述拖延手段存在的可能性。

二、国际上的做法：国际商事仲裁

是否进行法律错误审查，国际上并无一致的做法。各国的法律规定不一。有些国家规定不得对裁决进行法律错误审查，有些国家则规定可以在某些情况下进行法律错误审查。在实践中，同样存在不同的做法。理论界关于是否可以进行法律错误审查的观点也不一致。但是，目前的主流是，除非在非常有限的几种情形下，否则，天平强烈地倾向于仲裁程序的终局性而反对进行司法审理。② 事实上，除少数国家外，多数国家对于国际商事仲裁的裁决，没有规定有法律错误审查。下文只对商事仲裁较为发达的几个国家进行考察。

---

① Craig. Uses and Abuses of Appeal from Awards [J]. Arbitration International, 1988 (4): 214.

② 参见国际商事仲裁法律与实践 [M]. 林一飞，宋连斌，译. 北京：北京大学出版社，2005: 452-453.

（一）英国

英国的仲裁具有悠久的历史。① 不过，英国法院对于仲裁的态度也经历了严格限制—宽松—支持这样一个发展模式。英国仲裁制度的发展与其外部法律环境，尤其是与司法对仲裁的支持，有着紧密的关系。英国认为，如果仲裁裁决含有重大的法律错误，应可由当事人提出上诉。这一观点，在1996年英国仲裁法有所反映。1996年英国仲裁法第69条规定如下：

"第69条（对法律问题的上诉）

（1）除非当事人另有约定，仲裁程序的一方当事人（经通知其他当事人和仲裁庭）可就仲裁程序中所作的裁决的法律问题向法院上诉。

当事人约定仲裁庭作出不附具理由裁决的，应视为约定排除法院根据本条所具有的管辖权。

（2）根据本条，除非存在下述事由，当事人不得上诉：

（a）仲裁程序的所有其他当事人一致同意，或

（b）法院准许。

上诉权亦不得违背第70条第2款和第3款的限制。

（3）法院仅在认为符合下列条件时准许上诉：

（a）问题的决定将实质性地影响一方或多方当事人的权利，

（b）问题是仲裁庭被请求作出决定的，

（c）根据裁决书中认定的事实：

（i）仲裁庭对问题的决定有明显错误，或

（ii）问题具有普遍的公共重要性，仲裁庭对此作出的决定至少存在重大疑问，以及

（d）尽管当事人约定通过仲裁解决争议，但在任何情况下由法院对该问题进行判决是公正和适当的。

（4）根据本条向法院提出准许上诉的申请，应注明待决定的法律问题并应陈述应准许上诉的理由。

（5）除非法院认为有必要举行聆讯，其应在不开庭的情况下决定依本条提出的要求准许上诉的申请。

---

① 英国在1347年就有关于仲裁的史料记载。某些从事对外贸易的公司如东印度公司，在其章程中订有仲裁条款，规定如果公司成员间发生争议，应通过仲裁解决。1697年，英国颁布了第一个仲裁法，正式承认了仲裁制度，并于1889年制定了第一部仲裁法。

(6) 针对本条项下法院给予或拒绝给予上诉准许决定的上诉应取得法院的允许。

(7) 依本条提出的上诉中，法院可以裁定：

(a) 确认裁决；

(b) 修改裁决；

(c) 将裁决全部或部分发回仲裁庭按照法院的决定重审，或

(d) 全部或部分撤销裁决。

除非法院认为将争议事项发回仲裁庭重审是不合适的，其不应行使全部或部分撤销裁决的权力。

(8) 为继续上诉之目的，法院对依本条所作上诉的决定，应视为法院所作的判决。

但未经法院准许，不得上诉，除非法院认为问题具有普遍重要性或有其他特殊原因应由上诉法院审理，否则，此类准许也不应给予。”

第 69 条保留了上诉权，但也并非漫无限制。其限制主要如下：

首先，当事人可“协议排除”向国内法院上诉的任何权利。当事人的协议必须以书面形式作成。当事人包含在合同（其中的仲裁条款）中的排除合意以及单独的排除协议均构成此种书面形式。此外，当事人所选择的标准形式的仲裁规则中规定，裁决应是终局的并有约束力，其效果亦被认为构成放弃此种权利的有效协议。①

其次，即使仲裁当事人保留了上诉权，实际上也仅仅是对英国法律问题提出上诉的权利。② 这一点也很重要，因为许多在英国举行的国际仲裁，争议实体问题所适用的法律是其他国家的法律。③ 此种情况下，*Sanghi Polyesters Ltd. v. The International Investor* (*KCFC*) ④ 案中的伊斯兰法律不是“法律问题”(issue of law)，而是被当做“事实问题”(matter of fact) 对待，应以证据为根据去作出认定。

最后，上诉权行使受到限制。虽然近年来英国法院有放松“申请上诉的同意”(leave to appeal) 的趋势，但依照法律，仅在得到法院许可

① *Sanghi Polyesters Ltd. v. The International Investor* (*KCFC*) [2001] 1 Lloyd's Rep. 480.

② 1996 年英国仲裁法第 69 条第 1 款与第 82 条第 1 款。

③ See *AEK v. National Basket Association* [2002] 1 All E. R. (Comm) 70. 该案中，依英国仲裁法第 69 条就法律问题申请上诉被驳回，因该问题与仲裁员适用的希腊法律有关。

④ [2001] 1 Lloyd's Rep. 480.

后，才能行使上诉权，且仅在仲裁庭对法律问题的决定“明显错误”，或者问题具有“普遍的公共重要性”，仲裁庭作出的决定“至少存在重大疑问”，以致“在所有情况下由法院对该问题进行判决是公正和适当的”。① 在上诉中，法院有权确认裁决、修改裁决、发回仲裁庭重审或撤销裁决，② 但除非法院认为将争议事项发回仲裁庭重审是不合适的，其不应全部或部分撤销裁决。③ 除非法院认为问题具有普遍重要性或有其他特殊原因应由上诉法院审理，不能继续提出上诉。④

（二）瑞士

瑞士是由26个州组成的联邦国家。传统上，程序法属于各州权限范围内。依据1874年联邦宪法第64（3）条，有关司法组织、程序以及司法行政等事务，仍属各州权限范围之内。1915年5月28日，联邦最高法院判决认定，仲裁协议不受联邦私法管辖，而是由州有关程序的法律管辖。但此不适用于瑞士国际私法法管辖的国际仲裁。⑤ 1969年，各州签订一份州际仲裁协约，统一有关仲裁的法律。联邦政府于1969年8月27日批准了该协约。该协约适用于国内仲裁。但依据瑞士国际私法法的规定，如当事人书面排除国际私法法的适用并约定州有关仲裁的程序法时，该程序法应予适用。⑥ 州际仲裁协约并赋予各相关主管法院相应的职权。⑦ 州际仲裁协约加强了瑞士作为最受欢迎的仲裁地国之一的地位，也受到国际商业界的欢迎。但是，由于瑞士仲裁协约的目的在于同时协调三种类型的仲裁：国内仲裁、国际仲裁以及专业机构或行业组织进行的仲

---

① 1996年英国仲裁法第69条第2、3款。

② 1996年英国仲裁法第69条第7款。

③ 1996年英国仲裁法第69条第7款。

④ 参见国际商事仲裁法律与实践［M］．林一飞，宋连斌，译．北京：北京大学出版社，2005：454.

⑤ 见 Robert Briner 博士有关瑞士仲裁法的评论，载于 ICCA Handbook，Vol. III，27-46。

⑥ 瑞士国际私法法第176条第2款。

⑦ 瑞士所有的州均有两级法院，高一级法院通常作为低一级法院的上诉审法院。但是有些类型的争议仅能由一个州法院专属管辖，判决不可在州的层面上上诉。较大的州设立了专门管辖某些类型争议的法院，如商事事项等。联邦最高法院是以违反联邦实体法或宪法赋予的个人权利被侵犯为由提起上诉时的终审法院。

裁，这种国内仲裁与国际仲裁适用法律制度的尝试并未取得完全的成功，① 因此，对所产生问题的批评也随之而来。例如，有人认为，州际仲裁协约的有些规定未能充分适用于国际仲裁，参照了国内程序法，提供了太多对裁决提出异议的可能性等。② 为了解决这些问题，制定现代的国际仲裁法律成为必要。瑞士的现行国际仲裁法包括于瑞士国际私法法中。瑞士国际私法法于1987年12月18日由瑞士国会通过。该法于1989年1月1日起生效。瑞士国际私法法实际上包括了所有的国际私法领域。其第十二章在瑞士法律史上第一次涉及国际仲裁，并与1969年州际仲裁协约制度互相补充。根据国际私法第十二章（国际仲裁）第176条的规定，第十二章适用于仲裁地在瑞士但至少一方当事人的住所地或惯常居住地签订仲裁协议时不在瑞士的仲裁。

在瑞士，国际商事仲裁的当事人进行仲裁及至最后的启动异议程序有三个选择：

第一，依1987年瑞士国际私法第十二章进行仲裁。③ 根据该法，仅当仲裁员的选定存在某些瑕疵、无管辖权、漏裁、超裁、未平等地对待双方当事人，或者最后，违反公共政策，④ 裁决的撤销程序始得开始。撤销程序仅可向联邦最高法院提出。⑤

第二，在无一当事人在瑞士拥有住所、惯常居所或商业机构时，允许当事人同意（在仲裁协议中或随后）排除所有的撤销程序，或者将此种程序限制于该法规定的一个或几个理由。⑥ 当事人可以约定，法律错误属

① See Pierre Lalive. The New Swiss Law on International Arbitration [J]. Arbitration International, 1988, 4 (1): 2-20. 该文作者认为，瑞士之所以没有采用UNCITRAL，主要是因为瑞士具有很长的仲裁传统和丰富的仲裁经验；而UNCITRAL示范法似乎只是各种冲突方式之间的折衷妥协，较之其内在的价值而言，从政治上讲更有价值，其并非现代的理想立法。特别在发展中国家或没有多少经验或没有现代仲裁立法经验的国家，采用UNCITRAL示范法较为普遍，而在国际仲裁方面具有经验的发达国家都较少采用UNCITRAL示范法。

② See Marc Blessing. The New International Arbitration Law in Switzerland: A Significant Step Towards Liberalism[J]. Journal of International Arbitration, 1988, 5(2):9-82.

③ 1987年瑞士国际私法法英译本由瑞士仲裁协会出版，(1998) 6 ASA Bulletin。该法适用于仲裁地在瑞士以及至少有一方当事人在瑞士既无住所也无惯常居所的仲裁。参见瑞士国际私法法第176条第1款。

④ 此为瑞士国际私法法第190条全文概要。

⑤ 瑞士国际私法法第191条。

⑥ 瑞士国际私法法第192条第1款。

于可以撤销的理由。

第三，当事人可以回到 1987 年瑞士国际私法生效之前的做法，① 并同意适用瑞士某个州的法律，1969 年州际仲裁协约适用于各州。根据该协约，撤销裁决的理由比瑞士仲裁法的规定要宽得多，其中一项规定②以裁决是“专断的”为由而予以撤销。根据瑞士判例法，“专断的”裁决被认为包括“明显不能忍受”或“没有任何客观理由而作出并侵犯了确凿无疑的权利”的裁决，或者包括“……严重违反明确且无可争辩③的法律规范或原则”的裁决。④ 此时，法律错误也是法院审查的范围。

(三) 比利时

UNCITRAL 示范法反对国内法院干预国际商事仲裁。有些国家在制定仲裁法时，不但采用了此种立场，而且走向极端，规定法院在国际商事仲裁中，不得进行任何干预。例如，1985 年，比利时制定立法，对全体当事人均非比利时国籍的自然人或居民，或在比利时没有主要办事机构或营业所的法人，排除了撤销在比利时境内作出的裁决的可能性，以使国际商事仲裁“非仲裁地化”。但是，这一立场现在已改变。1998 年修订的仲裁法⑤规定，即使对于外国国民或公司，申请比利时法院撤销在比利时作出的裁决，也是可能的，除非当事人在仲裁协议或其后达成的任何协议中，明示排除此种申请。⑥

依比利时现行仲裁法，裁决仅在第 1704 条规定的情况下方得被撤销。第 1704 条规定了裁决撤销的程序和实体理由。依该条第 3 款规定，裁决在下列情况下可被撤销：(1) 如以欺诈方式获得；(2) 如其所依据之证据已被有既判力之司法判决宣告为不真实或被承认为伪证；(3) 裁决作出后，如已发现应对裁决产生决定性影响却由于另一方当事人之行为而被

① 瑞士律师称其为“怀旧”条款。国际商事协议的当事人不大可能采用。

② Concordat, Art. 36 (f).

③ Tschanz, Bucher. International Arbitration in Switzerland [M]. Helbing Lichtenhahn, Basle, 1989: 141.

④ 参见国际商事仲裁法律与实践 [M]. 林一飞，宋连斌，译. 北京：北京大学出版社，2005: 455.

⑤ 比利时司法法典第 6 编“仲裁”，1972 年 7 月 4 日通过1998年5月19日修订。

⑥ 1998 年 5 月 19 日修改比利时仲裁法的法律第 1717 条第 4 款规定：“如任何一方既非有比利时国籍或在比利时有住所之个人，或者也非总部或分支机构设在比利时之法人，当事人得依据仲裁协议中之明示声明或随后达成之协议，排除撤销仲裁裁决之申请。”

隐瞒之文件或其他证据。该条未明确规定可以法律错误为由提出异议。

根据第1723条，外国裁决如存在第1704条规定之撤销理由之一，也可导致裁决被不予执行。此条对外国仲裁也进行实体审查的规定，比《纽约公约》的规定更为严格。

（四）其他国家

美国的仲裁法受联邦法和州法双重制约。当然，作为判例法国家，仲裁也受解释适用法律的法院判例的约束。成文的联邦仲裁法主要是1925年制定的美国联邦仲裁法（FAA）。该法自制定之后，经数次修改，现行版本自1998年8月1日起生效。联邦仲裁法第一章适用于国内仲裁，第二章旨在实施1958年《纽约公约》，第三章旨在实施1975年《巴拿马公约》。除联邦仲裁法外，专利法规以及外国主权豁免法中也有关于仲裁的规则。在州法层面上，几乎所有的州均有其州立法机构制定的成文仲裁法。多数州采用了统一仲裁法中的主要规定。统一仲裁法是示范法，最早于1955年制定，最新的一次修订是在2000年。根据联邦仲裁法的规定，产生于国际交易的、或者属于《纽约公约》或《巴拿马公约》范围之内的案件应适用联邦仲裁法。但是，在某些联邦案件上，州法在一定条件下也可以适用。

美国联邦仲裁法①对法院撤销一项裁决的情形作了规定。② 其中不包括以法律错误为由对仲裁裁决进行司法审查。美国统一仲裁法③规定，如

---

① Title 9, US Code, ss. 1 *et seq.* 该法制定于1925年，其后已作修订。

② 联邦仲裁法第10条规定了下列情形：(1) 裁决通过贿赂、欺诈或不正当的方式获得；(2) 仲裁员全体或任何一人明显有不公正或贪污的情形；(3) 仲裁员被指在拒绝有充分理由的延期审理请求方面，或者在拒绝聆讯与争议有关联的实质性的证据方面，存在不良行为；或者有损害当事人权利的其他错误行为；或 (4) 仲裁员超越权力或为充分行使权力，以致对提交仲裁的事项没有作出共同的、终局的、确定的裁决。

③ 美国统一仲裁法系示范法，供各州自由采用。各州在采用时可根据具体情况作必要更改，包括改变法规名称。美国统一仲裁法由统一州法委员会于1955年通过，1956年修订过一次。2000年以前再未修订。迄今为止，美国共有以下州采用了该法：阿拉斯加、亚利桑那、阿肯色、加利福尼亚、科罗拉多、康涅狄格、特拉华、哥伦比亚特区、佛罗里达、夏威夷、爱达荷、伊利诺伊、印第安纳、艾奥瓦、堪萨斯、肯塔基、路易斯安那、缅因、马里兰、马萨诸塞、密歇根、明尼苏达、密西西比、密苏里、蒙大拿、内布拉斯加、内华达、新罕布什尔、新泽西、新墨西哥、纽约、北卡罗来纳、北达科他、俄亥俄、俄克拉荷马、俄勒冈、佛蒙特、佛吉尼亚、华盛顿、威斯康星、怀俄明。2000年8月3日，统一州法委员会全国代表大会在圣奥古斯丁（St. Augustine）年会上通过了统一仲裁法2000年修订本。

裁决是通过舞弊、欺诈或其他不正当手段获得，或者存在中立仲裁员有明显不公行为、仲裁员有贪污受贿行为、仲裁员的不当行为损害了仲裁程序的一方当事人的利益的情形，或者仲裁员超越仲裁员权限、不存在仲裁协议等情形，法院应撤销裁决。其中也不包括以法律错误为由对仲裁裁决进行司法审查的内容。相反，美国法院认为，不得基于此种理由撤销裁决。①

美国法院虽然曾经创造出仲裁员显然漠视法律（manifest disregard of the law）的概念，但迄今为止，这一概念的含义尚有争论。一般认为，仲裁员清楚并正确陈述法律却无视该法律，构成显然漠视法律。在 *San Martine Company de Navegacion, S. A. v. Saguenay Treminals Ltd.* 案中，第九巡回法院认为，单纯的法律错误或仲裁员不知道法律不构成显然漠视法律，而仲裁员知道并正确陈述了法律却无视于它，才构成显然漠视法律。尽管如此，为保持仲裁制度的优势，美国的判例亦表明，法院按符合有利于商业交往的目的严格适用显然漠视法律原则，裁决明显错误解释法律、裁决违反公共政策、裁决不附具理由等情况不产生显然漠视法律的问题，如仲裁员有合理的根据无视法律亦不应被认定为显然漠视法律。今天，显然漠视法律在美国通常已经不再被认为是一项阻碍《纽约公约》项下仲裁裁决执行的理由。② 在 *Brandeis Intsel Limited v. Calabrian Chemicals Corporation* 案③中，一个地区法院明确拒绝把显然漠视法律作为《纽约公约》下不执行外国裁决的理由。诚然，将主观和模糊的标准引入裁决的司法审查领域，将迫使仲裁庭趋于不必要的保守，④ 并最终不利于仲裁的发展。

再如法国。法国区分“国内仲裁”与“国际仲裁”，不允许就国际裁决向其法院提出上诉。根据法国 1981 年的立法，⑤ 对在法国作出的国际

① See *e. g.*, *Baxter Int'l Inc v. Abbott Labs*, 315 F. 3d 829 (US App., 2003).

② See Willian W. Park. Procedural Evolution in Business Arbitration: Three Studies in Change [M] // Willian W. Park. Arbitration of International Business Disputes: Studies in Law and Practice. Oxford University Press, 2006: 18.

③ 656 F. Supp. 160, 164. (SDNY1987)。

④ 参见宋连斌．国际商事仲裁管辖权研究［M］．北京：法律出版社，2000：234.

⑤ 新民事诉讼法典第 1502 条，1981 年 5 月 12 日法令。

裁决的追诉，其理由比示范法的规定①限制更多。②

瑞典学者认为，裁决不得在实体上被审查，这是仲裁法的一个基本原则。不能因为仲裁员不正确的评估证据而执行。如果仲裁争议的结果是因为败诉方未能提供重要证据或仲裁之时未能得到重要证据，甚至胜诉方不提供某项证据，也不能构成法院撤销或不予执行的依据。在这些情况下，也不能适用公共政策例外。③

三、国际上的不同做法：国内商事仲裁

有些国家区分国际仲裁与国内仲裁，并适用不同的法律进行规范。对于国内仲裁裁决的审查，国际上主要存在两种方式，一种是只对裁决进行程序审查，另外一种则是对裁决进行全方位的审查，包括实体审查。以下简述一些国家的做法。

（一）英国

英国仲裁法未对国内仲裁裁决和国际仲裁裁决的异议程序作出特别区别。故此，在法律错误问题上，与国际商事仲裁裁决相同，仍然适用该法第 69 条。同样，第 69 条虽然保留了上诉权，但受到与国际商事仲裁相同的三项限制，即当事人可“协议排除”向国内法院上诉的任何权利；即使仲裁当事人保留了上诉权，实际上也仅仅是对英国法律问题提出上诉的权利；上诉权行使受到限制，仅在得到法院许可后，才能行使上诉权。

（二）比利时

如前所述，比利时仲裁法第 1704 条规定了裁决撤销的程序和实体理由。依该条第 3 款规定，裁决如以欺诈方式获得，或其所依据之证据已被有既判力之司法判决宣告为不真实或被承认为伪证，或者裁决作出后，如已发现应对裁决产生决定性影响却由于另一方当事人之行为而被隐瞒之文件或其他证据，则裁决可被撤销。比利时仲裁法未区分在国内进行的纯内国仲裁和涉外仲裁，也未明确规定可以法律错误为由对国内仲裁提出异

---

① UNCITRAL 示范法第 34 条。

② 这些理由例如：仲裁员是在没有仲裁协议的情况下进行仲裁，或者是依据无效或已经过期的仲裁协议进行仲裁；仲裁庭的组成不符合规定，或者独任仲裁员的指定不符合规定；仲裁员不按交付的工作任务进行裁判；正当程序未得到尊重；承认或执行违反国际公共政策。

③ See Lars Heuman, Göran Millqvist. Swedish Supreme Court Refuses to Enforce an Arbitral Award Pursuant to the Public Policy Provision of the New York Convention [J]. Journal of International Arbitration, 2003, 20 (5): 493-506.

议，但关于公共政策的理解，很有可能导致以法律错误违反公共政策为由，抗辩裁决的效力。事实上，根据第1723条和第1704条规定之撤销理由之一还适用于外国裁决。

（三）荷兰

荷兰仲裁法规定的撤销理由①包括公共秩序和善良风俗等，并且第1068条规定了事实错误引致的裁决废除。荷兰仲裁法第1068条第1款规定了在欺诈、伪造或新证据情况下裁决的废除理由。该款规定均为事实错误，针对国内仲裁，包括在荷兰境内进行的涉外仲裁。而对于外国仲裁，第1075条和第1076条分别规定了根据条约承认和执行外国裁决以及没有条约情况下外国裁决的承认和执行。

（四）德国

1998年德国仲裁法②第1060条和第1059条规定了撤销或不予承认和执行裁决的理由，除公共政策外，其他均系程序性的理由。其中没有以法律错误为由进行审查的内容。

（五）美国

如上文所指出，美国联邦仲裁法和美国统一仲裁法对法院撤销一项裁决的情形作了规定，③ 其中均不包括以法律错误为由对仲裁裁决进行司法审查的内容。相反，美国法院认为，不得基于此种理由撤销裁决。④

（六）瑞士

如前所述，瑞士国内仲裁适用1969年州际仲裁协约。瑞士的现行国际仲裁法包括于瑞士国际私法法中。瑞士国际私法法涉及国际仲裁，并与1969年州际仲裁协约制度互相补充。根据州际仲裁协约，撤销裁决的理由比有关国际仲裁的规定要宽泛得多，其中第36条f项规定，如裁决是“专断的”行为，得予以撤销。而依瑞士判例法，如裁决被认为包括“明显不能忍受”或“没有任何客观理由而作出并侵犯了确凿无疑的权利”的裁决，或者包括“……严重违反明确且无可争辩⑤的法律规范或原

---

① 荷兰仲裁法第1065条。

② 民事诉讼法典第十编“仲裁程序”：第1025～1066条。

③ 联邦仲裁法第10条；统一仲裁法第23条。

④ See *e.g.*, *Baxter Int'l Inc v. Abbott Labs*, 315 F.3d 829 (US App., 2003).

⑤ See Bucher Tschanz. International Arbitration in Switzerland [M]. Helbing Lichtenhahn, Basle, 1989: 141.

则”，则被认为是“专断的”。① 故此时，法律错误也是法院审查的范围。

（七）瑞典

依照瑞典仲裁法，② 在下列情形下，裁决无效：裁决对依瑞典法不得交付仲裁的事项作出决定；裁决或裁决作出的方式与瑞典法律制度的基本原则明显不符；裁决不符合第 31 条第一段所要求的书面形式和签名。③ 第 34 条规定了以仲裁程序异议提出撤销的情形。应当注意到，瑞典仲裁法适用于在瑞典进行的仲裁程序，无论其涉及的争议是否具有国际因素，④ 因此，上述异议规定适用于在瑞典进行的国内仲裁和国际仲裁。由上可见，如仲裁程序在瑞典进行，当事人可依据瑞典仲裁法的规定，对裁决提出法律错误（瑞典法律制度的基本原则）抗辩。对于在国外作出的裁决即外国裁决⑤而言，根据瑞典仲裁法的规定，提出异议的理由为程序性理由以及可仲裁性和公共政策。⑥

第二节 事实错误的异议

一、理论依据

（一）支持以事实错误为由审查仲裁裁决的理由

支持以法律错误为由审查仲裁裁决的理由在上一节中已经提及。其中最重要的是，保持法律在不同案件中的确定性。这涉及法律对相同情形所具有的普遍意义，即对于相同情形，不应作出不同的认定，不管是由哪个仲裁庭来裁判，也不管是由仲裁庭或者法院来裁判，在适用相同法律于相同情形的情况下，应当得出相同的结论。这种普遍意义不是针对个案的，而是针对所适用的所有情形。在这种理解上，应以法律错误为由审查仲裁裁决。

但是，事实错误则与法律错误不一样；事实错误只针对个案。事实认定可能是错误的，甚至是严重错误的，但那涉及的仅可能是当事人的利

① 国际商事仲裁法律与实践［M］. 林一飞，宋连斌，译. 北京：北京大学出版社，2005：455.

② 1999 年瑞典仲裁法，制定于 1999 年 3 月 4 日。

③ 瑞典仲裁法第 33 条。

④ 瑞典仲裁法第 46 条。

⑤ 瑞典仲裁法第 52 条。

⑥ 瑞典仲裁法第 54、55 条。

益，而不具有普遍利益。相应地，几乎所有有着发达仲裁法的国家，都拒绝允许对仲裁庭的事实问题提出上诉。①

反对以事实错误为由审查仲裁裁决的理由类似于反对以法律错误为由审查仲裁裁决，可能有如下几点：

首先，以事实错误为由审查仲裁裁决影响裁决的终局性。当事人的目的是利用仲裁的终局性，快速解决双方之间的争议。而对于裁决产生争议，导致争议不能最终得到解决。

其次，以事实错误为由审查仲裁裁决影响管辖权的稳定性，有悖当事人意思自治。当事人选择仲裁这种私力方式来解决双方当事人之间的争议，就不应当受结果的影响而另行诉诸公力救济。

最后，以事实错误为由审查仲裁裁决可能成为当事人拖延履行义务的借口，可能被败诉方当事人用来拖延履行裁决，推迟履行义务。

（二）支持以事实错误为由审查仲裁裁决的理由

一个最简单的观点是，既然裁决所认定的事实是错误的，为什么就不能审查、监督？所以也有不少人支持以事实错误为由审查仲裁裁决。与法律错误审查不一样，一般情况下，事实错误不会导致多个仲裁案件的结果不一致，也不会存在仲裁与诉讼案件的结果不一致。但是，仍然存在一些支持以事实错误为由审查仲裁裁决的理由：

首先，存在仲裁员故意或过失致错的风险。如上文所述，仲裁员的素质不一，能力不一，在裁决不受仲裁机构或者管辖法院核查的情况下，存在仲裁员可能不按其应有的权限或专业行事的风险。②

其次，假若裁决书被用做其他案件的证据，则在被采纳的情况下，如裁决书本身出现事实错误，则理论上可能出现救济真空。法院因此有必要对事实错误进行审查。

最后，正义的要求。虽然个案的事实错误没有普遍意义，但是，对于个案的当事人来讲，无论金额大小，都是切身利益。在金额巨大时更是如此。对于他们来讲，事实错误意味着无法得到救济，无法实现正义。对他们来说，选择仲裁这样一种方式，付出的代价太大。

---

①　参见国际商事仲裁法律与实践［M］. 林一飞，宋连斌，译．北京：北京大学出版社，2005：456.

②　参见国际商事仲裁法律与实践［M］. 林一飞，宋连斌，译．北京：北京大学出版社，2005：452.

二、国际上的不同做法

（一）英国

对国内仲裁裁决和国际仲裁裁决的异议程序，英国仲裁法未作出特别区别。第69条允许对法律错误提出上诉，但对于事实问题，英国仲裁法并未规定，实践上也未见允许当事人就事实问题提出上诉的例子。

（二）比利时

如前所述，依比利时仲裁法，裁决仅在第1704条规定的情况下方得被撤销。第1704条规定了裁决撤销的程序和实体理由。依该条第3款规定，裁决如以欺诈方式获得，或其所依据之证据已被有既判力之司法判决宣告为不真实或被承认为伪证，或者裁决作出后，如已发现应对裁决产生决定性影响却由于另一方当事人之行为而被隐瞒之文件或其他证据，则裁决可被撤销。比利时仲裁法未区分在国内进行的纯内国仲裁和涉外仲裁，因此，可以事实错误为由对在比利时进行的仲裁提出异议。根据第1723条，外国裁决如存在第1704条规定之撤销理由之一，也可导致裁决被不予执行。因此，对于外国裁决，比利时也规定了实体审查的可能性。

（三）荷兰

荷兰仲裁法①规定，撤销理由②除公共秩序和善良风俗之外，其他的均为程序理由，而对于法律错误未作规定。但第1068条规定了事实错误引致的裁决废除。荷兰仲裁法第1068条第1款规定了在欺诈、伪造或新证据情况下裁决的废除理由：

“1. 裁决的废除仅在下列一个或几个情形下才能成立：

（1）裁决全部地或者部分地依据裁决作出后发现的、另一方当事人在仲裁程序过程中所作的或得知的欺诈而作出；

（2）裁决全部地或者部分地依据裁决作出后发现已被伪造的证据而作出；

（3）在裁决作出后，一方当事人获得了由于另一方当事人的行为而被隐匿、本应对仲裁庭的决定产生影响的证据。”

上述均为事实错误，针对国内仲裁，包括在荷兰境内进行的涉外仲裁。而对于外国仲裁，第1075条和第1076条分别规定了根据条约承认和执行外国裁决以及没有条约情况下外国裁决的承认和执行，因此，是无法

---

① 1986年12月1日起生效，荷兰民事诉讼法典第四编（仲裁）。

② 荷兰仲裁法第1065条。

进行实体审查的。

（四）德国

1998年德国仲裁法①第1060条和第1059条规定了撤销或不予承认和执行裁决的理由，除可广义解释的公共政策外，其他均系程序性的理由。其中没有以事实错误为由进行审查的内容。

（五）美国

如上文所指出，美国联邦仲裁法和美国统一仲裁法对法院撤销一项裁决的情形作了规定，② 其中不包括以事实错误为由对仲裁裁决进行司法审查的内容。

（六）瑞士

如前所述，瑞士国内仲裁适用1969年州际仲裁协约。根据州际仲裁协约，撤销裁决的理由比有关国际仲裁的规定要宽泛得多，其中第36(f)条规定，如裁决是“专断的”行为，得予以撤销。而依瑞士判例法，如裁决被认为包括“明显不能忍受”或“没有任何客观理由而作出并侵犯了确凿无疑的权利”的裁决，或者包括“……严重违反明确且无可争辩③的法律规范或原则”，则被认为是“专断的”。④ 故此时，法院可以审查事实错误。

瑞士的现行国际仲裁法包括于瑞士国际私法法中，瑞士国际私法法中未包括以事实错误为由对国际仲裁进行审查的内容。

（七）瑞典

瑞典仲裁法适用于在瑞典进行的仲裁程序，无论其涉及的争议是否具有国际因素。⑤ 瑞典仲裁法未规定以事实错误为由对裁决进行审查，但瑞典仲裁法允许以法律错误为由，对裁决进行审查。⑥ 对于在国外作出的裁

---

① 民事诉讼法典第十编“仲裁程序”：第1025～1066条。

② 联邦仲裁法第10条；统一仲裁法第23条。

③ See Bucher Tschanz. International Arbitration in Switzerland [M]. Helbing Lichtenhahn, Basle, 1989: 141.

④ 国际商事仲裁法律与实践 [M]. 林一飞，宋连斌，译. 北京：北京大学出版社，2005: 455.

⑤ 瑞典仲裁法第46条。

⑥ 瑞典仲裁法第33条规定：在下列情形下，裁决无效：裁决对依瑞典法不得交付仲裁的事项作出决定；裁决或裁决作出的方式与瑞典法律制度的基本原则明显不符；裁决不符合第31条第1段所要求的书面形式和签名。

决即外国裁决①而言，根据瑞典仲裁法的规定，提出异议的理由为程序性理由以及可仲裁性和公共政策，② 不包括实体理由。

第三节 中国的法律和实践

一、概述

中国法院审查三种类型的裁决。一是中国境内作出的不具涉外因素的国内仲裁裁决，二是中国境内作出的涉外仲裁裁决，三是外国仲裁裁决。后者应依《纽约公约》或其他可适用的公约进行审查。前两者都属于内国仲裁裁决。中国《仲裁法》规定，对已经发生法律效力的“一裁终局”裁决，如发现确有错误或违法，有关当事人可依法定程序向有管辖权的人民法院申请撤销裁决，或申请不予执行。③ 不过，对于不具涉外因素的国内仲裁裁决和涉外仲裁裁决，中国《仲裁法》在规定审查的同时，却作出了区分。依《仲裁法》的规定，虽然二者均为中国境内进行的仲裁程序的结果，但对其实行不同的监督程序。对于不具涉外因素的国内仲裁裁决，中国《仲裁法》规定的审查范围包括了程序上和实体上这两个基本方面；但对于涉外仲裁裁决，则只规定了程序审查，而不包括实体审查。实践中亦是如此。④ 对于涉外仲裁裁决，是否应当包括实体审查，一直存在较大的争议。

（一）撤销

当事人向中国法院申请撤销中国仲裁机构作出的裁决，依国内仲裁和涉外仲裁不同，适用不同的法律规定。关于前者，中国《仲裁法》第58条对申请主体、举证责任、管辖法院以及可撤销情形作了规定。（1）提出申请撤销之诉的主体应当是当事人，无论其为申请人或被申请人。第三人不得提出申请撤销之诉。（2）提出申请的当事人应当承担举证责任，

---

① 瑞典仲裁法第52条。

② 瑞典仲裁法第54、55条。

③《中华人民共和国仲裁法》第58、63、70、71条。

④ 例如，最高人民法院认为，“人民法院对涉外仲裁裁决进行司法监督的范围仅限于程序问题”。参见《最高人民法院关于浙江省天河房地产联合发展公司申请撤销中国国际经济贸易仲裁委员会上海分会仲裁裁决案的复函》（2003年11月10日，[2003] 民四他字第19号）。参见最高人民法院研究室．涉外商事海事审判指导[M]．北京：人民法院出版社，2004（1）：23-24.

责任存在可撤销情形。(3) 受理撤销之诉的法院为仲裁委员会所在地的中级人民法院。(4) 如果存在以下几种情形，应当裁定撤销：没有仲裁协议的；裁决的事项不属于仲裁协议的范围或者仲裁委员会无权仲裁的；仲裁庭的组成或者仲裁的程序违反法定程序的；裁决所根据的证据是伪造的；对方当事人隐瞒了足以影响公正裁决的证据的；① 仲裁员在仲裁该案时有索赔受贿，徇私舞弊，枉法裁决行为的。人民法院也可以自行审查该裁决是否违背社会公共利益。如果违背公共利益，裁决亦应当被裁定撤销。此类理由既涉及程序，也涉及实体。

关于涉外仲裁，中国《仲裁法》第70条规定，当事人提出证据证明涉外仲裁裁决有《民事诉讼法》第260条第1款规定的情形之一的，经人民法院组成合议庭审查核实，裁定撤销。《民事诉讼法》第260条第1款规定的情形如下：(1) 当事人没有在合同中订立仲裁条款或者事后没有达成书面仲裁协议；(2) 被申请人没有得到指定仲裁员或者进行仲裁程序的通知，或者由于其他不属于被申请人负责的原因未能陈述意见；(3) 仲裁庭的组成或者仲裁的程序与仲裁规则不符；② (4) 裁决的事项不属于仲裁协议的范围或者仲裁机构无权仲裁。上述四点理由，涉及的均为程序事项。

（二）不予执行

如果被申请执行人提出证据证明存在不予执行的理由，则裁决应不予执行。③ 国内裁决与涉外仲裁裁决在不予执行的理由上存在区别。对于国内仲裁裁决，存在下列理由之一，即应不予执行：(1) 当事人在合同中没有订有仲裁条款或者事后没有达成书面仲裁协议的；(2) 裁决的事项不属于仲裁协议的范围或者仲裁机构无权仲裁的；(3) 仲裁庭的组成或者仲裁程序违反法定程序的；(4) 认定事实的主要证据不足的；(5) 适用法律确有错误的；(6) 仲裁员在仲裁该案时有贪污受贿，徇私舞弊，

---

① 如北京贝特实业公司申请裁决仲裁裁决案，(1998) 二中经仲字第193号。该案当中，法院依据“当事人隐瞒了足以影响公正裁决的证据”为由，撤销了仲裁裁决书。上海外经国际冶金工程技术有限公司申请撤销仲裁裁决案中，被申请执行人也提出了隐瞒重大证据的理由，但未得到法院的支持，参见 (1999) 沪一中执字第102号民事裁定书。

② 如桦庆塑胶制品有限公司申请撤销仲裁裁决案中撤销裁决的理由，参见 (2002) 二中民特定第06244号裁定书。

③ 《中华人民共和国仲裁法》第63、71条。

枉法裁决行为的。① 此类理由既包括程序理由，也包括实体理由。

对于涉外仲裁裁决，被申请人提出证据证明仲裁裁决有下列情形之一的，经人民法院组成合议庭审查核实，裁定不予执行：（1）当事人在合同中没有订有仲裁条款或者事后没有达成书面仲裁协议的；（2）被申请人没有得到指定仲裁员或者进行仲裁程序的通知，或者由于其他不属于被申请人负责的原因未能陈述意见的；（3）仲裁庭的组成或者仲裁的程序与仲裁规则不符的；（4）裁决的事项不属于仲裁协议的范围或者仲裁机构无权仲裁的。② 此类事项均为程序理由。但是，法院如果认为裁决违反公共政策，当然可以自行决定不予执行。此外，应当指出，涉外仲裁裁决的不予执行应当遵循报告制度，③ 而国内仲裁裁决则不适用报告制度。④

以下先考察法院实践中的一些做法，再对是否应对中国的涉外仲裁进行实体审查进行讨论。

在此有必要提及最近刚刚正式增加的一条罪名：枉法仲裁罪。第十届全国人民代表大会常务委员会第二十二次会议通过了《中华人民共和国刑法修正案（六）》。该修正案第 20 条规定：在刑法第 399 条后增加一条，作为第 399 条之一："依法承担仲裁职责的人员，在仲裁活动中故意违背事实和法律作枉法裁决，情节严重的，处 3 年以下有期徒刑或者拘役；情节特别严重的，处 3 年以上 7 年以下有期徒刑。"该罪对于何谓枉法未作特别说明。但可以预知，倘若未加限制，将本该通过其他仲裁审查程序监督的法律适用错误归入枉法，直接干预裁决实体，则枉法仲裁罪极有可能成为法律错误审查之门，从而对仲裁制度的发展造成不可估量的影响。枉法仲裁罪的设立，无疑为裁决异议者新开了一条思路，但是，极目四野，通过此种刑事诉讼程序来达到（所谓的）纠正仲裁程序的瑕疵或仲裁结果的目的，这在国外尚无先例。⑤

---

① 《中华人民共和国民事诉讼法》第 217 条。

② 《中华人民共和国民事诉讼法》第 260 条。

③ 参见本章第二节。

④ 例如，在《关于对中国国际经济贸易仲裁委员会［2002］贸仲裁字第 0112 号仲裁裁决不予执行的请示的复函》中，最高人民法院对于重庆市高级人民法院向其提出的不予执行请示，认为不属于涉外仲裁案件，不适用《最高人民法院关于人民法院处理与涉外仲裁裁决及外国仲裁事项有关的通知》，是否不予执行，由重庆市高级人民法院自行决定。

⑤ 仲裁员贪污贿赂另当别论。某些国家，如日本仲裁法，已经有具体的刑事责任承担规定。

二、不具涉外因素的国内仲裁裁决的实体审查

我国仲裁法对于法院审查内国仲裁裁决的事项作了规定。除了法律明确规定的事项（包括明确规定的实体事项）之外，法院并不审查其他实体事项。例如，在上海外经国际冶金工程技术有限公司申请撤销仲裁裁决案①中，申请人起诉要求撤销上海仲裁委员会1999沪裁（经）字第71号裁决书，并提出以下三个理由：（1）仲裁庭对外贸代理专业实践未作必要的鉴定，把代理关系曲解为购销关系，仲裁程序有误；（2）被申请人隐瞒重大证据，否认收到的人民币73万元货款，仲裁庭对申请人的证据未予认定，显属错误；（3）仲裁庭在认定合同是否生效时，无法自圆其说，裁决明显错误。而法院经审查认为，申请人指出的撤销仲裁裁决的理由中，只有认为被申请人隐瞒收到货款的证据一节，属于法律规定可以撤销仲裁裁决的情形，而仲裁庭确认的购销法律关系及其对合同效力的认定，均属对仲裁纠纷的实体审理，法院无权进行审查。法院认为，关于被申请人是否收到申请人支付的73万元货款一节，申请人已向仲裁庭提交了有关证据，这些证据在仲裁裁决书中已有记载，说明仲裁庭在审理时对这些证据已予考虑，不存在证据被隐瞒的情况。至于仲裁庭对申请人的举证未予认定，系实体审理范围，申请人认为仲裁庭认定证据错误，不能作为撤销仲裁裁决的理由。该案中法院严格依据法律明确规定的撤销事项进行审查。

北京亚力汽车修理有限责任公司申请撤销仲裁裁决案②中，申请撤销人也提出了大量实体方面的理由，但法院以不符合《仲裁法》第58条规定的撤销仲裁裁决的条件为由不予支持。北京市右安门宾馆申请撤销仲裁裁决案③中，法院同样认为，右安门宾馆提出撤销裁决的第2、3、4项理由均是仲裁庭对案件实体问题的意见，不属于其审查的范围。

在申请撤销或不予执行国内仲裁裁决的案例中，“当事人隐瞒了足以影响公正裁决的证据”是当事人申请撤销仲裁裁决采用最多的理由。法

---

① （1999）沪一中执字第102号民事裁定书。申请人：上海外经国际冶金工程技术有限公司；被申请人：上海晓叶羊毛衫有限公司。

② （1999）二中经仲字第1932号。申请人（原仲裁申请人）：北京市亚得力汽车修理有限责任公司；被申请人（原仲裁被申请人）：北京八陛企业管理顾问有限责任公司。

③ （2001）二中经仲字第289号。申请人：北京市右安门宾馆；被申请人：戎冀生。

院在审查的过程中，事实上要审查两个方面：一是是否隐瞒了证据，二是隐瞒的证据是否达到影响公正裁决的程序。只有所隐瞒的证据达到影响公正裁决的程序，才能支持当事人的异议。例如，在北京万通新世界商城有限责任公司（以下简称“万通商城公司”）申请撤销仲裁裁决案①中，申请人万通商城公司诉称，被申请人石鲁宁故意隐瞒其拥有房屋产权证之事实，致使仲裁庭将本应无效的代理出租协议认定为有效协议。法院认为，由于申请人万通商城公司未能提供证据证明被申请人石鲁宁隐瞒了房屋产权证这一证据，且依据仲裁庭的裁决，石鲁宁是否向仲裁庭提交了房屋产权证，并不影响仲裁庭对代理出租协议效力的认定，故申请人万通商城公司所提申请撤销仲裁裁决的理由不成立。

不过，应当看到，隐瞒证据的主张，本身是需要证据来支持的。而通常情况下，此种证据若能出现，一般已经在仲裁程序过程中提出，因此，当事人通常难以在仲裁程序之后提出证据，证明对方当事人隐瞒了足以影响公正裁决的证据。例如，在上海纺织发展总公司申请撤销仲裁裁决案②中，申请人诉被申请人撤销上海仲裁委员会作出的仲裁裁决，理由之一为被申请人隐瞒了足以影响公正裁决的证据。法院经审理认为，申请人称被申请人隐瞒了足以影响公正裁决的证据缺乏事实依据。北京市北辰酒家申请撤销仲裁裁决案③也涉及此种抗辩。

但是，如果法院认定，确实存在隐瞒了足以影响公正裁决的证据的情形，则裁决可被撤销或不予执行。在北京贝特实业公司（以下简称“贝特实业”）申请撤销仲裁案④中，申请人提出的理由是：贝特实业认为北京天晓设计装饰有限责任公司（以下简称“天晓装饰”）隐瞒了足以影响公正裁决的证据。法院认为，贝特实业和天晓装饰在仲裁期间，有义务如实向仲裁庭陈述事实。贝特实业在仲裁答辩中主张给付天晓装饰人民币51 000元。天晓装饰否认了该事实，造成仲裁裁决书认定该事实出现失误，违背了客观真实情况。对此，天晓装饰应承担相应法律责任。仲裁裁

① （1998）二中经仲字第1007号。申请人：北京万通新世界商城有限责任公司；被申请人：石鲁宁。

② （1998）沪一中执字第1746号民事裁定书。申请人：上海纺织发展总公司；被申请人：上海东美贸易有限公司。

③ （1998）二中经仲字第273号。申请人：北京市北辰酒家；被申请人：北京崇熙文化实业发展公司。

④ （1998）二中经仲字第193号。申请人（原仲裁被申请人）：北京贝特实业公司；被申请人（原仲裁申请人）：北京天晓设计装饰有限责任公司。

决书对该事实认定的错误，必将对裁决书的公正性产生影响。贝特实业向本院申请撤销该裁决书的理由成立。四川省仪陇县兴都劳务开发有限责任公司申请撤销北京仲裁委员会（2004）京仲裁字第0375号裁决案，①情况也是如此。

除隐瞒了足以影响公正裁决的证据外，一方当事人还可能以“原裁决认定事实的主要证据不足”为由提出异议。例如，在中国香港华兴发展公司申请执行CIETAC的裁决被裁定部分不予执行案②中，法院以此项理由为由，支持了异议人的抗辩，裁决不予执行。

1985年6月19日，以香港华兴发展公司为乙方，厦门东风橡胶制品厂、厦门轴承厂、厦门经济特区建设发展公司为甲方，在厦门签订“合资经营厦门橡塑制品有限公司合同”。1985年10月12日，厦门市政府经济贸易委员会批准该合营合同。同年12月24日领取合营企业营业执照。经营中，因合作不协调，合营各方均表示要终止合同。因对终止合同后的清盘方案达不成协议，最终未形成终止合同的董事会决定。申请执行人遂于1991年3月27日按合同约定提交CIETAC仲裁。CIETAC经审理认为，其中被申请人厦门东风橡胶制品厂是以厂房实物投资，须办理厂房过户手续，以便对合资企业进行清算，并在其1992年12月20日的终局裁决中，以第二项裁决被申请人应于1993年1月30日前将构成其出资的厂房的过户手续办理完毕。因被申请人未履行裁决，1993年6月5日，申请执行人向厦门市中级人民法院申请执行仲裁委员会发生法律效力的［92］贸仲字第2051号裁定书。厦门市中级人民法院受理申请后，在执行CIETAC［92］贸仲字第2051号裁决第二项时，被申请人提出异议，并提供证据证明执行标的物不归其所有。

厦门市中级人民法院组成合议庭审查查明，被申请人作为出资的厂房，是其在“文革”期间在他人菜地上所盖的违章建筑，始终未能办理产权登记。据此，厦门市中级人民法院认为，被申请人对裁决中所指的构成其出资的厂房不拥有产权，不可能办理过户手续，该项裁决不能成立。

---

① （2004）二中民特字第08840号民事裁定书。其他还可参见（2005）二中民特字第1817号民事裁定书，安徽省东方建筑劳务承包有限公司申请撤销北京仲裁委员会（2004）京仲裁字第0486号裁决案。

② 案件当事人为申请执行人：中国香港华兴发展公司；被申请人：厦门东风橡胶制品厂。涉及法院：厦门市中级人民法院。参见人民法院案例选：1994年第4期［M］．北京：人民法院出版社，1995：136-138.

依照《民事诉讼法》第237条、第217条第2款第4项的规定，厦门市中级人民法院于1994年5月3日裁定：申请执行人香港华兴发展公司申请执行的CIETAC［92］贸仲字第2051号第二项裁决不予执行。

福州市晋安区人民法院不予执行仲裁裁决书的裁定①也是如此。被执行人提出异议，申称该公司从未与申请执行人签订过租赁协议，且租赁协议书上该公司的公章是伪造的。法院于1999年6月9日委托福州市公安局对申请执行人与被执行人于1996年7月26日签订的租赁协议书及1996年6月10日由被执行人出具的委托书上的福州市耀福鞋业公司的印文是否法定印章进行鉴定。福州市公安局于1999年6月10日作出鉴定结论，证实送检的委托书、租赁协议书中福州耀福鞋业有限公司的两枚印章印文不是法定印章印文。法院认为：北京仲裁委（1998）京仲裁字第057号仲裁书认定事实的主要证据不足，依照《民事诉讼法》第217条第1款第4项的规定，裁定不予执行。

不过，“裁决所根据的证据是伪造的”的表述本身表明，该等伪造的证据应是裁决所根据的证据，否则也不成为成功提出异议的理由。在四川省泸县建筑安装工程总公司申请撤销北京仲裁委员会（2004）京仲裁字第0143号裁决案②中，申请人认为本案仲裁裁决所根据的证据是伪造的赔付汇总表。法院认为，仲裁庭未采用申请人所谓的伪造的赔付汇总表，亦未根据该赔付汇总表作出仲裁裁决，因此，裁决所根据的证据不是赔付汇总表，申请人的该项撤销理由不能成立。

事实上，从上述案例③可以看出，我国法院在审查国内仲裁裁决时，也并非全面的实体审查，而是采取有限的实体审查制度，着眼于法律明确规定的几个实体方面：裁决所根据的证据是伪造的；对方当事人隐瞒了足以影响公正裁决的证据。例如，上述上海外经国际冶金工程技术有限公司申请撤销仲裁裁决案④中，申请人提出撤销的理由涉及多方面的实体问题，而法院认为，“申请人指出的撤销仲裁裁决的理由中，只有认为被申请人隐瞒收到货款的证据一节，属于法律规定可以撤销仲裁裁决的情形，

① （1999）晋执字第354号。申请执行人：北京万通新世界商城有限责任公司；被执行人：福州耀福鞋业有限公司。

② （2004）二中民特字第12698号民事裁定书。

③ 更多案例如（2005）二中民特字第7181号民事裁定书；（2005）二中民特字第5559号民事裁定书；（2005）二中民特字第12623号民事裁定书。

④ （1999）沪一中执字第102号民事裁定书。申请人：上海外经国际冶金工程技术有限公司；被申请人：上海晓叶羊毛衫有限公司。

而仲裁庭确认的购销法律关系及其对合同效力的认定，均属对仲裁纠纷的实体审理，法院无权进行审查”。在申请人北京四达时代通讯网络技术有限公司申请撤销北京仲裁委员会（2004）京仲裁字第0095号裁决案①中，四达时代公司主张仲裁庭应适用最高人民法院颁布的《关于审理商品房买卖合同纠纷案件适用法律若干问题的解释》处理双方争议。法院认为，法律适用问题不属于本院审理申请撤销仲裁裁决案件的审理范围，故四达时代公司的该项撤销理由本院不予采信。法院实践中的这种做法，具有普遍性。

应当认为，有限审查制度，是法院在审查国内仲裁裁决时的原则，这也是符合法律规定的。

三、涉外仲裁与实体审查

按照我国法律对于撤销和不予执行涉外仲裁裁决的规定，法院并不审查涉外仲裁裁决的实体问题。正如法院在中国长江动力公司申请撤销仲裁裁决案②中所指出的：

“法院认为，申请人申请撤销仲裁裁决的第三点理由，即仲裁庭有关裁决不符合《仲裁规则》第二章仲裁程序第53条的有关规定，裁决缺乏事实根据和法律依据，裁决结果不公平，这一理由不属于本院审查的范围。《仲裁规则》第二章仲裁规则第53条规定：仲裁庭应当根据事实，依照法律和合同规定，参考国际惯例，并遵循公平合理原则，独立公正地作出裁决。虽然该条在第三章‘仲裁规则’中规定，但实际上是审理案件的一项普遍使用的原则。《仲裁法》对国内仲裁和涉外仲裁的撤销事由作了不同的规定。该法第58条规定：‘当事人提出证据证明裁决有下列情形之一的，可以向仲裁委员会所在地中级人民法院申请撤销裁决：(1)没有仲裁协议的；(2)裁决的事项不属于仲裁协议的范围或者仲裁委员会无权仲裁的；(3)仲裁庭的组成或者仲裁的程序违反法定程序的；(4)裁决所根据的证据是伪造的；(5)对方当事人隐瞒了足以影响公正裁决的证据的；(6)仲裁员在仲裁该案时有索贿，徇私舞弊，枉法裁决行为的。人民法院经组成合议庭审查核实裁决确有前款规定情形之一的，应当裁定撤销。’第70条规定：‘当事人提出证据证明涉外仲裁裁决有民事诉讼法第

---

① （2004）二中民特字第12383号民事裁定书。

② 中国长江动力公司（集团）申请撤销仲裁裁决案。（2000）深中法经二初字第113号裁定书。

260条第1款规定的情形之一的，经人民法院组成合议庭审查核实，裁定撤销。’而《民事诉讼法》第260条第1款规定的四种情形为：‘（1）当事人在合同中没有订有仲裁条款或者事后没有达成书面仲裁协议的；（2）被申请人没有得到指定仲裁员或者进行仲裁程序的通知，或者由于其他不属于被申请人负责的原因未能陈述意见的；（3）仲裁庭的组成或者仲裁的程序与仲裁规则不符的；（4）裁决的事项不属于仲裁协议的范围或者仲裁机构无权仲裁的。’根据上述不同的规定，在审理申请撤销涉外仲裁裁决案件中，人民法院不审查仲裁裁决是否事实清楚、适用法律正确，更不审查仲裁的实体内容是否公平。因此，对于申请人申请撤销仲裁裁决的第三点理由本院不予审查。”

更多的案例如：

德福集团有限公司申请撤销仲裁裁决案①中，法院认为，本案裁决属于涉外仲裁裁决。《仲裁法》第70条规定：“当事人提出证据证明涉外仲裁裁决有民事诉讼法第260条第1款规定的情形之一的，经人民法院组成合议庭审查核实，裁定撤销。”德福集团主张海洋公司隐瞒了足以影响公正裁决的证据的撤销理由不属于《民事诉讼法》第260条第1款规定的情形，因而不属于法律规定的人民法院关于撤销涉外仲裁裁决的审查范围。

必兴发展有限公司申请撤销仲裁裁决案。② 在该案中，申请人必兴公司申请理由之一是：仲裁庭所作裁决应根据当事人的仲裁请求而作出，仲裁范围在当事人请求的范围内进行。被申请人东方酒店在申请仲裁时，其仲裁请求是“清付租金”、“终止租赁关系，收回场地”，而裁决却是“支付承包合同中所约定的费用”、“终止双方签订的合作合同和承包合同”，仲裁请求与裁决结果不相对，显然，该裁决超出了仲裁范围。申请人与被申请人之间从未签订过租赁合同，双方不存在租赁关系。被申请人仲裁请求第五项所谓“终止租赁关系，收回场地”与裁决第二项所谓“申请人收回其提供给合作企业的约2 500平方米的场地”没有事实依据。即使存

---

① 北京市第二中级人民法院（2002）二中民特字第04908号裁定书。申请人（原仲裁被申请人）：德福集团有限公司；被申请人（原仲裁申请人）：广州海洋勘探开发总公司。

② （2001）深中法经二初字第109号裁定书。申请人：必兴发展有限公司（以下简称“必兴公司”）；被申请人：广州市东方酒店集团有限公司（以下简称“东方酒店”）。

在所谓的租赁关系，也没有仲裁条款约定由 CIETAC 深圳分会进行仲裁，所作的裁决超出了仲裁范围。法院认为：人民法院对涉外仲裁裁决的司法审查范围，只是对仲裁机构作出该仲裁裁决的程序方面进行审查。本案所涉及的合作合同中有明确的仲裁条款，仲裁裁决的事项属于仲裁协议的范围。

四、中国涉外仲裁是否应进行实体审查

中国法院在涉外仲裁的审查上，事实上只依法律规定进行程序审查，不进行实体审查。但是，学界对于是否进行实体审查，则存在两种尖锐对立的意见：全面监督论和程序监督论。全面监督论主张对涉外仲裁从程序到实体进行全面监督，程序监督论坚持涉外仲裁与国内仲裁（无涉外因素）分开，主张对涉外仲裁只进行程序监督。

（一）主张涉外仲裁应接受实体审查的理论依据

全面监督论主张对涉外仲裁与国内仲裁（无涉外因素）实行“运作和实体内容的双重监督”，而不实行“只管程序运作、不问实体对错”的单薄监督。其理论依据有三：①

第一，监督国内仲裁与涉外仲裁“分轨”，不是国际社会的普遍做法。陈安教授在考察了 19 个国家的仲裁监督体制后指出，这些国家的现行立法有一个主要的共同点，即都对在其本国境内作出的国内仲裁裁决与涉外仲裁裁决实行“一视同仁”的监督，而不实行“内外有别”的分流机制；都是既监督程序也审查实体。②

第二，在公平与效率之间，公平居于第一位，效益必须服从于公平；与裁决的合法性与公正性相比，裁决的终局性应当居于第二位。陈安教授提出：当事人自愿选择仲裁方式解决纠纷，实际上就是自愿放弃了向法院提出诉讼的权利，并以此作为“代价”，换得比较干脆的“一裁终局”，避免诉讼上的“二审结案”。但是，此时当事人所放弃的，只是向一审法院起诉的权利，而不是上诉的权利。除非当事人另有明文协议放弃上诉权，否则，绝不应任意推断：当事人一旦选择仲裁方式之后，即便面临错误的或者违法的涉外终局裁决，也自愿放弃了向法院申诉和请求加以监督

---

① 参见赵健．国际商事仲裁的司法监督［M］．北京：法律出版社，2000：19-20.

② 参见陈安．中国涉外仲裁监督机制申论［J］．中国社会科学，1998（2）：97-101.

和纠正的权利。无论从“违法必究”这一基本法理准则来衡量，还是从当代各国先进的仲裁立法通例来考察，对于已经发生法律效力的涉外裁决，只要当事人提出确凿证据足以证明该裁决确有重大错误或重大违法情事，则不论其为程序上的错误或违法，抑或实体上的错误或违法，都属于法院应当依法实行仲裁监督之列。①

第三，我国《仲裁法》第34、38条实行仲裁员回避制度，对仲裁员的个人行为进行监督，不足以保障裁决实体内容的正确性。②

（二）主张涉外仲裁不应当接受实体审查的理论依据

程序监督论认为，我国对于涉外仲裁的监督应仅限于仲裁程序，而不应过问裁决的实体内容。对于全面监督论的理论依据，他们进行了反驳：③

第一，对国际商事仲裁（包括涉外仲裁）与国内仲裁作出区分是国际社会的普遍做法。在仲裁的发展过程中，对国际仲裁与国内仲裁作出区分是一个显著的特征。与国内仲裁相比，国际仲裁的规则更加灵活，国际仲裁的合意因素显然占据主导地位，法院审查被限制在最低限度。许多现代国家的国内法授予国际仲裁免予司法干预的相对自由，使之在发展国际商事仲裁制度中发挥积极的作用。④

第二，关于法院对涉外仲裁的监督。各国的普遍做法不是扩大法院的监督范围，而是缩小司法复审的范围，弱化法院对仲裁的监督。⑤

第三，法院对仲裁的监督问题实质上是如何处理仲裁裁决的终局性和司法审查权之间的关系，也就是如何维持仲裁制度在效益与公平之间的平衡问题。法院对仲裁实行监督的目的，是为了纠正仲裁员可能发生的错误，求得对双方当事人都公平的判决，最终实现社会的公平，但监督范围太广将费时费力。实践表明，当事人选择仲裁解决争议，最主要的就是期

---

① 参见陈安．中国涉外仲裁监督机制申论［J］．中国社会科学，1998（2）：101-102.

② 参见陈安．中国涉外仲裁监督机制申论［J］．中国社会科学，1998（2）：101-102.

③ 参见赵健．国际商事仲裁的司法监督［M］．北京：法律出版社，2000：20-22.

④ 参见肖永平．也谈我国法院对仲裁的监督范围［J］．法学评论，1998（1）：42；肖永平．内国、涉外仲裁监督机制之我见［J］．中国社会科学，1998（2）：94.

⑤ 参见肖永平．内国、涉外仲裁监督机制之我见［J］．中国社会科学，1998（2）：94.

望获得一份终局裁决，以避免繁琐、漫长的上诉程序。尽管仲裁裁决的终局性意味着当事人丧失了通过上诉程序纠正裁决可能发生的错误从而获得公平裁决的权利，但仲裁裁决的终局性能给当事人带来巨大的潜在效益，它显然比上诉程序带来的利益大得多。法律应当对当事人这种谋求裁决终局性的合理期待予以保护。各国立法者的任务，就是要在当事人充分的意思自治与适当的司法监督之间寻求平衡。如果我国法律允许法院对涉外仲裁进行实质审查，无异于使仲裁程序从属于法院的诉讼程序，不利于维护仲裁裁决的终局性。所以，我国法院对涉外仲裁的监督是不应当涉及实体问题的。①

第四，新中国成立以后，我国的仲裁制度长期以来分为国内仲裁和涉外仲裁两大类，目前在我国实行分流机制，对涉外仲裁只进行程序监督，符合我国实际，在现阶段也是完全必要的。②

（三）中国涉外仲裁应否进行实体审查

有必要先对考察的仲裁类型作出说明。一般地，从仲裁程序进行地来分，可以分为内国仲裁和外国仲裁；从是否具有涉外性来分，可以分为国内仲裁和国际仲裁。涉外仲裁属于内国仲裁，但又属于国际仲裁。不同国家侧重点不同，使得监督机制也不同。通常情况下，对不具涉外因素的国内仲裁进行实体监督，对外国仲裁进行程序监督；而对于在国内进行的涉外仲裁，因其具有涉外性又具有国内性，故视不同国家对于仲裁的态度，或侧重实体或侧重程序监督。

另外需要指出，对于本国进行的仲裁而言，监督的类型通常是撤销和不予执行，而对于外国仲裁来言，审查是在承认和执行外国仲裁裁决程序中进行的。

对于裁决的实体审查的态度，国际上存在三种模式：

1. 对不具有涉外因素的国内仲裁裁决的审查，进行实体审查；对具有涉外因素的国内仲裁裁决和外国仲裁裁决的审查，不进行实体审查。

2. 对不具有涉外因素和具有涉外因素的国内仲裁裁决的审查，进行实体审查；对外国仲裁裁决不进行实体审查。

---

① 但可允许当事人授权法院对裁决进行实质审查。参见肖永平．也谈我国法院对仲裁的监督范围［J］．法学评论，1998（1）：45；肖永平．内国、涉外仲裁监督机制之我见［J］．中国社会科学，1998（2）：95-96.

② 参见肖永平．也谈我国法院对仲裁的监督范围［J］．法学评论，1998（1）：42；肖永平．内国、涉外仲裁监督机制之我见［J］．中国社会科学，1998（2）：94.

3. 对无论哪种裁决，均进行实体审查。

此类模式的例子可参见上节。由上可见，采用哪一种模式，国际上也无统一的做法，而是与该国的法律环境、社会环境、文化传统以及国家对仲裁的态度密切相关。中国应该采取何种模式，可以参考其他国家的做法，但不宜节选部分移植，也没有必要认为其他方式一定优于现在所采用的方式。应该看到，采用任何一种模式的国家都有，有的对涉外仲裁限制较少，有的是对涉外仲裁与国内仲裁进行同样的限制（或者都实体审查，或者都没有）。哪一种才是适合中国仲裁的模式？

考察中国涉外仲裁裁决可能被向法院提出异议的途径，可有：首先，在中国（仲裁地）法院申请撤销；其次，如果可在仲裁地国法院申请执行，则可提出不予执行的请求；再次，如果在他国有可执行的财产，在他国法院承认和执行外国仲裁裁决程序中，提出不予执行的请求。

在上述哪个程序中，可以进行实体审查？或是完全不进行实体审查？

事实上，从国际上不同国家采用不同的方式也可以看出，涉外仲裁究竟采用何种监督方式，并无一致的做法。涉外仲裁实行何种监督，应当根据情况进行调整。虽然法律具有滞后性，但法律也不应对尚未证明应当调整的制度进行调整。倘若目前国内关于涉外仲裁监督的做法已经出现问题了，那么，应当通过法律修改的方式更改目前的做法。在此需要说明，对个案而言，程序上的公正是法律上的公正，实体上的公正才是真正的公正。但是，对整个制度而言，实体上的公正需要一种程序保障。无论如何，下述几点在更改现状时应当予以考虑：

第一，一国国家仲裁发展的程度。若一国仲裁处在混乱的阶段，包括涉外仲裁在内的仲裁根本无法实现作为一种争议解决方式应当具有的功能，那么，对其监督应当从严，应当由法律介入进行实体监督。

第二，当事人的意愿。倘若当事人选择仲裁的目的，就是为了避免法院的干预（如涉外仲裁的当事人不相信内国法院），此时再由法院进行实体干预，事实上与当事人的意愿相悖。因此，应当充分尊重当事人的意愿。

第三，国家的仲裁政策。倘若一国为了提高该国仲裁的整体竞争力，则有必要对仲裁制度实行较为宽松的政策，此时不宜对仲裁进行实体监督。

第四，个案的价值或是整体制度的价值。应当衡量通过改变现状纠正个案出现偏差的价值大，或是改变现状对整体制度造成的损害大。例如，个案裁决有失公正，从而将无数未失公正的裁决置于另一不可知（至少对当事人而言）的制度审查之下，孰利孰弊？

第五，即便进行实体审查，也并非全面的实体审查，而是应当如目前中国法院对国内（无涉外因素）仲裁裁决所持有立场，采取有限审查原则，只规定数条实体方面的理由。

有必要指出，公共秩序保留，应当是一国立法的隐含之意。① 无论何时，公共秩序保留均应作为安全阀控制在国家司法机关之手。倘若当事人以涉外仲裁裁决违反公共秩序，且经查所述情事确实违反了公共秩序，那么，应当支持异议。但此种公共秩序保留，无论是国内公共秩序或是国际公共秩序，均应极为谨慎。不能以公共政策作为滥开实体审查的理由。UNCITRAL 示范法的本意应也是如此。例如，在 *Robert E. Schreter v. Gasmac Inc.* 案②中，加拿大法院认为：为示范法之目的，仲裁裁决并未并入确认裁决的判决。在不存在不当行为的情况下，法院不应仅仅因为确保与公共政策相符，而重新就仲裁裁决的实体问题进行审理。在该案中，当事人之间的协议约定美国乔治亚的法律应予适用，产生于协议的争议应由有约束力的仲裁解决，仲裁在亚特兰大进行。随后，仲裁庭作出有利于 Schreter 的裁决。该裁决也为乔治亚州的法院所确认。Gasmac 依据一系列的程序理由，对在安大略执行裁决提出异议。所有的程序理由均被法院驳回。Gasmac 主张裁决已经并入乔治亚法院的判决，因此仅可以在安大略作为外国判决进行执行。Gasmac 也声称，因违约而支持特许使用费是与安大略的公共政策相悖的。法院认为，加拿大国际商事仲裁法采纳的 UNCITRAL 示范法第 35 条使得承认和执行仲裁裁决是强制性的。法院认为，第 35 条或第 36 条没有规定仲裁裁决应被视为并入确认其的判决之中。法院指出，作出这种认定将“在本法的范围之中产生一个漏洞”。法院决定，有关事实并没有使法院有理由依第 36 条第 1 款 b 项 ii 目，基于公共政策而重新审理仲裁裁决。法院执行了仲裁裁决。因此，应当认为，公共政策可以利用，但不能滥用；公共政策应作狭义理解，不能任意套用。事实上，实务界罕见以公共政策为由支持异议的例子。

1985 年，UNCITRAL 通过了国际商事仲裁示范法。迄今为止，以示

---

① 《民事诉讼法》第 260 条第 2 款原有规定，人民法院认定执行该（涉外）裁决违背社会公共利益的，裁定不予执行。《仲裁法》在规定涉外仲裁监督机制时，未提及该规定，这确实应该认为是立法上的一大疏漏。

② CLOUT Case 30: Ontario Court, General Division (Feldman J.), 13 February 1992; (1994) XIX Yearbook Commercial Arbitration, at 263.

范法作为蓝本制定其立法的国家或地区已经超过50个。作为现代国际商事仲裁的里程碑，示范法对于国际商事仲裁的作用，无论是过去还是将来，都是不可估量的。示范法规定的撤销仲裁裁决不进行实体审查的原则，也会对各国的立法产生极大的导引和示范作用。有鉴于此，同时考虑到中国目前的国情，在现阶段，关于涉外仲裁不进行实体审查的做法，宜保持现状。但是，倘若将来涉外仲裁出现的问题，已经不得不通过修改法定做法来纠正，那么，应当进行实体审查。

第十章　异议制度的其他问题

如上文所述，仲裁裁决作出之后，如果一方当事人认为裁决存在问题，其可以依据仲裁规则的规定提出内部异议，也可以向法院提出异议即外部异议。一般地，在向有关法院提出异议前，通常有必要用尽其他可用的内部异议救济。内部异议通常规定在仲裁规则中，是仲裁程序的一部分，而外部异议则非仲裁程序的一部分。前文主要论述的是此种外部异议，即包括撤销和不予执行在内的异议制度项下的各种抗辩。本章阐述与这些抗辩相关的异议制度的其他一些问题。

首先是裁决异议中的双重审查问题。仲裁庭中的双重审查可能涉及两种情形：一是某些事项（如管辖权事项）由仲裁庭审查过后再由法院审查；二是不同的法院在不同的程序中审查裁决异议。本书主题是裁决异议制度，故下文讨论后一种情况。

其次是重新仲裁问题。如前文所述，申请撤销可能产生三个后果：一是裁决被撤销；二是申请被驳回；三是法院将案件后发回仲裁庭重审。前两者较好理解，而后者——重新仲裁问题，则因为涉及法院和仲裁庭各自权力的行使，在实践上不易把握。下文也将详细讨论，并重点论述该种制度在中国的构建。

再次是剩余裁量权问题，即法院在裁决异议上的自由裁量权。法院并不必然需要将存在异议事由的裁决撤销或不予执行。法院仍可以行使其自由裁量权，驳回异议。

另外，当事人可能以协议的方式，缩小或扩大法院在审查异议上的管辖权。本节也简要阐述此种情形。

此外，有必要指出，虽然中国的情况比较特殊，存在一国四种仲裁制度的情况，但是，有关港澳台所作裁决在大陆的异议问题以及大陆所作裁决在港澳台的异议问题，虽然也有其特殊性，但大体与本书所论异议没有过多出入。因此，虽然此问题在学界和实务界均有所讨论，但本书限于主题及篇幅，就不在此论及。

另外还有必要指出，有关各种异议的程序问题，与所适用的仲裁规则和仲裁法密切相关，本书也不列举各机构或国家或地区的相应做法。但倘若一项裁决涉及异议时，应查阅所适用的相关仲裁规则或法律以求精确判断。

第一节 裁决异议中的双重审查

当代商事仲裁制度对裁决向法院提出异议，通常规定了两种司法审查制度：一是撤销，二是不予执行。这两种程序如果在不同国家进行，可能导致混乱，一方当事人可以利用不同的程序，来拖延履行裁决；即便在一个国家，也可能因为裁决在不同程序中受到审查，而可能引起不一致。

裁决异议中的双重审查指的就是这样一种情况：裁决受内国法院在撤销程序中的审查以及法院在承认与执行之诉中的审查。事实上，随着国际商事关系的发展，财产的分布越来越广泛，一份裁决受审查的可能性，所经受的不同审查，具体而言已经不止双重了。例如，一份中国涉外仲裁裁决可能被法院提出异议的途径有如下几种：首先，在中国（仲裁地）法院申请撤销；其次，如果可在仲裁地国法院申请执行，则可提出不予执行；再次，如果在他国有可执行的财产，在他国法院承认和执行外国仲裁裁决程序中，提出不予执行。而且，还不考虑到多个法院地进行的审查。

那么，从国际层面上看（国际商事仲裁），或者从国内层面上看（国内商事仲裁），这种安排是否合理？这种安排是否产生了一些冲突？两种程序之间的相互关系如何？自然，与此相关的问题是，是否某一种程序没有存在的必要？

本节试图阐述与双重审查（或多重审查）相关的这些问题。

一、撤销异议与不予执行异议的相互关系

撤销异议的目的是使裁决书的效力全部或部分归于无效，是当事人希望一国法院对在本国境内所作裁决或依据本国法律所作裁决进行司法监督。而不予执行异议，是当事人希望执行地法院是对向其提出执行申请的裁决进行司法监督，目的也是使裁决书的效力因全部或部分归于无效而不能执行相应的发生法律效力的裁决。二者对于裁决都起到一种否定的作用。

一般情况下，两种异议的相互关系，有下列几点应当注意到：

首先，提起异议的主体和时机不同。裁决撤销异议的当事人，既可以是裁决的胜诉方，也可以是败诉方，只要其对仲裁裁决有异议，就可以在

裁决作出之后，向有管辖权的法院提起撤销之诉。但是，不予执行的异议，则只能由败诉方提出，只有在胜诉方向其执行之时，才可以也才能够向法院提出。

其次，管辖的法院不同。撤销异议由仲裁地国的法院管辖。而不予执行异议，则在承认和执行程序中，由承认和执行地国法院管辖。撤销异议由仲裁裁决的本国法院行使管辖权，即一国法院只能对撤销本国的裁决之诉进行管辖；在实践中，大多由仲裁地国法院管辖，这是目前普遍接受的观点和做法。① 例如，《纽约公约》第 5 条第 1 款 e 项规定："裁决对一造尚无拘束力，或业经裁决地所在国或裁决所依据法律之国家之主管机关撤销或停止执行者。"承认与执行地的主管机关可以拒绝与执行。此处提及仲裁地的同时,也提及裁决所依据法律的国家。应当指出,"裁决所依据法律"仅指仲裁程序所适用的法律,不指实体法。这一点,在 *International Standard Electric Corporation v. Bridas Sociedad Anonima Petrolera, Industrialy Commercial* 案②中，已经美国纽约南区联邦地区法院明确指出：1959 年《纽约公约》上述"裁决所依据法律""仅指仲裁程序所适用的法律而不是实体问题所适用的法律"。

再次，法律后果上，均是使裁决失去效力，但一般而言，仲裁裁决在仲裁地国被撤销，则失去效力，不可执行；而仲裁裁决在一国或一地被不予执行，并不当然在其他地方不能得到执行。一般认为，《纽约公约》对于裁决书的审查，提供了两种不同层次的裁判权，第一是审查是否撤销的

---

① 参见赵健．国际商事仲裁的司法监督［M］．北京：法律出版社，2000：237.

② 745 F. Supp. 172（S. D. N. Y. 1990）．该案所签订的合同中规定，"本合同受纽约州法律支配，并按纽约州法律进行解释"。双方发生争议后，国际商会仲裁院受理了当事人的仲裁申请，仲裁地点在墨西哥城。仲裁庭后作出裁决。Standard 公司在美国纽约南区联邦法院起诉要求撤销裁决。Bridas 公司在法院提起异议，声称法院对撤销裁决无管辖权，并要求法院基于 1958 年《纽约公约》承认及执行裁决。Standard 公司认为纽约州法院对撤销裁决有管辖权的主要理由：根据《纽约公约》第 5 条第 1 款 e 项规定，本案"裁决所依据法律之国家"所指系一国的实体法，而裁决中仲裁员所适用的实体法为纽约州法，因此纽约法院对撤销裁决有管辖权。纽约法院驳回了 Standard 公司的申请，指出："公约第 5 条第 1 款 e 项引起纠纷的词语'裁决所依据法律之国家之主管机关'绝对系指程序法而非实体法；更精确地说，系指仲裁所依据的仲裁程序法制度或者机制，而非在本案适用于合同的实体法。在本案，当事人服从墨西哥的程序法。因而，行为地或仲裁地在墨西哥，适用的程序法是墨西哥程序法，根据公约只有墨西哥法院才有权将该裁决撤销。"

权力，或称“首要裁判权”，据此权力，有关法院负责依照国内法的主导原则审查裁决书的效力。第二是审查是否执行的权力，或称“次要裁判权或执行裁判权”，据此权力，有关法院依照《纽约公约》审查外国仲裁裁决的可执行性。传统的观点是，行使首要裁判权的法院有权根据本地法认可的情形裁定“撤销”一份仲裁裁决，其裁定的效力及于所有其他的法域。与此相反，行使次要裁判权的法院有权根据《纽约公约》规定的情形执行或拒绝执行一份仲裁裁决，其决定的效力仅及于该法域。Reisman 教授将法院在实践中根据《纽约公约》对两种裁判权的行使及其效力之不同作出如下描述：“公约所分配给国家司法机关的首要裁判权和次要裁判权的法律效力的差别是非常大的。次要裁判权只是决定是否执行裁决书，如果某国法院行使次要裁判权所作的裁定有能被称为‘撤销’的后果，也只是限于该执行问题和该国之法域。但是行使首要裁判权的撤销性后果是具有广泛性的。根据公约，一旦裁决已经被一国法院行使首要裁判权而撤销，在任何其他地方就不应得到执行。”Albert Jan van den Berg 也注意到了在世界范围内，法院根据《纽约公约》行使首要裁判权和次要裁判权的显著区别，认为：“法院维持了公约所确认的原则，即裁决地所在国或裁决所依据法律之国家的法院对裁判撤销仲裁裁决的案件有排他的管辖权。其他缔约国的法院只能决定是否根据公约在其管辖区域内执行一份裁决。裁决的撤销则有着超出区域的效力，因为根据公约第 5 条第 1 款 e 项，裁决的撤销使裁决在其他缔约国的执行成为不可能。与此相对的是，裁决的不予执行仅对作出不予执行裁定的法院所在的法域有效，其他缔约国的法院原则上不受这一不予执行裁定的影响。”① 这是传统的观点。不过，最近的司法实践表明，裁决在一地被撤销或不予执行，均不必然影响裁决的效力。

最后，撤销异议及其所属的撤销程序，以及不予执行异议及其所属的承认与执行程序，可能存在并行的情况。此时，如何处理二者的关系，是否两种程序存在先后关系，需由法律作出明确的规定。一般认为，撤销程序，并不必然导致执行程序中止或延期。事实上，从解决争议和尽速执行裁决的角度考虑，这在国内商事仲裁中也应是如此。国际上的一般做法是，是否延期，由法院决定。

例如，在英国，被申请执行人已经向有权机构提起撤销或中止《纽

① 曹丽军．根据《纽约公约》执行外国仲裁裁决的最新发展［J］．仲裁与法律，2003（1）．

约公约》裁决的申请，则英国法院对于延期承认与执行的决定有裁量权，并且可以命令提交担保。*Soleh Boneh International Ltd. v. Government of the Republic of Uganda and National Housing Corp.* 案①涉及提供担保的问题。在该案中，原告同意为被告在乌干达从事工作，并由乌干达政府担保。合同随后被取消。理由是原告是以色列公司。1978 年，原告在瑞典获得临时仲裁裁决，金额为950 万美元，并寻求在英国执行裁决。自 1990 年开始，被告开始在瑞典法院抗辩效力，理由是无效委任和主权豁免。在英国的法院程序中，法院命令被告提供 2 900 万美元的担保，作为本金和利息。被告对该命令提起上诉。法院认为：（1）法院应考虑到支持裁决无效的观点是否有依据和执行裁决的难度；（2）如果裁决显然无效，则应延期并不应命令提供担保；（3）如果裁决显然有效，则或者应命令立即执行，或者提供实质性担保；（4）在评估执行难易程序时，法院应考虑到延迟的后果（例如，裁决的执行是否因资产移动或其他因素而更加困难）；（5）裁决被辩称无效，在瑞典有很长的延迟且被告未及时行事；（6）在这种情况下，命令提供500 万美元的担保是正当的。该款项会使得被告迅速行事，并给予原告一些保护；（7）依 1978 年国家豁免法第 13 条第 2 款，命令不得针对国家作出；没有规定特定来源的付款的命令并非禁令；（8）无论在何种情况下，除非被告在四周内提供500 万美元，否则法院会作出命令，同意裁决如判决一般执行。*Minmetals v. Ferco* 案也涉及担保的问题。

在荷兰，如果已经在裁决作出国提起撤销申请，则当事人可以向荷兰法院提出中止执行，依据荷兰仲裁法第 1076 条第 7 款，第 1066 条涉及撤销之诉时的中止执行，相应适用于荷兰之外所作裁决的执行；这可能涉及法院要求提供担保。在一方于裁决作出国提出撤销申请，另一方于荷兰申请执行仲裁裁决的情况下，是否延期由荷兰法院决定。这方面有不少案例。如 *Glecer v. Glecer* 案。② 在该案中，被申请执行人寻求将承认和执行的申请延期至以色列或比利时对仲裁裁决的撤销申请作出决定之后。法院认为，裁决是在以色列作出的，以色列法院对于撤销申请具有专属管辖权，而现在在以色列并未进行此类程序。而在比利时的案件已经审理了 4 年，当事人显然未能迅速行事，有关决定也不会尽快作出。因此，法院不

① ［1993］2 Lloyd'd Rep. 208，CA.

② 24 November 1994 - President，Rechtbank［Court of First Instance］，Rotterdam. 英文译本载于 ICCA Yearbook，Vol. XXI，1996，635-642.

予延期作出有关执行的决定。在 *Karl F. Ungerer GmbH v. Rapid Metaal B. V.* 案①中，初审法院同意延期，但上诉院认为，依该案情况，撤销不构成延期执行的理由。《纽约公约》第 6 条规定，如果当事人已向该公约第 5 条规定的国家的主管机关申请撤销仲裁裁决，则受理承认与执行该仲裁裁决的国家的主管机关“得（may）于其认为适当时延缓关于执行裁决的决定，并得依请求一造之申请，命他造提供妥适之担保”。该规定也是与法院的前述做法相符的。

二、撤销程序有无必要存在？

对撤销存在的价值提出挑战的极端例子是已撤销裁决的执行。关于裁决撤销后是否能得到执行，传统的观点是,② 仲裁地法院或者裁决所依据法律的法院如果撤销了裁决，则裁决无效，不能被执行。但如前文所述,③ 裁决在一地被撤销，不必然影响裁决的效力，裁决在他地仍然可能被执行。这个问题主要可能存在于国际商事仲裁中。一国的司法机关依据《纽约公约》会承认另一国境内作出的裁决的效力，但不一定会当然承认另一国的司法机关作出的撤销仲裁裁决决定的效力，尤其在认为后者作出的决定存在某种不当之处，则更可能依据其或对法律的理解或解释法律的权力，来认可并执行裁决，从而实际上否认另一国司法机关作出的撤销裁决效力的决定。实践中，法国法院已经多次承认并执行了被撤销的仲裁裁决，例如：*SEEE v. Yugoslavia* 案、*Pabalk Ticaret Sirketi v. Norsolor S. A.* 案、④ *Hilmarton Ltd. v. Omnium de Traitement et de Valorisation*（*OTV*）案。⑤ 比利时、美国等国，也已经出现了执行被撤销裁决的案例。其中，美国法院判决的 *Chromalloy Aeroservices Company*（*CAS*）*v. The Arab Republic of Egypt* 案,⑥ 是在执行已撤销裁决方面，受到仲裁界普遍关注和热烈讨论

① 15 June 1994-President, Court of First Instance, Maastricht. 英文译本载于载于 ICCA Yearbook, Vol. XX, 1990, 750-754。

② 这一点集中体现在《纽约公约》中，见第 5 条第 1 款 e 项。

③ 关于已撤销裁决的执行，参见本书第六章。

④ See Alan Redfern and Martin Hunter. Law and Practice of International Commercial Arbitration [M]. 2th ed. Sweet & Maxwell, 1991: 470.

⑤ 参见赵健. 国际商事仲裁的司法监督 [M]. 北京：法律出版社，2000：250-251.

⑥ Civ. No. 94-2339 (July 31, 1996) (“Chromalloy”). Reprinted in 11 Mealey's Int'l Arb. Rep (Aug. 1996) at C-54 (August 1996).

的案件。①

撤销程序存在的价值之一，是使得仲裁地或仲裁程序所依据法律地的法院在一定条件下消除裁决的效力。但是，如若已撤销裁决也能得到执行，撤销程序所撤销的裁决的效力仍然存在，那么，撤销程序的存在价值就需重新考量。此外，如若上述法院已经审查过的有关事项，需要在其他法院重新受到审查，这也对撤销程序的存在提出挑战。仲裁，尤其是在国际商事仲裁中，是否需要存在撤销程序，存在不同的看法。

（一）存废之争

裁决经过撤销程序而不被撤销，并不意味着裁决一定得到执行，因为当事人在其他法院提出的不予执行理由如果被该法院认定是有正当理由，裁决仍然可能被不予执行。裁决经过撤销程序而被撤销，也不意味着裁决不一定得不到执行，上一部分所讨论的案件即是证明。这种情况尤其在国际商事仲裁中存在。但在国内商事仲裁中同样会存在。

有人认为，撤销程序应当取消，理由是：②

（1）撤销程序带来不必要的拖延；

（2）既然采纳了承认与执行仲裁的程序，再规定撤销程序，会导致对仲裁的双重监督；而且，拒绝承认与执行仲裁裁决的条件和撤销条件基本一致，没有必要再规定撤销程序。

（3）国际商事仲裁不应受国内仲裁法的干涉。当事人选择仲裁地具有随意性，往往基于便利的考虑，而不是愿意受仲裁地法的调整和约束。

有人认为，设立撤销仲裁裁决程序是必要的：

（1）克服程序拖延并非只有取消撤销程序这一种办法。近年来的仲

---

① 如 Philipp W. AHL. Enforcement of Foreign Arbitral Awards Set Aside in their Country of Origin—The Chromalloy Case Revisited [J]. Journal of International Arbitration, 1999, 16 (4): 0131-0140; Dana H. Freyer. United States Recognition and Enforcement of Annulled Foreign Arbitral Awards—The Aftermath of the Chromalloy Case [J]. Journal of International Arbitration, 2000, 17 (2): 0001- 0010; Pierre Lastenouse. Why Setting Aside an Arbitral Award is not Enough to Remove it from the International Scene [J]. Journal of International Arbitration, 1999, 16 (2): 25- 48; Sampliner. Enforcement of Nullified Foreign Arbitral Awards-Chromalloy Revisited [J]. Journal of International Arbitration, 1999 (14); Hamid G. Gharavi. Chromalloy: Another View [J]. Mealey's Int. Arb. Rep., 1997 (1).

② 参见赵健. 国际商事仲裁的司法监督 [M]. 北京：法律出版社，2000: 240.

裁立法已经通过多种方式尽量克服和可能造成的拖延。并且，撤销程序并不使得承认和执行裁决程序必然中止。

(2) 取消撤销制度，虽然不再出现双重审查的情况，但是，会给仲裁带来许多不利，包括出现剥夺胜诉方异议裁决的权利、执行挑选等情况。

(3) 国际商事仲裁需要仲裁地法院的支持。①

我国在起草《仲裁法》的过程中，对是否规定撤销仲裁裁决程序也发生了激烈的争论。但最终赞成撤销裁决程序的观点占了上风，立法者最终在仲裁法中设立了撤销仲裁裁决制度。②

(二) 不应废除裁决撤销程序

除了上述赞成设立撤销仲裁裁决程序的理由外，还应当考虑到以下几点：

首先，撤销程序与承认和执行程序并不一定会必然同时或先后存在的。有时候，裁决并不一定会进行到承认和执行程序。某些案件的裁决结果，没有执行的内容，但有其他无须执行的内容。例如，确权的裁决，可以作为其他案件的证据，当事人如对该裁决不服，只能在撤销之诉中进行。再如，申请人败诉，申请人自然无可执行的内容，但其对裁决不服，则可提起撤销之诉。撤销之诉对无论胜诉方或败诉方而言，均是一项救济途径；而承认和执行程序中，仅被执行人（败诉人）可以提起不予执行的异议。

其次，效率方面的考虑。一般而言，撤销程序可以从源头上消除裁决的效力，而不予执行程序则只对执行法院有约束力，对其他法院并无约束力。尤其在跨国商业发达的今天，财产全球分布，可执行地也放眼皆是。在这种情况下，在每一个被执行法院抗辩被执行人提出的异议，与在仲裁地国就裁决效力一次提出异议相比，显然缺乏效力。

再次，谨慎方面的考虑。双重审查的概念，至少表明当事人对于案件的审慎程度。尽管二者的范围一般相同，但由不同法院进行，可能结果不完全一样。这对于仲裁终局性之理念而言，至少是一种心理上的安慰。

最后，减少地方保护主义方面的考虑。通常，执行裁决的法院为败诉方财产所在地，而仲裁地并不一定就是该法院所在地。两种程序在制度上并存，有利于减少当事人的心理作用，增强当事人对仲裁解决争议的

① 参见赵健．国际商事仲裁的司法监督[M]．北京：法律出版社，2000：240.

② 参见赵健．国际商事仲裁的司法监督[M]．北京：法律出版社，2000：242-243.

信心。

当然，已撤销裁决的执行对于撤销程序的存在价值提出挑战，但是，正如上文所指出的，此种实践并非主流，且作为一种制度的存在，有其合理合法性，只是在支持异议上需要非常严格解释，极其罕见适用。

三、不予执行制度是否应废除？

与此相关的一个问题是，撤销制度既然有其存在的上述必要性，那么，不予执行或拒绝执行制度是否也一样应废除呢？① 首先，对于外国仲裁裁决，因涉及不同法域的司法管辖权，同时也涉及行之有效的国际公约多年来确立下来的实践做法，考虑到与上述撤销裁决制度存在同样的一些因素，不予执行或拒绝执行制度不应废除。

但是，对内国仲裁裁决（包括无涉外因素和有涉外因素的裁决）中，是否应当废除不予执行制度，尤其是考虑到司法统一的因素？废除是否会导致某些救济的缺失？

以中国为例。对于中国作出的仲裁裁决，同时设计撤销程序和不予执行程序，是否会造成资源浪费，产生本可避免的一些弊端？

对内国仲裁裁决在适用撤销制度的监督的同时，又适用不予执行制度的监督，学者认为，存在以下弊端，主张废除不予执行制度。②

（1）对内国仲裁裁决采用“不予执行”的方式监督，将导致法律理论的混乱和司法执法的冲突。仲裁案件的当事人既可以向被执行人住所地法院，又可以向被执行的财产所在地法院（可能涉及多个法院）申请执行仲裁裁决。在这种情况下，如果被执行人住所地法院裁定执行仲裁裁决，被执行的财产所在地法院裁定不予执行仲裁裁决，这必然导致司法管辖权的冲突，使我国统一的法律制度受到挑战，这是不可想象和不能允许的。

（2）对内国仲裁裁决实行“不予执行”制度，将导致上下级法院的权力倒置。依照我国《仲裁法》规定的对内国仲裁裁决采取的双重司法审查制度，对申请撤销仲裁裁决的案件由中级人民法院管辖，申请不予执

---

① 参见宋连斌．国际商事仲裁管辖权研究［M］．北京：法律出版社，2000：249-250.

② 参见冯百友，王陆海．应当废除对内国仲裁裁决“不予执行”的司法监督制度［M］//韩健，林一飞．商事仲裁法律报告：第一卷．北京：中信出版社，2005：31-37.

行的案件通常由县（区）基层人民法院管辖。同时，全国各地区法院还普遍规定，对基层人民法院作出的不予执行仲裁裁决的有关裁定，不允许上诉甚至不允许提起再审程序。在这样的制度下，上级法院（即中级人民法院）仅能从程序上对仲裁裁决实施监督；下级法院（基层人民法院）却不仅能从程序上，而且还能从实体上对仲裁裁决进行干预。换句话讲，在这样的制度下，下级法院的审判权限明显大于上级法院；上级法院无权对下级法院的错误裁定进行任何形式的监督与纠正。这是违反我国《法院组织法》和《民事诉讼法》的基本原则的。

（3）对内国仲裁裁决实行“不予执行”，将导致资源浪费，增加当事人的讼累。在既有“撤销制度”的情况下，又规定“不予执行制度”，会直接导致“不予执行”变相为“撤销”，甚至引起撤销法院与执行法院法律文书上的相互矛盾与冲突，这是极不严肃的。

（4）现行的“不予执行”制度将导致司法审查权的滥用和监督标准的混乱。从我国《仲裁法》和《民事诉讼法》对仲裁裁决、特别是国内仲裁裁决不予执行的法定事由规定来看，人民法院不仅可以仲裁庭违反程序规定为由不予执行仲裁裁决，还能以仲裁庭裁决“认定事实的主要证据不足”和“适用法律确有错误”等实体内容为由裁定不予执行。而在司法实践中，对于什么叫“认定事实的主要证据不足”、什么叫“适用法律确有错误”，并没有也无法有一个明确的标准，其含义和界限往往是模糊和不清晰的。

（5）现行“不予执行”制度使仲裁裁决与法院判决处于严重不对等的地位。我国现行的“不予执行”制度却使《仲裁法》规定一裁终局原则形同虚设，呈现出一种对仲裁裁决的终局效力抽象肯定、具体否定的相互矛盾现象。例如执行法院在处理申请国内仲裁裁决的问题上，《民事诉讼法》第 217 条第 1 款第 4、5 项是这样规定的：国内仲裁裁决“认定事实的主要证据不足的”、“适用法律确有错误的”，人民法院均可裁定不予执行。同样，二审法院对尚未发生法律效力的上诉案件，按照《民事诉讼法》第 153 条第 2、3 款的规定，也是以原判决具有“适用法律错误”、“认定事实错误、证据不足”的情形，来作出改判或发回重审处理的。由此可见，在现行“不予执行”制度下，法院是以二审法院对待原审法院尚未生效判决的处理标准，来对待已经产生法律效力的国内仲裁裁决的。这样的制度，不仅使已生效仲裁裁决与已生效法院判决处于严重不对等的地位，还使仲裁裁决沦为一审判决的境地，从而再次对仲裁裁决的终局效力原则构成挑战。

按照我国法律的规定，中国作出的裁决，既可以在中国法院提出撤销，又可以在中国法院执行程序中提出不予执行。在所提理由相同的情况下，显然存在重合和冲突的可能性，也存在滥用程序的可能性。一份内国仲裁裁决作出之后，当事人可以在6个月的时间内提起撤销申请，法院对申请撤销仲裁裁决案件的审结期限为2个月。在上述8个月的期限过后，如果被申请执行人不服驳回撤销裁决的裁定，还可以在执行程序中向法院提起不予执行的申请。而我国现行法律仅规定了申请执行的期限，① 并没有规定执行案件的审结期限。被申请执行人完全可以利用这种制度设计，在申请执行仲裁裁决案件审结前的任何时候申请不予执行。在对涉外仲裁裁决的司法监督方面，“撤销”程序的提起和“不予执行”程序的提起，所依据的都是《民事诉讼法》第260条第1款。在同一法域之内，这种制度设计显然存在弊端。事实上，撤销裁决的作用是完全可以包括和吸收不予执行作用的。②

关于不予执行制度是否应当废除，有两种可能：

一是认为，在此情况下，应当取其更广义者（保留撤销制度），而废除较狭义者（废除不予执行制度），以更好发挥仲裁解决争议的作用，合理进行资源配置，提高法律资源利用的效率。当事人如对裁决有异议，可以在撤销程序中一并解决；当然，撤销程序所涉及的事由有必要重新设定，以在必要的时候包括原可能只存在于不予执行制度上的事项。虽然考虑到当事人心理，不予执行制度与撤销制度并存，有利于减少当事人对仲裁风险的心理作用，增强当事人对仲裁解决争议的信心。但就法之本义而言，已具有既判力的决定，完全没有必要在下一程序中重新审查，即便审查的结果是以既判力为由驳回。

虽然事实上，两种程序并存可以赋予当事人程序选择权，当事人可以选择在哪一种程序中对裁决提出异议。但是，在维持当事人程序选择权和防止程序滥用之间，何者为重？从仲裁终局性角度来看，显然其不是为了保护裁决对其不利的一方当事人的程序选择权，而是为了最终解决争议，维护仲裁裁决的可执行性。因此，如若当事人对裁决不服，不应当被动等待执行时再提出异议。毕竟，争议的解决不是靠等；被执行的一方当事人

---

① 即双方或一方当事人是公民的为1年，双方是法人或其他组织的为6个月。

② 参见冯百友，王陆海．应当废除对内国仲裁裁决“不予执行”的司法监督制度［M］//韩健，林一飞．商事仲裁法律报告：第一卷．北京：中信出版社，2005：35.

也没有任何理由依赖于对方当事人可能的举动。①

废除不予执行程序对于败诉一方当事人而言，会使其陷于不停的法律程序中，裁决之后，则需进行撤销程序，否则会失去权利；而其本来可以等待执行之时，再提出不予执行的。这种情况确实存在，即败诉方并不急于提出异议，而视胜诉方是否申请执行而定，其也不准备提出撤销；如果胜诉方提出执行，则提出不予执行；如果胜诉方不提出执行，则就让裁决"烂"在那里，谁都不去理。而若是废除不予执行，则可能逼得败诉方一败诉即提出撤销。但是，仲裁裁决作出的目的是为了被人承认及/或执行，而不是为了被人提出异议，也不是为了成为一份仅供回忆的法律文件。如上所述，若有异议，应及时提出。如裁决无执行内容，则不存在不予执行，若有异议，只能通过撤销；如裁决有执行内容，则通过一次撤销异议即解决问题，无须在执行程序中再以相同理由提出不予执行申请。在本段所述情况下，受损的只是那些妄用法律资源利用仲裁程序取得一纸裁决而不去执行的人或者其相对人；对于这些人，损又何妨？

此外，有人可能提出，废除不予执行制度将导致撤销案件的数量暴增。但应该看到，假若当事人拟提起异议，则若不在撤销程序，也必在执行程序，甚至在二者之中均提出。因此，虽然就受理撤销案件的法院来说，案子可能增加，但是，从所有法院受理异议的总量上看，并不会增加。毕竟，没有正当理由，不能就同一个事项提出两次以上的异议。

二是认为，应当赋予当事人程序选择权，无须废除不予执行制度。防止程序滥用并不一定要废除某一种程序，而只需要在两种程序之间做排他选择，即如若采用撤销程序，则不能再以相同的理由提出不予执行；或者若放弃了撤销程序，则其亦不能以撤销程序的理由提出不予执行的理由。事实上，对于内国裁决，在执行程序中不再考虑撤销申请时提出的理由，反对执行的当事人没有申请撤销裁决将导致其无法以相同的理由反对执行，或者在执行阶段不能陈述其意见，这也是许多国家法律的立场。②

---

① 当然存在这种情况，即一方拿了胜诉的裁决之后，本来就没有打算去执行，此时，既然不会进入执行程序，那么，原本另一方当事人也就不会提出不予执行的异议。有人会认为，此时他去撤销或者要求他去撤销对其无益。首先，这种情况罕见，或并非正常的情况。其次，撤销程序并非强制性程序。再次，假若原本就不会进入执行程序，此时，败诉方也完全可以不进行撤销程序。但若败诉方依赖胜诉方的不执行，不采信撤销行动，而将来胜诉方又反悔，进行执行，此时，当事人应当自行承担可能产生的后果。毕竟，法律程序不是让当事人共谋利用、随便控制的。

② 如1998年德国仲裁法第1060条；1998年比利时司法法典第1710条。

考虑到上述两种可能，并且考虑到目前国内仲裁的实际情况，在利弊并存的情况下，笔者倾向于认为，异议制度设立的原则是，相同事项只能提出一异议。在此基础上，不废除不予执行制度，而是在两种制度并存的情况下，以撤销程序为优先，以不予执行制度为补充，当事人可任选其一进行。即不予废除任一制度，但对制度的运行进行规范和修改。如法院在撤销程序中已经确定下来的事项，无论是驳回或是支持，均对后续的不予执行程序具有约束力，其他法院不应当再审查；如果当事人没有提起撤销之诉，那么，其可以提出不予执行，但是，不能再以相同的理由提起撤销申请。事实上，我国法律关于不予执行和撤销制度的规定，使得当事人在程序上既可能先提起不予执行，再提起撤销，也可能反过来，先提撤销，再提不予执行，或者同时进行。而本段所述方式，可以避免滥诉的现象。正是为了克服这种现象，2006 年中国《仲裁法》新司法解释第 26 条这样规定：当事人向人民法院申请撤销仲裁裁决被驳回后，又在执行程序中以相同理由提出不予执行抗辩的，人民法院不予支持。在一国之内，反过来也应是一样的，当事人提出不予执行被驳回，不能再提撤销；当事人只能选其一，不能同时提出两种异议。在同时进行两种程序时，撤销程序优先于执行程序。新司法解释第 25 条也是如此规定：人民法院受理当事人撤销仲裁裁决的申请后，另一方当事人申请执行同一仲裁裁决的，受理执行申请的人民法院应当在受理后裁定中止执行。

在中国目前的法律框架下，应该指出，在撤销程序未能撤销裁决之后，不予执行或拒绝执行制度应严格限制其审查的范围。不予执行或拒绝执行制度本身是为裁决有效得到执行服务的，是从反面所作的补充。除非撤销程序违反公共政策，否则，不同法院对相同事项的审查，不应得出相反的结论。这一点，在国内仲裁裁决中尤其重要。而相同事项的审查得出不同的结论，在国际商事仲裁中法院分属不同法域的情况下，是很可能产生的。

第二节　重新仲裁问题

从国际上来看，重新仲裁可能涉及两种形式：一是撤销仲裁后进行重新仲裁，二是撤销仲裁程序中进行重新仲裁。前一种情况涉及撤销裁决的后果。裁决撤销的后果取决于仲裁协议是否继续有效以及有效的情况下仲裁庭的管辖权是否继续。如果仲裁协议继续有效，则法院可能依职权将案件发回重审，当事人也可能自己重新提起仲裁；仲裁庭也视情况由原仲裁庭或新仲裁庭组成。① 如某仲裁协议无效，当事人可能重新达成仲裁协议，申请仲裁，② 这种情况也属广义上就同一争议进行重新仲裁。此时，争议的标的、当事人以及仲裁庭的组成人员都可能一样，但是，仲裁协议已经并非原先的仲裁协议。众所周知，仲裁协议是仲裁存在的基础。无论仲裁协议是否有效，裁决撤销后存在的重新仲裁，实际上是开始了一个新的仲裁程序，与原程序间并无必然的联系。因此，从程序角度严格来讲，这一种重新仲裁并不存在特殊性，其应遵循的各种正当程序已另有专文或专著进行研究，此处也不再详细进行研究。本节主要关注的是后一种情况，即在撤销程序中进行的重新仲裁。如无特别指明，后文所称重新仲裁即就此而言。这种重新仲裁遵循的各种程序以及程序背后隐含的理念，较正常情况下的仲裁而言，存在差异性和特殊性，因此，有进行探讨的必要。各个国家法律规定不同。中国《仲裁法》第 61 条确立了重新仲裁制度。重新仲裁制度作为中国仲裁法规定法院对仲裁进行监督的一种方式，属于为弥补裁决撤销程序不足而进行的程序，这与国际上许多国家或地区的做法是一致的。对这种新制度的实施囿于《仲裁法》的简单规定，仲裁及司法上均存在一定的完善空间。本节先以实践中发生的案例为例，阐述重新仲裁所可能涉及的某些主要方面，随后考察国际上的一些做法以及中国的实践，尝试对中国重新仲裁制度的各个方面进行阐析。

一、案例简析

1999 年 4 月，CIETAC 受理了 A 地产有限公司（仲裁申请人）诉 B 工业公司（仲裁被申请人）关于合资经营房地产有限公司合同的争议仲裁案。③ 申请人提出的仲裁请求主要如下：（1）终止合资合同，被申请人支付违约金；（2）被申请人应赔偿投资款本金损失人民币 1 300 万元及利息损失；（3）被申请人应承担律师费人民币 60 万元及仲裁费。2000 年 2 月，仲裁庭作出裁决书，裁决内容主要如下：（1）终止合资合同；（2）驳回支付违约金的请求；（3）申请人要求被申请人赔偿投资款本金损失人民币 1 300 万元及利息损失的请求不予支持，但被申请人应退还申请人

---

① 有些国家，如美国、德国认为，裁决撤销后仲裁协议依旧有效。参见美国联邦仲裁法第 10 条第 5 款；德国 1998 年民事诉讼法第 1059 条第 5 款。

② 中国《仲裁法》第 9 条第 2 款。依荷兰仲裁法第 1067 条，裁决被撤销导致仲裁协议的无效。

③ CIETAC 案例，未公布。

人民币900万元；（4）承担律师费人民币30万元；（5）仲裁费由申请人承担40%，被申请人承担60%。裁决书下达后，被申请人向有管辖权的人民法院提出申请“撤销裁决书中‘但被申请人应退还申请人人民币900万元’这一超裁部分”，其主要理由是：赔偿请求与返还请求是两种完全不同性质的诉讼请求，是决不能混淆的。随后，经审查，有管辖权的人民法院发出通知，该通知称：“……B工业公司认为该裁决的第二项中‘但被申请人应退还人民币900万元’属超出当事人仲裁协议约定的范围和请求范围，向本院申请撤销该裁决事项。本院认为……仲裁庭以退还投资款的形式支持申请人的赔偿请求，确会使当事人产生歧义，以致仲裁被申请人以贵会的裁决不属于当事人申请仲裁的事项为由申请撤销。为使贵会的裁决本意能正确表述，特请贵会在3个月内对该仲裁案重新仲裁。是否重新仲裁，请贵会收函后答复本院。”CIETAC收函后致函该法院，称“……本会经与该案仲裁庭商议，将在收到贵院通知后3个月内对该仲裁案重新仲裁……”其后，B工业公司提出了“重新仲裁请求书”，要求撤销原裁决书中的超裁部分。A地产有限公司作了答辩。在该答辩中，A公司认为被申请人应承担全部的违约责任，并要求被申请人支付违约金以及赔偿因其违约给申请人造成的全部损失等。CIETAC依据仲裁法的规定，由原仲裁庭进行了审理。本案现已审理终结。

中国现代商事仲裁制度虽然有50年的历史，① 但重新仲裁是在1995年中国《仲裁法》施行后才真正实施的，因此，是一种比较新的制度。② 中国《仲裁法》第五章（申请撤销裁决）第61条规定“人民法院受理撤销裁决的申请后，认为可以由仲裁庭重新仲裁的，通知仲裁庭在一定期限内重新仲裁。并裁定中止撤销程序。仲裁庭拒绝重新仲裁的，人民法院应当裁定恢复撤销程序”。由于没有一套与之相应的操作程序规定，实际上法律界对重新仲裁制度的认识以及实践均不统一，由此也产生了一些问题。本案重新仲裁的发生是在撤销裁决程序启动后。按照中国的法律规定，如果进行重新仲裁，那么，它的开始时间只能在撤销裁决的程序开始

① 1954年中央人民政府政务院决定在中国国际贸易促进委员会内设立对外贸易仲裁委员会，这应该算是严格意义上中国现代商事仲裁制度的肇端。

② 1991年4月9日中国《民事诉讼法》第261条规定的重新仲裁指的是，仲裁裁决被人民法院裁定不予执行后，当事人根据双方达成的“书面仲裁协议重新申请仲裁”。该条规定的重新仲裁应是指依据重新达成的仲裁协议进行仲裁，即1995年9月1日起施行的中国《仲裁法》第9条第2款明确了的重新仲裁。这种重新仲裁不是本书所要研究的对象。

后。这与某些国家仲裁法规定在裁决撤销后再由法院命令重新仲裁存在差别。① 在本案中，撤销申请人提出的理由是裁决书超裁，认为对未请求事项作出裁决。② 如果裁决书实属超裁，法院可否直接裁定撤销裁决？有两种做法：一种是对裁决超裁部分采取部分撤销；③ 另外一种就是重新仲裁。部分撤销的后果是导致所涉部分裁决无效，而其他部分仍然有效，可以执行；而重新仲裁则是希望通过仲裁庭自身对所声称的瑕疵作出补救，以完善整个裁决：这是撤销申请人理由成立的情况。不过，法院在上述案例中，并未对裁决是否超出仲裁庭权限作出认定，而只是认为仲裁庭在裁决内容的表述上可能会使当事人产生歧义，从而导致撤销裁决之诉的产生。也就是说，对于是否超裁，法院并未作出最后的认定。在这种情况下，法院仍保留最后作出认定的权力。根据这种分析，在两种情况下法院可以作出重新仲裁的决定：一是认定撤销申请人的请求成立，即裁决超出仲裁庭权限，但不予立即撤销，而是将裁决发回仲裁庭，要求其纠正有关错误；如果仲裁庭不同意纠正，才予以撤销。二是经过初步审理，按照表面证据，认为仲裁庭可能存有导致撤销裁决的不当行为，因此要求仲裁庭予以解决、重新审理；但如仲裁庭不重新审理，也并不必然导致撤销裁决的结果。本案应属于这种情况。此种做法的根据是《仲裁法》第 61 条所赋予的自由裁量权。对于在哪个审理阶段作出重新仲裁的决定，法律没有规定，也属于自由裁量权范围。但自由裁量所秉持的原则应是《仲裁法》所规定的自愿性原则以及法律所蕴含的效率等价值观，并应体现出法院对仲裁的支持；具体而言，法院自由裁量权的行使是基于对后文所述各种因素综合考量后的结果。实质上，对《仲裁法》第 61 条所规定自由裁量权的理解和应用，是中国重新仲裁制度的关键所在，也体现了司法对仲裁的态度。

---

① 如美国、德国。

② 中国《仲裁法》第 70 条和《民事诉讼法》第 260 条第 1 款规定了撤销裁决的情形，其中之一为："……（4）裁决的事项不属于仲裁协议的范围或者仲裁机构无权仲裁的。"

③ 参见最高人民法院《关于中国仲裁机构作出的仲裁裁决能否部分撤销问题的批复》(1999 年 6 月 26 日最高人民法院审判委员会第 1071 次会议通过，法释［1999］16 号)。依照该批复，中国仲裁机构作出的仲裁裁决，如果裁决事项超出当事人仲裁协议约定的范围、或者不属当事人申请仲裁的事项，并且上述事项与仲裁机构作出裁决的其他事项是可分的，人民法院可以基于当事人的申请，在查清事实后裁定撤销该超裁部分。

二、国外及我国香港地区的有关理论及实践

（一）UNCITRAL 示范法

公布于 1985 年的 UNCITRAL 示范法虽然只是一部示范法，但是，这些年来的国际商事仲裁立法中，有近 50 个国家或地区直接采纳该法；即使未采纳的国家，在制定仲裁法时也尽量考虑到或借鉴示范法，因此，UNCITRAL 示范法中所作规定显然对于国际商事仲裁的通行做法有着重要影响。依 UNCITRAL 示范法，仲裁庭在一定条件下可以按照法院命令重新进行仲裁程序，审理仲裁案件。UNCITRAL 示范法第 34 条（申请撤销作为对仲裁裁决唯一的追诉）第 4 款规定：向法院申请撤销裁决时，如果适当，而且当事一方也提出要求，法院可以在其确定的一段时间内暂时停止进行撤销程序，以便给予仲裁庭重新进行仲裁程序的机会或采取仲裁庭认为能够消除撤销裁决理由的其他行动。该款明确了以下几点：一是重新仲裁是在启动撤销裁决程序后，作为撤销程序的一个补充；二是法院作出重新仲裁的决定系基于酌量权和当事人的请求；三是法院对重新仲裁的时限作出确定；四是重新仲裁应当由原仲裁庭进行；五是重新仲裁的目的所在。按 UNCITRAL 示范法，重新仲裁所针对的应当是撤销裁决的理由，而撤销裁决的理由规定于第 34 条第 2 款。

（二）英国

英国 1950 年仲裁法、1979 年仲裁法及 1996 年仲裁法均对发回重新仲裁制度作了规定。虽然在不同时期，发回重新仲裁的做法以及其对仲裁的作用不同，但是，在英国的司法实践中，作为一种监督方式，发回重新仲裁制度占有非常重要的地位。按照 1996 年英国仲裁法第 68 条（裁决异议；严重不当行为）第 3 款规定，发回仲裁庭重审是法院第一要考虑的，只在重审不合适的情况下，才考虑采取其他的救济措施。1996 年《英国仲裁法》第 71 条（异议或上诉：法院裁定的效力）第 3 款规定：如裁决的全部或部分被发回仲裁庭重审，仲裁庭应就该发回事项自法院作出发回裁定之日起 3 个月内或在法院规定的更长或更短期限内重新作出裁决。英国仲裁法对于重新仲裁的问题在成文法上也规定得不很详细，但是，由于英国属于判例法系国家，法官在具体适用时所作判例有着先例作用，因此，细节问题可以通过成例来进行归纳。不过，从其成文法的规定来看，其针对的是严重不当行为，重新仲裁命令由法院酌量作出，而无须当事人申请与否，仲裁庭亦应当是原仲裁庭，重新仲裁的进行亦是在撤销程序中。

（三）美国

美国联邦仲裁法第10条对重新审理进行了规定。该条规定，裁决业已撤销，但仲裁协议规定的裁决的期限尚未终止，法院可以斟酌指示仲裁员重新审理。2000年《美国统一仲裁法》① 第23条（裁决的撤销）第3款也规定："法院如根据第1款第5项之外的其他理由撤销裁决，可命令进行重新审理。如根据第1款第1项或第2项之理由撤销裁决，则应由新的仲裁员进行重新审理。如根据第1款第3项、第4项或第6项撤销裁决，则可由原仲裁员或新仲裁员进行重新审理。"在美国，重新仲裁是在撤销程序后，由法官根据具体情况自由裁量是否进行。《统一仲裁法》区分不同情况，对应由新的仲裁员进行重新审理和可由原仲裁员进行审理作了不同规定。首先，《统一仲裁法》规定可以由法院命令重新进行仲裁的范围不包括不存在仲裁协议的情况；其次，如果原仲裁庭有违反其操守的不当行为，则应由新的仲裁庭审理；再次，如果仲裁庭虽有不当行为，但该行为的性质系未严格遵守仲裁程序，则可由法院视情况决定是否由原仲裁庭重新审理。

（四）瑞典

瑞典对于重新仲裁也于立法中作了规定。按照瑞典仲裁法的规定，在一定条件下，仲裁庭亦可以重新进行仲裁程序直至作出新的裁决。瑞典1999年仲裁法第35条规定：法院可以在一定期限内中止关于裁决无效或撤销裁决的诉讼，以使仲裁庭有机会重开仲裁程序或根据其意见采取一些措施以消除使裁决无效或被撤销的理由：（1）法院认为争议的请求应予接受且一方当事人要求中止诉讼；（2）双方当事人都要求中止诉讼。该条规定一是明确了重新仲裁的目的，二是对程序作了原则性规定，对具体的操作也没有详细的规定。与UNCITRAL示范法不同的是，从字面上看，瑞典仲裁法将重新仲裁作为确认裁决无效程序和撤销裁决程序的补充部分，而UNCITRAL示范法并未规定确认裁决无效程序。不过，实际上，在UNCITRAL示范法中，申请撤销作为对仲裁裁决唯一的追诉，其相应的撤销理由包括了瑞典仲裁法适用两种程序的理由。

（五）中国香港

香港法院对在香港作出的仲裁裁决的司法复审或司法复核可以分为对本地仲裁项下所作裁决的司法复审和对国际上裁决进行的司法复审。前者

① 美国统一仲裁法系示范法，供各州自由采用。各州在采用时可根据具体情况作必要更改，包括改变法规的名称。

适用《仲裁条例（修订）》第II部有关本地仲裁的规定，后者适用第II部有关国际仲裁的规定。法院对港内仲裁项下裁决的司法复审中，法院受理的经准许上诉的裁决中涉及的法律问题的案件，可作出确认、变更或撤销该裁决的判决或裁定，也可以将法院对上诉涉及的裁决中的问题的意见连同裁决书一并退给仲裁员或公断人重审。在后一种情况下，除法院在其裁定中另有规定外，裁决应在裁定之日起3个月内作出。① 对于在香港作出的国际仲裁项下的裁决，不存在进行上诉的情况。依《仲裁条例（修订）》第34C条第1款的规定，国际仲裁适用的仲裁协议及仲裁均受UNCITRAL示范法管辖。按照UNCITRAL示范法第34条的规定，仲裁当事人对仲裁裁决唯一的追诉就是申请撤销。因此，在一定条件下，UNCITRAL示范法所规定的发回重审也适用于在香港作出的国际裁决。

（六）德国

德国1998年民事诉讼法第1059条规定：经申请撤销，如法院认为适当且当事人提出申请，可将裁决撤销并将案件发回仲裁庭重审。该条明确了几点：一是重新仲裁在裁决撤销后；二是重新仲裁程序的启动由法院酌量与当事人申请结合。德国的重新仲裁亦是在裁决撤销后。联系其第5款，② 实际上，德国的重新仲裁程序基于的前提是：撤销裁决的结果并非导致仲裁协议无效，而是使得仲裁协议重新有效，在此基础上，法院可在适当的时候将案件发回仲裁庭重审。

（七）瑞士

在瑞士，如果撤销理由成立，法院将案件发回仲裁庭重审，仲裁庭需要继续进行仲裁，并需考虑到法院的法律意见。新裁决仍可以被提起撤销之诉。但是，如果法院认为仲裁庭的组成严重不规范或者不胜任，则可宣布裁决无效。③ 1969年省际仲裁协约第39条规定：受理案件的司法机构在听取当事人意见后，如认为合适，可以将案件发回仲裁庭重审，要求其限期作出修改或补充。第40条规定：如果司法机构不将裁决发回重审或裁决未在规定期限内得到修改或补充，则其应当就撤销之诉作出判决；如

① 2000年中国香港仲裁条例（修订）第23条第2款及第24款。另参见赵秀文. 香港仲裁制度［M］. 郑州：河南人民出版社，1997：215.

② 该法第5款规定：如无任何相反的因素，裁决的撤销应导致仲裁协议就争议事项而言重新有效。

③ See Klaus Peter Berger. International Economic Arbitration [M]. Kluwer Academic Publishers, 1993: 705.

此类诉讼可予支持，则应撤销裁决。如原仲裁员并未因其参加前次仲裁程序或由于其他原因而回避时，仲裁裁决经撤销后，应由原仲裁员作出新的裁决。第 43 条规定：如果关于审查的诉讼得到支持，司法机关应将案件发回仲裁庭重审。仲裁庭无法重审则应根据本法第 3 条予以替换；如果有必要组成新仲裁庭，仲裁员应依据本法第 10 条和第 12 条指定。按照瑞士法律的规定，仲裁庭重新审理案件的情况可在撤销程序中，也可在撤销程序后。而且，可以视情况决定是否重新组成仲裁庭。

除了以上国家或地区的仲裁法律中存在关于重新仲裁的规定外，还有许多国家也对重新仲裁的制度进行了规定，如俄罗斯联邦国际商事仲裁法的规定。①

从上述介绍可以看出，作为一种司法监督方式，发回重审的做法在国际上较为常见。实际上发回重审隐含着两种含义，或者说，产生这种制度法理意义上的价值取向：一是给仲裁这种争议解决方式再一次发挥其效能的机会；二是给仲裁庭一个补救的机会。二者都体现出对于当事人选择仲裁方式这种意愿（具体而言，是仲裁协议）的尊重。相应地，法律规定上就会出现两种形式：一种是重新进行仲裁，是否由原仲裁庭进行不构成这种程序存在与否的关键，如瑞士 1969 年省际仲裁协约，其可以由原仲裁庭进行，但若仲裁庭受各种障碍无法组成，亦可由新仲裁庭进行；另一种是由原仲裁庭进行。如前文所述，重新仲裁可能作为撤销程序的一部分，如 UNCITRAL 示范法的规定，也可能作为撤销程序后的程序，如德国民事诉讼法的规定。② 重新仲裁在细节上的规定略有差别，如英国可在对法律问题的上诉过程中，法院可以裁定发回重审。是否发回重审的情况可略分为三类：一是是否发回重审由法院决定，如英国；二是法院认为适当而且当事一方也提出要求，如 UNCITRAL 示范法；三是双方当事人都提出要求，如瑞典。在何种情况下可以发回重审呢？英国仲裁法在法院有关仲裁裁决的权力部分，第 68 条（裁决异议：严重不当行为）和第 69 条（对法律问题的上诉）中均规定了法院裁定发回重审的权限和所基于

---

① 俄罗斯联邦国际商事仲裁法第 34 条规定：受理撤销仲裁裁决申请的法院如认为适当且经一方当事人请求，可以在一段时间内中止撤销程序，以便给予仲裁庭一个机会重新进行仲裁程序或采取仲裁庭认为能够消除撤销仲裁裁决的理由的其他行动。

② 但是，德国民事诉讼法的规定又与中国《仲裁法》的规定有所不同。按中国《仲裁法》第 9 条第 2 款的规定，裁决被撤销后，当事人如要申请仲裁的，需双方重新达成仲裁协议。

的事由。在存在影响仲裁庭、仲裁程序或裁决的严重不当行为，或者允许上诉的法律问题的条件时，法院可以作出发回重审的裁定。但在第 67 条（裁决异议：实体管辖权）项下，仲裁程序的一方当事人就仲裁庭的实体管辖权对裁决提出异议的情况下，法院则无发回重审的权限。这就说明在某些情况下，法院不得裁定发回重审，而在另外一些情况下，法院有决定是否发回重审的自由裁量权。发回重审的目的在于给予仲裁庭重新进行仲裁程序的机会或采取仲裁庭认为能够消除撤销裁决理由的其他行动；方式则是中止正在进行的司法程序，重新开始仲裁程序。本节重点研究的是在对裁决提出异议要求撤销裁决的前提下，发回重审的各个法律问题。前述各种做法对中国的仲裁实践与立法可以起到借鉴作用。

三、中国的法律和实践

重新仲裁与诉讼中的发回重审有相似性，但差别也是明显的。中国《民事诉讼法》中发回重审是第二审程序中的一个组成部分。在下列情况下，第二审人民法院应裁定发回重审：（1）在原判决认定事实错误，或者原判决认定事实不清，发回原审人民法院重审。发回重审的案件，根据《民事诉讼法》第 41 条第 2 款的规定，原审人民法院应当按照第一审程序另行组成合议庭进行审判，原合议庭成员不能参加新组成的合议庭。原审人民法院对发回重审案件所作出的判决，仍属于一审判决，当事人不服，有权提起上诉。（2）原判决违反法定程序，可能影响案件正确判决的，裁定撤销原判决，发回原审人民法院重审。根据最高人民法院的司法解释，原判决违反法定程序，可能影响案件正确判决的情形主要有以下几种：一是有关人员应当回避而未回避的；二是未经开庭审理而作出判决的；三是适用普通程序审理的案件，当事人未经传票传唤而作出判决的；四是其他严重违反法定程序的。中国《民事诉讼法》第 151 条规定：第二审人民法院应当对上诉请求的有关事实和适用法律进行审查。由此可见，中国的上诉审，既是事实审也是法律审，是事实审与法律审的统一。之所以作如此规定，这是因为事实的认定和法律的适用在案件的处理中往往无法分开，二者均对当事人合法权益的保护产生重要影响。①

重新仲裁与诉讼中的发回重审存在区别。由上文可见，中国《民事诉讼法》对发回重审有详细的规定，对新合议庭的组成、审理范围等均有规定，可操作性相对仲裁中的重新仲裁要强得多。但是，不能将民事诉

---

① 详细可参见谭兵．民事诉讼法学［M］．北京：法律出版社，1997：393-398.

讼中的有关规定照搬进仲裁当中，这样做的后果，将使得原仲裁成为初审，而重新仲裁在法院的干预下成为二审。这显然与仲裁的终局性与自愿性原则相悖，与国际仲裁的做法和趋势是不相符合的，不利于中国仲裁的发展。除此之外，重新仲裁与裁决被撤销后当事人再达成仲裁协议提交仲裁的区别也是显而易见的，因为后者完全是一个新的仲裁，与原来仲裁的仲裁庭、仲裁程序的进行以及请求等均没有必然的联系，其依据是新的仲裁协议，体现的是当事人新的意思表示。

上述A地产有限公司（仲裁申请人）诉B工业公司（仲裁被申请人）关于合资经营房地产有限公司合同的争议仲裁案是CIETAC受理过的一个案件。除此之外，平安星轮I运费、滞期费争议案及平安星轮II运费、滞期费争议案，① 也是CIETAC在实践当中遇到过的案例。该案法院以两个仲裁庭对牵连争议合并开庭审理导致在审理每一争议案中均有一方无直接法律关系的当事人和一名仲裁员进行旁听，此种做法缺乏法律上的依据并与仲裁规则有关规定不符为由，要求仲裁委员会对上述两案重新仲裁。对这两案的重新仲裁，关于仲裁庭的组成、重新仲裁的审理范围等仲裁员均有不同意见。但最后仲裁庭仍基本上是以不重新组庭及不超出原仲裁范围为限对案件进行了审理并作出裁决。CIETAC在实践中，遇到一些需要进行重新仲裁的情况。下文再举数例。

在台湾A公司诉海南B公司案中，② 海南B公司与台湾A公司于1995年6月在海口共同举办合营企业，后由于出资和经营管理等方面产生纠纷，由台湾A公司根据合营合同中的仲裁条款于1996年4月向CIETAC提请仲裁，仲裁庭于1997年2月作出终局裁决。海南B公司于1997年6月向北京市第二中级人民法院申请撤销该裁决。撤销申请人主张：海南B公司对其代理人的授权为全权代理，但未授予具体的代理权限。根据中国《民事诉讼法》的有关规定，该代理视为一般代理，即海南B公司的代理人无权针对其他文件签署仲裁协议，海南B公司自始至终未对其代理人另行签署的仲裁协议有过任何形式的同意或追认，该仲裁协议对海南B公司无任何法律约束力。仲裁庭据以审理并裁决缺乏法律依据，其裁决的事项部分不属于原仲裁协议的范围，从而构成《仲裁法》规定的可以撤销裁决的情形之一。1997年7月，北京市第二中级人民法

① 参见蔡鸿达．关于重新仲裁的问题探讨［J］．仲裁与法律，2000（2）：16.

② 参见中国国际商会仲裁研究所．典型国际经贸仲裁案例评析［M］．北京：法律出版社，1999：546-547.

院下发裁定，认为该案裁决书中部分裁决事项不属于仲裁协议的范围，依照《仲裁法》第 61 条的规定，裁定中止撤销程序，由 CIETAC 重新仲裁。1997 年 12 月，原仲裁庭对该案进行了重新仲裁，维持了原合同项下的裁决事项，剔除了其他文件项下不属于本仲裁庭审理与裁决的事项。该案中，仲裁庭组成不变，仲裁庭审理集中在对原程序进行补救方面。

在 *Minmentals Germany Gmbh v. Ferco Steel Limited* 一案中，Minmentals 公司根据其与 Ferco 公司签订的槽钢买卖合同中的仲裁条款向 CIETAC 提起仲裁，并得到有利于其的仲裁裁决。Ferco 公司向法院申请撤销裁决。法院经审理，认为该裁决存有中国《民事诉讼法》第 260 条第 1 款第 2 项所规定的情形，即由于不属于撤销申请人负责的原因致使其不能陈述意见的，可以由 CIETAC 重新仲裁；法院因此裁定中止撤销程序，通知 CIETAC 重新仲裁。仲裁庭接受了法院的裁定，进行了重新仲裁并作出了重新仲裁的裁决。该案亦是由原仲裁庭进行重新仲裁。

从上述案例中可以看出重新仲裁需要解决的最重要的几个问题：一是重新仲裁得以进行的事由，或称法院作出重新仲裁决定的依据；二是重新仲裁的仲裁庭问题；三是重新仲裁的程序问题；四是重新仲裁涉及的实体审理与原实体审理的关系问题。关于第一个问题，前述案例分别涉及超越权限、没有仲裁协议、不属于撤销申请人负责的原因致使其不能陈述意见等原因。关于第二个问题，正如平安星案中仲裁员的一致意见所表述的："……《仲裁法》第 61 条规定：'人民法院……认为可以由仲裁庭重新仲裁的，通知仲裁庭在一定期限内重新仲裁'……按此规定，重新仲裁应由原仲裁庭进行，除非当事人要求原仲裁庭回避……"关于第三个及第四个问题，仲裁庭均认为应把握的原则在于弥补原程序的不足，在此基础上解决该不足可能涉及的实体问题。

在重新仲裁问题上，司法的指导作用必须非常明确、统一。这种作用可以通过两种方式体现出来：修改《仲裁法》或者作出司法解释。作为中国仲裁领域的里程碑，《仲裁法》对规范和统一国内仲裁制度、促进中国国内仲裁制度与国际上通行的仲裁制度的接轨起到了非常重要的作用。但是，《仲裁法》也存在一些不足，其中之一就是有关重新仲裁的规定极为简陋。① 法律的修改是一个长期且庞大的工程，而仲裁实践需要司法予以的指导则是迫切而且具体的。因此，就仲裁实践而言，通过司法解释的

---

① 参见宋连斌，赵健．关于修改 1994 年中国《仲裁法》若干问题的探讨[M]//陈安．国际经济法论丛：第 4 卷．北京：法律出版社，2001：601.

形式，对于实务过程中遇到的一些问题，能够较快地予以解决。在实践的基础上形成一些切实可行的做法，也有利于将来《仲裁法》的修改。有关法院已经对重新仲裁的具体实施提出了一些非常有意义的意见，如上海市高级人民法院关于人民法院通知重新仲裁的有关问题的规定。①

《上海市高级人民法院关于执行〈中华人民共和国仲裁法〉若干问题的处理意见》中对重新仲裁的有关问题提出处理意见。虽然最高人民法院尚未有明确的司法解释，但上海市高级人民法院的意见基本上能反映出司法机关在这个问题上的意见。上海高院的处理意见如下："（一）关于可以重新仲裁的事由的规定。《仲裁法》第61条对法院通知仲裁庭重新仲裁以及撤销裁决程序的中止作了规定，但对何种情形法院可以通知仲裁庭重新仲裁未作规定。目前，人民法院对仲裁裁决经审查符合下列情形之一的，可通知仲裁庭重新仲裁：（1）仲裁程序违反法定程序；（2）裁决所根据的证据是伪造的（仅限于国内仲裁裁决）；（3）对方当事人隐瞒了足以影响公正裁决的证据（仅限于国内仲裁裁决）；（4）仲裁裁决属'超裁'或'漏裁'。（二）关于通知重新仲裁的程序。人民法院在受理撤销国内仲裁裁决的申请后，经审查认为符合重新仲裁的情形，应当在充分听取仲裁庭的意见后，裁定案件由仲裁庭重新仲裁，并中止撤销程序。仲裁庭应当在法院裁定之日起1个月内启动仲裁程序，并在6个月之内作出裁决。仲裁庭拒绝重新仲裁的，人民法院应立即裁定恢复撤销程序。对于涉外仲裁裁决，人民法院经审查认为符合重新仲裁的情形，应当依照最高人民法院法［1998］40号《关于人民法院撤销涉外仲裁裁决有关事项的通知》的规定，报请高级人民法院审查。如高级人民法院同意通知仲裁庭重新仲裁，应报请最高人民法院审查，待最高人民法院答复同意之后，方可通知仲裁庭重新仲裁。（三）当事人对重新仲裁作出的裁决不服如何处理的问题。当事人对重新作出的仲裁裁决不服，提出撤销裁决的申请，法院经审查认为符合撤销的条件，法院应当裁定撤销仲裁裁决。裁决被撤销以后，当事人可以按照重新达成的仲裁协议提请仲裁，也可以直接向人民法院提起诉讼。"

实际上，重新仲裁的案件就其性质来讲分成两种：国内案件的重新仲裁与涉外案件的重新仲裁。由于这种程序从属于撤销裁决程序，因此，国

① 参见《上海市高级人民法院关于执行〈中华人民共和国仲裁法〉若干问题的处理意见》，（经2001年1月3日上海市高级人民法院审判委员会2001年第1次会议讨论通过，自2001年2月1日起执行）。

内案件的重新仲裁相比涉外案件要宽泛得多，理论上就实体问题也可能需要重新仲裁。关于涉外仲裁案件的重新仲裁，则要严格；并且从程序角度，中国对涉外案件的重新仲裁亦实行报告制度，隶属于裁决撤销程序中的报告制度：(1) 凡一方当事人按照《仲裁法》的规定向人民法院申请撤销中国涉外仲裁裁决，如果人民法院经审查认为涉外仲裁裁决具有《民事诉讼法》第 260 条第 1 款规定的情形之一的，在裁定撤销裁决或通知仲裁庭重新仲裁之前，须报请本辖区所属高级人民法院进行审查。如果高级人民法院同意撤销裁决或通知仲裁庭重新仲裁，应将其审查意见报最高人民法院，待最高人民法院答复后，方可裁定撤销裁决或通知仲裁庭重新仲裁。(2) 受理申请撤销裁决的人民法院如认为应予撤销裁决或通知仲裁庭重新仲裁，应在受理后 30 日内报其所属的高级人民法院，该高级人民法院如同意撤销裁决或通知仲裁庭重新仲裁的，应在 15 日内报最高人民法院，以严格执行仲裁法第 60 条的规定。① 按照这种报告制度，重新仲裁之前，法院也须将有关意见逐级上报。

四、中国的重新仲裁制度架构

事实上，从文字上看，1994 年《仲裁法》并非第一个提出“重新仲裁”概念。比如，1990 年《江苏省小额消费纠纷仲裁办法》② 就已经提到重新裁决的概念。不过，在该办法中，所谓重新裁决，是上级仲裁委员会对下级仲裁委员会已经生效的裁决，在裁决之日起 6 个月内发现确有错误的，有权撤销裁决，责成重新裁决。在性质上，该办法所谓的仲裁是与以自愿性、民间性及终局性等原则为特征的商事仲裁大相径庭的；因此，虽有重合之处，却不能称其为《仲裁法》中重新仲裁制度的肇始。

在架构具体的制度前，有必要论证制度之所以存在的原因。一种制度之所以存在，不外乎公平和效率。重新仲裁制度也是一样，其存在的目的或者说能发挥的作用主要有以下三方面：一是实现充分救济；二是提高效率；三是体现自愿。首先，作为撤销程序的一部分，重新仲裁制度是仲裁裁决的救济制度，旨在消除裁决的瑕疵；其次，通过重新仲裁，可以有针对性地消除仲裁裁决中出现的程序或实体瑕疵，从而能以更高效率实现公

---

① 参见最高人民法院《关于人民法院撤销涉外仲裁裁决有关事项的通知》(1998 年 4 月 23 日法［1998］40 号)。

② 参见国务院法制局．中华人民共和国新法规汇编：第三辑［M］．北京：中国法制出版社，1997.

平；最后，当事人对于争议解决方式的选择是仲裁，这种意思表示应当得到尊重。中国《仲裁法》在规定重新仲裁制度时，字面上未体现出前文所列举国际上其他国家或地区仲裁法中对于目的的规定。但实际上，这种制度也是为了达到这些目的。具体而言，就是法院给予原仲裁庭重新进行仲裁程序的机会，在尊重当事人意愿的基础上，提高解决争议的效率，实现充分的救济。另外，重新仲裁制度符合现代国际商事仲裁领域司法对仲裁支持增强的趋势。重新仲裁正是在这些前提下产生的。它一方面要依据双方当事人的仲裁协议，另一方面，又因为其是作为一种弥补程序，是根据法律规定而来，因此，是当事人合意和法律强制性的平衡。以下将分成五部分对相应的法律问题进行论述。

（一）重新仲裁的事由

作为撤销程序的一部分，重新仲裁是在撤销裁决的申请受理后发生的程序，因此，其理由应以撤销裁决的理由为前提，即重新仲裁的事由应包括于撤销裁决的事由之内。撤销申请所针对的裁决可分为国内裁决和涉外裁决；申请承认与执行的外国裁决因为不涉及在中国法院进行的撤销程序，自然也不存在重新仲裁。重新仲裁不应只限于国内仲裁的裁决，理由如上段所述；至于《仲裁法》第 61 条的规定与第 70 条规定的文字上的表面不符问题，应在修改仲裁立法或制定司法解释时予以相应的解决。对于撤销国内仲裁裁决，《仲裁法》第 58 条有详细规定；而对涉外仲裁裁决的撤销，《仲裁法》第 70 条和中国《民事诉讼法》第 260 条作了规定。在这些事由中，不是所有的情形法院都先决定需要由仲裁庭重新仲裁。那么，法院是依据何种标准来确定重新仲裁与否？也就是说，在哪些情况下可以重新仲裁，而在哪些情况下不宜重新仲裁而应直接裁定撤销，理由何在？《仲裁法》仅规定“认为可以由仲裁庭重新仲裁”的标准。这虽然是一个主观标准，但也有其客观基础。这个基础即是《仲裁法》及《民事诉讼法》所规定的撤销情事。按照中国法律的规定，撤销（包括国内和涉外仲裁）情事主要有下列几种：（1）没有仲裁协议的；（2）裁决的事项不属于仲裁协议的范围或者仲裁委员会无权仲裁的；（3）仲裁庭的组成或者仲裁的程序违反法定程序的；（4）裁决所根据的证据是伪造的；（5）对方当事人隐瞒了足以影响公正裁决的证据的；（6）仲裁员在仲裁该案时有索贿受贿、徇私舞弊、枉法裁决行为的；（7）违反社会公共利益的。那么，如何判断哪些情形可以重新仲裁、哪些情形必须直接裁定撤销裁决呢？

判断的标准有四个：

(1) 管辖标准。以管辖标准作为重新仲裁与否的标准，根据在于仲裁的自愿性原则和争议的可仲裁性。撤销申请人以仲裁协议不存在或不管辖所涉争议为由提起异议，法院审查也限于管辖权的有无：有则导致驳回撤销申请人的申请；无则说明仲裁管辖是错误的，导致撤销裁决。例如，依前文所述英国仲裁法的规定，若就实体管辖提出异议，那么，英国法院对于就仲裁庭实体管辖权而就裁决提出异议的申请以三种方式裁定：确认裁决、修改裁决或者全部或部分撤销裁决。对此，英国法院所采取的方式不包括发回重审。再如前述美国《统一仲裁法》，虽然该法的重新审理是在裁决撤销后进行，但对于不存在仲裁协议的情况，也明确规定法院不可以命令进行重新审理。对于中国国内或涉外争议，如提交仲裁的当事人间未达成书面仲裁协议，或不具有有效仲裁协议，则在当事人申请撤销且法院对这种情形予以确认的情况下，应当裁定撤销。

(2) 程序瑕疵的可弥补性标准。在属于仲裁庭可以弥补的程序瑕疵上，发回仲裁庭重新仲裁显然是符合各方最合理利益的。但在某些情况下，程序瑕疵涉及仲裁庭的组成，如指定仲裁员的通知、仲裁庭的组成方式等，当事人可能对仲裁庭组成本身抱有异议，这时把案件重新发回引起争议的仲裁庭审理显然不妥。因此，这种情况下属于程序不可弥补。在适用该标准时，应考虑到仲裁庭的主观过错程度。

(3) 公共利益标准。中国《仲裁法》第70条在规定撤销情事时，表面上是排除公共利益，但实际上，公共利益依其性质，并不排除在涉外仲裁的撤销审查中。如果裁决违反公共利益，那么，也不适合发回仲裁庭重新审理，而属于实体上的错误。重新仲裁是发回原仲裁庭审查，不像诉讼中发回重审是另行组成新合议庭；裁决实体在公共利益上发生了错误再由产生该错误的原仲裁庭审理是不妥的，也应当裁定撤销。中国《仲裁法》第58条第3款的规定很明确："人民法院认定该裁决违背社会公共利益的，应当裁定撤销。"结合第70条，该条似乎只针对国内仲裁。但实际上，如前所述，违反法院地公共利益的涉外仲裁裁决亦应当裁定撤销。

(4) 实体上的可弥补性标准。这是专属于国内仲裁裁决的重新仲裁的。如裁决所根据的证据是伪造的或对方当事人隐瞒了足以影响公正裁决的证据，该问题在仲裁程序双方申辩的过程中，仲裁庭并没能解决。因此，这是不可以弥补的，因此不应重新仲裁。除此之外，如上述第（3）点所述，其他实体问题再由原仲裁庭审理是不妥的，也应当裁定撤销。

具体而言，撤销申请人以下列事由提起撤销，如人民法院认为当事人主张的下列撤销情形存在，就不应通知进行重新仲裁，而应直接裁定撤销：(1) 不存在仲裁协议；(2) 裁决事项全部超出仲裁协议的范围；(3) 仲裁庭的组成违反法定程序；(4) 仲裁员在仲裁该案时有行贿受贿、徇私舞弊、枉法裁决的行为；(5) 违反公共利益等。若撤销申请人以下列事由提起撤销，则如人民法院认为当事人主张的情形存在，就可以通知进行重新仲裁：(1) 由于不属于撤销申请人的原因而未能陈述意见；(2) 裁决事项部分超出仲裁协议的范围时，可以选择部分撤销或者由仲裁庭进行纠正的做法；(3) 仲裁庭组成符合法定程序，但仲裁程序的进行与仲裁规则不符或违反法定程序等。应该看到，依《仲裁法》的规定，是否采取重新仲裁，取决于法院的自由裁量。但是，从最大限度保护当事人利益、体现当事人意愿和利用社会资源的角度考虑，在可以撤销裁决也可以进行重新仲裁的情况下，宜采取重新仲裁的做法。如前述案例所表明的，对于仲裁当事人提出的撤销裁决申请，法院在初步审理的基础上，如认为可以重新仲裁，则宜持宽松态度，将案件发回重审。在何者可以重新仲裁、何者应予撤销的问题上，美国《统一仲裁法》的表述可资借鉴。如前所述，无论是国内裁决抑或涉外裁决，在现有《仲裁法》背景下，只应在某些程序瑕疵时采取重新仲裁制度。对于实体异议确定时，均不宜采用重新仲裁的方法，而应直接裁定撤销。不过有些时候，程序和实体紧密相连，由于程序的瑕疵导致实体上未能充分审理，比如前述由于不属于撤销申请人的原因而未能陈述意见的，那么，应将其归入程序类而可采取重新仲裁制度。CIETAC 受理的 *Minmentals* 案，法院即是基于此种考虑。此外，在上文提及的上海市高级人民法院的意见中，将国内仲裁裁决所根据的证据是伪造的和对方当事人隐瞒了足以影响公正裁决的证据列为可以重新仲裁的事由，值得商榷、思量。毕竟，仲裁庭在冗长的法律程序中，经过了双方当事人多次申辩，依然未能使得证据的可信力凸显，或者采纳可信的证据或同意一方对证据的异议，显然该仲裁庭不适合审理该案。再将案件要求原仲裁庭重审，不符合合理利益原则。

2006 年中国《仲裁法》新司法解释只对国内仲裁案件的重新仲裁事由作了规定，且只提及伪造证据和隐瞒证据两类。第 21 条规定：当事人申请撤销国内仲裁裁决的案件属于下列情形之一的，人民法院可以依照《仲裁法》第 61 条的规定通知仲裁庭在一定期限内重新仲裁：(1) 仲裁裁决所根据的证据是伪造的；(2) 对方当事人隐瞒了足以影响公正裁决的证据的。人民法院应当在通知中说明要求重新仲裁的具体理由。”但司法解释的此项规定，并不能剥夺法院在重新仲裁问题上的自由裁量权，也即法院仍可以其他理由，通知仲裁庭进行重新仲裁。同样，对于涉外仲裁的重新仲裁事由，法院也可以依其在这个问题上的自由裁量权作出决定。

（二）新程序与老程序的关系

如果裁决被撤销，那么，裁决显然是无效的，也无法在外国得到承认和执行。这一点是国际上的一般观点。① 例如，《纽约公约》规定：如“裁决已经由作出裁决的国家或裁决所依据法律的国家的主管机关撤销”，② 可以拒绝承认和执行。在美国，撤销裁决之诉可依据美国联邦仲裁法第10条提出；如果裁决被撤销，则裁决“无效”，不再具有法律效力，其不能被在法院得到确认或以任何方式被作为依据。③ 关于撤销程序进行过程中、裁决未撤销前原裁决的效力问题，产生了一些争议。有学者认为，重新仲裁是撤销程序下的一项制度，撤销仲裁裁决之诉属形成之诉；当事人提起撤销裁决申请后，在法院作出撤销仲裁裁决或者仲裁庭作出重新仲裁裁决否定或变更原仲裁裁决之前，该仲裁裁决都是有效的，其效力是确定的；如果一项仲裁裁决在执行后被法院撤销，涉及的问题也只是执行回转问题。另一种观点认为，当事人提起撤销裁决之诉后，仲裁裁决即处于效力未定的浮动状态。依照《仲裁法》的规定，重新仲裁是撤销程序下的一项制度，重新仲裁程序启动后，仲裁裁决仍处于这一状态，其效力取决于重新仲裁的结果。

笔者的观点是，依中国目前的做法，在撤销仲裁程序开始后，仲裁裁决如未执行完毕，则其效力应属于未定待定状态。如前者所认为的，如果仲裁裁决在执行后被法院撤销，涉及的问题确实只是执行回转问题。但是，如果一项仲裁裁决在执行过程中，当事人申请撤销裁决从而开始裁决撤销程序的，那么，根据《仲裁法》第64条的规定，人民法院应当裁定中止执行。应当注意，《仲裁法》在这种情况下要求的是中止原终局生效裁决的执行而非继续执行该裁决，仲裁法并不以将来的执行回转来解决可能的撤销裁决问题。由此可见，在撤销程序开始后，裁决已执行完毕的，只存在是否否定裁决的效力问题，这就需要法院对其确认与否，无效则导致执行回转；裁决未执行完毕的，则虽然仲裁裁决在作出时是终局的，但在撤销程序中其效力属于未定状态，有权确定其效力的主体是法院或法院

---

① 但国际上对于已撤销裁决的效力，仍有不同做法。如美国、法国。参见本书其他部分。

② 《纽约公约》第5条第1款e项。

③ See Gary B. Born. International Commercial Arbitration in the United States [M]. Kluwer, 1994: 463.

通知下的仲裁庭，这是符合效率以及法律规定的。由此，重新仲裁时，裁决未执行完毕的，则原裁决效力待定，仲裁庭是确定其效力的主体。该未执行完毕的裁决书不得被继续执行，也不得作为其他法律程序的依据。关于终局性，不能持其绝对意义上的观点，而应相对看待。从执行的角度，如果对裁决的效力提出的诉讼尚未结束，裁决就不是绝对意义上终局的。

在一案①中，法院认为，法院裁定中止撤销程序时，原裁决即已丧失了仲裁裁决的终局效力和法律效力；在法院依法通知仲裁委对仲裁案重新仲裁，且在仲裁委明确表示同意对该案新仲裁后，法院即应依规定终结撤销程序。此时的裁决不能认为是终局的。而上案中的仲裁庭在重新仲裁的过程中认为，由于前“裁决书在撤销程序终结前未被法院撤销。因此，无论仲裁庭对该裁决的内容有无不同意见，都无权就同一案件作出另一个也是具有终局效力的裁决”。基于这一理由，该仲裁庭裁决：不再作出另一裁决。从程序上看，这是不正确的。法院不撤销裁决，而是通过中止撤销程序，并在仲裁庭同意重新仲裁之后终结撤销程序的做法，给裁决及仲裁程序以补救的机会，但这不意味着仲裁庭在重新仲裁的过程中不能作出新的裁决。否则，重新仲裁制度没有任何意义。

《仲裁法》的规定很明确，“人民法院认为可以由仲裁庭重新仲裁的”，通知仲裁庭在一定期限内重新仲裁。根据《仲裁法》有关规定的精神，重新仲裁无须另组仲裁庭，因为仲裁庭的组成方式和仲裁员本身就是由当事人直接或间接地选定的，体现了当事人的自由意愿。由原仲裁庭重新仲裁，既尊重了当事人的意愿，也给仲裁庭一个自我纠正错误的机会，从而有利于仲裁庭作公正裁决。有学者认为，重新组成仲裁庭与否，应该允许当事人自主选择。不可否认，允许重新组成仲裁庭对于仲裁这种法院外（out-of-court）的争议解决方式发展有利，也可能对于当事人采取仲裁解决争议的意愿考虑得更为周全，但是，在中国目前的法律框架内，这种观点似不妥。首先，法律规定得很明确。法条中虽未明文写明“仲裁庭”即原仲裁庭，但是，之所以不以原仲裁庭来指称，是由于不存在一个新仲裁庭。而且，根据该条规定，如果重新仲裁的主体是新组成的一个仲裁庭，则对其而言，根本并非重新开始仲裁，而是全新的一个仲裁；其次，法律并非规定由人民法院认为“可以重新仲裁的”，而是规定“可以由仲裁庭重新仲裁的”。也就是说，与国际上有些国家（典型如瑞士）对于仲裁的支持度相比较而言，中国法律尚显得较为谨慎。最后，在效力未定

① （1998）二中经初字第132号民事裁定书。

时，一个仲裁庭的错误不应当由另一个与之处于平等地位的仲裁庭来纠正。在撤销仲裁裁决程序中，被提出撤销申请的仲裁裁决属于效力未定待定状态，而如此时由处于平等地位的另一仲裁庭来纠正前仲裁庭的错误，没有理论依据。至于国外（如美国）有些仲裁法规定可由新仲裁庭来进行重新审理，其时裁决已经撤销，裁决的效力已经确定。因此，通过司法监督的力量，新仲裁庭可以重新审理相关争议。

在仲裁员采取名册制度下，可能产生问题。例如，原仲裁庭部分或全部成员在重新仲裁时已经不再是名册之中的仲裁员了，此时，如何进行？在一案①中，法院认为，由于重新仲裁否定了原仲裁裁决的效力，重新仲裁不等同于普通仲裁案件的继续审理，而是要求案件必须由仲裁庭重新审理并作出新的裁决。《仲裁法》第 30 条规定，“仲裁庭可以由三名仲裁员或者一名仲裁员组成”，这一规定表明，仲裁庭应当由仲裁员组成，即在仲裁员开始审理案件时，应具有仲裁员的身份。本案系重新仲裁案件，原仲裁庭组成人员之一在重新仲裁时，由于其未被仲裁委续聘而已不具有仲裁员资格，且北京月坛大厦房地产公司对孙某参与重新仲裁工作明确提出异议，在此情况下，仲裁委应对月坛房地产开发有限公司的异议予以合理考虑，但其仍决定由孙某作为仲裁庭组成人员开始重新仲裁案件的审理工作，进行了开庭、合议、作出裁决，在程序上不妥，已构成《仲裁法》第 58 条第 1 款第（3）项规定的“仲裁庭的组成或者仲裁的程序违反法定程序”的情形，故北京月坛大厦房地产开发有限公司该项撤销理由成立。

由于重新仲裁的主体是仲裁庭，因此，如果涉及的仲裁庭的组成之前的程序不当，则由于皮之不存毛将焉附的道理，不可能进行重新仲裁；而若只是组庭之后的程序不当，则仲裁庭应同样地根据仲裁规则处理有关程序。在仲裁程序上，原仲裁程序中的有效部分与重新仲裁程序共同构成一个具体案件的从申请仲裁到作出仲裁裁决等一套完整的程序。

---

① （2003）二中民特字第 8863 号民事裁定书。北京月坛大厦房地产开发有限公司申请撤销北京仲裁委员会（2003）京仲裁字第 0283 号仲裁裁决案。在该案中，申请人认为，（2002）二中民特字第 09675 号民事裁定书裁定的是仲裁委对该仲裁案重新仲裁，而非裁定原仲裁庭重新仲裁，故应该重新组建仲裁庭进行审理。只有重新组建仲裁庭进行审理，才能体现仲裁委仲裁规则中关于“遵循公平合理的原则，独立公正地作出裁决”的规定。本案由原仲裁庭重新仲裁，影响了案件的公正性。且原仲裁庭仲裁员孙某在重新仲裁时已不再具有仲裁员资格，由他继续担任重新仲裁时的仲裁员，违反了仲裁规则。

（三）重新仲裁的范围

上述从法院的角度看重新仲裁提起的理由，而这里则从仲裁庭的角度探讨在这种前提下的审理范围问题。仲裁庭究竟应在多大的范围内重新仲裁，取决于法院认定的仲裁裁决所存在的瑕疵。由于重新仲裁的出发点是对于可能影响公正裁决的程序问题的弥补，因此，对于申请人新提出的实体请求，或者被申请人新提出的反请求，均不应审理，除非当事人因非属于他的原因而没有得到进行仲裁程序的通知，导致未能提出相应请求。不过，应当看到，重新仲裁的结果可能与原仲裁裁决结果不同，如在被申请人没有得到进行仲裁程序的通知或其他非属被申请人负责的原因而未能陈述意见的情况下，由于有可能需要对所有的问题重新审理，出现不同结果也是正常的。

是否双方当事人同意的所有问题均可在重新仲裁程序中进行审理？在中国，重新仲裁系由法院通知启动，而非基于当事人意愿而开始，因此，双方当事人在重新仲裁程序开始后新同意的所有与弥补程序瑕疵无关的问题均不应在重新仲裁程序中解决，而应另行提起法律程序，除非仲裁庭认为有必要或适当。

（四）重新仲裁的通知与结果

法院发出重新仲裁的通知的直接后果主要是撤销程序的中止。依照《仲裁法》第61条的规定，法院以裁定的形式中止撤销程序。人民法院受理当事人要求撤销仲裁裁决的申请后，认为当事人双方的争议可由仲裁庭重新仲裁，通知仲裁庭在一定期限内重新仲裁而使撤销仲裁裁决程序暂时中断停止的情况，称为撤销仲裁裁决程序的中止。重新仲裁的通知是否直接导致重新仲裁程序的开始？第61条后半段规定，是否重新仲裁的权力在仲裁庭；对法院重新仲裁的通知，是否采纳，由仲裁庭决定。仲裁庭既可以决定重新仲裁，也可以拒绝。不论出于何种考虑，仲裁庭拒绝重新仲裁的，人民法院应当裁定恢复撤销程序，完成对申请和裁决的审查，从而作出其他处理。可见，中止撤销程序，只是暂时停止撤销程序的进行，如果仲裁庭拒绝重新仲裁，或者重新裁决后，当事人提出证据证明未能消除申请撤销裁决的理由时，人民法院应当裁定恢复撤销程序。

如果仲裁庭重新仲裁后，当事人申请撤销裁决的理由已经消除，人民法院则可终结撤销程序。后者情况下，重新仲裁后作出的新的裁决结果如与原裁决相同，则以新裁决的形式替代并确定了原终局性裁决的效力；如不同，则否定并替代之。对于重新仲裁所作裁决，当事人仍可提出撤销，但如其理由相同并且没有新的证据，则以相同理由提起的撤销申请不应被接受，也不应作为法院发回重新仲裁的理由。

（五）有关其他事项

如前文所述，国际上存在由法院依职权发回重审及法院酌量权和当事人申请相结合两种形式。中国《仲裁法》规定是由法院通知仲裁庭重新仲裁。实务操作中，相对仲裁机构（仲裁庭），当事人应当提出重新仲裁申请。仲裁庭需要以这两者为依据重新审理案件。关于裁决作出期限，应按照法院通知进行。确有正当理由需要延期的，除遵照仲裁规则规定外，仲裁机构或仲裁庭应将有关情事知会法院。

如前所述，由于重新仲裁程序是当事人合意和法律强制性的平衡的一种程序，其既不能仅凭当事人合意就进行重新仲裁，也就不能凭某一方当事人的意愿就撤销重新仲裁。申请人不能在不利时撤销申请；被申请人（反申请人）也不能在不利时撤销其反申请。重新仲裁目的是对原仲裁进行弥补，而不是使任何一方当事人通过重新仲裁达到获取不正当权益的目的。

仲裁庭可以进行调解；双方当事人亦可以自行和解达成协议。但如上段所述，在重新仲裁中应对撤诉进行限制，因此，双方当事人和解之后，应以和解裁决的形式结案；仲裁委员会并应相应地通知法院以终结撤销程序。

鉴于该程序启动系由法院依据法律规定通知且仲裁庭同意，并且考虑到主要是出于仲裁机构及仲裁庭程序管理瑕疵，当事人不应再承担仲裁费。

重新仲裁不是崭新的、独立的程序，其是在撤销程序开始后的某个阶段进行的，旨在弥补撤销程序不足。这种程序由法院以通知的形式提出建议，而其启动及持续则依赖于仲裁庭。因此，作为撤销程序过程中的附属程序，重新仲裁需要两种争议解决方式的互相理解和配合。而无论哪种程序，其设计的目的是为了实现效率和公平。一种程序的适当使用会增加效率彰显公平；反之，则会使效率与公平陷入尴尬的境地。重新仲裁程序的正当使用及滥用其结果也是如此。从这个意义上讲，法院、仲裁机构及仲裁员对于重新仲裁制度的认识以及适用上“度”的把握尤为重要。

第三节　法院在审查裁决异议上的剩余裁量权

如果异议人所提的异议情形存在，那么，裁决是否必定被撤销或不予执行？是否应当允许法院在此种情形下，享有自由裁量权，可以决定是否支持异议？法律可能会有相应的规定，但自由裁量权行使的后果，则与法院对仲裁的理解和支持密切相关。本节讨论法院的这种权力。

一、含义

法院在裁决异议上的自由裁量权，或称剩余裁量权（residual discretion）、剩余管辖权（residual jurisdiction）。套用经济学上关于剩余控制权（residual right of control）的通常定义，剩余裁量权是指对法律未作明确规定的权力自由裁量行使的权利/权力。

一般地，条约或立法虽然规定了裁决可被提出异议（撤销或不予执行）的具体情形，但是，同时也会赋予法院裁量权，将最终是否裁定撤销或不予执行的权力留给法院。多数公约或立法如此规定。

《纽约公约》第 5 条规定的是一个任意性的标准。① 该条规定：裁决唯有于受裁决援用之一造向声请承认及执行地之主管机关提具证据证明有下列情形之一时，始得依该造之请求，拒予承认及执行：……（“Recognition and enforcement of the award ***may*** be refused, at the request of the party against whom it is invoked, only if that party furnishes to the competent authority where the recognition and enforcement is sought, proof that...”）此处用词为“得”（may），而非“应当”（shall）。这就表明，即便存在不予承认和执行的理由，法院仍可以行使自由裁量权，承认和执行仲裁裁决。所规定的导致拒绝承认和执行的事项，并不必然导致承认和执行被拒绝。并非一旦裁决存在法定的缺陷就一定要拒绝执行，法院可以衡量缺陷的程度，以决定执行或不执行一项裁决。② 这与《纽约公约》有利于仲裁裁决承认和执行的宗旨是相符的。

示范法亦是如此。其第 34 条规定：仲裁裁决只有在下列情况下才可以被第 6 条规定的法院撤销：……（“An arbitral award ***may*** be set aside by

---

① 事实上，《纽约公约》第 5 条关于任意性标准的规定，也正是法院利用第 7 条执行已撤销裁决的依据所在。例如，在 *Chromalloy* 案中，法院明确对比了公约第 5 条中的任意性与第 7 条中的强制性：“第 5 条规定的是一个自由裁量性质的标准，而公约第 7 条则要求：‘本公约的规定……不剥夺有关当事人在被请求承认或执行某一裁决的国家的法律……所许可的方式和范围内，可能具有的利用该仲裁裁决的任何权利。’” *See Chromalloy Aeroservices Inc. v. Arab Republic of Egypt*, 939 F. Supp. 909-910 (D. D. C. 1996).

② See A. J. van den Berg. The New York Arbitration Convention of 1958 [M]. Kluwer, 1981: 302.

the court specified in article 6 only if：…"）其用词也是“可以”而非“应当”。第36条关于拒绝承认和执行裁决上也是如此规定：只有在下列情况下才可拒绝承认或执行不论在何国作出的仲裁裁决：……（“Recognition or enforcement of an arbitral award, irrespective of the country in which it was made, ***may*** be refused only：…"）而对于裁决的承认和执行，规定得却很明确：应予以执行，但须服从本条和第36条的规定（“***shall*** be enforced subject to the provisions of this article and of article 36"）。①

1996年英国仲裁法也是如此规定，② 将最终是否支持异议的权力赋予法院。1998年比利时司法法典、③ 1999年瑞典仲裁法。④

但是，有一些立法并未赋予法院此类裁量权。最典型的是中国的立法。中国《仲裁法》第58条规定：“当事人提出证据证明裁决有下列情形之一的，可以向仲裁委员会所在地的中级人民法院申请撤销裁决：(1)没有仲裁协议的；(2)裁决的事项不属于仲裁协议的范围或者仲裁委员会无权仲裁的；(3)仲裁庭的组成或者仲裁的程序违反法定程序的；(4)裁决所根据的证据是伪造的；(5)对方当事人隐瞒了足以影响公正裁决的证据的；(6)仲裁员在仲裁该案时有索贿受贿，徇私舞弊，枉法裁决行为的。人民法院经组成合议庭审查核实裁决有前款规定情形之一的，应当裁定撤销。人民法院认定该裁决违背社会公共利益的，应当裁定撤销。”第63条规定：“被申请人提出证据证明裁决有民事诉讼法217条第2款规定的情形之一的，经人民法院组成合议庭审查核实，裁定不予执行。”第70条规定：“当事人提出证据证明涉外仲裁裁决有民事诉讼法第260条第1款规定的情形之一的，经人民法院组成合议庭审查核实，裁定撤销。”

第71条规定：“被申请人提出证据证明涉外仲裁裁决有民事诉讼法第260条第1款规定的情形之一的，经人民法院组成合议庭审查核实，裁定不予执行。”

按照中国《仲裁法》的规定，法院并无裁量权，而只能依法在具有所述事项时撤销或不予承认和执行裁决。事实上，这种规定不利于仲裁制度的发展，也不利于当事人真正解决争议。例如，某些事由虽然在仲裁程

① UNCITRAL示范法第35条。

② 1996年英国仲裁法关于上诉的规定，见第68、69条；关于裁决的承认和执行的规定，见第103条。

③ 1998年比利时司法法典第1704条。

④ 1999年瑞典仲裁法第34条。

序中构成某个可以支持异议的事由，但倘若当事人诚信进行仲裁程序，此事由可以在当事人之间消除或弥补。再如，虽然有一些小的瑕疵，但法院认为结果是公正的。因此，有必要参考国际上仲裁立法中的一些规定和仲裁实践中的做法，赋予中国法院在一定的情况下行使自由裁量权，承认裁决的效力。但应该指出，法院的自由裁量权限于承认裁决的效力上，而对于不承认裁决的效力，则不应也不能行使自由裁量权。

下文将列举一些案例，表明法院在行使自由裁量权上的具体做法。

二、一些适用剩余裁量权的案例

香港特别行政区终审法院在 *Hebei Import & Export Corporation v. Polytek Engineering Company Limited* 案①中涉及此种情形。在该案中，债务人在仲裁进行过程中（仲裁结果未定时）并未提出程序性的抗辩，却在反对裁决的执行时首次提出这一抗辩。法院没有以违背诚实信用原则为由驳斥裁决债务人迟到的抗辩，而是依据《纽约公约》第 5 条第 1 款关于“裁决的承认和执行可以被拒绝”（不是“应当被拒绝”）的规定得出结论，“‘可以’一词的使用使得执行法院在公约第 5 条规定的情形之一存在时仍可执行一份裁决”。终审法院认为，这种裁量权使得法院在特定的情况下仍承认裁决的效力。所谓特定的情况，就是指抗辩方在出现仲裁程序与仲裁规则的规定不符的情形时（尽管这一不符情形当时尚可纠正），没有立即反对，而是伺机将这一问题作为一张王牌，一旦仲裁结果于其不利，则并在后来以此作为违反公共政策情形的事实基础。

在 1994 年香港高等法院审理的一个案子②中，当事人提出在中国大陆作出的一项裁决应被拒绝执行，因为仲裁庭的组成不符合当事人之间的协议。Kaplan 法官在判决中指出：“……而且，即使一项理由得到证实，显然，法院仍保有附加的自由裁量权。”法官在审查案情后认为，“……理论上，仲裁员没有决定该争议的管辖权，就该案的所有情况而言，该条规定的理由已经具备。……”虽然拒绝执行的理由已经具备，但法官允许裁决的执行继续进行，因为反对执行的一方，明知仲裁员技术上不是选

---

① *Hebei Import & Export Corp. v. Polytek Engineering Co. Ltd.* (No. 2), [1998] 1 HKC 192.

② See *China Nanhai Oil Joint Service Cpn v. Gee Tai Holdings Co. Ltd.* (1995) XX Yearbook Commercial Arbitration 671. Similarly, see *Tongyuan International Trading Group v. Uni-Clan* [2001] 4 Int. A. L. R., N-31.

自正确的名册，而仍参加了仲裁。法官已考虑到将禁止反言原则适用于《纽约公约》的其他方面，并且，他指出："……即使一项反对的理由得以证实，执行法院仍享有额外的自由裁量权去执行裁决。这表明，反对的理由并非僵硬地予以适用。额外的自由裁量权使执行法院可在各种情形下得到公正的结果……"

在 *Paklito Investment Ltd. v. Klochner East Asia Ltd.* 案①中，一方当事人申请执行 CIETAC 裁决案中，香港高等法院也考虑过这一自由裁量权，只是法院认为忽略仲裁程序中存在的程序缺陷严重影响了公正性及正当程序的概念，才拒绝执行裁决。②

China Agribusiness Development Corporation v. Balli Trading 案③中，关于此种裁量权，英国法院发表意见，认为："Freedman（被申请人代理律师）承认 1975 年仲裁法第 5 条第 2 款 e 项中使用的是'可以'一词。但是，他认为，这一方面的成文法仅仅是依据《纽约公约》的措辞，表明允许某些情况下拒绝执行裁决的缔约国并非违反公约。毫无疑问，这就是公约的意义所在。但是，英国立法事实上设立了拒绝执行权力的条款必须与英国法官相关。从成文法的条文可以清楚看出，拒绝执行公约裁决是法院裁量权事项。在这种情况下，评估依现行规则而非暂行规则进行仲裁对于 Balli 的损害程度则具有相关性……"本案也确立了一点：即使存在所述事由，法官也具有裁量权。法官将依据案件的具体情况，确定是否行使该项裁量权。本案当中：被申请执行人主张的损害轻微，且未能及时提出请求，这些都构成法官在考虑是否行使裁量权时的相关因素。

在 *Minmetals Germany GmbH v. Ferco Steel Ltd.* 案④中，也涉及此种剩余裁量权，但是，法院并未基于此点决定执行裁决，而是基于其他理由执行裁决。

在 *Resort Condominiums International Inc. v. Ray Bolwell, Resort Condominiums* 案⑤中，法院也同样认为，"即使所有的条件都被满足，法

① See N. Kaplan et al, Hong Kong and China Arbitration Cases and Materials (1994).

② 这是香港法院拒绝执行 CIETAC 裁决的第一例，也是不多的一例。此前香港法院已执行了 40 宗 CIETAC 裁决。

③ *China Agribusiness Development Corporation v. Balli Trading* [1998] 2 Lloyd's Rep 76; [1997] C. L. C. 1437.

④ [1999] 1 All ER (Comm) p. 315 et seq.

⑤ 9 International Arbitration Report (1994, No. 4), pp. A-1-A-22.

院也具有普遍的裁量权”。

在 *Qinhuangdao Tongda Enterprise Development Company, et al. v. Million Basic Company Limited* 案①中，法院认为，举证责任完全由被告承担，同时，在任何情况下，法院还保留有执行仲裁裁决的剩余裁量权。

第四节 协议排除或扩展法院管辖权

一种情况下，法律规定了撤销的事由，但同时规定，当事人可以通过协议，排除法院就撤销事由进行审查；另外一种情况正好相反，法律规定了某些撤销事由或者未对撤销作出规定，但是，当事人通过协议，将法院审查裁决的管辖权扩展到撤销或者其他撤销事由上。关于协议排除，如前所述，比利时允许当事人在仲裁协议及其后达成的任何协议中，明示排除撤销裁决的申请。② 英国也是如此。③ 下文将简要阐述这后一种情况。

当事人可以通过协议的方式，选择更为苛严的审查方式。例如，瑞士规定了协议排除，④ 但同时，国际仲裁的当事人有可能“协议选择”适用协约。这样，如果当事人对事实问题“明显不能忍受”，则可以“专断”为由对裁决提出异议。⑤

根据 1925 年美国联邦仲裁法，撤销仲裁裁决的理由是有限的。但是，某些案例中，当事人可能通过协议的方式，扩展法院对于仲裁裁决审查方面的管辖权。当事人的此种协议是否在法律上是允许的？美国法院关于当事人是否可以扩大审查范围，有不同意见。⑥ 在 *LaPine Technology*

---

① 5 January 1993 - Supreme Court of Hong Kong, High Court, No. MP 1150.

② 比利时仲裁法第 1717 条第 4 款。

③ 英国仲裁法第 69 条第 1 款。

④ 1987 年瑞士国际私法法第 192 条第 1 款。

⑤ 参见国际商事仲裁法律与实践 [M]. 林一飞，宋连斌，译 . 北京：北京大学出版社，2005：456.

⑥ 例如，*Gateway Tech. Inc. v. MCI Telecomms Corp.*, 64 F.3d 993 (5th Cir. 1995)，执行要求对仲裁裁决的法律错误予以审查的条款，及 *Bowen v. Amoco Pipeline Co.*, 254 F.3d 925 (10th Cir. 2001)，拒绝执行规定扩大审查的条款；John Fellas. The Scope of Judicial Review of Arbitration Awards [J]. New York Law Journal, 2003, 230: 92. 另参见国际商事仲裁法律与实践 [M]. 林一飞，宋连斌，译 . 北京：北京大学出版社，2005：456.

Corporation v. Kyocera Corporation 案，① 仲裁条款规定按照 ICC 规则和联邦仲裁法进行仲裁，同时还规定：

"加利福尼亚州北部地区美国地区法院可依任何裁决作出判决，或者确认裁决，或者撤销裁决、修改裁决或对裁决予以更正。法院应在下列情形下撤销、修改或更正裁决：（i）基于联邦仲裁法规定的任何理由，（ii）如仲裁员对事实的认定没有实质性的证据支持，或（iii）如仲裁员的法律结论是错误的。"

仲裁庭作出裁决之后，Kyocera 公司以事实认定不为证据所支持，且存在错误的法律结论为由，到地区法院申请修改与撤销裁决。美国法院认为，法院管辖权系根据 1925 年联邦仲裁法确定，不能依私合同予以扩展。②但是，上诉法院推翻了这一决定，并允许上诉。法院的观点是，"若当事人同意司法审查及于事实或法律错误，则当事人无争议地约定对仲裁员的裁决扩大司法核查"，且法院认为，这种协议应予支持。因此，地区法院被要求既审查裁决的事实问题，也审查法律问题。尽管适用了第九巡回上诉法院确定的较宽的审查标准，地区法院仍然确认了该裁决。这导致 Kyocera 公司再次上诉。在被称为 *LaPine* II 的一个全体法官列席的裁定中，第九巡回上诉法院选择再次衡量扩大审查范围条款是否可以执行的问题，并为此推翻了上次的决定。该法院认为："联邦法院仅可依联邦仲裁法规定的理由审查仲裁裁决。私人当事人无权改变或扩大这些理由，任何旨在如此规定的合同条款因此在法律上是不能执行的。"③

从美国不同法院对协议扩大法院管辖权的态度可以看出，事实上存在对扩大法院管辖权的不同意见。学者认为，美国立法可以授权当事人对仲裁裁决的司法审查订立协议，但是，"缺乏此种立法上的授权时……法院不能声称依据默示的许可，对仲裁员的裁决行使审查管辖权。而且……当事人无权授予法院此种管辖权。"④

在考察了美国有关扩大司法审查的案例之外，学者也认为，扩大司法

---

① 130 F. 3d 884 (9th Cir. 1997).

② *LaPine* 案，909 F. Supp. 697 (1995).

③ *Kyocera Corp v. Prudential-Bache Trade Services Inc.*, 341 F. 3d 987 (9th Cir. 2003).

④ Lowenfeld. Can arbitration co-exist with Judicial Review? [J]. Currents, 1998 (9): 11.

审查在国际商事仲裁中目前并非实际可行的一种方式。①

从当事人意思自治的角度，当事人似乎可以约定审查他们之间的裁决的范围。不过，这涉及私权对公权的约定。应当认为，这种处置除非法律允许，否则是不适当的。一般情况下，法律可能规定，当事人可以通过其自身的约定，减少公权力的运用，因此仲裁本身是私人程序；但反过来，如果当事人通过自己的约定，增加公权力的运用，事实上增加了法院的负担，增加了法院审理的随意性，则国家立法较少会作此约定。如果当事人愿意，法院可以不去做某件事，但法院没有义务一定去做某件事，即使当事人愿意。事实上，任何一种改变法院依法具有的权力的做法，都不会轻易出现。

协议排除或扩大管辖权与一国仲裁发展的程度有关，但并非必然相关。例如，瑞士可以允许扩大管辖权，但美国却不允许。两国虽然仲裁制度都很发达，但却存在不同的做法。我国目前没有必要同意协议排除或扩大管辖权的任一做法，但可以考虑在将来适当的情况下，允许当事人在仲裁协议及其后达成的任何协议中，明示排除撤销裁决的申请，彰显仲裁的终局性和当事人的自由意志。

① See Margaret Moses. Party Agreements to Expand Judicial Review of Arbitral Awards [J]. Journal of International Arbitration , 2003, 20 (3): 315-323.

参考文献

一、著作

(一) 中文著作

[1] 陈安. 国际投资争端仲裁 [M]. 上海: 复旦大学出版社, 2001.
[2] 陈治东. 国际商事仲裁法 [M]. 北京: 法律出版社, 1998.
[3] 丁建忠. 外国仲裁法与实践 [M]. 北京: 中国对外经济贸易出版社, 1992.
[4] 丁伟. 冲突法论 [M]. 北京: 法律出版社, 1996.
[5] 郭寿康, 赵秀文. 国际经济贸易仲裁法 [M]. 北京: 中国法制出版社, 1995.
[6] 郭晓文. 中国国际经济贸易仲裁案例分析: 国际贸易争议卷 [M]. 香港: 三联书店 (香港) 有限公司, 1995.
[7] 郭晓文. 中国国际经济贸易仲裁案例分析: 投资争议卷 [M]. 香港: 三联书店 (香港) 有限公司, 1997.
[8] 韩德培. 国际私法新论 [M]. 武汉: 武汉大学出版社, 1997.
[9] 韩健. 现代国际商事仲裁法的理论与实践 [M]. 北京: 法律出版社, 2002.
[10] 韩健, 林一飞. 商事仲裁法律报告 [M]. 北京: 中信出版社, 2005.
[11] 黄进, 宋连斌, 徐前权. 仲裁法学 [M]. 北京: 中国政法大学出版社, 2002.
[12] 黄进. 国际私法与国际商事仲裁 [M]. 武汉: 武汉大学出版社, 1994.
[13] 林一飞. 国际商事仲裁法律与实务 [M]. 北京: 中信出版社, 2005.
[14] 林一飞. 中国国际商事仲裁裁决的执行 [M]. 北京: 对外经济贸易大学出版社, 2006.

[15] 宋航．国际商事仲裁裁决的承认与执行［M］．北京：法律出版社，2000.

[16] 宋连斌．国际商事仲裁管辖权研究［M］．北京：法律出版社，2000.

[17] 宋连斌．仲裁理论与实践［M］．长沙：湖南大学出版社，2005.

[18] 谭兵．中国仲裁制度研究［M］．北京：法律出版社，1995.

[19] 王生长．仲裁与调解相结合的理论与实务［M］．北京：法律出版社，2001.

[20] 杨良宜．国际商务仲裁［M］．北京：中国政法大学出版社，1997.

[21] 杨荣新．仲裁法理论与适用［M］．北京：中国经济出版社，1998.

[22] 赵健．国际商事仲裁的司法监督［M］．北京：法律出版社，2000.

[23] 赵秀文．香港仲裁制度［M］．郑州：河南人民出版社，1997.

[24] 赵秀文．国际商事仲裁案例评析［M］．北京：中国法制出版社，1999.

[25] 中国国际经济贸易仲裁委员会华南分会．涉外仲裁司法审查［M］．北京：法律出版社，2006.

（二）中文译著

[1] 布里奇．国际货物销售法律与实务［M］．林一飞等，译．北京：法律出版社，2004.

[2] 艾伦·雷德芬，马丁·亨特等．国际商事仲裁法律与实践［M］．林一飞，宋连斌，译．北京：北京大学出版社，2005.

[3] 中国国际商会仲裁研究所．国际商事仲裁文集［C］．北京：中国对外经济贸易出版社，1998.

（三）英文著作

[1] J. van den berg. The New York Arbitration Convention of 1958: Towards a Uniform Judicial Interpretation [M]. The Netherlands: Kluwer Law and Taxation Publishers, 1981.

[2] Brown, J. & Marriott, L. ADR Principles and Practice [M]. London: Sweet and Maxwell, 1993.

[3] Holtzmann, H. & Neuhaus, J., A Guide to the UNCITRAL Model Law on International Commercial Arbitration: Legislative History and Commentary [M]. The Netherlands: Kluwer Law and Taxation Publishers, 1989.

[4] Huleatt-James, Mark & Gould, Nicholas. International Commercial

Arbitration [M]. LLP, 1996.

[5] Kaplan, N. et al. Hong Kong and China Arbitration Cases and Materials [Z], 1994.

[6] Lew, Julian D. M. Contemporary Problems in International Arbitration [M]. London: Centre for Contemporary Law Studies, 1986.

[7] Mustill. M. & Boyd. S. The Law and Practice of Commercial Arbitration in England [M]. London: Butterworths, 1989.

[8] North, Pm & FAwcett, JJ. Cheshire and North's Private International Law (13) [M]. London: Butterworths, 2005.

[9] North. P. Private International Law Problems in Common Law Jurisdictions [M]. The Netherlands: Martinus Nijhoff, 1993.

[10] Redfern, Alan and Hunter, Martin and with Blackaby, Negel and Partasides, Constantine. Law and Practice of International Commercial Arbitration [M]. 4th ed. London: Sweet & Maxwell, 2004.

[11] Sanders. Comparative Arbitration Practice and Public Policy in Arbitration [M]. The Netherlands: Kluwer Law and Taxation Publishers, 1987.

[12] Walton, Anthony & Vitoria, Mary. Russell. On the Law of Arbitration [M]. London: Sweet & Maxwell. 1982.

[13] Collection of ICC Arbitral Awards 1991-1995, ICC Publication No. 553.

[14] Yearbook Commercial Arbitration.

二、论文

(一) 中文论文

[1] 蔡鸿达．关于重新仲裁的问题探讨 [J]. 仲裁与法律，2000 (2).

[2] 曹丽军．根据《纽约公约》执行外国仲裁裁决的最新发展 [J]. 仲裁与法律，2003 (1).

[3] 陈安．中国涉外仲裁监督机制申论 [J]. 中国社会科学，1998 (2).

[4] 冯百友，王陆海．应当废除对内国仲裁裁决“不予执行”的司法监督制度 [M] //韩健，林一飞．商事仲裁法律报告．北京：中信出版社，2005.

[5] 郭晓文．中国涉外仲裁裁决撤销制度中存在的问题及其立法完善 [M] //陈安．国际经济法论丛．北京：法律出版社，1998.

[6] 韩健．仲裁文件有效送达的判定标准 [M] //中国国际经济贸易仲

裁委员会华南分会．涉外仲裁司法审查．北京：法律出版社，2006.
[7] 黄海瑞．关于证据规定在仲裁中的适用［M］//中国国际经济贸易仲裁委员会华南分会．涉外仲裁司法审查．北京：法律出版社，2006.
[8] 林一飞．略论仲裁中的身份冲突［J］．法学评论，2006（1）．
[9] 林一飞．论仲裁与第三人［J］．法学评论，2000（1）．
[10] 林一飞．重新仲裁的实践和构想［J］．中国国际私法与比较法年刊，2003，（6）．
[11] 刘卫翔．论仲裁责任［M］//黄进．国际私法与国际商事仲裁．武汉：武汉大学出版社，1994.
[12] 任永青．欧共体竞争法与仲裁的关系发展［J］．仲裁与法律，2003（3）．
[13] 宋连斌，赵健．关于修改1994年中国《仲裁法》若干问题的探讨［M］//陈安．国际经济法论丛．北京：法律出版社，2001（4）．
[14] 宋波．美国证券争议仲裁制度研究［J］．仲裁与法律，2003（3）．
[15] 王金兰，王玮．论侵权行为的可仲裁性［J］．河北法学，2004（10）．
[16] 肖永平．也谈我国法院对仲裁的监督范围［J］．法学评论，1998（1）．
[17] 肖永平．内国、涉外仲裁监督机制之我见［J］．中国社会科学，1998（1）．
[18] 张宪初．外国商事仲裁裁决司法审查中“公共政策”理论与实践的新发展［M］//中国国际经济贸易仲裁委员会华南分会．涉外仲裁司法审查．北京：法律出版社，2006.
[19] 朱利江．反垄断争议的可仲裁性［J］．中国仲裁，2002（3）．

（二）英文论文

[1] Ahl, Philipp W. Enforcement of Foreign Arbitral Awards Set Aside in their Country of Origin—The Chromalloy Case Revisited [J]. Journal of International Arbitration, 1999, 16 (4).
[2] Arfazadeh, Homayoon. Arbitrability under the New York Convention: The Lex Fori Revisited [J]. Arbitration International, 2001, 17 (1).
[3] Augenblick, Mark and Stern, Michael. U. S. Supreme Court Upholds Arbitral Authority to Award Punitive Damages [J]. Journal of International Arbitration, 1995, 12 (2).

[4] Baron, Adrian. The Australian International Arbitration Act, the Fiction of Severability and Claims for Restitution [J]. Arbitration International, 16 (2).
[5] Baron, Patrick M. and Liniger, Stefen. A Second Look at Arbitrability [J]. Arbitration International, 19 (1).
[6] Beechey, John. Arbitrability of Anti-trust/Competition Law Issues [J]. Arbitration International, 1996, 12 (2).
[7] Blessing, Marc. Arbitrability of Intellectual Property Disputes [J]. Arbitration International, 1996, 12 (2).
[8] Blessing, Marc. Globalization (and Harmonization?) of Arbitration [J]. Journal of International Arbitration, 1992, 9 (1).
[9] Böckstiegel. Public Policy and Arbitrability [J]. ICCA Congress series no. 3 (New York/1986).
[10] Branson, David J. Arbitrability and Pre-emption: More Litigation in the United States, Arbitration International, 1996, 12 (2).
[11] Branson, Cecil O. D. The Enforcement of International Commercial Arbitration Agreements in Canada [J]. Arbitration International, 16 (1).
[12] Ceccon, Roberto. Arbitration and Intellectual Property in the Italian Legal System [J]. Journal of International Arbitration, 1996, 13 (1).
[13] El-Hakim, Jacques. Should the Key Terms Award, Commercial and Binding be Defined in the New York Convention? [J]. Journal of International Arbitration, 1989, 6 (1)
[14] Emmanuel Gaillard. Enforcement of Awards Set Aside in the Country of Origin: The French Experience [J]. ICCA Congress series no. 9 (Paris/1999).
[15] Fciabb, J. H. Dalhuisen. The Arbitrability of Competition Issues. Arbitration International, 1995, 11 (2).
[16] Freyer, Dana H. United States Recognition and Enforcement of Annulled Foreign Arbitral Awards—The Aftermath of the Chromalloy Case [J]. Journal of International Arbitration, 2000, 17 (2).
[17] Gharavi, Hamid G. Chromalloy: Another View [J]. Mealey's Int. Arb. Rep., 1997.
[18] Guimarey, Carlos E. Alfaro Flavia. Who Should Determine Arbitrability?

Arbitration in a Changing Economic and Political Environment [J]. Arbitration International, 1996, 12 (4).

[19] Hanotiau, Bernard. The Law Applicable to Arbitrability [J]. ICCA Congress series no. 9 (Paris/1999).

[20] Heuman, Lars And Millqvist, Göran. Swedish Supreme Court Refuses to Enforce an Arbitral Award Pursuant to the Public Policy Provision of the New York Convention [J]. Journal of International Arbitration, 2003, 20 (5).

[21] Jarvin, Sigvard. Arbitrability of Anti-Trust Disputes: The Mitsubishi v. Soler Case [J]. Journal of International Arbitration, 1985, 2 (3).

[22] JosÉrosell and Prager, Harvey. International Arbitration and Bankruptcy: United States, France and the ICC [J]. Journal of International Arbitration, 2001, 18 (4).

[23] Kerr, John J. Jr. Arbitrability of Securities Law Claims in Common Law Nations [J]. Arbitration International, 1996, 12 (2).

[24] Kühn, Wolfgang. Arbitrability of Antitrust Disputes in the Federal Republic of GERMANY [J]. Arbitration International, 1987, 3 (3).

[25] Kirry, Antoine. Arbitrability: Current Trends in Europe [J]. Arbitration International, 1996, 12 (4).

[26] Lalonde. The Evolving Definition of Arbitration and Arbitrability [J]. ICCA Congress series - no. 9.

[27] Lastenouse, Pierre. Why Setting Aside an Arbitral Award Is Not Enough to Remove It from the International Scene [J]. Journal of International Arbitration, 1999, 16 (2).

[28] Liebscher, Christoph. European Public Policy: A Black Box? [J]. Journal of International Arbitration, 2000, 17 (3).

[29] Liebscher, Christoph. European Public Policy and the Austrian Supreme Court [J]. Arbitration International, 16 (3).

[30] Majeed, Nudrat B. Commentary on the Hubco Judgment [J]. Arbitration International, 16 (4).

[31] Mclaughlin, Joseph T. Arbitrability: Current Trends in the United States [J]. Arbitration International, 1996, 12 (2).

[32] Mo, John. Probing Labour Arbitration in the PRC [J]. Journal of International Arbitration, 2000, 17 (5).

[33] Moses, Margaret. Party Agreements to Expand Judicial Review of Arbitral Awards [J]. Journal of International Arbitration, 2003, 20 (3).

[34] Nagaraj, Reddy. Arbitrability: The Indian Perspective [J]. Journal of International Arbitration. 2002, 19 (2).

[35] Park, Willian W. Procedural Evolution in Business Arbitration: Three Studies in Change [M] // Park, Willian W. Arbitration of International Business Disputes: Studies in Law and Practice. Oxford: Oxford University Press, 2006.

[36] Park, Willian W. The Arbitrability Dicta in First Options v. Kaplan: What Sort of Kompetenz - Kompetenz Has Crossed the Atlantic? [J]. Arbitration International, 1996, 12 (2).

[37] Poudret, Jean-FranÇois. Challenge and Enforcement of Arbitral Awards in Switzerland [J]. Arbitration International, 1998, 4 (4).

[38] Ramaswamy. P. Enforcement of Annulled Awards: An Indian Perspective [J]. Journal of International Arbitration, 2002, 19 (5).

[39] Reid, Christopher Style Gregory. The Challenge of Unopposed Arbitrations [J]. Arbitration International, 2000, 16 (2).

[40] Robert B. Von Mehren. The Eco-Swiss Case and International Arbitration [J]. Arbitration International, 2002, 19 (4).

[41] Rogers. Arbitrability [J]. Arbitration International, 1994, 10 (3).

[42] Rutledge, Peter Bowman. On the Importance of Institutions: Review of Arbitral Awards for Legal Errors [J]. Journal of International Arbitration, 2002, 19 (2).

[43] Sampliner, Gary H. Enforcement of Nullified Foreign Arbitral Awards—Chromalloy Revisited [J]. Journal of International Arbitration, 1997, 14 (3).

[44] Schwartz, Robert M. The US Bankruptcy Courts' Failure to Interpret the New York Convention as a Treaty Obligation [J]. Arbitration International, 1998, 14 (2).

[45] Simms, Daniel Paul. Arbitrability of Intellectual Property Disputes in Germany [J]. Arbitration International, 1999, 15 (2).

[46] Thompson, Dennis. International Chamber of Commerce: Working Party on Arbitration and Competition [J]. Journal of International Arbitration, 1984, 1 (3).

[47] Weigand, Frank-Bernd. Evading EC Competition Law by Resorting to Arbitration? [J]. Arbitration International, 1993, 19 (3).

[48] Weinacht, Felix. Enforcement of Annulled Foreign Arbitral Awards in Germany [J]. Journal of International Arbitration, 2002, 19 (4).

[49] Werner, Jacques. Application of Competition Laws by Arbitrators—The Step Too Far [J]. Journal of International Arbitration, 1995, 12 (1).

[50] Williams, David A. R. Arbitrability: A-G for New Zealand v. Mobil [J]. Arbitration International, 1995, 11 (1).

[51] William J. T. Brown Stephen D. HOUCK. Arbitrating International Antitrust Disputes [J]. Journal of International Arbitration, 1990, 7 (1).

[52] Zaiwalla, Sarosh. Challenging Arbitral Awards: Finality Is Good but Justice Is Better [J]. Journal of International Arbitration, 2003, 20 (2).

[53] Zekos, Georgios I. Eco Swiss China Time Ltd. v. Benetton International NV: Courts' Involvement in Arbitration [J]. Journal of International Arbitration, 2000, 17 (2).

三、资料

[1] 程德钧，王生长．涉外仲裁与法律（第2辑）[M]．北京：中国统计出版社，1994.

[2] 国务院法制局研究室．重新组建仲裁机构手册［M］．北京：中国法制出版社，1995.

[3] 韩德培，李双元．国际私法教学参考资料选编（上、下）[M]．武汉：武汉大学出版社，1991.

[4] 林一飞．商事仲裁法库（CD-ROM）［DB］．北京：法律出版社，2004.

[5] 宋连斌，林一飞．国际商事仲裁新资料选编［M］．武汉：武汉出版社，2001.

[6] 中国社会科学院法学研究所民法研究室．外国仲裁法［M］．北京：中国社会科学出版社，1982.

[7] 中国国际经济贸易仲裁委员会及其华南分会历次案例选编．

附录：中国关于国际商事仲裁裁决异议的重要司法解释及相关司法文件

最高人民法院关于执行我国加入的《承认及执行外国仲裁裁决公约》的通知

（1987年4月10日）

全国地方各高、中级人民法院，各海事法院、铁路运输中级法院：

第六届全国人民代表大会常务委员会第十八次会议于1986年12月2日决定我国加入1958年在纽约通过的《承认及执行外国仲裁裁决公约》（以下简称《1958年纽约公约》），该公约将于1987年4月22日对我国生效。各高、中级人民法院都应立即组织经济、民事审判人员、执行人员以及其他有关人员认真学习这一重要的国际公约，并且切实依照执行。现就执行该公约的几个问题通知如下：

一、根据我国加入该公约时所作的互惠保留声明，我国对在另一缔约国领土内作出的仲裁裁决的承认和执行适用该公约。该公约与我国民事诉讼法（试行）有不同规定的，按该公约的规定办理。

对于在非缔约国领土内作出的仲裁裁决，需要我国法院承认和执行的，应按民事诉讼法（试行）第二百零四条的规定办理。

二、根据我国加入该公约时所作的商事保留声明，我国仅对按照我国法律属于契约性和非契约性商事法律关系所引起的争议适用该公约。所谓“契约性和非契约性商事法律关系”，具体的是指由于合同、侵权或者根据有关法律规定而产生的经济上的权利义务关系，例如货物买卖、财产租赁、工程承包、加工承揽、技术转让、合资经营、合作经营、勘探开发自然资源、保险、信贷、劳务、代理、咨询服务和海上、民用航空、铁路、公路的客货运输以及产品责任、环境污染、海上事故和所有权争议等，但不包括外国投资者与东道国政府之间的争端。

三、根据《1958年纽约公约》第四条的规定，申请我国法院承认和执行在另一缔约国领土内作出的仲裁裁决，是由仲裁裁决的一方当事人提出的。对于当事人的申请应由我国下列地点的中级人民法院受理：

1. 被执行人为自然人的，为其户籍所在地或者居所地；

2. 被执行人为法人的，为其主要办事机构所在地；

3. 被执行人在我国无住所、居所或者主要办事机构，但有财产在我国境内的，为其财产所在地。

四、我国有管辖权的人民法院接到一方当事人的申请后，应对申请承认及执行的仲裁裁决进行审查，如果认为不具有《1958 年纽约公约》第五条第一、二两项所列的情形，应当裁定承认其效力，并且依照民事诉讼法（试行）规定的程序执行；如果认定具有第五条第二项所列的情形之一的，或者根据被执行人提供的证据证明具有第五条第一项所列的情形之一的，应当裁定驳回申请，拒绝承认及执行。

五、申请我国法院承认及执行的仲裁裁决，仅限于《1958 年纽约公约》对我国生效后在另一缔约国领土内作出的仲裁裁决。该项申请应当在民事诉讼法（试行）第一百六十九条规定的申请执行期限内提出。

最高人民法院
关于适用《中华人民共和国民事诉讼法》若干问题的意见（节录）

（1992 年 7 月 14 日最高人民法院审判委员会
第 528 次会议讨论通过，法发（92）22 号）

48. 当事人之间的纠纷经仲裁机构仲裁或者经人民调解委员会调解，当事人不服仲裁或调解向人民法院提起诉讼的，应以对方当事人为被告。

145. 依照民事诉讼法第一百一十一条第（二）项的规定，当事人在书面合同中订有仲裁条款，或者在发生纠纷后达成书面仲裁协议，一方向人民法院起诉的，人民法院裁定不予受理，告知原告向仲裁机构申请仲裁。但仲裁条款、仲裁协议无效、失效或者内容不明确无法执行的除外。

146. 当事人在仲裁条款或协议中选择的仲裁机构不存在，或者选择裁决的事项超越仲裁机构权限的，人民法院有权依法受理当事人一方的起诉。

147. 因仲裁条款或协议无效、失效或者内容不明确，无法执行而受理的民事诉讼，如果被告一方对人民法院的管辖权提出异议的，受诉人民法院应就管辖权作出裁定。

148. 当事人一方向人民法院起诉时未声明有仲裁协议，人民法院受理后，对方当事人又应诉答辩的，视为该人民法院有管辖权。

256. 民事诉讼法第二百零七条第二款规定的由人民法院执行的其他法律文书，包括仲裁裁决书、公证债权文书。

其他法律文书由被执行人住所地或者被执行人的财产所在地人民法院执行；当事人分别向上述人民法院申请执行的，由最先接受申请的人民法院执行。

277. 仲裁机构裁决的事项部分属于仲裁协议的范围，部分超过仲裁协议范围的，对超过部分，人民法院应当裁定不予执行。

278. 依照民事诉讼法第二百一十七条第二款、第三款的规定，人民法院裁定不予执行仲裁裁决后，当事人可以重新达成书面仲裁协议申请仲裁，也可以向人民法院起诉。

304. 当事人一方或双方是外国人、无国籍人、外国企业或组织、或者当事人之间民事法律关系的设立、变更、终止的法律事实发生在外国，或者诉讼标的物在外国的民事案件，为涉外民事案件。

305. 依照民事诉讼法第三十四条和第二百四十六条规定，属于中华人民共和国人民法院专属管辖的案件，当事人不得用书面协议选择其他国家法院管辖。但协议选择仲裁裁决的除外。

312. 本意见第145条至第148条、第277条、第278条的规定适用于涉外民事诉讼程序。

313. 我国涉外仲裁机构作出的仲裁裁决，一方当事人不履行，对方当事人向人民法院申请执行的，应依照民事诉讼法第二十八章的有关规定办理。

314. 申请人向人民法院申请执行我国涉外仲裁机构裁决，须提出书面申请书，并附裁决书正本。如申请人为外国一方当事人，其申请书须用中文本提出。

315. 人民法院强制执行涉外仲裁机构的仲裁裁决时，如被执行人申辩有民事诉讼法第二百六十条第一款规定的情形之一的，在其提供了财产担保后，可以中止执行。人民法院应当对被执行人的申辩进行审查，并根据审查结果裁定不予执行或驳回申辩。

316. 涉外经济合同的解除或者终止，不影响合同中仲裁条款的效力。当事人一方因订有仲裁条款的涉外经济合同被解除或者终止向人民法院起诉的，不予受理。

317. 依照民事诉讼法第二百五十八条的规定，我国涉外仲裁机构将当事人的财产保全申请提交人民法院裁定的，人民法院可以进行审查，决定是否进行保全。裁定采取保全的，应当责令申请人提供担保，申请人不提供担保的，裁定驳回申请。

最高人民法院关于人民法院处理与涉外仲裁及外国仲裁事项有关问题的通知

1995 年 8 月 29 日 法发［1995］18 号

各省、自治区、直辖市高级人民法院，解放军军事法院：

为严格执行《中华人民共和国民事诉讼法》以及我国参加的有关国际公约的规定，保障诉讼和仲裁活动依法进行，现决定对人民法院受理具有仲裁协议的涉外经济纠纷案、不予执行涉外仲裁裁决以及拒绝承认和执行外国仲裁裁决等问题建立报告制度。为此，特作如下通知：

一、凡起诉到人民法院的涉外、涉港澳和涉台经济、海事海商纠纷案件，如果当事人在合同中订有仲裁条款或者事后达成仲裁协议，人民法院认为该仲裁条款或者仲裁协议无效、失效或者内容不明确无法执行的，在决定受理一方当事人起诉之前，必须报请本辖区所属高级人民法院进行审查；如果高级人民法院同意受理，应将其审查意见报最高人民法院。在最高人民法院未作答复前，可暂不予受理。

二、凡一方当事人向人民法院申请执行我国涉外仲裁机构裁决，或者向人民法院申请承认和执行外国仲裁机构的裁决，如果人民法院认为我国涉外仲裁机构裁决具有民事诉讼法第二百六十条情形之一的，或者申请承认和执行的外国仲裁裁决不符合我国参加的国际公约的规定或者不符合互惠原则的，在裁定不予执行或者拒绝承认和执行之前，必须报请本辖区所属高级人民法院进行审查；如果高级人民法院同意不予执行或者拒绝承认和执行，应将其审查意见报最高人民法院。待最高人民法院答复后，方可裁定不予执行或者拒绝承认和执行。

最高人民法院关于认真贯彻仲裁法依法执行仲裁裁决的通知

1995 年 10 月 4 日 法发［1995］21 号

各省、自治区、直辖市高级人民法院：

《中华人民共和国仲裁法》（简称仲裁法）已于 1994 年 8 月 31 日由第八届全国人民代表大会常务委员会第九次会议通过，自今年 9 月 1 日起实施。根据仲裁法第79条的规定，国务院和省、自治区人民政府、自治州人民政府以及县级人民政府的工商、城建、科技等部门设立的现有仲裁机构自今年9月1日起终止，设在直辖市和省、自治区人民政府所在地的市以及其他设区的市现有隶属于行政部门的仲裁机构最迟到明年9月1日终止。为保证仲裁法的贯彻实施，公正、及时地执行仲裁裁决，特通知如下：

一、各级人民法院于今年9月1日起，都应当严格执行仲裁法，并依照民事诉讼法、经济法、合同法和我国加入的1958年《承认及执行外国仲裁裁决公约》的规定，认真处理好每一起向人民法院请求作出裁定，申请撤销或者执行的仲裁裁决案件，真正做到严肃执法。

二、根据国办发［1995］38号《关于进一步做好重新组建仲裁机构工作的通知》要求，现有仲裁机构在依法终止前受理的案件应当自该仲裁机构依法终止之日起6个月内作出仲裁裁决。因此，仲裁机构在此期间将当事人的财产保全申请提交人民法院的，人民法院应当依照民事诉讼法的有关规定作出裁决，予以受理或者驳回申请；仲裁机构在此期间按照仲裁程序作出的裁决书、调解书，一方当事人不履行，另一方当事人依照民事诉讼法的有关规定向人民法院申请执行的，受申请的人民法院应当执行。但被申请人提出证据证明裁决有民事诉讼法第217条第2款和第260条第1款规定的情形之一的，或者当事人提出证据证明裁决有民事诉讼法第260条第1款、仲裁法第58条规定的情形之一的，应当分别作出不予执行和撤销裁决的裁定。一方当事人申请执行，另一方当事人申请撤销裁决的，人民法院应当裁定中止执行。

最高人民法院
关于当事人因对不予执行仲裁裁决的
裁定不服而申请再审人民法院不予受理的批复

1996年6月26日法复8号

四川省高级人民法院：

你院川高法［1995］198号《关于当事人认为人民法院对仲裁裁决作出的不予裁决的裁定有错误而申请再审，人民法院应否受理的请示》收悉。经研究，答复如下：

依照《中华人民共和国民事诉讼法》第217条的规定，人民法院对仲裁裁决依法裁定不予执行，当事人不服而申请再审的，没有法律依据，人民法院不予受理。

此复。

最高人民法院

关于实施《中华人民共和国仲裁法》几个问题的通知

1997 年 3 月 26 日　法发［1997］4 号

各省、自治区、直辖市高级人民法院：

现就人民法院实施《中华人民共和国仲裁法》(以下简称《仲裁法》，需要明确的几个问题，通知如下：

一、《仲裁法》施行前当事人依法订立的仲裁协议继续有效。有关当事人向人民法院起诉的，人民法院不予受理，应当告知其向依照《仲裁法》组建的仲裁机构申请仲裁。

当事人双方书面协议放弃仲裁后，一方向人民法院起诉的，人民法院应当依法受理。

二、在仲裁过程中，当事人申请财产保全的，一般案件由被申请人住所地或者财产所在地的基层人民法院作出裁定；属涉外仲裁案件的，依据《中华人民共和国民事诉讼法》第 258 条的规定，由被申请人住所地或者财产所在地的中级人民法院作出裁定。有关人民法院对仲裁机构提交的财产保全申请应当认真进行审查，符合法律规定的，即应依法作出财产保全的裁定；如认为不符合法律规定的，应依法裁定驳回申请。

三、对依照《仲裁法》组建的仲裁机构所作出的涉外仲裁裁决，当事人申请执行的，人民法院应当依法受理。

最高人民法院

关于不得以裁决书送达超过期限而裁定撤销仲裁裁决的通知

1997 年 4 月 6 日　法［1997］120 号

各省、自治区、直辖市高级人民法院：

据了解，目前一些地区人民法院以仲裁裁决书送达超过规定期限，不符合仲裁程序，违反国务院办公厅国办发［1995］38 号“关于进一步做好重新组建仲裁机构工作的通知”（简称国办发［1995］38 号文）规定为由，裁定撤销仲裁裁决。

国办发［1995］38号文第三条规定中提到的6个月期限，指的是仲裁机构作出仲裁裁决的期限，不包括送达仲裁裁决的期限。法院以仲裁裁决送达超过6个月规定期限，不符合仲裁程序，违反国办发［1995］38号文规定为由，裁定撤销仲裁裁决，既于法律无据，也不利于保护当事人合法权益。因此，各地人民法院凡发现在审判工作中存在上述问题的，应当及时依法予以纠正。

特此通知。

最高人民法院

关于人民法院裁定撤销仲裁裁决或驳回当事人申请后当事人能否上诉问题的批复

1997年4月23日 法复［1997］5号

广西壮族自治区高级人民法院：

你院桂高法［1996］144号请求及1997年1月20日补充意见均已收悉。经研究，答复如下：

根据《中华人民共和国民事诉讼法》第140条、第141条和《中华人民共和国仲裁法》第9条第2款规定，对人民法院依法作出的撤销仲裁裁决或驳回当事人申请的裁定，当事人无权上诉。人民法院依法裁定撤销仲裁裁决的，当事人可以根据双方重新达成的仲裁协议申请仲裁，也可以向人民法院起诉。

此复。

最高人民法院

关于人民法院撤销涉外仲裁裁决有关事项的通知

1998年4月23日 法［1998］40号

省、自治区、直辖市高级人民法院，解放军军事法院：

为严格执行《中华人民共和国仲裁法》（以下简称仲裁法）和《中华人民共和国民事诉讼法》（以下简称民事诉讼法），保障诉讼和仲裁活动依法进行，现决定对人民法院撤销我国涉外仲裁裁决建立报告制度，为此，特作如下通知：

一、凡一方当事人按照仲裁法的规定向人民法院申请撤销我国涉外仲裁裁决，如果人民法院经审查认为涉外仲裁裁决具有民事诉讼法第260条第1款规定的情形之一的，在裁定撤销裁决或通知仲载庭重新仲裁之前，须报请本辖区所属高级人民法院进行审查。如果高级人民法院同意撤销裁决或通知仲裁庭重新仲裁，应将其审查意见报最高人民法院。待最高人民法院答复后，方可裁定撤销裁决或通知仲裁庭重新仲裁。

二、受理申请撤销裁决的人民法院如认为应予撤销裁决或通知仲裁庭重新仲裁，应在受理后30日内报其所属的高级人民法院，该高级人民法院如同意撤销裁决或通知仲裁庭重新仲裁的，应在15日内报最高人民法院，以严格执行仲裁法第60条的规定。

最高人民法院

关于审理当事人申请撤销仲裁裁决案件几个具体问题的批复

（1998年6月11日最高人民法院审判委员会
第992次会议通过　法释［1998］16号）

安徽省高级人民法院：

你院（1996）经他字第26号《关于在审理一方当事人申请撤销仲裁裁决的案件中几个具体问题应如何解决的请示报告》收悉。经研究，答复如下：

一、原依照有关规定设立的仲裁机构在《中华人民共和国仲裁法》（以下简称仲裁法）实施前受理、实施后审理的案件，原则上应当适用仲裁法的有关规定。鉴于原仲裁机构的体制与仲裁法规定的仲裁机构有所不同，原仲裁机构适用仲裁法某些规定有困难的，如仲裁庭的组成，也可以适用《中华人民共和国经济合同仲裁条例》的有关规定，人民法院在审理有关申请撤销仲裁裁决案件中不应以未适用仲裁法的规定为由，撤销仲裁裁决。

二、一方当事人向人民法院申请撤销仲裁裁决的，人民法院在审理时，应当列对方当事人为被申请人。

三、当事人向人民法院申请撤销仲裁裁决的案件，应当按照非财产案件收费标准计收案件受理费；该费用由申请人交纳。

此复。

最高人民法院
关于未被续聘的仲裁员在原参加审理的案件裁决书上签名人民法院应当执行该仲裁裁决书的批复

（1998 年 7 月 13 日最高人民法院审判委员会第 1001 次会议通过　法释［1998］21 号）

广东省高级人民法院：

你院（1996）粤高法执函字第 5 号《关于未被续聘的仲裁员继续参加审理并作出裁决的案件，人民法院应否立案执行的请示》收悉。经研究，答复如下：

在中国国际经济贸易仲裁委员会深圳分会对深圳东鹏实业有限公司与中国化工建设深圳公司合资经营合同纠纷案件仲裁过程中，陈野被当事人指定为该案的仲裁员时具有合法的仲裁员身份，并参与了开庭审理工作。之后，新的仲裁员名册中没有陈野的名字，说明仲裁机构不再聘任陈野为仲裁员，但这只能约束仲裁机构以后审理的案件，不影响陈野在此前已合法成立的仲裁庭中的案件审理工作。其在该仲裁庭所作的（94）深国仲结字第 47 号裁决书上签字有效。深圳市中级人民法院应当根据当事人的申请对该仲裁裁决书予以执行。

此复。

1998 年 9 月 2 日　法经［1998］392 号函

四川省高级人民法院经济庭：

1998 年 7 月，国务院法制办公室向本院反映：1997 年 6 月 24 日成都仲裁委员会受理了张存良申请仲裁其与成都蛇口泰山（集团）房地产公司开发预售商品房合同纠纷一案。1997 年 9 月 5 日（1997）成仲裁字第 016 号裁决书作出终局裁决。同年 9 月 24 日张存良向郫县人民法院申请强制执行。蛇口泰山集团公司认为商品房预售合同中只约定“双方有争议问题，可由有关部门仲裁”的条款，并无仲裁协议。该公司以仲裁条款无效为由，请求郫县人民法院不予执行仲裁裁决。1998 年 3 月 24 日，郫县人民法院以上述理由裁定对成都仲裁委员会的裁决书不予执行。

我们认为：合同当事人签订的仲裁协议应包括合同中订立的仲裁条款和以其他书面方式在纠纷发生前或者发生后达成的请求仲裁的协议。成都仲裁委员会仲裁的预售商品房合同是1994年9月签订的，应适用仲裁法之前的仲裁规则。国务院、最高人民法院在贯彻仲裁法的通知中都明确了仲裁法施行前当事人依法订立的仲裁协议继续有效。因此，郸县人民法院不予执行裁定的理由明显不妥。请你庭接到此函后，监督郫县人民法院再审撤销不予执行的裁定。严格依法办事，挽回不良影响。

最高人民法院经济审判庭

最高人民法院
关于承认和执行外国仲裁裁决收费及审查期限问题的规定

（1998年10月21日最高人民法院审判委员会第1029次会议通过
法释［1998］28号）

为正确执行我国加入的联合国《承认及执行外国仲裁裁决公约》（以下称纽约公约），现对人民法院依照纽约公约规定，承认和执行外国仲裁裁决收费及审查期限问题作出如下规定：

一、人民法院受理当事人申请承认外国仲裁裁决的，预收人民币500元。

二、人民法院受理当事人申请承认和执行外国仲裁裁决的，应按照《人民法院诉讼收费办法》有关规定，依申请执行的金额或标的价额预收执行费。如人民法院最终决定仅承认而不予执行外国仲裁裁决时，在扣除本规定第一条所列费用后，其余退还申请人。

三、人民法院受理当事人申请承认和执行外国仲裁裁决，不得对承认和执行分别两次收费。对所预收费用的负担，按照《人民法院诉讼收费办法》有关规定执行。

四、当事人依照纽约公约第四条规定的条件申请承认和执行外国仲裁裁决，受理申请的人民法院决定予以承认和执行的，应在受理申请之日起2个月内作出裁定，如无特殊情况，应在裁定后6个月内执行完毕；决定不予承认和执行的，须按最高人民法院法发［1995］18号《关于人民法院处理与涉外仲裁及外国仲裁事项有关问题的通知》的有关规定，在受理申请之日起2个月内上报最高人民法院。

最高人民法院
关于当事人对人民法院撤销仲裁裁决的裁定不服再审人民法院是否受理问题的批复

（1999年1月29日最高人民法院审判委员会第1042次会议通过）

法释［1999］6号

陕西省高级人民法院：

你院陕高法［1998］78号《关于当事人对人民法院撤销仲裁裁决的裁定不服申请再审是否应当受理的请示》收悉。经研究，答复如下：

根据《中华人民共和国仲裁法》第九条规定的精神，当事人对于人民法院撤销仲裁裁决的裁定不服申请再审的，人民法院不予受理。

此复。

中华人民共和国最高人民法院公告

《最高人民法院关于内地与香港特别行政区相互执行仲裁裁决的安排》已于1999年6月18日由最高人民法院审判委员会第1069次会议通过。根据最高人民法院和香港特别行政区代表协商达成的一致意见，本《安排》在内地以最高人民法院司法解释的形式予以公布，自2000年2月1日起施行。

2000年1月24日

最高人民法院
关于我国仲裁机构作出的仲裁裁决能否部分撤销问题的批复

（1999年6月26日最高人民法院审判委员会第1071次会议通过）

法释［1999］16号

广东省高级人民法院：

你院（1997）粤法经二请字第22号《关于深圳瑞丰工贸有限公司申请撤销（97）深国仲结字第07号裁决一案的请示》收悉。经研究，答复如下：

我国仲裁机构作出的仲裁裁决，如果裁决事项超出当事人仲裁协定的范围，或者不属当事人申请仲裁的事项，并且上述事项与仲裁机构作出裁决的其他事项是可分的，人民法院可以基于当事人的申请，在查清事实后裁定撤销该超裁部分。

对你院（1997）粤法经二请字第22号请示，同意你院审判委员会多数意见，即中国国际经济贸易仲裁委员会深圳分会（97）深国仲结字第07号裁决的第三项内容系租赁合同项下的争议，不是合作合同项下的争议，鉴于该租赁合同没有仲裁条款，按照深圳瑞丰工贸有限公司的申请，人民法院可以裁定撤销仲裁裁决中的该部分内容。

最高人民法院关于人民检察院对撤销仲裁裁决的民事裁定提起抗诉人民法院应如何处理问题的批复

（2000年6月30日最高人民法院审判委员会
第1121次会议通过，自2000年7月15日起施行。）

法释［2000］17号

陕西省高级人民法院：

你院陕高法（1999）183号《关于下级法院撤销仲裁裁决的民事裁定确有错误，检察机关抗诉应如何处理的请示》收悉。经研究，答复如下：

检察机关对发生法律效力的撤销仲裁裁决的民事裁定提起抗诉，没有法律依据，人民法院不予受理。依照《中华人民共和国仲裁法》第九条的规定，仲裁裁决被人民法院依法撤销后，当事人可以重新达成仲裁协议申请仲裁，也可以向人民法院提起诉讼。

此复。

最高人民法院公告

《最高人民法院关于人民检察院对不撤销仲裁裁决的民事裁定提出抗诉人民法院应否受理问题的批复》已于2000年12月12日由最高人民法院审判委员会第1150次会议通过，现予公布，自2000年12月19日起施行。

2000年12月13日

最高人民法院关于人民检察院对不撤销仲裁裁决的民事裁定提出抗诉人民法院应否受理问题的批复

（2000 年 12 月 12 日最高人民法院审判委员会第 1150 次会议通过　法释［2000］46 号）

内蒙古自治区高级人民法院：

你院［2000］内法民再字第 29 号《关于人民检察院能否对人民法院不予撤销仲裁裁决的民事裁定抗诉的请示报告》收悉。经研究，答复如下：

人民检察院对发生法律效力的不撤销仲裁裁决的民事裁定提出抗诉，没有法律依据，人民法院不予受理。

此复

最高人民法院关于涉外民商事案件诉讼管辖若干问题的规定

（2001 年 12 月 25 日最高人民法院审判委员会第 1203 次会议通过 法释［2002］5 号）

为正确审理涉外民商事案件，依法保护中外当事人的合法权益，根据《中华人民共和国民事诉讼法》第十九条的规定，现将有关涉外民商事案件诉讼管辖的问题规定如下：

第一条　第一审涉外民商事案件由下列人民法院管辖：

（一）国务院批准设立的经济技术开发区人民法院；

（二）省会、自治区首府、直辖市所在地的中级人民法院；

（三）经济特区、计划单列市中级人民法院；

（四）最高人民法院指定的其他中级人民法院；

（五）高级人民法院。

上述中级人民法院的区域管辖范围由所在地的高级人民法院确定。

第二条　对国务院批准设立的经济技术开发区人民法院所作的第一审判决、裁定不服的，其第二审由所在地中级人民法院管辖。

第三条　本规定适用于下列案件：

（一）涉外合同和侵权纠纷案件；

（二）信用证纠纷案件；

（三）申请撤销、承认与强制执行国际仲裁裁决的案件；

（四）审查有关涉外民商事仲裁条款效力的案件；

（五）申请承认和强制执行外国法院民商事判决、裁定的案件。

第四条 发生在与外国接壤的边境省份的边境贸易纠纷案件，涉外房地产案件和涉外知识产权案件，不适用本规定。

第五条 涉及香港、澳门特别行政区和台湾地区当事人的民商事纠纷案件的管辖，参照本规定处理。

第六条 高级人民法院应当对涉外民商事案件的管辖实施监督，凡越权受理涉外民商事案件的，应当通知或者裁定将案件移送有管辖权的人民法院审理。

第七条 本规定于2002年3月1日起施行。本规定施行前已经受理的案件由原受理人民法院继续审理。

本规定发布前的有关司法解释、规定与本规定不一致的，以本规定为准。

最高人民法院
关于ED&F曼氏（香港）有限公司
申请承认和执行伦敦糖业协会仲裁裁决案的复函

2003年7月1日　［2003］民四他字第3号

北京市高级人民法院：

你院2003年1月15日京高法［2003］7号《关于对ED&F曼氏（香港）有限公司申请承认与执行伦敦糖业协会第158号仲裁裁决一案的请示》收悉。经本院审判委员会讨论决定，答复如下：

中国糖业酒类集团公司与ED&F曼氏（香港）有限公司于1994年12月14日签订的8008合同明确约定，因该合同引起的一切争议均需提交伦敦糖业协会依照该会规则进行仲裁。双方当事人就履行8008合同发生争议后，伦敦糖业协会依照双方当事人的上述约定受理有关争议具有法律依据。经审查，伦敦糖业协会在仲裁本案过程中不存在1958年《承认与执行外国仲裁裁决公约》第五条第一款规定的任何情形。双方当事人因履行期货交易合同产生的纠纷，在性质上属于因契约性商事法律关系产生的纠纷，依照我国法律规定可以约定提请仲裁。依照我国有关法律法规的规定，境内企业未经批准不得擅自从事境外期货交易。中国糖业酒类集团公司未经批准擅自从事境外期货交易的行为，依照中国法律无疑应认定为无效。但违反我国法律的强制性规定不能完全等同于违反我国的公共政策。因此，本案亦不存在1958年《承认与执行外国仲裁裁决公约》第五条第二款规定的不可仲裁及承认与执行该判决将违反我国公共政策的情形。依照《中华人民共和国民事诉讼法》第二百六十九条及1958年《承认与执行外国仲裁裁决公约》第五条之规定，应当承认和执行本案仲裁裁决。

此复。

最高人民法院
关于山东省房地产开发集团青岛公司请求撤销
中国国际经济贸易仲裁委员会(2000)贸仲裁字第0333号仲裁裁决案的复函

2003年7月8日　［2002］民四他字第8号

北京市高级人民法院：

你院2002年2月19日京高法（2002）20号《关于山东省房地产开发集团青岛公司请求撤销中国国际经济贸易仲裁委员会（2000）贸仲裁字第0333号仲裁裁决案的请示》收悉。经本院审判委员会讨论，答复如下：

山东省房地产开发集团青岛公司与香港跃龙实业有限公司于1999年5月24日签订的《关于联合解决青岛房天成大房地产开发有限公司股东投资争议的协议书》明确约定，双方同意股东在合资过程中发生的争议，可提交中国国际经济贸易仲裁委员会仲裁。该约定对山东省房地产开发集团青岛公司与香港跃龙实业有限公司具有约束力，仲裁庭依据此约定受理该两公司之间的合资争议并据此作出裁决是有法律依据的。本案仲裁裁决不存在超载或者其他依法应予撤销的情形，依法应当予以执行。

此复。

最高人民法院
关于浙江省天河房地产联合发展公司申请撤销
中国经济贸易仲裁委员会上海分会仲裁裁决案的复函

2003年11月10日　［2003］民四他字第19号

上海市高级人民法院：

你院（2003）沪高民三（商）他字第3号《关于上海市第一中级人民法院拟裁定撤销（97）沪贸仲字第096号裁决一案的请示》收悉。经研究，答复如下：

本案中，浙江省天河房地产联合发展公司（以下简称天河公司）申请撤销中国国际经济贸易仲裁委员会上海分会（97）沪贸仲字第096号仲裁裁决的理由归结起来主要是：（1）仲裁庭对远湖有限公司（以下简称远湖公司）提供的部分证据材料未经质证，天河公司因此丧失了陈述、申辩的机会，仲裁庭的做法违反了仲裁规则；（2）仲裁庭对有关出资问题的认定错误；（3）仲裁庭对天河公司与合资公司关于土地使用面积是80亩还是68亩的争议、台湾宁诚公司的购房款应付给谁、远湖公司的出资是否到位等问题进行认定超出了仲裁协议的范围；（4）该仲裁裁决违反了社会公共利益。

本案系对涉外仲裁裁决的申请撤销，人民法院应当依据《中华人民共和国仲裁法》第七十条的规定和《中华人民共和国民事诉讼法》第二百六十条的规定进行审查并作出裁决。

关于本案有关证据材料是否经过质证以及是否因此导致当事人未能陈述意见的问题。本案于1996年6月28日由仲裁委员会受理，组成仲裁庭后，经过两次开庭审理，1997年5月23日作出仲裁裁决。根据本案卷宗材料反映的事实，在仲裁过程中，仲裁庭均向双方当事人分别提供了相关的证据材料，组织了对有关证据材料的质证，当事人有充分的陈述自己意见的机会，符合仲裁规则的基本要求。对证据的分析和认定属于仲裁庭的权力范围，当事人不能以仲裁庭对有关证据材料的质证程度、采信与否作为申请撤销仲裁裁决的理由。天河公司认为远湖公司提出的几份证据材料系伪证且未予质证使其丧失了对该证据申辩的机会没有事实和法律依据。你院认为"远湖公司在提供给仲裁庭的一览表及附件上注明'只提供仲裁庭，不送天河公司'，仲裁卷宗虽有证据证明仲裁庭于收到一览表第二日将该补充材料及附件邮寄给天河公司，但在相关的函上并没有列明各份材料的名称及页数，故无法证明一览表及所附的材料已全部交给天河公司进行质证。仲裁庭的庭审记录上也只能反映曾出示过一览表，未能反映出该表所附的证据也经质证"，并以此认为"仲裁庭做法违反法定程序"欠妥。

关于仲裁庭对有关出资问题的认定是否属实的问题。对当事人出资是否到位的认定系实体问题，而不是程序问题，人民法院对涉外仲裁裁决进行司法监督的范围仅限于程序问题。

关于本案是否部分超裁的问题。本案所涉仲裁裁决书对天河公司与合资公司关于土地使用面积是80亩还是68亩的争议、台湾宁诚公司的购房款应付给谁、远湖公司的出资是否到位等问题有所论及，但并没有对这些问题作出裁决，且裁决书中明确表示台湾宁诚公司与天河公司之间的有关约定系另一法律关系、合资公司与远湖公司、天河公司之间的争议系另一法律关系、不属于本案仲裁的范围。因此，不能认为本案仲裁裁决超出了仲裁庭应当裁决的范围。

关于执行该仲裁裁决是否会违反社会公共利益的问题。天河公司认为本案仲裁裁决的执行将会违反社会公共利益，没有事实和法律依据。

综上，天河公司申请撤销中国国际经济贸易仲裁委员会上海分会（97）沪贸仲字第096号仲裁裁决的理由均不能成立，不构成《中华人民共和国民事诉讼法》第二百六十条规定的对仲裁裁决应予撤销的情形。因此，人民法院应当驳回天河公司撤销该仲裁裁决的申请。

此复。

最高人民法院
关于美国GMI公司申请承认
英国伦敦金属交易所仲裁裁决案的复函

2003年11月12日 ［2003］民四他字第12号

安徽省高级人民法院：

你院［2002］皖民二他终字第10号《关于对美国GMI公司申请承认英国伦敦金属交易所仲裁裁决一案的审查意见》收悉，经研究，答复如下：

你院请示报告对于争议的焦点问题归纳准确，对于当事人争议的GMI公司提出申请的期限问题、芜湖冶炼厂称已丧失履行能力裁决不应执行问题、芜湖冶炼厂是否得到指派仲裁员及仲裁程序通知的问题等，请示报告中均依据充分的事实和法律作出了清晰的分析，本院同意你院对上述问题的分析意见。

本案仲裁庭根据美国GMI公司与芜湖冶炼厂签订的买卖合同中的仲裁条款受理案件，就仲裁范围而言，仲裁庭只能对GMI公司与芜湖冶炼厂之间的买卖合同纠纷作出裁决，但其却根据GMI公司的申请，将与GMI公司之间没有仲裁协议的芜湖恒鑫铜业集团有限公司列为仲裁被申请人，对所谓的GMI公司与芜湖冶炼厂及芜湖恒鑫铜业集团有限公司三方之间的纠纷作出了裁决，仲裁庭对GMI公司与芜湖恒鑫铜业集团有限公司之间所谓的买卖合同纠纷所作裁决，显然已经超出了本案仲裁协议的范围。

根据《纽约公约》第5条第1款（丙）项的规定，仲裁事项超出仲裁协议范围的，应不予执行，但如果仲裁庭有权裁决部分与超裁的部分是可分的，则有权裁决的部分是应该承认和执行的。本案中仲裁庭有权裁决部分和超裁部分是明确可以区分的。虽然仲裁庭在裁决书中多次使用“被申请人”的称谓，均未指明是芜湖冶炼厂还是芜湖恒鑫铜业集团有限公司，而从裁决书首部将芜湖冶炼厂和芜湖恒鑫铜业集团有限公司均列为被申请人看，裁决书在没有特别指明的情况下，其被申请人的含义应该既包括芜湖冶炼厂，也包括芜湖恒鑫铜业集团有限公司，但使用这种称谓，并不表明有权裁决部分和超裁部分是不可分的，从最终裁决结果看，有明确裁决芜湖冶炼厂单独承担责任的部分，就该部分裁决而言，仲裁庭有权裁决，而且与超裁部分是可分的，亦不存在其他不应予以承认和执行的情形，因此对于涉及芜湖冶炼厂单独承担责任部分的裁决应予承认和执行。而其他使用“被申请人”这个称谓表明应该承担责任部分的裁决，由于对于芜湖冶炼厂及芜湖恒鑫铜业集团有限公司承担的责任没有明确区分，因此，人民法院对于仲裁庭有权裁决部分和超裁部分亦无法区分，故对于无法区分部分的裁决不应予以承认和执行。

此复。

最高人民法院
关于香港享进粮油食品有限公司
申请执行香港国际仲裁中心仲裁裁决案的复函

2003年11月14日 ［2003］民四他字第9号

安徽省高级人民法院：

你院（2003）皖执他字第01号“关于对香港国际仲裁中心仲裁裁决香港享进粮油食品有限公司与安徽粮油食品进出口（集团）公司买卖合同纠纷案不予执行的审查情况报告”收悉。经研究，答复如下：

根据你院所述事实，安徽粮油食品进出口（集团）公司（以下简称安徽粮油公司）系海南高富瑞工贸有限公司（以下简称海南高富瑞公司）的股东。本案所涉合同是海南高富瑞公司总经理张根杰，利用其持有的安徽粮油公司派驻海南高富瑞公司任职人员的相关文件的便利，采取剪取、粘贴、复印、传真等违法手段，盗用安徽粮油公司圆形行政公章，以安徽粮油公司的名义与香港享进粮油食品有限公司（以下简称享进公司）签订的。由于张根杰没有得到安徽粮油公司的明确授权，而是采用违法的手段盗用其印章签订合同，且事后张根杰未告知安徽粮油公司，更未得到追认，根据当事人的属人法即我国内地相应的法律规定，张根杰无权代理安徽粮油公司签订合同，亦即其不具备以安徽粮油公司名义签订合同的行为能力。由于本案所涉仲裁协议是张根杰通过欺诈手段签订的，因此，根据本案仲裁地法即香港特别行政区的法律，该仲裁协议也应认定无效。故根据《最高人民法院关于内地与香港特别行政区相互执行仲裁裁决的安排》第七条第一款第（一）项的规定，应不予执行本案仲裁裁决。同意你院的处理意见，但你院不宜以《最高人民法院关于内地与香港特别行政区相互执行仲裁裁决的安排》第七条第三款的规定作为不予执行本案仲裁裁决的法律依据。

此复。

最高人民法院
关于黑龙江鸿昌国际货物运输代理有限公司申请撤销中国海事仲裁委员会仲裁裁决案的复函

2003 年 12 月 10 日 ［2003］民四他字第 32 号

天津市高级人民法院：

你院津高法（2003）171 号《关于黑龙江鸿昌国际货物运输代理有限公司与福建省轮船总公司、美国连捷海运有限公司（TRANSMARINE INC）申请撤销仲裁裁决一案的请示报告》收悉。经研究，答复如下：

根据天津海事法院查明的事实，中国海事仲裁委员会于 2002 年 11 月 29 日受理福建省轮船总公司与美国连捷海运有限公司、黑龙江鸿昌国际货物运输代理有限公司（以下简称鸿昌公司）租金及滞纳金纠纷案，并于 2002 年 11 月 29 日将仲裁文件以特快专递方式向鸿昌公司进行送达，送达地址为哈尔滨市香坊区珠江路 31 号。但当时鸿昌公司已在工商行政管理机关将公司经营地址变更登记为哈尔滨市杆塔确嵩山路 38 号。在送达仲裁文件的特快专递被邮政部门因“迁移新址不明”退回的情况下，仲裁委员会仍委托送达人按原地址进行送达，而未采取向当地工商行政管理机关查询这一最通常的合理查询的方法。因此，本案仲裁文件的送达不符合《中国海事仲裁委员会仲裁规则》第八十一条“向当事人或其代理人发送的任何书面通讯，如经当面递交收讯人或投递至收讯人的营业地点、惯常住所或通讯地址，或者经合理查询不能找到上述任一地点而以挂号信或能提供作过投递企图的记录的其他任何手段投递给收讯人最后一个为人所知的营业地点、惯常住所或通讯地址”的规定，不能视为已经送达。中国海事仲裁委员会的仲裁裁决是在鸿昌公司没有得到指定仲裁员和进行仲裁程序通知的情况下作出的，属于不应由鸿昌公司负责的原因未能陈述意见的情况，符合《中华人民共和国民事诉讼法》第二百六十条第一款规定的情形。根据《中华人民共和国仲裁法》第七十条的规定，此仲裁裁决应予撤销。

此复。

最高人民法院
关于对中国国际经济贸易仲裁委员会
[2002] 贸仲裁字第0112号仲裁裁决不予执行的请示的复函

2004年2月24日　[2003] 民四他字第26号

重庆市高级人民法院：

你院 [2003] 渝高法执示字第22号《关于对中国国际经济贸易仲裁委员会 [2002] 贸仲裁字第0112号仲裁裁决不予执行的报告》收悉。经研究，答复如下：

根据你院请示报告所述事实，本案各方当事人均为在我国注册成立的法人，且争议事项也不具有涉外因素，因此虽然本案仲裁裁决是由中国国际经济贸易仲裁委员会作出，但该裁决在性质上应属于国内裁决，而非涉外仲裁裁决，不适用《最高人民法院关于人民法院处理与涉外仲裁及外国仲裁事项有关问题的通知》的规定。本案可由你院自行决定是否予以执行。

此复。

最高人民法院
关于不予执行国际商会仲裁院
10334/AMW/BWD/TE 最终裁决一案的请示的复函

2004年7月5日　[2004] 民四他字第6号

山西省高级人民法院：

你院 [2004] 晋法民四请字第1号“关于同意太原中院不予执行国际商会仲裁院 10334/AMW/BWD/TE 最终裁决一案的报告”收悉。经研究，答复如下：

本案所涉裁决是国际商会仲裁院根据当事人之间达成的仲裁协议及申请作出的一份机构仲裁裁决，由于国际商会仲裁院系在法国设立的仲裁机构，而我国和法国均为《承认及执行外国仲裁裁决公约》的成员国，因此审查本案裁决的承认和执行，应适用该公约的规定，而不应适用《最高人民法院关于内地与香港特别行政区相互承认和执行仲裁裁决的安排》的规定。你院请示报告中所述两点不予承认和执行本案裁决的理由，均不符合《承认及执行外国仲裁裁决公约》的规定，因此你院以该两点理由不予承认和执行本案裁决的意见不能成立。

对于本案中伟贸国际（香港）有限公司是否在申请执行期限内提交了申请这一事实，你院应审查清楚。如其确系在申请执行期限内提交了申请，则即使其提交的材料不完备，你院亦不应直接裁定拒绝承认和执行本案裁决，而应该明确告知当事人，并限定一合理的时间让其补正，如其在限定的合理时间内拒绝补正，则应考虑以其申请不符合立案条件为由驳回其申请。

此复。

最高人民法院

关于不予执行佛山仲裁委

[1998] 佛仲字第04号仲裁裁决报请审查的请示的复函

2004年8月30日　[2004] 民四他字第16号

广东省高级人民法院：

你院［2002］粤高法执请复字第35号“关于不予执行佛山仲裁委［1998］佛仲字第04号仲裁裁决报请审查的请示”收悉，经研究，答复如下：

本案系涉港纠纷案件，CLINTON ENGINEERING LIMITED（以下简称克林顿公司）与广州市东峻房地产有限公司（以下简称东峻公司）根据双方签订的《机电工程协议书》中的仲裁条款，将纠纷提交佛山仲裁委员会进行仲裁，对于是否应当执行该仲裁裁决的审查应当参照适用《民事诉讼法》第二百六十条的规定。

东峻公司与克林顿公司在仲裁委员会委托鉴定机构之前，对鉴定机构的选定有明确的要求，即：不同意选择广州以及佛山的鉴定机构。在仲裁委员会委托注册地在佛山辖区之内的广东德正会计师事务所之后，东峻公司对该情况及鉴定资质曾经提出了异议。现有证据显示：德正会计师事务所不具备工程质量与工程造价项目的鉴定资质。《仲裁法》第四十四条、《佛山仲裁规则》第五十六条均规定：仲裁庭对案件涉及的专门性问题认为需要鉴定的，可以交由当事人约定的鉴定部门鉴定；也可以交由仲裁庭指定的鉴定部门鉴定。在双方当事人共同委托仲裁庭指定鉴定机构时，仲裁庭可以依法以及依照仲裁规则作出指定，但该指定有一个基本的前提与限制：仲裁庭必须在对相关项目有鉴定资质的鉴定机构中进行选择。鉴定机构资质方面的要求，有关法律、仲裁规则虽未明确加以限定，但却是有关法律以及仲裁规则对鉴定结论作为证据形成程序合法性方面的隐含的必然要求。在鉴定机构缺乏法定资质的情况下，可以认定裁决存在《民事诉讼法》第二百六十条第一款第三项规定的“仲裁的程序与仲裁规则不符的”情形。根据《民事诉讼法》第二百六十条第一款第三项、《仲裁法》第七十一条的规定，本案仲裁裁决应当不予执行。

此复。

最高人民法院
关于廊坊市中级人民法院对中国国际经济贸易仲裁委员会［2003］贸仲裁字第0060号裁决书裁定不予执行问题的请示的复函

2004年9月9日　［2004］民四他字第18号

河北省高级人民法院：

你院［2004］冀执监一字第2号《关于廊坊市中级人民法院对中国国际经济贸易仲裁委员会［2003］贸仲裁字第0060号裁决书裁定不予执行问题的请示报告》收悉。经研究，答复如下：

廊坊东方房地产开发有限公司于1995年5月22日与爱科工程咨询国际有限公司签订了一份东方花园别墅售楼合同。该合同第十六条约定“合同用中、英文书写，两种文本具有同等效力”。另据瑞士、意大利驻华使馆照会及仲裁委反映，廊坊东方房地产开发有限公司又就相同标的与史密德个人订立了内容与上述中文本相同的英文本合同。两份合同第十四条均约定“本合同依据中华人民共和国有关法律、廊坊市人民政府有关规定、条例制定；双方因履行合同发生纠纷，应友好协商解决；不能友好协商的，双方将交由设在北京的中国国际经济贸易仲裁委员会裁决。仲裁的裁决是终局的，败诉方将按中国有关规定承担费用”。事实上，史密德作为合同主体之一也得到了廊坊东方市地产开发有限公司的认可。如上述情况属实，应认定史密德个人也是东方花园别墅售楼合同及仲裁协议的一方当事人。仲裁庭将史密德与爱科工程咨询国际有限公司并列为共同主体并无不当，你院认为史密德不是仲裁协议的一方当事人没有事实依据。本案仲裁裁决不存在我国《民事诉讼法》第二百六十条规定的不予执行的情形，依法应予执行。

此复。

最高人民法院
关于裁定不予承认和执行英国伦敦仲裁庭作出的
塞浦路斯瓦赛斯航运有限公司与中国粮油饲料有限公司、
中国人民财产保险股份有限公司河北省分公司、
中国人保控股公司仲裁裁决一案的请示的复函

2004 年 9 月 30 日 ［2004］民四他字第 32 号

天津市高级人民法院：

你院津高法（2004）123 号《关于裁定不予承认和执行英国伦敦仲裁庭作出的塞浦路斯瓦赛斯航运有限公司与中国粮油饲料有限公司、中国人民财产保险股份有限公司河北省分公司、中国人保控股公司仲裁裁决一案的请示》收悉。经研究答复如下：

本案伦敦仲裁庭的三份仲裁裁决分别于 2001 年 3 月 14 日、2001 年 6 月 20 日、2002 年 2 月 13 日作出，天津海事法院收到申请人塞浦路斯瓦赛斯航运有限公司申请承认和执行仲裁裁决申请材料的日期是 2004 年 1 月 17 日。虽然三份仲裁裁决均未明确履行期限，且送达时间不明，但本案两被申请人中国粮油饲料有限公司、中国人民财产保险股份有限公司河北省分公司向英国高等法院提出起诉的时间，表明三份仲裁裁决书已于 2002 年 3 月 28 日前送达给两被申请人。本案中英国高等法院对仲裁裁决异议案件的审理与裁决不构成申请人申请承认和执行仲裁裁决期限中断或延长的理由。

根据我国《民事诉讼法》第二百一十九条关于申请执行期限的规定，本案申请人塞浦路斯瓦赛斯航运有限公司申请承认和执行伦敦仲裁裁决，已超过 6 个月申请执行期限，应不予承认和执行。

最高人民法院
关于对海口中院不予承认和执行
瑞典斯德哥尔摩商会仲裁院仲裁裁决请示的复函

2005 年 7 月 13 日　［2001］民四他字第 12 号

海南省高级人民法院：

你院［2001］琼经复字第 1 号《关于对海口中院“瑞典斯德哥尔摩商会仲裁院第 060/1999 号仲裁裁决书不予承认和执行案”审查意见的请示报告》收悉。经本院审判委员会研究，答复如下：

海南省纺织工业总公司作为国有企业，在未经国家外汇管理部门批准并办理外债登记手续的情况下，对日本三井物产株式会社直接承担债务，违反了我国有关外债审批及登记的法律规定和国家的外汇管理政策。但是，对于行政法规和部门规章中强制性规定的违反，并不当然构成对我国公共政策的违反。你院请示报告中所述的应当拒绝承认和执行本案仲裁裁决的理由依法均不成立，本案仲裁裁决不应以违反公共政策为由拒绝承认和执行。

此复。

最高人民法院
关于对伏尔加——第聂伯航运公司申请执行
俄罗斯联邦乌里扬诺夫斯克州仲裁法院裁决处理结果的请示的复函

2005 年 9 月 25 日　［2005］民四他字第 33 号

北京市高级人民法院：

你院京高法［2005］138 号《关于对伏尔加——第聂伯航运公司申请执行俄罗斯联邦乌里扬诺夫斯克州仲裁法院裁决处理结果的请示》收悉。经研究，答复如下：

该八份裁决均为俄罗斯法院的裁决。对你院请示的第一个问题，我们认为：本案系被申请人 Garment Fashion Corporation（中国）［服装时装总公司（中国）］未到庭而缺席作出裁决的案件。根据 1993 年 11 月 14 日生效的《中华人民共和国和俄罗斯联邦关于民事和刑事司法协助的条约》第十七条第二款第（二）项之规定，应当证明未出庭的当事人一方已经合法传唤。而俄罗斯联邦乌里扬诺夫斯克州仲裁法院仅证明开庭审理的日期和地点已通过应有的途径通知了被申请人，但未同时指明“应有的途径”具体是什么途径。此种证明是不充分的。此外，该法院亦未证明申请人申请执行的八份裁决已经合法送达给了申请人。鉴于上述情况，可以认定申请人提出司法协助请示的手续不齐全，但不宜以上述条约第二十条第（五）项之规定拒绝承认与执行。

对你院请示的第二个问题，由于被申请人在国家工商行政管理局和北京市工商行政管理局均未注册，而申请人提供的被申请人的法定地址系客房，不存在长期包租情况，亦从未被被申请人包租过，因此，可以认定被申请人主体不明或者不存在。上述条约第十八条第一款规定，法院裁决的承认与执行，由被请示的缔约一方依照本国法律规定的程序进行，故本案所涉八份裁决应依照我国《民事诉讼法》规定的程序和条件进行审查。根据我国《民事诉讼法》第一百零八条第（二）项、第二百零七条第二款之规定，本案没有明确的被申请人，亦无证据证明被申请人在我国境内存在任何财产，因此，本案不符合法律规定的受理条件，依法应予退回并明确告知退回理由。至于被申请人在北京以外地区注册成立可能引起的问题，我们认为：如果有事实证明被申请人在我国境内其他地区注册成立或者在其他地区存在财产，说明申请人向北京有关法院申请承认与执行有关裁决不当。在此情形下，申请人可以依法向有管辖权的人民法院申请承认与执行，有关人民法院应依法进行审查，不存在裁定相互矛盾的问题。

对你院请示的第三个问题，我们认为，翻译费用不同于诉讼费用。人民法院在申请人依法缴纳诉讼费用之后，要求其支付人民法院因履行通知职能而发生的翻译费用没有法律依据，该笔费用应由受理案件的人民法院自行承担。

此复。

最高人民法院

关于是否裁定不予执行中国国际经济贸易仲裁委员会仲裁裁决的复函

2006年1月23日 ［2005］民四他字第45号

安徽省高级人民法院：

你院［2005］皖执他字第11号“关于能否裁定不予执行［2003］贸仲裁字第0138号仲裁裁决的请示”收悉。经研究，答复如下：

中国国际经济贸易仲裁委员会依据深圳宝升竞高环保发展有限公司、合肥市市容环境卫生管理委员会（后变更为合肥市市容环境卫生管理局，以下简称市容管理局）、香港合升国际有限公司、合肥市进出口公司（后变更为合肥市进出口有限公司）以及美国 Wildcat Mfg . Co . ，Inc. 之间签订的《合肥市市容环境卫生管理委员会引进美国野猫公司城市生活垃圾处理设备及技术合同》中的仲裁条款作出［2003］贸仲裁字第 0138 号仲裁裁决后，市容管理局以仲裁裁决违反法定程序、主要证据未经当事人质证、认定事实的主要依据不足、适用法律错误等为由申请人民法院不予执行该裁决。因合同存在涉外和涉港因素，中国国际经济贸易仲裁委员会仲裁庭就该纠纷所作出的裁决属于我国涉外仲裁裁决。根据《中华人民共和国民事诉讼法》和《中华人民共和国仲裁法》关于涉外仲裁的规定，人民法院对仲裁庭就本案具体适用法律和有关事实认定无权进行审查，市容管理局提出的仲裁裁决认定事实的主要证据不足、适用法律错误的理由不应予以支持。

《中国国际经济贸易仲裁委员会仲裁规则》（2000 年）第四十条规定："专家报告和鉴定报告的副本，应送给双方当事人，给予双方当事人对专家报告和鉴定报告提出意见的机会。任何一方当事人要求专家/鉴定人参加开庭的，经仲裁庭同意后，专家/鉴定人可以参加开庭，并在仲裁庭认为必要和适宜的情况下就他们的报告作出解释。"第四十一条规定："当事人提出的证据由仲裁庭审定；专家报告和鉴定报告，由仲裁庭决定是否采纳。"该仲裁规则并未要求相关鉴定报告必须经开庭质证，仲裁庭有权对鉴定报告进行审查并决定是否采纳。在本案中，仲裁庭将鉴定报告分别送达双方当事人并要求其提出书面意见的做法既不违反仲裁规则也保证了双方当事人的程序权利。市容管理局的此项理由亦不应予以支持。

关于是否可以根据《中华人民共和国民事诉讼法》第二百六十条第二款的规定以裁决违背社会公共利益为由不予执行的问题。《中华人民共和国民事诉讼法》第二百六十条第一款规定的抗辩理由主要是为了维护仲裁程序上的公平和正义，赋予当事人以司法上的救济权利，而第二款社会公共利益不仅是为了维护仲裁程序上的公平，而且还担负着维护国家根本法律秩序的功能。从本案情况来看，有关合同的签订与执行并不存在违背社会公共利益以至无法为我国法律秩序所容忍的情节。同时，有关设备闲置并非执行相关仲裁裁决产生的结果，以违背社会公共利益为由不予执行仲裁裁决缺乏依据。

综上，本案相关仲裁裁决应当予以执行。

此复。

最高人民法院

关于是否承认和执行大韩商事仲裁院仲裁裁决的请示的复函

2006年3月3日 ［2005］民四他字第46号

黑龙江省高级人民法院：

你院［2005］黑高商外他字第1号《关于（株）TS海码路申请承认并执行大韩商事仲裁院仲裁裁决一案的请示报告》收悉。经研究，答复如下：

大韩商事仲裁院就（株）TS海码路与大庆派派思食品有限公司之间的开发协议和连锁协议纠纷，于2004年10月22日做出了第04113—0004号仲裁裁决。大庆派派思食品有限公司在（株）TS海码路向哈尔滨市中级人民法院申请承认和执行该仲裁裁决后，以仲裁庭未按照《中华人民共和国和大韩民国关于民事和商事司法协助的条约》第4条和第8条的规定向其送达开庭通知书和仲裁裁决书为由主张拒绝承认和执行该仲裁裁决。由于双方当事人在开发协议和连锁协议中明确约定"仲裁适用《大韩商事仲裁院仲裁规则》"，而本案仲裁庭按照该仲裁规则的规定通过邮寄方式向大庆派派思食品有限公司送达了开庭通知书和仲裁裁决书，也有证据证明大庆派派思食品有限公司收到了上述开庭通知书和仲裁裁决书。虽然仲裁庭在送达开庭通知书和仲裁裁决书时未附中文译本，但通过邮寄方式送达以及未附中文译本的做法并不违反韩国仲裁法和《大韩商事仲裁院仲裁规则》的规定。《中华人民共和国和大韩民国关于民事和商事司法协助的条约》中有关"司法协助的联系途径"和"文字"的规定，仅适用于两国司法机关进行司法协助的情形，不适用于仲裁机构或者仲裁庭在仲裁程序中的送达。大庆派派思食品有限公司没有举证证明本案仲裁裁决存在我国参加的《1958年承认执行外国仲裁裁决公约》第5条第1款规定的情形，本案仲裁裁决依法应予承认和执行。

此复。

最高人民法院
关于是否裁定撤销
中国国际经济贸易仲裁委员会华南分会仲裁裁决的请示的复函

2006年3月1日 ［2005］民四他字第47号

广东省高级人民法院：

你院［2005］粤高法民四他字第22号“关于罗定市供电局申请撤销仲裁裁决一案的请示”收悉。经研究，答复如下：

中国国际经济贸易仲裁委员会华南分会就罗定市供电局与辉恩中国投资有限公司之间的合作合同纠纷作出了［2005］中国贸仲深裁字第37号裁决。罗定市供电局以裁决事项超出合作合同仲裁协议范围、仲裁程序违反仲裁规则以及执行裁决违反社会公共利益等为由向深圳市中级人民法院申请撤销该仲裁裁决。因是否接受当事人的变更反请求系仲裁庭有权自行决定的事项，且罗定市供电局作为民事主体参与民事活动应当依法承担责任，故其有关仲裁程序违反仲裁规则及执行裁决违反社会公共利益的理由依法不能成立。但本案合作合同存在于罗定市供电局与辉恩中国投资有限公司之间，合作合同中的仲裁条款应仅约束该两当事人之间的合作合同纠纷，仲裁庭无权就辉恩中国投资有限公司与合作公司辉罗电力有限公司之间的借贷合同纠纷以及与罗定市供电局之间的借贷担保合同纠纷进行仲裁。由于借贷合同及借贷担保合同约定的仲裁机构为广州仲裁委员会且该委已就借贷担保合同纠纷作出了［2004］穗仲案字第1692号仲裁裁决，因此，本案仲裁裁决第一项中有关股东借贷损失的内容，超出了合作合同仲裁条款约定的范围，应认定属于超裁。同意你院的请示意见，本案应撤销仲裁裁决第一项中的股东借贷损失部分。

此复。

最高人民法院
关于是否裁定撤销承德仲裁委员会仲裁裁决的请示的复函

2006年1月24日 ［2005］民四他字第51号

河北省高级人民法院：

你院［2005］冀立民函字第89号“关于撤销承德仲裁委员会承仲裁字［2000］第33号、承仲裁补字［2000］第1号仲裁裁决的请示”收悉。经研究，答复如下：

本案属于申请撤销我国仲裁机构作出的涉外仲裁裁决案件。根据你院请示报告及所附卷宗反映的情况，承德仲裁委员会就北京鹏华经济技术发展公司与英属韦津群岛好运有限公司之间的纠纷于2000年12月26日曾经做出了承仲裁字［2000］第33号仲裁裁决，但又于同年12月28日作出承仲裁补字［2000］第1号仲裁裁决，撤销了承仲裁字［2000］第33号裁决。《中华人民共和国仲裁法》第五十六条规定：“对裁决书中的文字、计算错误或者仲裁段已经裁决但在裁决书中遗漏的事项，仲裁庭应当补正；当事人自收到裁决书之日起30日内，可以请示仲裁庭补正。”《承德仲裁委员会仲裁规则》第四十六条第三款规定：“仲裁庭作出的补正或者补充裁决，是原裁决书的组成部分。”有关法律与仲裁规则仅授权仲裁委员会可以就程序和遗漏事项作出补充裁决，没有授权仲裁委员会撤销其已经作出、送达且生效的仲裁裁决。承德仲裁委员会在对同一纠纷已经作出仲裁裁决的情况下，又作出撤销原裁决的补充裁决缺乏法律依据，也不符合《承德仲裁委员会仲裁规则》的规定，属于《中华人民共和国民事诉讼法》第二百六十条第一款第（三）项规定的“仲裁庭的组成或者仲裁的程序与仲裁规则不符”的情况，人民法院可以依据《中华人民共和国仲裁法》第七十条的规定撤销仲裁裁决。

鉴于本案仲裁裁决存在的主要问题是仲裁程序违反法定程序，这种对程序的违反（以补充裁决撤销原裁决）对当事人权利的影响可以以通知仲裁庭重新仲裁的方式纠正。根据本案所涉仲裁裁决的实际情况，应当根据《中华人民共和国仲裁法》第六十一条的规定，通知仲裁庭在一定期限内重新仲裁，并裁定中止撤销程序。仲裁庭拒绝重新仲裁的，应当裁定恢复撤销程序，依法一并撤销该两仲裁裁决。

此复。

最高人民法院

关于是否裁定撤销大连仲裁委员会仲裁裁决的请示的复函

2006年2月23日　［2005］民四他字第54号

辽宁省高级人民法院：

你院［2005］辽民四他字第3号请示收悉。经研究，答复如下：

大连仲裁委员会就山西防爆电机（集团）有限公司与保罗·卡斯特罗（Paolino Castro）之间的技术转让合同纠纷做出了［2004］大仲字第

54 号裁决和第 54-1 号裁决。山西防爆电机（集团）有限公司以仲裁程序与仲裁规则不符、仲裁事项不属于仲裁协议的范围以及申请人未能对裁决事项陈述意见为由，向大连市中级人民法院申请撤销该仲裁裁决。

根据你院请示报告及所附卷宗材料，大连仲裁委员会作出的［2004］大仲字第 54 号裁决书上印有三名仲裁员的姓名并加盖了该委的印章。裁决书上虽未有该三名仲裁员的签名，但并无证据否定该仲裁裁决书的真实性。《大连仲裁委员会仲裁规则》第七十七条、第七十九条有关确定组庭方式或选定仲裁员及请示延期开庭的时限分别为“自被申请人收到本委受理通知之日起 20 日内”、“开庭 12 日前”，而大连仲裁委员会向申请人送达的答辩通知书、开庭通知书中的时限则分别为“自收到本通知书之日起 45 日内”、“开庭 3 日前”。上述答辩通知书、开庭通知书中的时限要求与《大连仲裁委员会仲裁规则》的规定不一致，但两者均放宽了对当事人的时限要求，有利于确保双方当事人有更充分的时间确定组庭方式、指定仲裁员或者申请延期开庭，客观上亦没有对双方当事人确定组庭方式、指定仲裁员或者申请延期开庭等程序权利产生任何不利影响。申请人山西防爆电机（集团）有限公司在仲裁程序中从未对上述答辩通知书、开庭通知书与《大连仲裁委员会仲裁规则》不符的情况提出异议，应认定其认可了此种变更。此外，大连仲裁委员会在申请人山西防爆电机（集团）有限公司向人民法院申请撤销［2004］大仲字第 54 号裁决后向其送达［2004］大仲字第 54-1 号补充裁决，没有违反《中华人民共和国仲裁法》的规定。申请人山西防爆电机（集团）有限公司有关仲裁程序与仲裁规则不符的理由不成立。

申请人山西防爆电机（集团）有限公司与被申请人保罗·卡斯特罗签订的合同第 11 条约定：“双方的合同关系由本合同条款和中华人民共和国的法律制约。仲裁机构为大连仲裁委员会。仲裁决定是最终的，对双方有效。”该争议解决条款未明确约定仲裁事项，但在双方当事人未明确排除特定事项仲裁机构无权仲裁的情况下，应推定本案仲裁事项为“因履行合同所发生的一切争议”。大连仲裁委员会有权就双方当事人有关“解除合同”、“赔偿损失”的仲裁请示进行审查，本案裁决事项不存在超载的情形。

仲裁申请人保罗·卡斯特罗在请示书中要求被申请人山西防爆电机（集团）有限公司“支付技术使用费 170 万元”，庭审中将该请示变更为“赔偿技术转让费 170 万元”。大连仲裁委员会［2004］大仲裁字第 54-1 号补充裁决确认了该请示变更的事实，不应认定该补充裁决变更了当事人的仲裁请示。“支付技术使用费170万元”与“赔偿技术转让费170万元”实为同一仲裁请求，申请人山西防爆电机（集团）有限公司对保罗·卡斯特罗变更仲裁请示的事实是明知的，其在仲裁程序中完全有机会对其进行抗辩，其未进行抗辩是自己造成的，故该点撤销理由依法亦不成立。

综上，申请人山西防爆电机（集团）有限公司的撤销申请不符合《中华人民共和国仲裁法》第七十条及《中华人民共和国民事诉讼法》第二百六十条的规定，依法应予驳回。

此复。

最高人民法院

关于是否裁定撤销中国国际经济贸易仲裁委员会仲裁裁决的请示的复函

2006年3月7日［2006］民四他字第2号

北京市高级人民法院：

你院京高法［2005］332号《关于“EA公司”和“RT公司”申请撤销中国国际经济贸易仲裁委员会裁决一案的请示》收悉。经研究，答复如下：

中国国际经济贸易仲裁委员会就EXPERT ASSETS LIMITED（简称“EA公司”）、RESISTOR TECHNOLOGY LIMITED（简称“RT公司”）与江苏华源药业有限公司之间的合资合同纠纷作出了［2004］中国贸仲京裁字第0222号仲裁裁决书。该裁决书第四项所涉“97股权重组协议”，系合资公司江苏江山制药有限公司原四方股东靖江葡萄糖厂、江苏省医药保健品进出口（集团）公司、香港钟山有限公司与EA公司于1997年5月22日签订的“关于股份重组的协议”。根据商务部2003年4月4日印发的《关于江苏江山制药有限公司修改合同章程的批复》，现合资公司江苏江山制药有限公司的股东为江苏华源药业有限公司、江苏省医药保健品进出口（集团）公司、EA公司、RT公司及靖江市新兰生物化工有限公司，各自所占股份比例分别为42.05%、3.75%、28.6%、23.7%及2%。因此，靖江葡萄糖厂、香港钟山有限公司已经退出了合资公司江苏江山制药有限公司，且经商务部批准的股份比例亦与“97股权重组协议”确定的股权比例不同。由于本案所涉仲裁案件当事人为EA公司、RT公司及江苏华源药业有限公司三方，合资公司的另两个股东江苏省医药保健品进出口（集团）公司和靖江市新兰生物化工有限公司并未参加仲裁程序，上述仲裁裁决第四项对“97股权重组协议”的效力及执行作出认定并裁决已退出合资公司的靖江葡萄糖厂、香港钟山公司仍按“97股权重组协议”前的股份比例持有合资公司的股份，不仅超出了仲裁当事人请求的范围，而且影响了案外人的合法权益。该裁项中有关BA公司与江苏华源药业有限公司股份比例的裁决，亦改变了国家审批机关批准的股份比例，属于仲裁庭无权仲裁的情形。

同意你院请示报告中的意见。本案应根据《中华人民共和国仲裁法》第七十条及《中华人民共和国民事诉讼法》第二百六十条第一款第（四）项之规定，撤销中国国际经济贸易仲裁委员会［2004］中国贸仲京裁字第0222号仲裁裁决书第四项裁决。

此复。

最高人民法院
关于是否裁定撤销
中国国际经济贸易仲裁委员会上海分会仲裁裁决的请示的复函

2006年3月16日 ［2006］民四他字第7号

上海市高级人民法院：

你院［2005］沪高民四（商）他字第3号《关于捷华实业有限公司申请撤销仲裁裁决一案的请示》收悉。经研究，答复如下：

本案系一方当事人向人民法院申请撤销我国仲裁机构作出的涉外仲裁裁决，因此，应当根据《中华人民共和国仲裁法》第七十条和《中华人民共和国民事诉讼法》第二百六十条的规定进行审查。

本案中，江阴庆玛曼汽车塑件有限公司（以下简称江阴公司）与捷华实业有限公司（以下简称捷华公司）于1996年3月24日签订的购买“轿车保险杠自动涂装生产线及空气压缩机和空气净化设备，合同（以下简称96合同）中约定了有效的仲裁条款，因96合同引发的一切争议即应当通过仲裁解决。江南模具塑化有限公司与捷华公司、日本岩田株式会社于1999年10月9日签订的购买“水洗和火焰处理设备”合同（以下简称01合同）中均没有仲裁条款；且该两份合同完全独立于96合同，因此，因该两份合同引发的争议不受96合同中仲裁条款的约束。仲裁庭在审理江阴公司与捷华公司96合同纠纷的过程中认为，“不能因为上述三份合同之间的互相独立性而否认该三份合同之间存在关联性的事实”，仍需将99合同和01合同的订立与履行过程作为与系争合同当事人的权利义务有关的事实加以审理，并在仲裁裁决书主文第一项中裁决“被申请人应向申请人支付补充设备的损失人民币500，000元、日元119，000，000元……”，实际上处理了江南模具塑化有限公司、江阴模塑集团有限公司及日本岩石株式会社的合法权益，应认定超出了仲裁庭有权审理的范围。申请人提出的其他撤销本案所涉仲裁裁决的理由均不能成立。因此，本案应当根据《中华人民共和国仲裁法》第七十条和《中华人民共和国民事诉讼法》第二百六十条第一款第（四）项的规定，裁定撤销中国国际经济贸易仲裁委员会上海分会于2004年12月17日作出的［2004］中国贸仲沪裁字第177号仲裁裁决第一项中的超裁部分，即“被申请人应向申请人支付补充设备的损失人民币500，000元、日元119，000，000元”。

此复。

中华人民共和国最高人民法院公告

《最高人民法院关于适用〈中华人民共和国仲裁法〉若干问题的解释》已于2005年12月26日由最高人民法院审判委员会第1375次会议通过，现予公布，自2006年9月8日起施行。

2006年8月23日

最高人民法院关于适用《中华人民共和国仲裁法》若干问题的解释

（2005年12月26日最高人民法院审判委员会
第1375次会议通过，法释［2006］7号）

根据《中华人民共和国仲裁法》和《中华人民共和国民事诉讼法》等法律规定，对人民法院审理涉及仲裁案件适用法律的若干问题作如下解释：

第一条 仲裁法第十六条规定的“其他书面形式”的仲裁协议，包括以合同书、信件和数据电文（包括电报、电传、传真、电子数据交换和电子邮件）等形式达成的请求仲裁的协议。

第二条 当事人概括约定仲裁事项为合同争议的，基于合同成立、效力、变更、转让、履行、违约责任、解释、解除等产生的纠纷都可以认定为仲裁事项。

第三条 仲裁协议约定的仲裁机构名称不准确，但能够确定具体的仲裁机构的，应当认定选定了仲裁机构。

第四条 仲裁协议仅约定纠纷适用的仲裁规则的，视为未约定仲裁机构，但当事人达成补充协议或者按照约定的仲裁规则能够确定仲裁机构的除外。

第五条 仲裁协议约定两个以上仲裁机构的，当事人可以协议选择其中的一个仲裁机构申请仲裁；当事人不能就仲裁机构选择达成一致的，仲裁协议无效。

第六条 仲裁协议约定由某地的仲裁机构仲裁且该地仅有一个仲裁机构的，该仲裁机构视为约定的仲裁机构。该地有两个以上仲裁机构的，当事人可以协议选择其中的一个仲裁机构申请仲裁；当事人不能就仲裁机构选择达成一致的，仲裁协议无效。

第七条 当事人约定争议可以向仲裁机构申请仲裁也可以向人民法院起诉的，仲裁协议无效。但一方向仲裁机构申请仲裁，另一方未在仲裁法第二十条第二款规定期间内提出异议的除外。

第八条 当事人订立仲裁协议后合并、分立的，仲裁协议对其权利义务的继受人有效。

当事人订立仲裁协议后死亡的，仲裁协议对承继其仲裁事项中的权利义务的继承人有效。

前两款规定情形，当事人订立仲裁协议时另有约定的除外。

第九条 债权债务全部或者部分转让的，仲裁协议对受让人有效，但当事人另有约定、在受让债权债务时受让人明确反对或者不知有单独仲裁协议的除外。

第十条 合同成立后未生效或者被撤销的，仲裁协议效力的认定适用仲裁法第十九条第一款的规定。

当事人在订立合同时就争议达成仲裁协议的，合同未成立不影响仲裁协议的效力。

第十一条 合同约定解决争议适用其他合同、文件中的有效仲裁条款的，发生合同争议时，当事人应当按照该仲裁条款提请仲裁。

涉外合同应当适用的有关国际条约中有仲裁规定的，发生合同争议时，当事人应当按照国际条约中的仲裁规定提请仲裁。

第十二条 当事人向人民法院申请确认仲裁协议效力的案件，由仲裁协议约定的仲裁机构所在地的中级人民法院管辖；仲裁协议约定的仲裁机构不明确的，由仲裁协议签订地或者被申请人住所地的中级人民法院管辖。

申请确认涉外仲裁协议效力的案件，由仲裁协议约定的仲裁机构所在地、仲裁协议签订地、申请人或者被申请人住所地的中级人民法院管辖。

涉及海事海商纠纷仲裁协议效力的案件，由仲裁协议约定的仲裁机构所在地、仲裁协议签订地、申请人或者被申请人住所地的海事法院管辖；上述地点没有海事法院的，由就近的海事法院管辖。

第十三条 依照仲裁法第二十条第二款的规定，当事人在仲裁庭首次开庭前没有对仲裁协议的效力提出异议，而后向人民法院申请确认仲裁协议无效的，人民法院不予受理。

仲裁机构对仲裁协议的效力作出决定后，当事人向人民法院申请确认仲裁协议效力或者申请撤销仲裁机构的决定的，人民法院不予受理。

第十四条 仲裁法第二十六条规定的"首次开庭"是指答辩期满后人民法院组织的第一次开庭审理，不包括审前程序中的各项活动。

第十五条 人民法院审理仲裁协议效力确认案件，应当组成合议庭进行审查，并询问当事人。

第十六条 对涉外仲裁协议的效力审查，适用当事人约定的法律；当事人没有约定适用的法律但约定了仲裁地的，适用仲裁地法律；没有约定适用的法律也没有约定仲裁地或者仲裁地约定不明的，适用法院地法律。

第十七条 当事人以不属于仲裁法第五十八条或者民事诉讼法第二百六十条规定的事由申请撤销仲裁裁决的，人民法院不予支持。

第十八条 仲裁法第五十八条第一款第一项规定的"没有仲裁协议"是指当事人没有达成仲裁协议。仲裁协议被认定无效或者被撤销的，视为没有仲裁协议。

第十九条 当事人以仲裁裁决事项超出仲裁协议范围为由申请撤销仲裁裁决，经审查属实的，人民法院应当撤销仲裁裁决中的超裁部分。但超裁部分与其他裁决事项不可分的，人民法院应当撤销仲裁裁决。

第二十条 仲裁法第五十八条规定的"违反法定程序",是指违反仲裁法规定的仲裁程序和当事人选择的仲裁规则可能影响案件正确裁决的情形。

第二十一条 当事人申请撤销国内仲裁裁决的案件属于下列情形之一的，人民法院可以依照仲裁法第六十一条的规定通知仲裁庭在一定期限内重新仲裁：

（一）仲裁裁决所根据的证据是伪造的；

（二）对方当事人隐瞒了足以影响公正裁决的证据的。

人民法院应当在通知中说明要求重新仲裁的具体理由。

第二十二条 仲裁庭在人民法院指定的期限内开始重新仲裁的，人民法院应当裁定终结撤销程序；未开始重新仲裁的，人民法院应当裁定恢复撤销程序。

第二十三条 当事人对重新仲裁裁决不服的，可以在重新仲裁裁决书送达之日起6个月内依据仲裁法第五十八条规定向人民法院申请撤销。

第二十四条 当事人申请撤销仲裁裁决的案件，人民法院应当组成合议庭审理，并询问当事人。

第二十五条 人民法院受理当事人撤销仲裁裁决的申请后，另一方当事人申请执行同一仲裁裁决的，受理执行申请的人民法院应当在受理后裁定中止执行。

第二十六条 当事人向人民法院申请撤销仲裁裁决被驳回后，又在执行程序中以相同理由提出不予执行抗辩的，人民法院不予支持。

第二十七条 当事人在仲裁程序中未对仲裁协议的效力提出异议，在仲裁裁决作出后以仲裁协议无效为由主张撤销仲裁裁决或者提出不予执行抗辩的，人民法院不予支持。

当事人在仲裁程序中对仲裁协议的效力提出异议，在仲裁裁决作出后又以此为由主张撤销仲裁裁决或者提出不予执行抗辩，经审查符合仲裁法第五十八条或者民事诉讼法第二百一十七条、第二百六十条规定的，人民法院应予支持。

第二十八条 当事人请求不予执行仲裁调解书或者根据当事人之间的和解协议作出的仲裁裁决书的，人民法院不予支持。

第二十九条 当事人申请执行仲裁裁决案件，由被执行人住所地或者被执行的财产所在地的中级人民法院管辖。

第三十条 根据审理撤销、执行仲裁裁决案件的实际需要，人民法院可以要求仲裁机构作出说明或者向相关仲裁机构调阅仲裁案卷。

人民法院在办理涉及仲裁的案件过程中作出的裁定，可以送相关的仲裁机构。

第三十一条 本解释自公布之日起实施。

本院以前发布的司法解释与本解释不一致的，以本解释为准。

最高人民法院
关于对韩进船务有限公司
申请承认和执行英国仲裁裁决一案请示的复函

2006年6月2日 ［2005］民四他字第53号

广东省高级人民法院：

你院［2005］粤高法民四他字第14号《关于对韩进船务有限公司申

请承认和执行英国仲裁裁决的请示》收悉。经研究，答复如下：

本案所涉提单虽然在正面载明了“与租船合同一并使用”，且在背面条款中载明了“提单正面所注明的租船合同中的所有条件、条款、权利和除外事项，包括法律适用和仲裁条款，都并入本提单”，但韩进船务有限公司不能证明其提交的包运合同就是提单所载明的租船合同，而且该包运合同的当事人并非韩进船务有限公司，因此应认定该包运合同没有并入提单，包运合同文本中的仲裁条款也没有并入提单，韩进船务有限公司与广东富虹油品有限公司之间不存在书面仲裁协议或者仲裁条款，韩进船务有限公司提出承认和执行仲裁裁决的请求，不符合《纽约公约》第2条的相关规定。

同意你院的倾向性意见，即拒绝承认与执行英国仲裁员罗伯特·嘉仕福特（Robert Gaisford）于2004年12月6日在英国作出的仲裁裁决。

此复。

最高人民法院
关于香港东丰船务有限公司
申请执行香港海事仲裁裁决请示的复函

2006年6月2日　［2006］民四他字第12号

辽宁省高级人民法院：

你院［2005］辽执一监字第3号《关于大连海事法院报送的〈中国外运沈阳集团公司申请不予执行香港仲裁裁决〉一案的审查报告》收悉。

经研究认为：根据你院请示报告认定的事实，申请执行人香港东丰船务有限公司并未提供相关书面证据证明被执行人中国外运沈阳集团公司接到另行指定仲裁员的适当通知，也无证据证明仲裁庭向被执行人发出仲裁开庭的书面通知。根据最高人民法院《关于内地与香港特别行政区相互执行仲裁裁决的安排》第七条第一款（二）项的规定，对香港东丰船务有限公司提交的香港海事仲裁裁决应裁定不予执行。

此复。

最高人民法院

关于玉林市中级人民法院报请

对东迅投资有限公司涉外仲裁一案不予执行的请示的复函

2006年9月13日 ［2006］民四他字第24号

广西壮族自治区高级人民法院：

你院［2006］桂法执复字第2号、［2006］桂法执议字第4号《关于玉林市中级人民法院报请对东迅投资有限公司涉外仲裁一案不予执行的请示报告》收悉。经研究，答复如下：

关于你院请示的第一个问题，涉及人民法院是否应予执行我国仲裁机构作出的涉外仲裁裁决，应当根据《中华人民共和国民事诉讼法》第二百六十条的规定进行审查。

从本案有关事实看，合作合同中明确约定合作双方为广西玉林市恒通有限公司（以下简称恒通公司）和东迅投资有限公司（以下简称东迅公司）。广西壮族自治区玉林市人民政府（以下简称玉林市政府）作为恒通公司的主管部门，路劲基建有限公司（以下简称路劲公司）作为东迅公司的主管部门，尽管亦在该合作合同上签署，但是合作合同第二章明确约定合作公司的合作双方为恒通公司和东迅公司。因此，玉林市政府和路劲公司均不是合作合同的当事人，合作合同中的仲裁条款不能约束玉林市政府。玉林市政府提供的担保函中没有约定仲裁条款，玉林市政府与东迅公司之间亦未就他们之间的担保纠纷的解决达成仲裁协议。仲裁庭依据合作合同中的仲裁条款受理本案，就涉及玉林市政府的担保纠纷而言，仲裁裁决已经超出了仲裁协议的范围。

综上，根据《中华人民共和国民事诉讼法》第二百六十条第一款第（四）项以及最高人民法院《关于适用〈中华人民共和国民事诉讼法〉若干问题的意见》第二百七十七条的规定，人民法院应当裁定不予执行涉及玉林市政府部分的仲裁裁决，其余部分应予执行。对此，同意你院的处理意见。

关于你院请示的第二个问题，对于人民法院作出的中止执行的裁定，当事人不能申请复议，因此，你院不应受理东迅公司申请复议一案。

此复。

最高人民法院
关于玉林市中级人民法院报请
对成伟投资有限公司涉外仲裁一案不予执行的请示的复函

2006 年 9 月 13 日　　［2006］民四他字第 25 号

广西壮族自治区高级人民法院：

你院［2006］桂法执复字第1号、［2006］桂法执议字第3号《关于玉林市中级人民法院报请对成伟投资有限公司涉外仲裁一案不予执行的请示报告》收悉。经研究，答复如下：

关于你院请示的第一个问题，涉及人民法院是否应予执行我国仲裁机构作出的涉外仲裁裁决，应当根据《中华人民共和国民事诉讼法》第二百六十条的规定进行审查。

从本案有关事实看，合作合同中明确约定合作双方为广西玉林市恒通有限公司（以下简称恒通公司）和成伟投资有限公司（以下简称成伟公司）。广西壮族自治区玉林市人民政府（以下简称玉林市政府）作为恒通公司的主管部门、路劲基建有限公司（以下简称路劲公司）作为成伟公司的主管部门，尽管亦在该合作合同上签署，但是合作合同第二章明确约定合作公司的合作双方为恒通公司和成伟公司。因此，玉林市政府和路劲公司均不是合作合同的当事人，合作合同中的仲裁条款不能约束玉林市政府。玉林市政府提供的担保函中没有约定仲裁条款，玉林市政府与成伟公司之间亦未就他们之间的担保纠纷的解决达成仲裁协议。仲裁庭依据合作合同中的仲裁条款受理本案，就涉及玉林市政府担保纠纷而言，仲裁裁决已经超出了仲裁协议的范围。

尽管合作合同约定将广西玉柴机器集团有限公司（以下简称玉柴集团）出具的担保函作为合作合同的组成部分，但合作合同中的仲裁条款明确约定“合作双方”在解释或履行合同中发生的争议应交付仲裁，而玉柴集团并非合作合同的当事人，因此，其不应受合作合同中仲裁条款的约束。玉柴集团提供的担保函中没有约定仲裁条款，玉柴集团与成伟公司之间亦未就他们之间的担保纠纷的解决达成仲裁协议。在本案仲裁过程中，玉柴集团曾以其不是本案仲裁协议的当事人为由提出了管辖权异议。因此仲裁庭亦无权对玉柴集团与成伟公司之间的担保纠纷作出仲裁裁决。

综上，根据《中华人民共和国民事诉讼法》第二百六十条第一款第（四）项以及最高人民法院《关于适用〈中华人民共和国民事诉讼法〉若干问题的意见》第二百七十七条的规定，人民法院应当裁定不予执行涉及玉林市政府和玉柴集团部分的仲裁裁决，其余部分应予执行。

关于你院请示的第二个问题对于人民法院作出的中止执行的裁定，当事人不能申请复议，因此，你院不应受理成伟公司申请复议一案。

此复。

最高人民法院
关于是否裁定不予承认和执行
英国伦敦“ABRA 轮 2004 年 12 月 28 日租约”仲裁裁决的请示的复函

2007 年 1 月 10 日　［2006］民四他字第 34 号

天津市高级人民法院：

你院［2005］津高民四他字第 5 号《关于是否裁定不予承认和执行英国伦敦“ABRA 轮 2004 年 12 月 28 日租约”仲裁裁决的请示》收悉。经研究，答复如下：

涉案申请人世界海运管理公司与被申请人天津市凯强商贸有限公司签订的租船合同约定：“本合同产生的或者与本合同有关的所有争议当任何一方索赔总金额（除利息和费用外）不超过 50 000 美元时，应根据伦敦海事仲裁员协会规定提交伦敦仲裁；其他所有争议，除非当事人立即同意一个独任仲裁员，应提交在英国执业的波罗的交易所成员的两个仲裁员最终仲裁裁决，每方当事人指定一个仲裁员，再由仲裁员指定首席仲裁员。本合同由英国法调整并根据英国法解释。”申请人索赔标的为 163 815.38 美元，超过 50 000 美元的限额，应由当事人指定仲裁员。根据《1996 年英国仲裁法》第 14 条第（4）款规定，如果仲裁员需由当事人指定，仲裁程序以及指定仲裁员的通知可以由一方当事人向对方当事人送达。该法第 76 条规定：当事人可以通过仲裁协议对送达的方式进行约定；没有约定的，通知或者其他文件可以任何有效的方式送达个人。

在仲裁过程中，涉案申请人根据《1996 年英国仲裁法》的规定，通过案外人采用电子邮件方式向被申请人送达，该送达方式并非我国所禁止，在申请人能够证明被申请人已收悉送达通知的情况下，该送达应为有效送达。但申请人未能提供被申请人确认收到电子邮件或者能够证明被申请人收到电子邮件的其他证据，证明被申请人得到指定仲裁员和仲裁程序的适当通知。根据《纽约公约》第 5 条第 1 款第 2 项的规定，天津海事法院应对该仲裁裁决不予承认和执行。同意你院的处理意见。

此复。

最高人民法院
关于彼得·舒德
申请承认及执行美国仲裁委员会裁决一案的请示的复函

2007年1月22日　［2006］民四他字第35号

北京市高级人民法院：

你院京高法［2006］328号《关于彼得·舒德申请承认及执行美国仲裁委员会裁决一案的请示》收获。经研究，答复如下：

本案系当事人申请承认及执行美国仲裁机构作出的仲裁裁决的案件，根据最高人民法院《关于执行我国加入的〈承认和执行外国仲裁裁决公约〉的通知》第五条规定确立的原则及《中华人民共和国民事诉讼法》（以下简称《民事诉讼法》）的相关规定并结合本案事实，申请人彼得·舒德应在2003年7月5日前向人民法院提出申请，但其向北京市第一中级人民法院提出申请的时间为2003年10月30日，已经超过了法定期限。对此申请人彼得·舒德提出了三点抗辩理由：（1）本案管辖权异议经法院审查后再审查执行期限，不符合相关的法律规定，被申请人爱德华·雷门就管辖权提出异议，视为其接受执行期限问题；（2）根据相关法律规定，领事认证是申请执行的法定条件，中华人民共和国驻纽约中国领事馆作出认证的时间是2002年11月5日，应从2002年11月5日起算申请执行期限；（3）2003年3月北京正值非典期间，按照最高人民法院《关于在防治传染非典型肺炎期间依法做好人民法院相关审判、执行工作的通知》第五条第（一）款的规定，当事人因防治“非典”耽误申请执行期限的，人民法院按照《民事诉讼法》第七十六条的规定处理。

本院认为：第一，被申请人爱德华·雷门就管辖权问题提出异议，并不能表明其认可申请人彼得·舒德可以在法定申请期限之外对裁决提出承认和执行的申请，在爱德华·雷门提出的管辖权异议被驳回后，其仍然有权就彼得·舒德申请执行的期限问题向人民法院提出异议，人民法院对其异议应予审查。第二，《民事诉讼法》第二百一十九条明确规定：“申请执行的期限，双方或者一方当事人是公民的为1年，双方是法人或者其他组织的为6个月。前款规定的期限，从法律文书规定履行期间的最后一日起计算；法律文书规定分期履行的，从规定的每次履行期间的最后一日起计算。”依照上述规定，彼得·舒德关于应从领事认证的时间起算申请执行期限的意见是缺乏法律依据的。第三，2003 年 3 月份开始，北京确实爆发了严重的“非典”疫情，客观上对各行各业的正常工作以及人民群众的生活造成了影响。我国虽然并未对“非典”疫情消除的准确时间作出规定，但世界卫生组织 2003 年 6 月 24 日在日内瓦和北京同时宣布：解除对北京的旅行警告，同时将北京从“非典”疫区名单中除名，即所谓的“双解除”，据此可以认定从世界卫生组织宣布对北京实行“双解除”之日起，影响申请人彼得·舒德提出承认及执行仲裁裁决申请的障碍已经消除。依照法律规定彼得·舒德提出申请的最终期限为 2003 年 7 月 5 日，而世界卫生组织宣布对北京实行“双解除”之日其申请期限尚未届满，“非典”疫情并未耽误其申请执行期限。退一步讲，如果依照申请人彼得·舒德主张的美国政府疾病控制中心解除对北京旅游警告的日期即 2003 年 7 月 11 日作为影响其申请承认和执行的障碍（“非典”疫情）消除的时间，则此时其申请承认和执行裁决的法定期限已过。最高人民法院《关于在防治传染性非典型肺炎期间依法做好人民法院相关审判、执行工作的通知》第五条第（一）款规定：“当事人因防治‘非典’耽误申请执行期限的，人民法院按照《民事诉讼法》第七十六条的规定处理。”《民事诉讼法》第七十六条规定：“当事人因不可抗拒的事由或者其他正当理由耽误期限的，在障碍消除后的 10 日内，可以申请顺延期限，是否准许，由人民法院决定。”依照上述规定，彼得·舒德应该在障碍（“非典”疫情）消除后 10 日内即 2003 年 7 月 21 日前向人民法院申请顺延期限，而是迟至 2003 年 10 月 30 日才向人民法院提出承认及执行仲裁裁决的申请，因此即使将美国政府疾病控制中心解除对北京旅游警告的日期，即 2003 年 7 月 11 日作为影响申请人彼得·舒德申请承认和执行的障碍（“非典”疫情）消除的时间，但由于其并未在法定期限内向人民法院申请顺延期限，故其关于“非典”疫情延误其申请承认及执行期限的理由亦不能成立。综上，彼得·舒德向人民法院提出的承认及执行仲裁裁决的申请超过了法定期限，其所述三点抗辩理由均不能成立，对于其申请应予驳回，同意你院的请示意见。

此复。

最高人民法院
关于博而通株式会社
申请承认外国仲裁裁决一案的请示的复函

2006年12月14日 ［2006］民四他字第36号

北京市高级人民法院：

你院京高法［2006］323号“关于博而通株式会社申请承认外国仲裁裁决一案的请示”收悉。经研究，答复如下：

根据你院请示认定的事实，大韩民国商事仲裁院第05113—0010号仲裁裁决案的仲裁开庭通知和仲裁裁决书是采用邮寄送达的方式，向被申请人的工商注册地址寄送的。仲裁程序中的送达不适用《中华人民共和国和大韩民国关于民事和商事司法协助的条约》和《关于向国外送达民事或商事司法文书和司法外文书公约》，而应依照仲裁规定确定送达是否适当。被申请人不能证明邮寄送达违反有关仲裁规则。被申请人地址变更后未给予通知，由此导致其未及时收到邮件，不属于《承认及执行外国仲裁裁决公约》第五条第一项（乙）款规定的情形。因此，不应依照《承认及执行外国仲裁裁决公约》第五条第一项（乙）款的规定拒绝承认和执行上诉仲裁裁决。如无其他可不予承认和执行的法定情形，大韩民国商事仲裁院第005113—0010号仲裁裁决应予承认和执行。

此复。

最高人民法院
关于中国电子进出口北京公司
申请撤销中国国际经济贸易仲裁委员会
［2006］中国贸仲京裁字第0012号裁决一案的请示的复函

2006年12月15日 ［2006］民四他字第43号

北京市高级人民法院：

你院京高法［2006］409号《关于中国电子进出口北京公司申请撤销中国国际经济贸易仲裁委员会［2006］中国贸仲京裁字第0012号裁决一案的请示》收悉。经研究，答复如下：

本案系当事人向人民法院申请撤销我国仲裁机构作出的涉外仲裁裁决的案件。本案所涉仲裁裁决将作为仲裁被申请人之一的“北京神州特信科技有限责任公司”的名称错误地列为“北京神州特信科技发展有限责任公司”，在仲裁裁决存在的上述错误已无法根据本案仲裁所适用的仲裁规则的规定进行更正的情况下，仲裁机构愿意通过重新仲裁的方式解决上诉问题，应当认为属于“可以由仲裁庭重新仲裁的”情形。人民法院应当根据《中华人民共和国仲裁法》第六十一条的规定，通知仲裁庭在一定期限内重新仲裁，并裁定中止撤销程序。同意你院的处理意见。

此复。

最高人民法院
关于申请人瑞士邦基有限公司
申请承认和执行英国仲裁裁决一案请示的复函

2007年5月9日　［2006］民四他字第47号

广东省高级人民法院：

你院［2006］粤高法民四他字第9号“关于申请人瑞士邦基有限公司申请承认和执行英国仲裁裁决一案的请示”收悉。经研究，答复如下：

1. 本案是申请承认和执行外国仲裁裁决纠纷案件。由于本案仲裁裁决在英国作出，中国和英国均为《承认及执行外国仲裁裁决公约》（以下简称《纽约公约》）的缔约国，根据《中华人民共和国民事诉讼法》第二百六十九条的规定，本案仲裁裁决是否予以承认和执行，应当依照纽约公约的规定进行审查。根据你院提供的案情，本案仲裁协议有效，仲裁程序合法，裁决应当予以承认：

2. 按照最高人民法院《关于执行我国加入的〈承认及执行外国仲裁裁决公约〉的通知》第五条的规定，申请人申请执行外国仲裁裁决的，应当在我国法律规定的申请执行期限内提出。根据《中华人民共和国民事诉讼法》第二百一十九条的规定，申请执行的期限，双方是法人或者其他组织的为6个月，从法律文书规定履行期间的最后一日起计算。本案裁决书并无履行期限的内容，应当给予当事人一个合理的期限。根据《纽约公约》第四条的规定，申请人取得仲裁裁决正本或者正式副本是向法院申请承认执行仲裁裁决的必要条件。故可以从申请人收到裁决书正本或者正式副本之日起计算申请人申请执行的期限。请你院查清有关事实后，依法作出裁决。

此复。

最高人民法院
关于浙江久立集团股份有限公司
申请撤销仲裁裁决一案的请示的复函

2007 年 3 月 22 日 ［2007］民四他字第 1 号

上海市高级人民法院：

你院［2006］沪高民四（商）他字第 2 号《关于浙江久立集团股份有限公司申请撤销仲裁裁决一案的请示》收悉，经研究，答复如下：

根据你院报告所诉事实，本案争议涉及两份《合资经营合同》，即北美冶金国际有限公司（以下简称北美国际）、浙江佳元企业发展有限公司（以下简称浙江佳元）、浙江久立集团股份有限公司（以下简称浙江久立）于 1999 年 5 月 12 日签订的《合资经营合同》（以下简称《5·12 合同》）以及北美冶金集团有限公司（以下简称北美集团）、浙江佳元、浙江久立于 1996 年 6 月 8 日签订的《合资经营合同》（以下简称《6·8 合同》），两份合同均约定有仲裁条款，尽管合同约定的仲裁机构名称为“中国国际贸易仲裁委员会”与名称为“中国国际经济贸易仲裁委员会”相差“经济”二字，但中国只有一家国际经济贸易仲裁委员会，也没有其他的仲裁委员会名称与“中国国际贸易仲裁委员会”更近似，依据本院《关于适用〈中华人民共和国仲裁法〉若干问题的解释》第三条的规定，可以认定当事人选择的就是中国国际经济贸易仲裁委员会。故中国国际经济贸易仲裁委员会上海分会（以下简称上海分会）对本案两份合同均有管辖权。

从你院报告反映的情况看，上海分会在仲裁裁决书中表述受理本仲裁案依据的是《6·8 合同》中的仲裁条款，由于本案当事人之一的北美国际并非《6·8 合同》的缔约主体，因此上海分会依据《6·8 合同》中的仲裁条款受理该案，在管辖权方面的表述是存在瑕疵的。上海市第二中级人民法院认为北美国际并非《6·8 合同》的缔约主体，在没有证据证明北美集团与北美国际为同一主体的前提下，仲裁机构基于《6·8 合同》中的仲裁条款对北美国际与合资中方之间纠纷进行审理程序不当的观点是有一定道理的。但从案件相关事实看，本案当事人北美国际、浙江佳元、浙江久立签订的《5·12 合同》中同样存在有效的仲裁条款，因此就本案纠纷而言，仲裁庭实际享有管辖权。

另外，本案中申请人提交仲裁申请的时间为 2002 年 1 月 18 日，在仲裁审理过程中，申请人北美国际于2003年7月21日解散，而仲裁庭于2003年12月8日作出的仲裁裁决仍将北美国际列为仲裁当事人。北美国际解散的确定后果与法律意义不详，如果北美国际的解散意味着其法人主体资格的消灭，则北美国际不能作为仲裁当事人，应变更其权利义务关系继受人AOD公司为仲裁当事人。

综上，本案仲裁裁决存有一定问题，但就解决北美国际、浙江久立、浙江佳元之间的合资经营内曼格特钢有限公司纠纷而言，上海分会具有管辖权，如果人民法院现在以当事人间不存在仲裁协议为由撤销本案裁决，其仍可按照《5·12合同》中的仲裁条款再行申请仲裁，结果必将给当事人带来不必要的诉累。鉴于存在上述情况，建议此案按《仲裁法》第六十一条规定，通知仲裁庭重新仲裁，如仲裁庭拒绝重新仲裁，再恢复撤销程序。

此复。